ISBN 978-0-332-47832-6
PIBN 10486540

This book is a reproduction of an important historical work. Forgotten Books uses
state-of-the-art technology to digitally reconstruct the work, preserving the original format
whilst repairing imperfections present in the aged copy. In rare cases, an imperfection in
the original, such as a blemish or missing page, may be replicated in our edition. We do,
however, repair the vast majority of imperfections successfully; any imperfections that
remain are intentionally left to preserve the state of such historical works.

Heinrich Zschokke's

Gesammelte Schriften.

Zweite vermehrte Ausgabe.

Neunter Theil.

Aarau.

Druck und Verlag von H. R. Sauerländer.

1859.

Erste Abtheilung.

———

Novellen und Dichtungen.

In siebenzehn Bändchen.

———

Neunter Theil.

Heinrich Zschokke's

Novellen und Dichtungen.

Zehnte vermehrte Ausgabe

in siebenzehn Bändchen.

Neunter Theil.

Aarau.

Druck und Verlag von H. R. Sauerländer.

1859.

Das
Abenteuer der Neujahrsnacht.

Mutter Käthe, des alten Nachtwächters Frau, schob am Syl-
vesterabend um neun Uhr das Zugfensterlein zurück und steckte den
Kopf in die Nacht hinaus. Der Schnee flog in stillen, großen
Flocken, vom Fensterlicht geröthet, auf die Straßen der Residenz
nieder. Sie sah lange dem Laufen und Rennen der frohen Menschen zu, die noch in den hell erleuchteten Läden und Gewölben der
Kaufleute Neujahrsgeschenke einkauften, oder von und zu Kaffee-
häusern und Weinkellern, Kränzchen und Tanzsälen strömten, um
das alte Jahr mit dem neuen in Lust und Freuden zu vermählen.
Als ihr aber ein paar große, kalte Flocken die Nase belegten, zog
sie den Kopf zurück, schob das Fensterlein zu, und sagte zu ihrem
Manne: „Gottliebchen, bleib zu Hause, und laß die Nacht den
Philipp für dich gehen. Denn es schneit vom Himmel, wie es
mag, und der Schnee thut, wie du weißt, deinen alten Beinen
kein Gutes. Auf den Gassen wird es die ganze Nacht lebhaft
sein. Es ist, als wäre in allen Häusern Tanz und Fest. Man
sieht viele Masken. Da hat unser Philipp gewiß keine Langeweile.“

Der alte Gottlieb nickte mit dem Kopf und sprach: „Käth-
chen, ich laß' es mir wohl gefallen. Mein Barometer, die Schußwunde über dem Knie, hat mir's schon zwei Tage voraus gesagt,
das Wetter werde ändern. Billig, daß der Sohn dem Vater den
Dienst erleichtert, den er einmal von mir erbt.“

Nebenbei verdient hier gesagt zu werden, daß der alte Gottlieb vorzeiten Wachtmeister in einem Regiment seines Königs ge-

wesen, bis er bei Erstürmung einer feindlichen Schanze, die er, der Erste im Kampfe, für das Vaterland erstieg, zum Krüppel geschossen ward. Sein Hauptmann, der die Schanze bestieg, nachdem sie erobert war, empfing für solche Heldenthat auf dem Schlachtfelde das Verdienstkreuz und Beförderung im Rang. Der arme Wachtmeister mußte froh sein, mit dem zerschossenen Bein lebendig davon zu kommen. Aus Mitleiden gab man ihm eine Schulmeisterstelle, denn er war ein verständiger Mann, der eine gute Handschrift hatte und gern Bücher las. Bei Verbesserung des Schulwesens ward ihm aber auch die Lehrerstelle entzogen, weil man einen jungen Menschen, der nicht so gut, als er, lesen, schreiben und rechnen konnte, versorgen wollte, indem einer von den Schulräthen dessen Pathe war. Den abgesetzten Gottlieb aber beförderte man zum Nachtwächter, und abjungirte ihm seinen Sohn Philipp, der eigentlich das Gärtnerhandwerk gelernt hatte.

Die kleine Haushaltung hatte dabei ihr kümmerliches Auskommen. Doch war Frau Käthe eine gute Wirthschafterin und gar häuslich, und der alte Gottlieb ein wahrer Weltweiser, der mit Wenigem recht glücklich sein konnte. Philipp verdiente sich bei dem Gärtner, in dessen Lohn er stand, sein täglich Brod zur Genüge, und wenn er bestellte Blumen in die Häuser der Reichen trug, gab es artige Trinkgelder. Er war ein hübscher Bursche von sechsundzwanzig Jahren. Vornehme Frauen gaben ihm bloß seines Gesichts wegen ein Stück Geld mehr, als jedem andern, der eben solch ein Gesicht nicht aufweisen konnte.

Frau Käthe hatte schon das Mäntelein umgeworfen, um aus des Gärtners Hause den Sohn zu rufen, als dieser in die Stube trat.

„Vater," sagte Philipp, und gab dem Vater und der Mutter die Hand, „es schneit, und das Schneewetter thut dir nicht wohl. Ich will dich die Nacht ablösen, wenn du willst. Lege du dich schlafen."

„Du bist brav!" sagte der alte Gottlieb.

„Und dann, habe ich gedacht, morgen sei es doch Neujahr," fuhr Philipp fort, „und ich möchte morgen bei euch essen, und mir gütlich thun. Mütterchen, hast vielleicht keinen Braten in der Küche . . ."

„Das eben nicht," sagte Frau Käthe, „aber doch anderthalb Pfund Rindfleisch, Erdäpfel zum Gemüs, und Reis mit Lorbeer= blättern zur Suppe. Auch zum Trunk noch ein paar Flaschen Bier. Komm du nur, Philipp; wir können morgen hoch leben! Künftige Woche gibt es auch wieder Neujahrsgeld für die Nachtwächter, wenn sie theilen. Da können wir schon wohlleben."

„Nun, desto besser für euch. Und habt ihr schon die Haus= miethe bezahlt?" fragte Philipp.

Der alte Gottlieb zuckte die Achseln.

Philipp legte Geld auf den Tisch und sagte: „Da sind zwei= undzwanzig Gulden, die ich erspart habe. Ich kann sie wohl ent= behren. Nehmet sie zum Neujahrsgeschenk. So können wir alle drei das neue Jahr wohlgemuth und sorgenlos antreten. Gott gebe, daß wir es gesund und fröhlich durchleben. Der Himmel wird ferner für euch und mich sorgen."

Frau Käthe hatte Thränen in den Augen, und küßte ihn. Der alte Gottlieb sagte: „Philipp, du bist wahrhaft der Trost und Stab unsers Alters. Gott wird dir's vergelten. Fahre fort, redlich zu sein und deine Aeltern zu lieben. Ich sage dir, der Segen bleibt nicht aus. Zum Neujahr wünsche ich dir nichts, als dein Herz fromm und gut zu bewahren. Das steht in deiner Macht. Dann bist du reich genug. Dann hast du deinen Him= mel im Gewissen.

So sprach der alte Gottlieb, ging und schrieb die Summe von zweiundzwanzig Gulden ins große Hausbuch und sagte: „Was du mich als Kind gekostet, hast du beinahe schon alles abbezahlt. Jetzt haben wir aus deinen Ersparnissen schon dreihundert und siebenzehn Gulden empfangen und genossen."

„Dreihundert und siebenzehn Gulden!" rief Frau Käthe mit großem Erstaunen. Dann wandte sie sich mitleidig zu Philipp und sagte mit weicher Stimme: „Herzenskind, du jammerst mich. Ja, recht sehr jammerst du mich. Hättest du die Summe für dich sparen und zurücklegen können, so würdest du jetzt ein Stück Land kaufen, für eigene Rechnung Gärtnerei treiben und die gute Rose heirathen können. Das geht nun nicht. Aber tröste dich. Wir sind alt; du wirst uns nicht mehr so lange unterstützen müssen."

„Mutter," sagte Philipp, und runzelte die Stirn ein wenig, „was redest du? Röschen ist mir zwar lieb, wie mein Leben. Aber hundert Röschen gebe ich für dich und den Vater hin. Ich kann in dieser Welt keine Aeltern mehr haben, als euch; aber wenn es sein muß, wohl noch manches Röschen, wenn ich schon unter zehntausend Röschen kein anderes, als Bittners Röschen möchte."

„Du hast Recht, Philipp!" sagte der Alte: „Lieben und Heirathen ist kein Verdienst; aber alte, arme Aeltern ehren und unterstützen, das ist Pflicht und Verdienst. Sich selbst opfern mit seinen Leidenschaften und Neigungen für das Glück der Aeltern, das ist kindliche Dankbarkeit. Das erwirbt dir Gotteslohn; das macht dich im Herzen reich."

„Wenn nur," sagte Frau Käthe, „dem Mädchen die Zeit nicht zu lang, oder es dir abtrünnig wird! — Denn Röschen ist ein schönes Mädchen, das muß man sagen. Es ist freilich arm; aber an Freiern wird es ihm nicht fehlen. Es ist tugendhaft und versteht die Haushaltung."

„Fürchte dich gar nicht, Mutter!" versetzte Philipp: „Röschen hat mir's feierlich geschworen, sie nehme keinen andern Mann, als mich; und das ist genug. Ihre alte Mutter hat eigentlich auch nichts an mir auszusetzen. Und könnte ich heute mein Gewerbe

für mich treiben und eine Frau ernähren, morgen hätte ich Rös=
chen am Altar; das weiß ich. Es ist nur verdrießlich, daß die
alte Bittnerin uns verbietet, einander so oft zu sehen, als wir
gern möchten. Sie sagt, das thue nicht gut. Ich aber finde, und
Röschen findet es auch, es thue uns beiden gewiß sehr gut. Auch
haben wir verabredet, uns heut' um zwölf Uhr vor der Hauptthür
der Gregorienkirche zu sprechen; denn Röschen bringt den Sylvester=
abend bei einer ihrer Freundinnen zu. Dann führe ich sie des
Nachts heim."

Unter diesen Gesprächen schlug es im benachbarten Thurme drei
Viertel. Da nahm Philipp den Nachtwächtermantel seines Vaters
vom warmen Ofen, auf den ihn Käthe vorsorglich gelegt hatte,
hing ihn um, nahm das Horn und die Stange, wünschte den
Aeltern gute Nacht und begab sich auf seinen Posten.

———

2.

Philipp schritt majestätisch durch die beschneiten Gassen der königs=
lichen Residenz, auf welchen noch viel Volks umherwandelte, als
wär's am Tage. Kutschen fuhren her und hin. Alles war in den
Häusern hell und licht. Unsern Nachtwächter belustigte das heitere
Leben. Er sang und blies im angewiesenen Stadtquartier die
zehnte Stunde recht frohmüthig ab, am liebsten und mit mancher=
lei Nebengedanken vor dem Hause unweit der Gregorienkirche, wo
er wohl wußte, daß Röschen bei ihren Freundinnen war. „Nun
hört sie mich," dachte er, „nun denkt sie an mich, und vergißt
vielleicht Gespräch und Spiel. Wenn sie nur um zwölf Uhr nicht
bei der Kirchthür fehlt!"

Und als er seinen Gang durch das Stadtquartier gemacht hatte,
kehrte er vor das beliebte Haus zurück und sah nach den erleuch=
teten Fenstern von Röschens Freundinnen hinauf. Zuweilen sah er

weibliche Gestalten am Fenster, dann schlug sein Herz schneller. Er glaubte Röschen zu sehen. Verschwanden die Gestalten, so studirte er ihre verlängerten Schatten an der Wand und Zimmerdecke, um zu erkennen, welcher Röschens Schatten sei und was sie thue. Es war freilich gar nicht angenehm, in Frost und Schnee da zu stehen und Betrachtungen zu machen. Aber was fechten Frost und Schnee einen Liebhaber an! Und Nachtwächter lieben heutzutage so romantisch, wie irgend zärtliche Ritter der Vorwelt in Romanzen und Balladen.

Er spürte den Einfluß der Kälte erst, als es eilf Uhr schlug, und er von neuem die nachtwächterliche Runde beginnen sollte. Die Zähne klapperten ihm vor Frost. Er konnte kaum die Stunde anrufen und dazu blasen. Er wäre gern in ein Bierhaus eingekehrt, um sich wieder zu erwärmen.

Wie er nun durch ein einsames Nebengäßchen ging, trat ihm eine seltsame Gestalt entgegen, ein Mensch mit schwarzer Halblarve vor dem Gesicht, in einen feuerrothen Seidenmantel gehüllt, auf dem Haupt einen runden, seitwärts aufgeschlagenen Hut, fantastisch mit vielen hohen, schwankenden Federn geschmückt.

Philipp wollte der Maske ausweichen. Diese aber vertrat ihm den Weg und sagte: „Du bist mir ein allerliebster Kerl, du! Du gefällst mir? Wo gehst du hin? Sag' mir's.“

Philipp antwortete: „In die Mariengasse, da ruf' ich die Stunde.“

„Göttlich!“ rief die Maske: „Das muß ich hören. Ich will dich begleiten. So was hört man nicht alle Tage. Komm du nur, närrischer Kerl, und laß dich hören; aber das sag' ich dir, als Virtuose laß dich hören, sonst bin ich nicht zufrieden. Kannst du ein lustiges Stückchen singen?“

Philipp sah wohl, der Herr war ein wenig weinselig und vornehmen Standes, und antwortete: „Herr, beim Glase Wein in warmer Stube beffer, als bei folcher Kälte, die einem das Herz im Leibe erstarrt." Damit ging er seines Weges in die Marien-gaffe und fang und blies.

Die Maske hatte ihn dahin begleitet, und fprach: „Das ift kein Kunststück. Das kann ich auch, du närrischer Kerl. Gib mir dein Horn; ich will für dich blasen und fingen. Du follst dich bald zu Tode lachen."

Philipp gab auf der nächsten Station den Bitten der Maske nach, und ließ fie blasen und fingen. Es ging ganz in der Ord-nung. So zum zweiten, zum britten und zum vierten Mal. Die Maske konnte nicht müde werden, Stellvertreter des Nachtwächters zu fein, und war in Lobeserhebungen feiner Geschicklichkeit uner-schöpflich. Philipp lachte von ganzem Herzen über die wunder-lichen Einfälle des lustigen Herrn, der vermuthlich aus froher Ge-fellschaft oder von einem Balle kam, und fich mit einem Gläschen Wein über die gewöhnliche Höhe des Alltagslebens hinaufgestimmt hatte.

„Weißt du was, Schätzchen? Ich hätte große Luft, ein paar Stunden zu nachtwächtern. Ift es dießmal nicht, komm' ich mein Lebtag nicht zu der Ehre. Gib mir deinen Mantel und breit-krämpigen Hut; ich gebe dir da meinen Domino. Geh' in ein Bierhaus, trinke dir ein Räuschchen auf meine Rechnung; und haft du eins, fo komm wieder und gib mir meinen Maskenanzug zurück. Hier haft du ein paar Thaler Trinkgeld. Was meinft du, Schätzchen?"

Dazu hatte der Nachtwächter keine Luft. Die Maske gab aber mit Bitten nicht nach, und wie beide in ein finsteres Gäßchen traten, wurde kapitulirt. — Philipp fror erbärmlich; eine warme Stube hätte ihm wohlgethan, ein gutes Trinkgeld nicht minder. Er bewilligte dem jungen Herrn also das Nachtwächter-Vikariat auf eine halbe Stunde, nämlich bis zwölf Uhr; dann follte er zur Hauptpforte der Gregorienkirche kommen und Mantel, Horn und

Stange gegen den langen rothen Seidenmantel, Larve und Federhut austauschen. Auch nannte er ihm noch vier Straßen, in denen
er die Stunde abzurufen habe.

„Herzensschatz!“ rief die Maske entzückt: „Ich möchte dich
küssen, wenn du nicht ein Schmierfinke wärst. Nun, es soll dich
nicht gereuen. Um zwölf Uhr stelle dich bei der Kirche ein und
hole zum Trinkgeld dir ein Bratengeld. Juchheh, ich bin Nachtwächter!“

Die Kleider wurden vertauscht. Die Maske vernachtwächterte
sich. Philipp band die Larve um, setzte den von einer funkelnden
Schleife gezierten Federhut auf und wickelte sich in den langen
feuerrothen Seidenmantel. Als er seinen Stellvertreter verließ,
fiel es ihm aber doch aufs Herz, der junge Herr könnte vielleicht
aus Uebermuth die nachtwächterliche Würde entweihen. Er drehte
sich noch einmal um und sagte: „Ich hoffe, Sie werden meine
Gutmüthigkeit nicht mißbrauchen und Unfug treiben. Das könnte
mir Verdruß zuziehen und den Dienst rauben.“

„Was denkst du denn, närrischer Kerl?“ rief der Vikar: „Meinst
du, ich wisse nicht, was meines Amtes sei? Dafür laß mich sorgen.
Ich bin ein Christenmensch, so gut als du. Packe dich, oder ich
werfe dir die Stange zwischen die Beine. Um zwölf Uhr bist du
unfehlbar bei der Gregorienkirche und gibst mir meine Kleidung
wieder. Adieu! Das ist Teufelsspaß für mich.“

Trotzig ging der neue Nachtwächter seines Weges. Philipp
eilte, ein nahe gelegenes Bierhaus zu erreichen.

———

3.

Indem er um die Ecke des königlichen Palastes bog, fühlte
er sich von einer maskirten Person berührt, die so eben vor diesem
Palaste aus einem Wagen stieg. Philipp blieb stehen und fragte

nach Maskenart, nämlich mit gedämpfter, leiser Stimme: „Was steht zu Befehl?"

„Gnädiger Herr, Sie sind in Gedanken hier vor der Thür vorübergegangen!" erwiederte die Maske: „Wollen Ihre königliche Hoheit nicht —"

„Was? Königliche Hoheit?" sagte Philipp lachend: „Ich bin keine Hoheit. Wie kommen Sie zu dem Einfall?"

Die Maske verbeugte sich ehrfurchtsvoll und schielte nach der strahlenden Diamantenschleife auf Philipps Federhut: „Ich bitte um Gnade, wenn ich Maskenrecht verletze. Aber in welches Gewand Sie sich hüllen mögen, Ihre edle Gestalt wird Sie immer verrathen. Belieben Sie gefälligst vorzutreten. Werden Sie tanzen, wenn ich fragen darf?"

„Ich? Tanzen? — Nein. Sie sehen ja, ich habe Stiefeln an!" antwortete Philipp.

„Also spielen?" fragte die Maske weiter.

„Noch weniger; ich habe kein Geld bei mir!" erwiederte der Nachtwächter-Adjunkt.

„Mein Gott, disponiren Sie doch über meine Börse, über Alles, was ich bin und habe!" rief die Maske, und bot dem bestürzten Philipp einen vollen Geldbeutel an.

„Aber wissen Sie denn, wer ich bin?" fragte dieser, und schob die Hand mit dem Geldbeutel zurück.

Die Maske flüsterte mit einer graziösen Verbeugung: „Königliche Hoheit, Prinz Julian."

In diesem Augenblick hörte Philipp seinen Stellvertreter in einer benachbarten Gasse vernehmlich und laut die Stunde rufen. Jetzt erst merkte er die Verwandlungen. Prinz Julian, in der Residenz als ein junger, wilder, liebenswürdiger und geistvoller Mann bekannt, hatte den Einfall gehabt, die Rollen mit ihm zu vertauschen. „Nun, dachte Philipp, „spielt er den Nachtwächter gut, so will ich ihm auch in meiner Prinzenmaske keine Schande machen, und zeigen, daß ich wohl eine halbe Stunde lang Prinz sein kann. Es ist seine Schuld, wenn ich allenfalls einen Bock schieße." — Er wickelte sich fester in den feuerrothen Talar, nahm die Geldbörse an, steckte sie ein und sagte: „Maske, wer sind Sie? Ich gebe Ihnen morgen Ihr Geld zurück."

„Ich bin der Kammerherr Pilzow."

„Gut. Gehen Sie voran! Ich folge Ihnen."

Der Kammerherr gehorchte, flog die breiten Marmorstufen hinan; ihm behend nach Philipp. Sie traten in einen unermeßlichen Saal von tausend Kerzen erleuchtet, deren Strahlen sich an den Wänden in einer Menge Spiegel, an der Decke in den schwebenden Kristall= leuchtern brachen. Ein buntes Gewühl von Masken wogte durch einander, Sultane, Tirolermädchen, Papageno's, geharnischte Ritter, Nonnen, Galanteriehändler, Liebesgötter, Mönche, Frauen, Juden, Perser und Meder. Philipp war eine Weile ganz verblüfft und verblendet. Solch ein Schauspiel hatte er sein Lebtag nicht gehabt. In der Mitte des Saales schwammen hundert Tänzer und Tänzerinnen in den harmonischen Wellen der Musik.

Philipp, dem die milde Wärme wohlthat, die ihn hier an= hauchte, war von Verwunderung so gelähmt, daß er kaum mit einem Kopfnicken dankte, wenn unter den Vorbeischwärmenden ihn einige Masken bald neckend, bald ehrerbietig, bald zutraulich grüßten.

„Befehlen Sie zum Spieltisch?" flüsterte ihm der Kammerherr zu, der nun, beim Licht besehen, als Bramine dastand.

„Lassen Sie mich nur erst aufthauen!" entgegnete Philipp: „Mich friert verzweifelt."

„Aber ein Glas warmen Punsch?" sagte der Bramine, und führte ihn in ein Seitenkabinet. Der Pseudo=Prinz ließ sich nicht bitten. Ein Glas um das andere ward geleert. Der Punsch war gut, und bald ergoß sich sein Feuer durch alle Adern Philipps.

„Wie steht's, Bramine, Sie tanzen heute nicht?" fragte er den Kammerherrn, als sie in den Saal zurücktraten.

Der Bramine seufzte und zuckte die Achseln: „Für mich ist Spiel und Tanz vorbei, das Lachen ist vorüber. Die Einzige, die ich zum Tanz fordern möchte . . . die Gräfin Bonau . . . ich glaubte, sie liebe mich . . . denken Sie sich meine Verzweiflung . . . unsere Häuser waren einig . . . plötzlich bricht sie gänzlich mit mir ab."

„Ei, das ist das Erste, was ich höre!" rief Philipp.

„Mein Gott, Sie wissen nicht? Die ganze Residenz spricht davon!" seufzte der Kammerherr: „Schon seit vierzehn Tagen haben wir gebrochen. Sie erlaubt mir nicht einmal, mich zu rechtfertigen. Drei Briefe schickte sie mir unerbrochen zurück. Sie ist eine geschworne Feindin der Baronesse Reizenthal. Ich hatte ihr gelobt, jeden Umgang mit dieser zu meiden. Denken Sie sich mein Unglück: als die Königin Mutter nach Freudenwald zur Jagdparthie fährt, macht sie mich zum Kavalier der Baronesse — was sollte ich thun? Konnte ich widersprechen? Gerade am Namenstage der göttlichen Bonau mußte ich unerwartet fort . . . sie erfuhr Alles . . . sie verkannte mein Herz."

„Wohlan, Bramine, benutzen Sie den Augenblick. Die allgemeine Freude versöhnt Alles. Ist die Gräfin nicht hier?"

„Sehen Sie sie nicht dort drüben, links, die Karmeliterin neben den drei schwarzen Masken? Sie hat die Larve abgelegt. O mein Prinz, Ihr gnädiges Fürwort bei ihr . . ."

Philipp, den der Punsch begeistert hatte, dachte: da ist ein gutes Werk zu thun! und machte sich ohne Umstände zur Karmeliterin. Die Gräfin Bonau betrachtete ihn eine Weile ernst und erröthend, als er sich zu ihrer Seite niedersetzte. Sie war ein schönes Mädchen; doch bemerkte Philipp bald, sein Röschen sei noch zehntausendmal schöner.

„Meine Gräfin . . ." stammelte er und gerieth in Verlegenheit, als sie ihren hellen, schwärmerischen Blick auf ihn lenkte.

„Prinz," sagte die Gräfin, „Sie waren vor einer Stunde beinahe zu muthwillig."

„Schöne Gräfin, ich bin jetzt dafür um so ernsthafter."

„Desto besser; so darf ich Sie nicht fliehen, Prinz."

„Schöne Gräfin, eine Frage nur erlauben Sie mir: thun Sie auch in diesem Nonnenkleide aufrichtige Buße für Ihre Sünden?"

„Ich habe nichts zu büßen."

„Aber doch, Gräfin, Ihre Grausamkeiten . . . Ihr Unrecht gegen den lieben Braminen, der dort drüben von Gott und aller Welt verlassen steht."

Die schöne Karmeliterin schlug die Augen nieder und ward ein wenig unruhig.

„Wissen Sie auch, schöne Gräfin, daß der Kammerherr an der Freudenwaldergeschichte so unschuldig ist, wie ich?"

„Wie Sie, Prinz?" sagte die Gräfin, und runzelte die Stirn: „Was sagten Sie mir erst vor einer Stunde?"

„Sie haben Recht, liebe Gräfin, ich war zu muthwillig. Sie selbst sagen es ja. Nun schwör' ich, der Kammerherr mußte auf Befehl der Königin Mutter nach Freudenwald, mußte gegen seinen Willen dahin, mußte beständig der Kavalier der ihm verhaßten Netzenthal sein . . ."

„Der ihm verhaßten!" lächelte spöttisch und bitter die Gräfin.

„Ja, er haßt, er verachtet die Baronin. Glauben Sie mir, er hat gegen die Baroneße fast alle Grenzen des Anstandes verletzt, hat sich durch sein Betragen vielen Verdruß zugezogen. Ich weiß es. Und das Alles that er für Sie. Nur Sie liebt er, nur Sie betet er an. Und Sie — Sie könnten ihn verstoßen?"

„Wie kommt es, Prinz, daß Sie sich für Pilzow so lebhaft interessiren? Sonst war's doch nicht so."

„Es geschieht, Gräfin, weil ich ihn vorher nicht kannte, noch weniger seine traurige Lage, in die Sie ihn stürzten. Ich schwöre Ihnen, er ist unschuldig. Sie haben ihm nichts zu verzeihen, aber wohl er Ihnen."

„Still!" lispelte die Karmeliterin mit erheiterten Mienen: „Man achtet auf uns, Kommen Sie hinweg von hier!" — Sie legte ihre Larve vor, stand auf und gab dem vermeinten Prinzen den Arm. Beide gingen den Saal entlang, dann in ein leeres Seitenkabinet. Hier führte die Gräfin bittere Klagen gegen den Kammerherrn; aber es waren nur Klagen eifersüchtiger Liebe. Sie trocknete eine Thräne ab. Da trat schüchtern der zärtliche Bramine herein. Es entstand tiefe Stille. Philipp wußte hier nichts Besseres zu thun, als er führte den Kammerherrn zur Karmeliterin, legte beider Hände in einander, ohne ein Wort zu sagen, und überließ sie ihrem Schicksal. Er selbst ging in den Saal zurück.

4.

Hier stieß ihn ein Mameluk an, und sagte hastig: „Gut, Domino, daß ich Sie finde. Ist das Rosenmädchen hier im Kabinet?" — Der Mameluk trat hinein, und kam den Augenblick wieder zurück. „Auf ein Wort allein, Domino!" und führte Philipp in einen entlegenen Theil des Saals ans Fenster.

„Was steht zu Befehl?" fragte Philipp.

„Ich beschwöre Sie," sagte der Mameluk mit gedämpfter, aber fürchterlicher Stimme, „wo ist das Rosenmädchen?"

„Was geht mich das Rosenmädchen an?"

„Aber mich desto mehr!" entgegnete der Mameluk, dessen gepreßte Stimme, deſſen unruhige Bewegungen eine ſchreckliche Gährung ſeines ganzen Innern verriethen: „Mich deſto mehr! Es iſt mein Weib. Sie wollen mich unglücklich machen. Prinz, ich beſchwöre Sie, treiben Sie mich nicht zum Wahnſinn. Laſſen Sie von meinem Weibe.“

„Von Herzen gern!“ antwortete Philipp trocken: „Was habe ich mit Ihrer Gemahlin zu ſchaffen?“

„Oh! Prinz! Prinz!“ rief der Mameluk: „Ich bin zum Aeußerſten entſchloſſen, und ſollte es mir das Leben koſten. Ver= ſtellen Sie ſich keinen Augenblick länger vor mir. Ich habe Alles entdeckt. Hier, da — ſehen Sie — hier das Billet, das Ihnen das falſche Weib in die Hände drückte, und Sie, ohne. es geleſen zu haben, im Gedränge verloren.“

Philipp nahm den Zettel. Mit Bleiſtift war von einer weib= lichen Hand darauf geſchrieben: „Aendern Sie die Maske. Alles kennt Sie. Mein Mann beobachtet Sie. Mich kennt er nicht. Wenn Sie artig ſind, Lohn' ich's Ihnen.“

„Hm!“ brummte Philipp: „Das iſt, ſo wahr ich lebe, nicht an mich geſchrieben. Ich bekümmere mich um Ihre Gemahlin wenig.“

— Himmel und Hölle, Prinz, machen Sie mich nicht raſend. Wiſſen Sie, wen Sie vor ſich haben? Ich bin der Marſchall Blankenſchwerd. Daß Sie meinem Weibe nachſtellen, iſt mir ſeit der letzten Reboute am Hofe nicht mehr unbekannt.“

„Herr Marſchall,“ verſetzte Philipp, „nehmen Sie mir's nicht übel, die Eiferſucht blendet Sie. Wenn Sie mich recht kennten, Sie würden von mir ſo tolles Zeug gar nicht denken. Ich gebe Ihnen mein Ehrenwort, Ihre Gemahlin ſoll Ruhe vor mir haben.“

— Iſt es Ihr Ernſt, Prinz?

„Vollkommen.“

— Geben Sie mir den Beweis.

„Wie verlangen Sie ihn?"

— Sie haben sie bisher abgehalten, ich weiß es, zu ihren Verwandten nach Polen mit mir zu reisen. Bereden Sie sie jetzt dazu.

„Von Herzen gern, wenn Ihnen damit gedient ist."

— Alles, königliche Hoheit, Alles! Sie verhüten entsetzliches, unvermeidliches Unglück.

Der Mameluk plauderte noch ein Langes und Breites, bald weinerlich, bald flehend, bald drohend, daß dem guten Philipp bange ward, der Mensch könne in seiner Tollheit mit ihm vor aller Welt Händel beginnen. Und das war ihm eben nicht gelegen. Er war froh, daß er von ihm abkam.

Kaum hatte er sich in der Masse der Uebrigen verloren, kniff ihn eine weibliche Maske, die schwarz beflort in tiefen Trauerkleidern einherging, freundlich in den Arm und flüsterte: „Schmetterling, wohin? — Flößt Ihnen die verlassene Wittwe kein Mitleiden ein?"

Philipp erwiederte gar höflich: „Schöne Wittwen finden nur der Tröster zu viel; darf ich mich zur Zahl Ihrer Tröster zählen?"

„Warum sind Sie so ungehorsam, und änderten die Maske nicht?" sagte die Wittwe, indem sie mit ihm seitwärts ging, wo sie freier mit ihm ins Gespräch treten konnte: „Glauben Sie denn, Prinz, daß Sie nicht von Jedem hier erkannt sind?"

„Die Leute," versetzte Philipp, „sind doch ungewiß, und irren sich in mir."

„Wahrhaftig nicht, Prinz; und kleiden Sie sich nicht auf der Stelle anders, so verlasse ich Sie für den ganzen Abend. Denn ich möchte meinem Mann keinen Anlaß zu einem Auftritte geben."

Jetzt wußte Philipp, mit wem er es zu thun hatte. „Sie waren das schöne Rosenmädchen. Sind die Rosen so schnell verblüht?"

„Was ist nicht vergänglich? Besonders Männertreue! Ich sah

wohl, wie Sie mit der Karmeliterin davon schlichen. Bekennen Sie nur Ihre Flatterhaftigkeit. Sie können nicht mehr läugnen."

"Hm!" versetzte Philipp trocken: "Klagen Sie mich nicht an, sonst klag' ich Sie auch an."

"Zum Beispiel, schöner Schmetterling?"

"Es gibt, zum Beispiel, doch keinen treuern Mann, als den Marschall."

"Das ist er wohl. Und ich habe Unrecht, wahrlich, großes Unrecht, Sie zu viel angehört zu haben. Ich mache mir Vor-würfe genug. Er hat leider unser Verhältniß ausgespürt."

"Seit der letzten Redoute am Hofe, schöne Wittwe."

"Wie Sie zu ausgelassen und unvorsichtig waren, schöner Schmetterling."

"Machen wir's wieder gut. Trennen wir uns. Ich schätze den Marschall. Ich mag ihn meinetwillen nicht leiden sehen."

Die Wittwe betrachtete ihn eine Weile sprachlos.

"Haben Sie," fuhr Philipp fort, "wirklich einige Achtung für mich, so reisen Sie mit dem Marschall nach Polen zu Ihren Ver-wandten. Es ist besser, daß wir uns nicht zu viel sehen. Eine schöne Frau ist schön; eine treue, tugendhafte Frau ist aber noch schöner."

"Prinz!" rief die bestürzte Marschallin: "Ist das Ihr Ernst? Haben Sie mich je geliebt oder belogen?"

"Sehen Sie," sagte Philipp, "ich bin ein Versucher ganz eigener Art. Ich suche die Tugend und Treue unter den Weibern, und finde sie so selten. Die Treueste und Tugendhafteste kann mich allein fesseln — darum fesselt mich keine. Doch, holla, nein, daß ich nicht lüge. Eine hat mich gefesselt. Aber, es thut mir leid, Frau Marschallin, das sind eben Sie gerade nicht."

"Sie sind in einer abscheulichen Laune, Prinz!" sagte die Wittwe und das Zittern ihrer Stimme und das Auf- und Ab-wogen ihres Busens verrieth, was in ihr vorging.

„Nein,“ erwiederte Philipp, „ich bin, so wahr ich lebe, in der ehrlichsten Laune von der Welt. Ich möchte gern einen dummen Streich wieder gut machen. Ich hab' es Ihrem Manne auch gesagt.“

„Wie?“ rief die Wittwe erschrocken: „Sie haben dem Marschall Alles offenbart?“

„Nicht eben Alles, nur was ich wußte.“

Die Wittwe wandte sich in heftiger Bewegung rechts und links. Sie rang die Hände. Endlich fragte sie: „Wo ist mein Mann?“

Philipp zeigte auf den Mameluken, der in dem Augenblick mit langsamen Schritten daher kam.

„Prinz!“ sagte die Wittwe mit einem Tone voll unaussprechlichen Zorns: „Prinz, verzeihe Ihnen Gott, ich kann Ihnen nie verzeihen. Solcher Abscheulichkeit hielt ich nie das Herz eines Menschen fähig. Sie sind ein Verräther. Mein Mann ist ein Ehrenmann im Mamelukenkleide, Sie sind ein Mameluk im Ehrenkleide. In dieser Welt sehen Sie mich nicht wieder.“ — Mit diesen Worten wandte sie ihm schnell und stolz den Rücken, ging auf den Mameluken zu, und verlor sich mit ihm, wie man sah, in eine sehr ernste Unterredung.

Philipp lachte heimlich vor sich in den Bart und dachte bei sich: „Mein Substitut, der Nachtwächter, mag sehen, wie er zurecht kommt. Ich spiele meine Rolle in seinem Namen so übel nicht. Wenn er nur morgen so ehrlich fortfährt, wie ich angefangen habe.“

Er trat zu den Tanzenden, und erblickte mit Vergnügen die schöne Karmeliterin in den Reihen der Tänzerinnen an der Seite ihres überglücklichen Braminen. Dieser ward den feuerfarbenen Domino kaum gewahr, so warf er ihm eine Kußhand zu, und bezeichnete pantomimisch die Höhe seiner Seligkeit. Philipp dachte bei sich: „Schade, daß ich nicht Prinz für Zeitlebens bin. Die Leute sollten bald alle mit mir zufrieden sein. Es ist in der

Welt nichts leichter, als ein Prinz zu sein. Mit einem Worte vermag er mehr, als der beste Advokat mit einer langen Rede. Er hat das Vorrecht, geradezu zu gehen und frei von der Leber weg zu sprechen. Ja, wenn ich Prinz wäre, dann wäre mein Röschen — für mich verloren. Nein, ich möchte nicht Prinz sein."

Er sah nach der Uhr, es war erst halb zwölf Uhr. Da kam der Mameluk in Hast auf ihn zu, zog ihn auf die Seite, und gab ihm ein Papier. „Prinz," rief der Mameluk, „ich möchte Ihnen zu Füßen fallen, und Ihnen im Staube danken. Ich bin versöhnt mit meiner Frau. Sie haben ihr Herz gebrochen; aber es ist gut, daß es geschah. Sie will noch diese Nacht abreisen. Sie will auf den Gütern in Polen bleiben. Leben Sie wohl. In welcher Stunde es auch sei, ich erwarte Ihre Befehle, wenn es darauf ankommt, für Ihre königliche Hoheit in den Tod zu gehen. Mein Dank ist ewig. Leben Sie wohl!"

„Halt!" rief Philipp, da der Marschall schnell davon wollte: „Was soll ich mit dem Papier?"

Der Marschall antwortete: „Es ist meine Spielschuld von voriger Woche, die ich fast vergessen hatte, und jetzt bei der Abreise nicht vergessen möchte. Ich habe den Wechsel auf Ihre königliche Hoheit endossirt." Damit verschwand der Marschall.

———

5.

Philipp schielte in das Blatt, las da etwas von fünftausend Gulden, steckte das Papier zu sich und dachte: „Schade, daß ich nicht Prinz bin."

Indem wisperte ihm Jemand ins Ohr: „Königliche Hoheit, wir sind beide verrathen. Ich erschieße mich." — Philipp sah sich mit großen Augen um und erblickte einen Neger.

— Was wollen Sie, Maske? fragte Philipp ganz gelassen.

„Ich bin der Oberst Kalt!" antwortete flüsternd der Neger: „Die unselige Marschallin hat dem Herzog Hermann geplaudert, und dieser speit jetzt Feuer und Flammen gegen Sie und mich."

— Meinethalben! versetzte Philipp.

„Aber der König erfährt Alles!" seufzte der Neger ängstlich: „Vielleicht werde ich diese Nacht schon arretirt und morgen auf die Festung gebracht. Ich erhänge mich lieber."

— Davon haben Sie keinen Nutzen! sagte Philipp.

„Soll ich mich lebenslänglicher Schande preisgeben? Ich bin verloren. Der Herzog wird blutige Genugthuung fordern. Sein Rücken ist gewiß noch blau von der Tracht Schläge, die ich ihm gab. Ich bin verloren und das Bäckermädchen dazu. Ich springe von der Brücke und ersäufe mich noch diese Nacht."

„Behüte Gott! sagte Philipp: Was hätten Sie und das Bäckermädchen davon?

„Ihre königliche Hoheit scherzt, und ich bin in Verzweiflung. Ich flehe unterthänigst, nur ein paar Augenblicke unter vier Augen gönnen Sie mir."

Philipp folgte dem Neger in ein einsames Seitengemach, wo wenige Kerzen einen düstern Schein verbreiteten. Der Neger warf sich, wie gelähmt, auf ein Sofa nieder und seufzte laut. Philipp fand auf einem Tische Erfrischungen nebst feinen Weinen, und ließ sich's schmecken.

„Ich begreife nicht, wie Ihre königliche Hoheit so ruhig bei der verdammten Geschichte sein kann!" sagte der Neger: „Wäre nur der Schelm, der Neapolitaner Salmoni, noch hier, der den Geisterbeschwörer spielte; der Kerl war voller Ränke von den Zehen an bis zum Scheitel, und hätte uns vielleicht mit einer List retten können. Jetzt hat er sich aus dem Staube gemacht."

— Desto besser! erwiederte Philipp, und füllte sein Glas von neuem: So schieben Sie alle Schuld auf ihn. Er ist davon.

„Wie auf ihn schieben? Der Herzog weiß nun, daß Sie, ich, die Marschallin und das Bäckermädchen in der Intrigue waren, um aus seinem Aberglauben Nutzen zu ziehen. Er weiß, daß Sie den Salmoni zur Geisterbannerei bestachen; daß ich mein Bäckermäd- chen, in das er verliebt war, abrichtete, um ihn in die Falle zu locken; daß ich der Geist war, der ihn zu Boden warf und ihm das Fell bläute. Hätte ich nur den Spaß nicht zu weit getrieben! Aber ich wollte ihm die Liebe zu meinem Mädchen ein wenig aus- klopfen. Es ist ein verdammter Streich. Ich nehme Gift."

— Nehmen Sie lieber ein Glas Wein; er ist gut! sagte Phi- lipp, und nahm mit frischer Eßlust ein frisches Stück Torte. Und überhaupt, setzte er hinzu, muß ich Ihnen offen gestehen, lieber Oberst, daß Sie für einen Obersten sehr feig sind, und sich da einer Narrengeschichte willen gleich erschießen, ersäufen, vergiften und aufhängen wollen. Es wäre schon an einem zu viel. Zwei- tens muß ich Ihnen sagen, daß ich aus Ihrem Geschwätz da un- ter einander noch zur Stunde nicht klug werde.

„Königliche Hoheit halten zu Gnaden, ich weiß nicht, wo mir der Kopf steht. Der Kammerjunker des Herzogs — er ist mein alter Freund — vertraute mir diesen Augenblick, die Marschallin sei, vom Teufel geplagt, erst vor wenigen Minuten zum Herzog getreten, und habe ihm gesagt: die Komödie im Haus des Bäckers hat Ihnen Prinz Julian gestiftet, der Ihnen seine Schwester nicht gönnte. Die Hexe, die Sie sahen, war ich selbst, als Abgeord- nete der Prinzessin, um Zeugin Ihres Aberglaubens zu sein. Prinz Julian hat das Verzeichniß Ihrer Schulden, das Sie in die Gruft warfen, aus welcher Sie die Schätze heben sollten, so wie Ihren Revers gegen das Bäckermädchen, das Sie, nach der Vermählung mit der Prinzessin, als Mätresse zu sich nehmen und adeln lassen wollten. Und der Geist, der Sie abprügelte, war Oberst Kalt, der Handlanger des Prinzen. Darum ging es mit Ihrer Vermählung den Krebsgang. Machen Sie sich keine Hoffnung länger; Sie warten vergebens. — So hat die Marschallin dem Herzog gesagt, und ist verschwunden."

Philipp schüttelte den Kopf und brummte: „Das sind mir auch saubere Geschichten! Solcher Streiche schämt man sich ja im gemeinsten Pöbel. Was Teufeleien und kein Ende!"

„Nein," rief der Oberst, „Rasenderes, Pöbelhafteres kann man nicht thun, als die Marschallin. Das Weib muß eine Furie sein. — Gnädigster Herr, retten Sie mich."

— Wo ist denn der Herzog? fragte Philipp.

Der Kammerjunker sagte, er sei schnell aufgestanden und habe bloß gerufen: „Ich gehe zum König! — Denken Sie, Prinz, wenn der zum König geht und unsere Historie nach seiner Art malt."

— Ist denn der König hier?

„Allerdings. Er spielt im Nebenzimmer mit dem Erzbischof und dem Polizeiminister l'Hombre."

Philipp ging mit großen Schritten durch das Kabinet. Hier war guter Rath theuer.

„Königliche Hoheit," sagte der Neger, „retten Sie mich. Es gilt Ihre eigene Ehre. Es wird Ihnen leicht sein. Uebrigens bin ich auf Alles gefaßt, und beim ersten bösen Wind über die Grenze. Ich packe ein. Morgen erwarte ich Ihre letzten Befehle über mein Verhalten." — Mit diesen Worten verschwand der Neger.

6.

„Es ist hohe Zeit, daß du wieder Nachtwächter wirst, Philipp!" dachte Philipp bei sich selber: „Du verwickelst dich und deinen Substitut in gottlose Händel, aus denen dich und ihn weder seine, noch meine Klugheit rettet. — Das also wäre der Unterschied zwischen einem Nachwächter und einem Prinzen? Dafür wend' ich keine Hand um. Lieber Himmel, wie viel tolle Dinge geschehen bei den Erdengöttern hier unterm Hofhimmel, wovon wir uns bei Nachtwächterhorn und Webstuhl, bei Spaten und Leisten nichts träumen lassen! Man bildet sich ein, die Götter führen ein Leben, wie die Engel, ohne Sünden, ohne Sorgen. Saubere Wirthschaft! Ich habe in einer Viertelstunde hier mehr Bubereien gut zu machen, als ich in meinem ganzen Leben begangen habe."

„So einsam, mein Prinz?" flüsterte hinter ihm eine Stimme: „Ich preise mich glücklich, Ihre königliche Hoheit einen Augenblick allein zu treffen."

Philipp sah sich um. Es war ein Bergknappe in Gold und Seide und Juwelen. — Was wollen Sie? fragte Philipp.

„Nur einen Augenblick gnädigstes Gehör!" antwortete der Knappe: „Es ist dringend, das Resultat Ihnen vielleicht lieb."

— Wer sind Sie denn, Maske, wenn ich fragen darf?

„Graf Bodenlos, der Finanzminister, Ihrer königlichen Hoheit zu dienen!" versetzte der Knappe, und lüpfte die Larve, um ein Gesicht zu zeigen, das mit den kleinen Augen und der großen kupferrothen Nase eine Larve zu sein schien.

— Nun, Herr Graf, was steht zu Befehl? fragte Philipp weiter.

„Darf ich freimüthig reden? Ich ließ mich schon dreimal bei Ihrer königlichen Hoheit melden, und genoß nicht die Gnade, vorgelassen zu werden. Und doch — Gott ist Zeuge! — nimmt am ganzen Hofe Niemand an Ihrer königlichen Hoheit Wohl und Weh so lebhaften Antheil, als ich."

— Herr Graf, ich bin Ihnen verbunden! versetzte Philipp: Aber was wollen Sie? Machen Sie's kurz.

„Darf ich vom Handelshaus Abraham Levi reden?" fragte der Bergknappe.

— So viel Sie wollen.

„Es hat sich an mich wegen der fünfzigtausend Gulden gewendet, die Sie ihm schuldig geworden sind. Es droht, sich an den König zu wenden. Und Sie wissen, welches Wort Sie dem Könige gaben, als er Ihre letzten Schulden zu zahlen befahl?“

— Können die Leute nicht warten? fragte Philipp.

„So wenig, als die Gebrüder Goldschmidt warten wollen, die an Ihnen fünfundsiebenzigtausend Gulden fordern.“

— Mir gleich. Wenn die Menschen nicht warten wollen, so muß ich . . .

„Keine verzweifelten Entschlüsse, gnädigster Herr! Ich bin im Stande, Alles wieder ins Gleis zu bringen, wenn . . .“

— Was denn, wenn?

„Wenn Sie mir Ihre Gnade schenken, wenn Sie mich nur einen Augenblick anzuhören geruhen. Ich hoffe, alle Ihre Schulden ohne Mühe zu decken. Das Haus Abraham Levi hat ungeheure Aufkäufe von Getreide veranstaltet, so daß dasselbe sehr im Preis gestiegen ist. Ein Verbot der Kornausfuhr gegen die benachbarten Staaten wird den Preis um das Doppelte und Dreifache in die Höhe schnellen. Dann gibt man dem Abraham Levi Lizenzen, und Alles ist in der Ordnung. Das Haus streicht die Schulden, übernimmt für Sie die Zahlung der fünfundsiebenzigtausend Gulden, und ich überreiche Ihnen die Quittungen. Alles aber hängt von dem Umstande ab, daß ich noch einige Jahre an der Spitze der Finanzen bleibe. Gelingt es dem Baron Greifensack, mich aus dem Ministerium zu verdrängen, so bin ich ohnmächtig, für Sie zu handeln, wie es mein heißester Wunsch wäre. Es steht bei Ihrer königlichen Hoheit, daß Sie die Partei des Greifensack verlassen, und unser Spiel ist gewonnen. Für mich ist es einerlei, ob ich im Ministerium bleibe, oder nicht. Ich sehne mich nach Ruhe. Aber es ist mir für Ihre königliche Hoheit nicht gleichgültig. Kann ich die Karten nicht nach Gefallen mischen, so habe ich verloren."

Philipp wußte eine Weile nicht, was auf den Antrag erwiedern. Endlich, während der Finanzminister, auf Antwort wartend, eine Brillantdose hervorzog und eine Prise nahm, sagte Philipp: — Wenn ich Sie recht verstehe, Herr Graf, wollen Sie das Land ein wenig aushungern, um meine Schulden zu zahlen. Denken Sie auch, wie viel Unheil Sie anrichten! Und wird es der König zugeben?

„Wenn ich an den Geschäften bleibe, so lassen Sie das meine Sorge sein, gnädigster Herr. Sobald die Preise der Lebensmittel steigen, wird der König sogleich von selbst an eine Kornsperre denken, und die Getreideausfuhr mit schweren Zöllen hemmen. Dann gibt man dem Haus Abraham Levi Ausfuhrbewilligungen für zehn Säcke, und es führt hundert aus. Nichts leichter, als das. Allein, wie gesagt, kommt der Greifensack ans Ruder, wird daraus nichts. Ehe er sich ins Fach hineinstudirt, vergehen Jahre. So lange wird er aus Noth den ehrlichen Mann spielen, um nachher den König und das Land desto ärger zu prellen. Er muß erst sein Terrain kennen. Es gibt keinen ärgern Juden, als den Greifensack. Sein Geiz ist stinkend."

— Schöne Aussichten! sagte Philipp: Wie lange glauben Sie, muß ein Finanzminister auf seinem Posten stehen, ehe er die Scheere an das Volk legen kann, um für sich und unsereins etwas zu schneiden?

„Hm, wenn er Kopf hat, bringt er's in einem Jahre weit."

— So sollte man dem König rathen, alle zwölf Monate einen neuen Finanzminister zu machen, wenn er immer ehrlich bedient sein will.

„Ich hoffe, gnädigster Herr, seit ich die Finanzen führe, ist dem König und dem Hofe nichts abgegangen."

— Das glaub' ich, Graf, aber dem armen Volke desto mehr. Es weiß die Menge der Steuern und Auflagen kaum noch zu erschwingen. Sie sollten ein wenig barmherziger mit uns um= gehen.

„Mit uns? — Thue ich nicht Alles für den Hof?"

— Nein, barmherziger mit dem Volke sollten Sie verfahren, meine ich.

„Mein Prinz, ich weiß, welche Achtung ich Ihren Worten schuldig bin. Der König mit seiner erlauchten Familie ist das Volk, dem ich diene; das, was man Volk nennt, kann in keine Betrachtung kommen. Das Land ist des Königs Eigenthum. Völ= ker sind nur in so fern achtbar, als sie, gleich andern Nullen, die der Hauptzahl folgen, den Werth derselben vergrößern. Aber es ist hier nicht der Augenblick, den abgedroschenen Wortkram über den Werth der Völker zu erneuern; sondern ich bitte um gnädig= sten Entscheid, ob ich die Ehre haben soll, Ihre Schulden auf die bewußte Weise zu beseitigen?"

— Antwort: nein, nein und nimmermehr auf Unkosten von hunderttausend und mehr armer Familien.

„Königliche Hoheit, es geht ja nur auf Rechnung des Hauses Abraham Levi. Und wenn ich dies Haus nöthigte, Ihnen noch zu den Quittungen Ihrer Schulden fünfzigtausend Gulden baar zuzulegen? Ich denke, es läßt sich machen. Das Haus gewinnt durch die einzige Operation so viel, daß —"

— Vermuthlich auch für Sie, Herr Graf, noch ein artiges Trinkgeld herauskommt.

„Ihre königliche Hoheit belieben zu scherzen. Ich gewinne da= bei nichts. Ich brenne nur vor Begierde, Ihre Huld wieder zu erhalten."

— Sie sind sehr gütig.

„Also darf ich hoffen, mein Prinz?"

— Herr Graf, ich werde thun, was recht ist; thun Sie Ihre Pflicht.

„Meine Pflicht ist, Ihnen zu dienen. Morgen lasse ich den Levi berufen, schließe den Handel mit ihm ab, und habe die Ehre, Ihrer königlichen Hoheit die besagten Quittungen zu überreichen, nebst Anweisung auf fünfzigtausend Gulden."

— Gehen Sie! Ich mag davon nicht hören.

„Und Ihre königliche Hoheit wenden mir Ihre Gnade wieder zu? Denn ohne im Ministerium zu stehen, könnte ich dem Abraham Levi unmöglich —"

— Ich wollte, Sie und Ihr Ministerium und Ihr Abraham Levi säßen alle drei auf dem Blocksberg. Das sag' ich Ihnen, entsteht eine Kornsperre, läßt die Theurung der Lebensmittel nicht auf der Stelle nach, verkauft Ihr Judenhaus nicht das aufgespeicherte Getreide sogleich um den Ankaufspreis: so gehe ich ohne anders zum König, decke ihm alle Schelmereien auf, und helfe Sie sammt dem Abraham Levi aus dem Lande jagen. Verlassen Sie sich darauf; ich halte Wort.

Philipp drehte sich um, ging in den Tanzsaal und ließ den Finanzminister ganz versteinert hingepflanzt stehen.

———————

7.

„Wann befehlen Ihre königliche Hoheit, daß der Wagen vorfahren soll?" flüsterte ihm eine Stimme zu, als er durch die Masken im Saal entlang ging. Es war ein dicker, holländischer Kaufmann mit einer Stutzperrücke, der die Worte an ihn richtete.

— Ich fahre nicht.

„Es ist halb zwölf Uhr vorbei, Prinz. Die schöne Sängerin erwartet Sie. Sie hat lange Weile."

— So mag Sie sich etwas fingen.

„Wie, Prinz, hätten Sie Ihren Sinn geändert? — Die reizende Rollina wollten Sie im Stich laffen? — Den goldenen Augenblick verlieren, nach dem Sie seit zwei Monaten vergebens seufzten? — Ihr Billet, das Sie diesen Morgen durch mich an Signora Rollina mit der Brillanten=Uhr schickten, that dieses Wunder. Die stolze Spröde ergibt sich. Sie waren den Mittag noch so hoch entzückt, und nun mit einem Mal so kalt wie Eis? Was ist mit Ihnen vorgegangen? Die Verwandlung begreife ich nicht."

— Das gilt mir gleich.

„Sie haben mir aber befohlen, Sie um halb zwölf Uhr zu begleiten. Hätten Sie andere Engagements?"

— Freilich.

„Etwa ein Souper bei der Gräfin Born? Sie ist nicht am Ball erschienen; wenigstens ist hier unter allen Masken keine Spur von ihr. Ich könnte sie an ihrem Gang und ihrer eigenen Art, das niedliche Köpfchen zu tragen, unter Tausenden unterscheiden. Wie, Prinz?"

— Und wenn es wäre, müßt' ich's Ihnen anvertrauen?

„Ah, ich verstehe und schweige. Wollen Sie aber der Signora Rollina nicht wenigstens wissen laffen, daß Sie nicht kommen werden?"

— Hat sie mich zwei Monate nach ihr seufzen laffen, so mag sie auch einmal zwei Monate für mich seufzen. Ich gehe nicht.

„Also aus dem prächtigen Halsschmuck, den Sie ihr zum Neujahrsgeschenk bestimmten, wird nun vermuthlich auch nichts."

— Wenn's auf mich ankommt, schwerlich.

„Wollen Sie ganz mit ihr brechen, gnädigster Herr?"

— Ich habe mit ihr noch nicht angebunden.

„Nun denn, Prinz — so darf ich offen sein. So darf ich die

Wahrheit sagen, die Sie vielleicht aber schon wissen. Ich vermuthe es wenigstens aus Ihrer schnellen Sinnesänderung. — Nur Ihre Leidenschaft für die Rollina schreckte mich ab, es Ihnen früher zu gestehen. Sie sind betrogen."

— Von wem?

„Von der listigen Operistin. Sie würden die Gunst derselben mit einem Juden theilen müssen."

— Mit einem Juden?

„Nun ja, mit dem Sohn des reichen Abraham Levi."

— Ist der Schelm denn überall?

„Sie wissen also noch nicht? Ich sage Ihnen die heilige Wahrheit. Wären Ihre königliche Hoheit nicht dazwischen gekommen, der Jude würde die feile Schöne öffentlich unterhalten. Es thut mir nur um die Uhr leid."

— Mir nicht.

„Die Metze verdient den Staubbesen."

— Es wird Mancher nicht nach Verdienst gewürdigt.

„Königliche Hoheit, nur zu wahr. Zum Beispiel, ich habe neulich ein Mädchen entdeckt — o Prinz, die ganze Stadt und das ganze Königreich hat nichts Schöneres, nichts Lockenderes aufzuzeigen. Aber wenige Menschen kennen das himmlische Geschöpf. Puh, was ist die Rollina daneben! Eine alte Here von Denner. Sehen Sie, ein Mädchen, schlank und schwank wie ein Rohr; eine Farbe, eine zarte Haut, wie Abendroth auf Schnee; ein Paar Augen, wie Sonnen; ein goldener, dicker Haarwuchs — kurz, in meinem Leben sah ich nichts Schöneres. Aber wer würdigt diese Venus? Es ist eine Liebesgöttin in bürgerlicher Haube. Auf diese müssen wir Jagd machen."

— Also ein Bürgersmädchen?

„Freilich nur eine Grisette, aber — nein, Sie müssen sie sehen und Sie werden brennen. Was hilft da mein Schildern und Preis fen! Was Sie sich je in den schönsten Träumen Entzückendes träumen konnten, ist da in der Natur verkörpert, und dabei noch die liebste, zarteste, unentweihteste Unschuld! — Man sieht sie aber selten. Sie weicht selten von ihrer Mutter. Doch kenne ich ihren Sitz in der Kirche und den Sonntagsspaziergang, den sie gewöhnlich mit ihrer Mutter vor das Ulmerthor macht. Auch habe ich schon ausgespürt, daß ein junger, hübscher Kerl, ein Gärtner, ihr den Hof macht. Er kann sie aber nicht heirathen, weil er ein armer Teufel ist, und das Mädchen hat auch nichts. Die Mutter ist Wittwe eines an der Auszehrung gestorbenen Leinwebers."

— Wie heißt die Mutter?

"Wittwe Bittner im Milchgäßchen, und ihre Tochter, schön wie eine Rose, heißt, was sie in der That ist, Röschen."

Dem guten Philipp wurde es bei diesem Namen kalt und warm. Er hätte die beste Lust gehabt, dem Erzähler die geballte Faust auf den Kopf zu geben. "Sind sie des Teufels?" rief Philipp.

"Gelt!" sagte der Holländer: "Ich habe schon gut gekundschaftet. Sie müssen das niedliche Ding erst sehen. Oder wie, mein Prinz, sollte Ihr Scharfblick schon die köstliche Perle entdeckt haben? Kennen Sie sie wirklich?"

— Ich kenne sie allerdings.

"Desto besser. Habe ich zu viel gelobt? Stimmen Sie nicht bei? Die soll uns nicht entgehen. Wir wandern mit einander zur Mutter. Sie spielen den Menschenfreund. Die Armuth der Wittwe ist Ihnen bekannt geworden. Sie mögen keine Nothleidende sehen. Sie erkundigen sich theilnehmend nach den Umständen der guten Frau, lassen ein Geschenk zurück, wiederholen die Besuche, fahren in Mildthätigkeit fort, werden mit Röschen bekannter. Das Andere gibt sich. Der Gärtner-Lümmel ist bald beseitigt; der hilft vielleicht noch, wenn man ihm ein Dutzend harte Thaler in die Hand drückt."

Zsch. Nov. IX.

Philipp wußte vor Grimm nicht, was sagen. „Der Donner soll drein schlagen, — —" rief er.

„Wenn der Schlingel, der Gärtner, Umstände macht?" unterbrach ihn der Holländer: „O dafür lassen Sie mich sorgen. Königliche Hoheit, bekomm' ich durch Ihr Fürwort den Kammerherrnschlüssel, so gehört Ihnen das Mädchen. Den Gärtner stecke ich unter die Soldaten und schicke ihn zur Armee. Da kann er sich für das Vaterland schlagen. Unterdessen sind Sie Meister im Felde; denn das Mädchen hängt, glaube ich, doch mit bürgerlicher Steifheit dem Burschen etwas an. Es wird überhaupt nicht leicht sein, dem Mädchen die Vorurtheile aus dem Kopf zu bringen, die es unter der bürgerlichen Kanaille eingesogen hat. Ich will es aber schon in die Schule nehmen."

— Ich breche Ihnen den Hals dafür.

„Allzugütig. Nur Ihre Verwendung beim König, und den Kammerherrnschlüssel . . . ."

— Herr, ich wollte, ich könnte Sie auf der Stelle . . .

„O sagen Sie mir keine Schmeicheleien, gnädigster Herr! Sie wissen, jeden Augenblick ist mir das Leben für Sie feil. Hätte ich geahnet, daß Ihnen das süße Geschöpf bekannt, daß es Ihnen nicht gleichgültig wäre, es läge längst schon in Ihren Armen."

— Kein Wort mehr davon! rief Philipp grimmig, so grimmig er mit gedämpfter Stimme an diesem Orte und in der Nähe der tanzenden, lärmenden, schwärmenden und lauernden Masken rufen durfte, um sich nicht zu verrathen: „Kein Wort mehr!"

„Nein, Thaten!" fiel der Holländer fröhlich ein: „Schon morgen sollen die Laufgräben gegen die Festung eröffnet werden. Dann rücken Sie vor. Sie sind gewohnt, zu siegen. Mit den lauersamen Vorposten werden wir bald fertig. Den Gärtner nehme ich auf mich; das Mütterlein geht zu Ihren goldenen Fahnen über. Dann Sturmschritt!"

Philipp konnte sich kaum mehr mäßigen. Er packte mit seiner Faust den Arm des Holländers und sagte: „Herr, wenn Sie sich unterstehen —"

„Um Gotteswillen, gnädiger Herr, mäßigen Sie sich in Ihrer Freude. Ich muß laut aufschreien. Sie zerquetschen mir den Arm.

— Wenn Sie sich unterstehen, fuhr Philipp fort, und stellen diesem unschuldigen Mädchen nach, so zerquetsche ich Ihnen, so wahr ich lebe, alle Knochen im Leibe.

„Gut, gut!" seufzte der Holländer in schmerzlicher Angst: „Geruhen Sie nur, mich loszulassen."

— Finde ich Sie jemals auf das Mädchen hinschielend, nur in der Nähe des Milchgäßchens, so sind Sie ein Kind des Todes von meiner Hand. Darnach richten Sie sich.

Der Holländer stand ganz verblüfft da. „Königliche Hoheit," sagte er zitternd, „ich konnte nicht wissen, daß Sie das herrliche Mädchen so ernsthaft liebten, wie es scheint."

— Sehr ernsthaft, das will ich vor der ganzen Welt gestehen.

„Und werden wieder geliebt?"

— Was geht Sie das an? Reden Sie mir nie wieder davon. Denken Sie nie wieder an das Mädchen; Ihr Gedanke schon besudelt. — Nun wissen Sie meine Meinung. Packen Sie sich.

Mit diesen Worten wandte ihm Philipp den Rücken, und der Holländer ging, hinter den Ohren kratzend, davon.

8.

Unterdessen hatte auch Philipps Substitut, als Nachtwächter, auf den Straßen der Stadt seine Rolle gespielt. Es ist wohl nicht nöthig, erst zu sagen, was Jeder von selbst weiß, daß dies kein Anderer, als Prinz Julian war, der, des süßen Weines voll, auf den Einfall gekommen, in die Nachtwächterei hineinzupfuschen.

Sobald er den Philipp verlassen hatte, rief und blies er von Straßenecke zu Straßenecke die Stunden nach Herzenslust, machte zu seinem Gesang allerlei komische Zusätze, und bekümmerte sich wenig um das vorgeschriebene Revier, das er zu behüten und zu beblasen hatte.

Indem er auf einen neuen Vers sann, ging seitwärts eine Hausthür auf, ein wohlgekleidetes Mädchen trat hervor und winkte mit einem lockenden Bst! bst! Dann zog es sich in die Dunkelheit des Hausgangs zurück.

Der Prinz ließ seine Verse fahren, und folgte der angenehmen Erscheinung. In der Finsterniß ergriff ihn eine zarte Hand, und eine weiche Stimme lispelte: „Guten Abend, lieber Philipp! Sprich leise, daß uns Niemand hört. Ich bin nur auf ein Augenblickchen von der Gesellschaft weggeschlichen, dich im Vorbeigehen zu grüßen. Bist du vergnügt?"

„Wie ein Gott vergnügt, du Engel!" sagte Julian. „Wer könnte bei dir auch traurig sein?"

„Philipp, ich habe dir etwas Gutes zu sagen. Du sollst morgen Abend bei uns essen. Die Mutter hat es erlaubt. Kommst du auch?"

„Alle Abend, alle Abend!" rief Julian; „und so lange du willst. Ich wollte, du könntest beständig bei mir sein, oder ich bei dir, bis an der Welt Ende. Das wäre ein Götterleben!"

„Höre, Philipp, in einer halben Stunde bin ich bei der Gregorienkirche. Da erwarte ich dich. Du fehlst doch nicht? Laß mich nicht lange warten. Dann machen wir noch einen Gang durch die Stadt. Nun geh', damit uns Niemand überrascht."

Sie wollte gehen. Julian aber zog sie zurück in seinen Arm. „Willst du mich so kalt von dir scheiden lassen?" fragte er, und drückte seinen Mund auf ihre Lippen.

Röschen wußte nicht, was zu Philipps Keckheit sagen. Denn

Philipp war immer so bescheiden und zärtlich gewesen, daß er höchstens einen Kuß auf ihre Hand gewagt hatte, ausgenommen einmal, da ihnen beiden die Mutter allen und jeden Umgang hatte verbieten wollen. Damals war von ihnen im Gefühl der höchsten Liebe und des höchsten Schmerzes der erste Kuß gewechselt worden; seitdem nie wieder. Röschen sträubte sich; allein der vermeinte Philipp war so ungestüm, daß man, um kein verrätherisches Geräusch zu machen, wohl das Sträuben aufgeben mußte. Sie vergalt den Kuß und sagte: „Philipp, nun geh'!"

Er aber ging nicht, sondern sagte: „Da wäre ich wohl ein Narr. Meinst du, ich wollte mein Nachtwächterhorn lieber, als dich? Mit nichten, du Herzchen."

„Ach," seufzte Röschen, „es ist aber doch nicht recht."

„Warum denn nicht, du Närrchen? Ist denn das Küssen in deinen zehn Geboten untersagt?"

„Ja," versetzte Röschen, „wenn wir uns einander haben dürften, dann wär' es etwas Anderes."

„Haben? Wenn es nichts Anderes ist, alle Tage kannst du mich haben, wenn du willst."

„Ach, Philipp, wie sprichst du auch heute so wunderlich! Wir können ja daran noch nicht denken."

„Wahrhaftig, ich denke aber ganz ernstlich daran. Wenn du nur willst."

„Philipp, hast du ein Räuschchen? Ob ich will? Geh', du beleidigst mich. — Höre, Philipp, mir hat die letzte Nacht von dir geträumt."

„War's was Schönes?"

„Du habest in der Lotterie gewonnen, Philipp. Da hatten wir beide Jubel. Du hattest dir einen prächtigen Garten gekauft. Kein schönerer Garten ist in und außer der Stadt. Alles hatten wir da vollauf; Blumen an Blumen, wie ein Paradies, und große

Beete voll des feinsten Gemüses, und die Bäume hingen schwer
von Obst. Ich ward beim Erwachen recht traurig, daß mich der
Traum nur genecht hatte. Sage mir, Philipp, haft du etwa in die
Lotterie gesetzt? Haft du etwas gewonnen? Heute war ja Ziehung."

„Wenn ich bei dir, du schönes Kind, das große Loos gewänne,
wer weiß, was geschähe? Wie viel müßte ich dann gewinnen für dich?"

„Wenn du auch nur so glücklich wärft, tausend Gulden zu gewinnen. Dann könntest du schon einen artigen Garten kaufen."

„Tausend Gulden? Und wenn es mehr wäre?"

„O Philipp, was sagft du? Ist's wahr? Nein, betrüge mich
nicht, wie mein Traum! Du haft gesetzt, du haft gewonnen. Ge-
steh' es nur!"

„So viel du willst."

„O Gott!" rief Röschen, und fiel ihm freudetrunken um den
Hals und küßte ihn mit glühender Freude: „Mehr als tausend
Gulden? Wird man dir auch das viele Geld wohl geben?"

Unter ihren Küssen vergaß der Prinz das Antworten. Es ward
ihm ganz wunderbar, die zarte, edle Gestalt in seinen Armen zu
halten, deren Liebkosungen ihm doch nicht galten, und die er doch
so gern für seine Rechnung genommen hätte.

„Antworte doch, antworte doch!" rief Röschen ungeduldig:
„Wird man dir auch die Menge Geldes geben wollen?"

„Ich habe es schon; und macht dir's Freud', so geb' ich's dir."

„Wie, Philipp, du trägft es mit dir?"

Der Prinz nahm seine Börse hervor, die er, schwer von Gold,
zu sich gesteckt hatte, um sie beim Spieltisch anzuwenden. „Nimm
und wäge, Mädchen!" sagte er, und legte sie, indem er die kleinen,
zarten Lippen küßte, in Röschens Hand. „Bleibst du mir dafür
hold?"

„Nein, Philipp, wahrlich für dein vieles Geld nicht, wenn
du nicht mein Philipp wärft."

„Und wie, zum Beispiel, wenn ich dir noch einmal so viel geben würde, und nicht dein Philipp wäre?"

„So würf' ich dir deine Schätze vor die Füße, und machte dir einen höflichen Knix!" sagte Röschen.

Indem ging eine Thür droben auf; man hörte Mädchenstimmen und Gelächter. Der Schimmer eines Lichts fiel von oben auf die Treppe. Röschen erschrak und flüsterte: „In einer halben Stunde bei der Georgienkirche!" und sprang davon, die Treppe hinauf. Der Prinz stand wieder im Finstern. Er ging zum Hause hinaus und betrachtete das Gebäude und die erleuchteten Fenster. Die plötzliche Trennung war ihm natürlich sehr unzeitig geschehen. Zwar die Geldbörse gereute ihn nicht, mit der das Mädchen davon geflogen war; wohl aber, daß er das Gesicht der unbekannten Schönen nicht beim Lichte gesehen hatte; daß er nicht einmal ihren Namen wußte, und noch weniger, ob sie aus der Drohung, ihm das Geld vor die Füße zu werfen, Ernst machen würde, wenn er ihr in seiner wahren Gestalt erschiene. Inzwischen vertröstete er sich auf das Finde=mich bei der Gregorienkirche. Eben dies Plätzchen hatte ihm auch der Nachtwächter angewiesen. Julian verstand bald, daß er sein glückliches Abenteuer nur diesem, doch ohne dessen Willen, zu danken hatte.

9.

Sei es, daß der Geist des Weins durch die wachsende Kälte der Neujahrsnacht, oder durch Röschens Täuschung, in seiner Wirkung gesteigert ward: der Muthwille des fürstlichen Nacht=wächters nahm überhand.

Mitten in einem Haufen von Spaziergängern blieb er an einer Straßenecke stehen, und stieß mit solcher Kraft ins Horn, daß alle Frauenzimmer mit lautem Schrei zurücksprangen und die Männer vor Schrecken steif wurden. Dann rief Julian die Stunde und sang dazu:

> Der Handel unsrer lieben Stadt
> Gewaltig abgenommen hat.
> Selbst unsre Mädchen, weiß und braun,
> Sucht man nicht mehr zu Ehefrau'n.
> Die Waare putzt sich, wie sie kann,
> Und bringt sich doch nicht an den Mann.

„Das ist doch unverschämt!" riefen einige weibliche Stimmen im Haufen, „uns mit Waaren zu vergleichen!" Von den anwesenden Männern aber lachten viele aus vollem Halse. „Da capo!" schrien einige lustige Brüder. „Bravo, Nachtwächter!" schrien Andere. „Was unterstehst du dich, Kerl, unsere Frauenzimmer auf öffentlicher Straße zu beleidigen!" schnob ein junger Lieutenant, der ein hübsches Mädchen am Arm hatte, den Nachtwächter an.

„Herr Lieutenant, der Nachtwächter singt leider Gottes die Wahrheit!" entgegnete ihm ein junger Müller: „Und gerade das Weibsbild, das Sie am Arm führen, bestätigt die Wahrheit. He, Jüngferchen, kennst du mich? Weißt du, wer ich bin? He? Geziemt sich das für eine verlobte Braut, des Nachts mit andern Männern herumzuschwärmen? Morgen sag' ich's deiner Mutter. Ich will nichts mehr mit dir zu schaffen haben!"

Das Mädchen verhüllte sich das Gesicht und zupfte am Arm des Offiziers, um davon zu kommen. Der Lieutenant wollte aber, ein Kriegsheld, vor dem Müller nicht so leicht Reißaus nehmen, und mit Ehren das Feld behaupten. Er stieß eine Menge Flüche aus, und da dieser kein Wort schuldig blieb, schwang er den Stock. Plötzlich aber erhoben sich zwei dicke spanische Rohre, von bürgerlichen Fäusten geführt, warnend über dem Haupte des Lieutenants.

„Herr!" rief ein breitschultriger Bierbrauer dem Kriegsmanne zu: „Hier keine Händel wegen des schlechten Mädchens angefan-

gen. Ich kenne den Müller; er ist ein braver Mann. Er hat
Recht; und der Nachtwächter hat Recht, so wahr ich lebe! Ein
ehrlicher Bürgersmann und Professionist kann und mag kaum noch
ein Mädchen aus unserer Stadt zur Frau nehmen. Die Weibs-
bilder wollen sich alle über ihren Stand erheben; statt Strümpfe
zu flicken, lesen sie Romane; statt Küche und Keller zu besorgen,
laufen sie in Komödien und Konzerte. Im Hause bei ihnen ist
Unflat, und auf den Gassen gehen sie geputzt einher, wie Prinzessinnen. Da bringen sie dem Manne keine Mitgift ins Haus,
als ein paar schöne Röcke, Spitzen und Bänder und Liebschaften,
Romane und Faulheit. Herr, ich spreche aus Erfahrung. Wären
unsere Bürgerstöchter nicht so verderbt, ich wäre längst verheirathet."

Alle Umstehenden erhoben ein gellendes Gelächter. Der Lieutenant streckte langsam das Gewehr vor den beiden spanischen Roh-
ren und sagte verdrießlich: „Das fehlt auch noch, hier von dem
bürgerlichen Pack Bußpredigten zu hören!"

„Was, bürgerliches Pack," rief ein Nagelschmied, der das
zweite spanische Rohr führte: „Ihr adeligen Müßiggänger, die
wir euch mit unsern Steuern und Abgaben füttern müssen, wollt
ihr von bürgerlichem Pack sprechen? Eure Lüderlichkeit ist an allem
Unglück in unsern Haushaltungen Schuld. Es blieben nicht halb
so viel ehrliche Mädchen sitzen, wenn ihr hättet beten und arbeiten
gelernt."

Nun sprangen mehrere junge Offiziere dazu; aber auch Meister
und Handwerksburschen sammelten sich. Buben machten Schnee-
bälle und ließen davon in die dicksten Haufen fliegen; um auch
ihre Freude dabei zu haben. Die erste Kugel traf den vornehmen
Lieutenant auf die Nase. Dieser hielt es für Angriff des bürgerlichen Packs, und erhob abermals den Stock. Das Treffen begann.

Der Prinz, welcher nur den Anfang des Wortwechsels gehört
hatte, war längst wohlgemuth und lachend davon gezogen in eine

andere Straße, unbekümmert um die Folgen seines Gesanges. Er kam an den Palast des Finanzministers Bodenlos. Mit diesem Herrn stand er nicht in bestem Vernehmen, wie das schon Philipp erfahren hatte. Julian sah alle Fenster erleuchtet. Die Gemahlin des Ministers hatte große Gesellschaft. Julian in seiner satyrischen Poetenlaune pflanzte sich dem Palaste gegenüber hin und blies kräftig in sein Horn. Einige Herren und Damen öffneten, vielleicht weil sie eben nichts Besseres zu thun hatten, das Fenster, neugierig, den Nachtwächter zu hören.

„Nachtwächter!" rief einer von den Herren herab: „sing' auch ein hübsches Stück zum Neujahr." Dieser Zuruf lockte noch mehrere von der Gesellschaft der Frau Ministerin an die Fenster.

Julian, nachdem er gewohntermaßen die Stunde gerufen, sang mit lauter Stimme gar vernehmlich:

Ihr, die ihr seufzt in Schuldennoth
Und ohne Witz zum Bankerot,
Fleht, daß der Herr in dieser Nacht
Euch zum Finanzminister macht,
Der ohne Finanzen läßt das Land,
Weil er sie behält in seiner Hand.

„Das ist ja zum Ohnmächtigwerden!" rief die Frau Ministerin, die ebenfalls zu einem der Fenster getreten war: „Wer ist denn der niederträchtige Mensch, der sich dergleichen erfrecht?"

„Frau Exzellenz!" antwortete Julian mit verstellter Stimme, indem er den jüdischen Dialekt annahm: „Ich wollte Ihnen doch ein kleines Vergnügen machen. Halten zu Gnaden, ich bin nur der Hofjude Abraham Levi; Frau Exzellenz kennen mich doch schon."

„Wei mir!" schrie eine Stimme oben am Fenster: „Ehrvergessener Kerl, wie willst du sein Abraham Levi? Bin ich nicht selber Abraham Levi? Du bist ein Betrüger!"

„Ruft die Wache!" rief die Frau Ministerin: „Laßt den Menschen arretiren!"

Bei diesen Worten verließen alle Gäste in großer Behendigkeit die Fenster. Aber auch der Prinz blieb nicht stehen, sondern nahm im Doppelschritt den Weg durch einige kleine Quergassen.

Ein Schwarm Bedienten, begleitet von einigen Finanzsekretären, stürzte aus dem Palaste hervor und jagte umher, den Lästerer zu suchen. Plötzlich riefen Einige laut: „Wir haben ihn!" Die Andern eilten dem Rufe nach. Wirklich hatten sie den Nachtwächter des Reviers gefunden, der in großer Unschuld auf dem Wege seines Berufs dahin trabte. Er ward umringt, übermannt und, wie sehr er sich auch sträubte, wegen seiner sarkastischen Einfälle auf die Hauptwache geschleppt.

Der wachthabende Offizier schüttelte verwundert den Kopf und sagte: „Man hat mir schon einen Nachtwächter zugeführt, der durch Verse, die er auf die Mädchen der Residenz abgerufen, eine fatale Schlägerei zwischen Offizieren und Bürgerlichen verursacht hat."

Der neu eingebrachte Gefangene wollte durchaus nichts gestehen und lärmte gewaltig, daß ein Haufe junger Leute, die wahrscheinlich zu viel getrunken haben möchten, ihn in der Ausübung des ihm anvertrauten Amtes gestört hätten. Einer der Finanzsekretäre sagte ihm aber den ganzen Vers vor, der den gerechten Zorn der Frau Ministerin und aller ihrer Gäste erregt hatte. Sämmtliche Soldaten brachen in ein erschütterndes Lachen aus. Der ehrliche Nachtwächter aber schwor mit Thränen, ihm sei so etwas nicht in den Sinn gestiegen.

Während man noch mit diesem Verhör beschäftigt war, der Nachtwächter seine Unschuld betheuerte, die jungen Herren für alle Folgen ihres Betragens verantwortlich machte und die Finanzsekretäre in der That schon anfingen, zweifelhaft zu werden, ob sie auch den rechten Mann ergriffen hätten," rief die Schildwache draußen: „Wacht heraus ins Gewehr!"

Die Soldaten sprangen davon. Die Finanzsekretäre fuhren fort, den Nachtwächter mit Fragen zu bestürmen. Indem trat der Feldmarschall in die Wachtstube, begleitet vom wachthabenden Hauptmann.

„Lassen Sie mir den Kerl da krumm schließen!" rief der Feldmarschall, und zeigte mit der Hand hinter sich. Zwei Offiziere traten herein, die einen entwaffneten Nachtwächter bei den Armen führten.

„Sind denn die Nachtwächter alle toll geworden?" rief der wachthabende Hauptmann ganz erstaunt aus.

„Ich will dem Bösewicht morgen seine infamen Verse bezahlen!" schrie der Feldmarschall.

„Ihre Excellenz," versetzte der neugefangene Wächter zitternd und bebend, „ich habe, weiß der Himmel, keine Verse gemacht, in meinem ganzen Leben keinen Vers!"

„Schweig, Schurke!" brüllte mit entsetzlicher Stimme der Feldmarschall: „Du sollst mir auf die Festung oder an den Galgen. Und widersprichst du mit einem Muck noch, so haue ich dich auf der Stelle in Krautstücke!"

Der wachthabende Hauptmann bemerkte dem Marschall in aller Ehrerbietung: „es müsse eine poetische Epidemie unter den Nachtwächtern in der Stadt ausgebrochen sein; denn er habe nun schon drei dieser Patrone in einer Viertelstunde zu hüten bekommen.

„Meine Herren," sagte der Feldmarschall zu den ihn begleitenden Offizieren, „da der Kerl schlechterdings nicht eingestehen will, daß er den Vers gesungen habe, so besinnen Sie sich auf das Pasquill, ehe Sie es vergessen. Schreiben Sie es auf. Morgen wollen wir ihn schon zum Geständniß bringen. Jetzt will ich keine Zeit verlieren, und auf den Ball. Wer weiß es noch?"

Die Offiziere besannen sich. Einer half dem andern nach. Der Wachthabende schrieb, und da kam Folgendes heraus:

> Der Federbusch auf leerem Kopf,
> Im Nacken einen steifen Zopf,
> Den Bauch zurück, die Brust heraus,
> Das macht des Heeres Stärke aus.
> Man wird bei Tanz und Geigenschall,
> Bei Kuß und Spiele Feldmarschall.

„Willst du läugnen, Schurke?" fuhr der Feldmarschall den erschrockenen Nachtwächter mit erneuerter Wuth an: „Willst du läugnen, daß du das gesungen hast, als ich aus der Thür meines Hauses trat?"

„Mag es gesungen haben, wer will, ich weiß nichts davon!" antwortete der Nachtwächter.

„Warum liefest du denn davon, als du mich vortreten sahest?" fragte der Marschall weiter.

„Ich bin nicht gelaufen."

„Was?" riefen die beiden Offiziere: „Du nicht gelaufen? Warst du nicht außer Odem, als wir dich am Markt hier endlich einholten?"

„Ja, ich war vor Schrecken außer mir, daß mich die Herren so gewaltthätig überfielen. Er liegt mir noch jetzt in allen Gliedern."

Schließen Sie den hartnäckigen Hund krumm!" rief der Marschall dem Wachthabenden zu: „Er hat bis morgen Zeit genug, sich zu besinnen." Mit diesen Worten eilte der Marschall hinweg.

Der Lärm auf den Gassen und die Spottgedichte der Nachtwächter hatten die ganze Polizei in Bewegung gesetzt. Noch in derselben Viertelstunde wurden zwei andere Nachtwächter, freilich nicht die rechten, ergriffen und zur Hauptwache geführt. Der eine sollte auf den Minister der auswärtigen Angelegenheiten ein schmähliches Lied gesungen haben, des Inhalts: der Minister wäre nirgends auswärtiger, als in seinem Departement. Der andere war beschuldigt, vor dem bischöflichen Palaste gesungen zu haben: es fehle den Kirchenlichtern nicht an Talg, aber sie verbreiteten im Lande mehr Qualm und Rauch, als Helligkeit.

Der Prinz, welcher durch seinen Muthwillen allen Nachtwächtern der Residenz so schlimmes Spiel machte, entschlüpfte überall glücklich, und ward eben darum von Gasse zu Gasse kecker. Die Sache machte Geräusch. Man hatte sogar dem Polizeiminister, der beim König am Spieltische saß, von der poetischen Insurrektion der ehemals so friedlichen Nachtwächter rapportirt, und zum Beweis einen der Spottverse schriftlich überbracht. Der König hörte den Vers an, der gegen die schlechte Polizei selbst gerichtet war, die ihre Spürnase in alle Familiengeheimnisse der Stadt stecke, und doch im eigenen Hause nichts rieche, daher ihr wohl eine Prise zu gönnen sei. Der König lachte laut auf, und befahl, ihm einen der nachtwächterlichen Poeten einzufangen und herzubringen. Er stand vom Spieltische auf; denn er sah, der Polizeiminister hatte die gute Laune verloren.

10.

Im Tanzsaale neben dem Speisezimmer hatte Philipp, der gefürstete Nachtwächter, so eben von seiner Sackuhr vernommen, daß es Zeit sei, sich zum Finde= mich bei der Gregorienkirche einzustellen. Er selbst war froh, seinen Purpurtalar und Federhut an den Substituten zurückzugeben, denn ihm ward unter der vornehmen Maske nicht gar wohl zu Muthe.

Wie er eben die Thür suchte, um sich davonzuschleichen, kam ihm ein Neger nachgetreten und zischelte ihm zu: „Königliche Hoheit, Herzog Hermann sucht Sie allenthalben!" — Philipp schüttelte ärgerlich den Kopf und ging hinaus; ihm nach der Neger.

Wie sie beide in das Vorzimmer traten, flüsterte der Neger: „Bei Gott, da kommt der Herzog!" und mit den Worten machte sich der Schwarze wieder eilfertig in den Saal zurück.

Eine hohe lange Maske trat mit schnellen Schritten gegen den Philipp auf und rief: „Halten Sie einen Augenblick, ich habe mit Ihnen ein Wörtchen abzuthun. Ich suche Sie schon lange."

— Nur geschwind, entgegnete Philipp, denn ich habe keine Zeit zu verlieren.

„Ich wollte, ich müßte keine mit Ihnen verlieren. Ich habe Sie lang genug gesucht. Sie sind mir Genugthuung schuldig. Sie haben mir blutige Beleidigung zugefügt."

— Daß ich nicht wüßte.

„Sie kennen mich nicht?" rief der Herzog, und zog die Larve ab: „Nun wissen Sie, wer ich bin, und Ihr böses Gewissen muß Ihnen das Uebrige sagen. Ich fordere Genugthuung. Sie und der verfluchte Salmoni haben mich betrogen."

— Davon weiß ich nichts! antwortete Philipp.

„Sie haben die schändliche Geschichte im Keller des Bäckermädchens angestellt. Auf Ihr Anstiften hat sich der Oberst Kalt an meiner Person vergriffen."

— Kein wahres Wort.

— Wie, kein wahres Wort? Sie läugnen? — Die Marschallin Blankenschwerd hat mir erst vor wenigen Minuten Alles entdeckt. Sie war Augenzeugin bei der Geisterkomödie, die Sie mit mir spielten."

— Sie hat Ihrer Durchlaucht ein Mährchen aufgebunden. Ich habe an Ihren Händeln keinen Theil gehabt. Wenn Sie Geisterkomödie mit sich spielen ließen, war es Ihre Schuld.

„Ich frage Sie, ob Sie mir Genugthuung geben wollen? Wo nicht, so mache ich Lärm. Folgen Sie mir auf der Stelle zum König. Entweder Sie schlagen sich mit mir, oder — zum König."

— Ihre Durchlaucht .... stotterte Philipp verlegen: Ich habe weder Lust, mich mit Ihnen zu schlagen, noch zum König zu gehen.

Das war Philipps voller Ernst; denn er befürchtete, die Larve abziehen zu müssen und in empfindliche Strafe wegen der Rolle zu fallen, die er wider seine Absicht hatte spielen müssen. Er machte daher gegen den Herzog allerlei Ausflüchte, und sah nur immer nach der Thür, um irgend einmal den Augenblick erwischen und davon springen zu können. Der Herzog hingegen merkte die Aengstlichkeit des vermeinten Prinzen, und ward dadurch muthiger. Er nahm zuletzt den armen Philipp beim Arm, und wollte ihn zum Saale führen.

— Was wollen Sie von mir? rief Philipp in Verzweiflung, und schleuderte den Herzog zurück.

„Zum König!" antwortete der Herzog wüthend: „Er soll hören, wie schändlich man an seinem Hofe einem fürstlichen Gast begegnet."

— Gut! sagte Philipp, der sich nicht mehr zu helfen wußte, als wenn er den Charakter des Prinzen wieder annähme: So kommen Sie; ich bin bereit. Zum Glück habe ich den Zettel bei mir, auf welchem Sie dem Bäckermädchen eigenhändig die Versicherung ausstellten ....

„Possen! Larifari!" erwiederte der Herzog: „Das war einer von den Späßen, die man wohl mit einem dummen Bürgersmädchen treibt. Zeigen Sie ihn nur dem König. Ich werde mich darüber ausweisen."

Indessen schien es dem Herzog doch mit dem Ausweisen nicht gar Ernst zu sein. Er ging gar nicht weiter darauf, Philippen zum König zu führen, und das war Philippen schon recht; desto ungestümer bestand der Herzog darauf, daß sie beide in einen Wagen sitzen und, der Himmel weiß wohin, fahren wollten, um die Ehrensache mit Pistolen und Säbeln abzuthun. Das war nun dem bedrängten Philipp gar nicht gelegen. Er stellte dem Herzog alle böfen Folgen diefes Schrittes vor. Jener aber in feinem Grimme ließ fich durch nichts von feinem Verlangen abwendig machen; verficherte, er habe schon Fürsorge für Alles getroffen, und werde nach Beendigung ihres Geschäfts noch in der Nacht abreisen.

„Wenn Sie nicht," fuhr der Herzog fort, „der feigste Mensch in Ihrem Lande find, so folgen Sie mir zum Wagen, Prinz."

— Ich bin kein Prinz! antwortete Philipp, der fich zum Aeußersten getrieben fah.

„Sie find es. Jeder hat Sie hier auf dem Balle erkannt. Ich kenne Sie am Hut. Sie hintergehen mich nicht."

Philipp zog die Larve ab, zeigte dem Herzog fein Gesicht und sprach: „Nun, bin ich der Prinz?"

Herzog Hermann, wie er das wildfremde Gesicht erblickte, prallte zurück und stand wie versteinert. Seine geheimste Angelegenheit einem Unbekannten verrathen zu haben, vermehrte feine Bestürzung und Verlegenheit. Ehe er fich noch aus dieser sammeln konnte, hatte Philipp schon die Thür in der Hand, und weg war er.

11.

Sobald fich Philipp im Freien befand, nahm er blitzschnell Hut und Seidenmantel ab, wickelte jenen in diesen, und so, beides unter dem Arm, sprang er die Gaffe entlang, der Gregorienkirche zu.

Da stand Röschen schon in einem Winkel neben der hohen Kirchenpforte und harrte fein.

„Ach, Philipp, lieber Philipp!" sagte fie zu ihm, sobald fie ihn erkannte, und drückte feine Hand: „Welche Freude haft du mir doch gemacht! O wie glücklich find wir! Sieh, ich habe keine Ruhe mehr bei meinen Freundinnen gehabt. Gottlob, daß du da bist. Schon feit beinahe einer Viertelstunde stehe ich hier und friere. Aber ich denke vor Freuden gar nicht an die Kälte, die ich leide."

— Und ich, liebes Röschen, danke Gott auch, daß ich wieder bei dir bin. Hole der Geier all den Schnickschnack der großen Herren. Nun, ich erzähle dir schon ein andermal von den tollen Auftritten, die ich gehabt habe. Sage mir, Herzenskind, wie geht es dir auch? Hast du mich noch ein wenig lieb?

„Ei, du bist nun ein großer Herr geworden, Philipp, und da ist's wohl an mir, zu fragen, ob du mich noch ein wenig lieb hast?“

— Wetter, woher weißt du denn schon, daß ich ein großer Herr war?

„Du hast es mir ja selber gesagt. Philipp, Philipp, wenn du nur nicht stolz wirst, nun du so entsetzlich reich bist. Ich bin ein armes Mädchen, und nun freilich zu schlecht für dich. Aber, Philipp, ich habe schon bei mir gedacht, wenn du mich verlassen könntest, sieh', ich wollte lieber, du wärest ein Gärtner geblieben. Ich würde mich zu Tode grämen, wenn du mich verlassen könntest.“

— Röschen, sage mir, was schwatzest du auch da? Ich bin eine halbe Stunde Prinz gewesen, und es war doch nur Spaß; aber in meinem Leben mache ich solchen Spaß nicht wieder. Nun bin ich wieder Nachtwächter, und so arm, wie vorher. Ich habe da wohl noch fünftausend Gulden bei mir, die ich von einem Mameluken bekommen — die könnten uns beiden aus der Noth helfen —, aber leider, sie gehören mir nicht.

„Du sprichst wunderlich, Philipp!“ sagte Röschen, und gab ihm die schwere Geldbörse, die sie vom Prinzen erhalten hatte: „Da, nimm dein Geld wieder. Es wird mir doch im Strickbeutel fast zu schwer.“

— Was soll ich mit dem vielen Gelde? Woher hast du das, Röschen?

„Du hast es ja in der Lotterie gewonnen, Philipp.“

— Was? Hab' ich gewonnen? Und man hat mir doch auf dem Rathhause gesagt, meine Nummern wären nicht herausgekommen!

Sieh', ich habe gesetzt, und gehofft, es könne eine Terne für uns zur Aussteuer geben. Aber der Gärtner Rothmann sagte mir, als ich den Nachmittag zu spät auf das Rathhaus kam: „Armer Philipp, keine Nummer!" — Juchheh, also doch gewonnen! Jetzt kauf' ich den größten Garten, und du bist meine Frau. Wie viel ist's denn geworden?

„Philipp, hast du dir ein Räuschchen in der Neujahrsnacht getrunken? Du mußt besser wissen, wie viel es ist. Ich habe bei meinen Freundinnen nur unter dem Tische heimlich in die Börse hineingeschielt, und bin recht erschrocken, als ich ein Goldstück neben dem andern blitzen sah. Da dachte ich: nun wundert's mich nicht, daß der Philipp so unbändig war. Ja, recht unbändig bist du gewesen. Aber es war dir ja nicht zu verargen. Ich möchte dir selber um den Hals fallen und mich recht satt weinen vor Freuden."

— Röschen, wenn du fallen willst, ich mag es wohl leiden. Aber hier ist ein Mißverständniß. Wer hat dir das Geld gebracht, und gesagt, es sei mein Lotterieloos? Ich habe ja das Loos noch zu Hause im Kasten, und kein Mensch hat es mir abgefordert.

„Philipp, treib' keine Possen. Du hast's mir vor einer halben Stunde selber gesagt und mir selber das Geld gegeben."

— Röschen, besinne dich. Diesen Morgen sah ich dich beim Weggehen aus der Messe, da wir mit einander unser Zusammenfinden für diese Nacht verabredeten. Seitdem sahen wir ja einander nicht.

„Außer vor einer halben Stunde, da ich dich blasen hörte, und ich dich zu Steinmanns ins Haus hineinrief. Aber was trägst du denn unter dem Arm für ein Bündelchen? Warum gehst du bei der kalten Nacht ohne Hut? — Philipp, Philipp! nimm dich wohl in Acht. Das viele Geld könnte dich leichtsinnig machen. Du bist gewiß in einem Wirthshause gesessen, und hast dir mehr zu Gute gethan, als du solltest. Gelt? Was hast du da für ein Bündel-

chen? Mein Himmel, das sind ja wohl Frauenzimmerkleider von
Seide? Philipp, Philipp, wo bist du gewesen?"

— Gewiß vor einer halben Stunde nicht bei dir. Du willst
dich, glaub' ich, über mich lustig machen? Antworte mir, woher
hast du das Geld?

„Antworte mir erst, Philipp, woher hast du diese Frauenzimmer=
kleider? Wo bist du gewesen?"

Da beide ungeduldig waren, Antwort zu haben, und keine Ant=
wort gaben, fingen sie an, auf einander etwas mißtrauisch zu wer=
den und zu zänkeln.

12.

Wie es gewöhnlich in solchen Rechtshändeln geht, wo ein lieben=
des Pärchen mit einander streitet, ging es auch hier. Sobald Rös=
chen das weiße Schnupftuch hervornahm und ihre Augen trocknete
und das Köpfchen wegwandte, und ein Seufzer um den andern aus
der Tiefe der Brust hervorzitterte, hatte sie offenbares Recht, und
er offenbares Unrecht. Und er gestand sein Unrecht, indem er sie
tröstete, und bekannte: er sei auf dem Maskenball gewesen, und
was er unter dem Arm trage, sei kein weibliches Gewand, son=
dern ein Seidenmantel, nebst Larve und Federhut.

Nach diesem reumüthigen Eingeständniß aber begann erst das
strenge Verhör über ihn. Ein Maskenball, das weiß jedes Mäd=
chen in einer großen Stadt, ist für unverwahrte Herzen ein ge=
fährlicher Irrgarten und Kampfplatz. Man stürzt sich in ein Meer
anmuthiger Gefahren, und geht manchmal darin unter, wenn man
kein guter Schwimmer ist. Röschen hielt ihren Freund Philipp aber
gerade nicht für den besten Schwimmer; es ist schwer zu sagen,
warum? Also mußte er zuerst erklären, ob er getanzt habe? Auf

das Verneinen hin, fragte sie, ob er keine Abenteuer und Händel mit weiblichen Masken gehabt habe? Das ließ sich nicht verneinen. Er bekannte allerlei; doch setzte er jedesmal hinzu, die Frauen= zimmer wären insgesammt von vornehmer Abkunft gewesen und hätten ihn für einen Andern gehalten. Röschen wollte zwar ein wenig zweifeln; doch unterdrückte sie den Argwohn. Als er aber auf ihre Frage: für wen man ihn gehalten habe, und von wem er seine Maske geliehen? immer den Prinzen Julian nannte, schüt= telte sie doch das ungläubige Köpfchen; und noch unwahrscheinlicher war ihr sein Geschichtchen, daß der Prinz Nachtwächterdienste ge= than, während Philipp auf dem Balle gewesen. Er aber vernichtete alle ihre Zweifel mit der Versicherung, der Prinz — denn dafür halte er seinen Substituten — werde, laut Abrede, in wenigen Augenblicken bei der Gregorienkirche erscheinen, und die schöne Maske für den Nachtwächtermantel eintauschen.

Nun ging dem erschrockenen Röschen über ihr Abenteuer im dunkeln Hausgang ein Licht auf. War es ihr doch damals schon aufgefallen, daß der vermeinte Philipp so etwas Frembartiges in seinem Wesen gehabt hatte. Da nun die Reihe an sie kam, Alles haarklein zu beichten, wie sie zu dem Gelde für das Lotterieloos gelangt wäre, stotterte sie lange und suchte nach Worten herum, daß dem Philipp ganz bange ward.

Sie erzählte endlich Alles, was vorgefallen war; aber wie es zum Kuß und Gegenkuß kam, stockte sie wieder mit der Sprache. Doch mußte es heraus.

„Es ist nicht wahr!" rief Philipp: „Ich habe dir keinen Kuß gegeben, und von dir keinen empfangen."

„So hat es dir doch gegolten," sagte Röschen leise und schmei= chelnd. Philipp rieb sich die blonden Haare auf dem Wirbel herum, damit sie nicht zu Berge stehen sollten.

„Höre Philipp, bist du es nicht gewesen," sagte Röschen

ängstlich, „so glaube ich dir alles Unglaubliche, das du mir gesagt hast, — so ist es Prinz Julian in deinen Kleidern gewesen.“

Das hatte dem Philipp schon lange geahnet, und er rief: „Der Spitzbube! Er hat mich um deine Küsse bestohlen. Nun begreif' ich! Nur darum gab er mir seine Maske, nur darum wollte er auf eine halbe Stunde Ich sein!“ — Und nun fiel ihm die Maske ein, die ihm von der Opernsängerin Rollina, dann von Röschen erzählt hatte, und er erneuerte sein Verhör strenger, als vorher: ob und wie sie den Prinzen vorher gesehen? ob ihr nicht ein Mann aufgefallen sei, ein vornehmer Herr, der ihr beim Kirchgehen nachgeschlichen sei, oder der sich im Milchgäßchen Geschäfte gemacht habe? oder ob nie ein Herr oder sonst Jemand zu ihrer Mutter gekommen sei, um sie, mit Geld und Wohlthaten in ihrer Verlassenheit zu unterstützen?

Röschens Antworten fielen sämmtlich so beruhigend aus, und trugen so sehr das Gepräge der unbefangensten Unschuld, daß Philipps Herz wieder leicht ward. Er warnte sie vor den Schleichern und vor der Barmherzigkeit der Vornehmen, und Röschen hinwieder warnte vor den Gefahren der Maskenbälle und allen Abenteuern mit Frauenzimmern hohen Standes, durch welche mancher junge Mensch schon recht unglücklich geworden sei. Man vergab sich alle in der Unwissenheit begangenen Sünden, und Philipp stand im Begriff, den Kuß einzufordern, der ihm bestimmt gewesen, und den er nicht empfangen hatte — als das Pärchen im besten Augenblicke durch eine fremde Erscheinung unterbrochen wurde.

Es kam im vollen Lauf und Sprung ein Mensch gegen sie gerannt, der odemlos bei ihnen stehen blieb. An Mantel, Stange, Hut und Horn erkannte Philipp auf der Stelle seinen Mann. Dieser hingegen suchte den Maskenträger. Philipp reichte ihm den Hut und Seidenmantel und sagte: „Gnädigster Herr, hier Ihre

Sachen. In dieser Welt tauschen wir die Rollen nicht wieder mit einander; ich käme zu kurz dabei!"

Der Prinz rief: „Nur geschwind, nur geschwind!" warf die nachtwächterliche Amtstracht von sich in den Schnee, band die Larve und den Mantel um, und setzte den Hut auf. Röschen sprang erschrocken zurück. Philipp bedeckte sich mit seinem alten Filz und Mantel, und nahm Stange und Horn.

„Ich habe dir ein Trinkgeld versprochen, Kamerad," sagte der Prinz, „aber so wahr ich lebe, ich habe meinen Geldbeutel nicht bei mir."

„Den habe ich!" antwortete Philipp und hielt ihm die Börse hin: „Sie gaben ihn meiner Braut da — aber, gnädigster Herr, wir verbitten uns Geschenke der Art."

„Kamerad, behalte was du hast, und mache dich geschwind aus dem Staube; es ist für dich hier nicht geheuer!" rief der Prinz eilig, und wollte davon. Philipp hielt ihn am Mantel fest: „Gnädiger Herr, wir haben noch Eins abzuthun!"

„Flieh', sag' ich dir, Nachtwächter! Flieh', man stellt dir nach."

„Ich habe keine Ursache zu fliehen, gnädigster Herr. Aber ich habe Ihnen hier Ihre Börse —"

„Die behalte. Lauf' was du kannst!"

„Und einen Wechsel des Marschalls Blankenschwerd von fünftausend Gulden zuzustellen."

„Der Hagel, wie kommst du mit dem Marschall Blankenschwerd zusammen, Nachtwächter?"

„Er sagte, es sei eine Spielschuld, die er Ihnen zu zahlen habe. Er will diese Nacht noch mit seiner Gemahlin auf seine polnischen Güter."

„Bist du toll? Woher weißt du das? Wo gab er dir die Verrichtungen an mich?"

„Gnädigster Herr, und der Finanzminister Bodenlos will bei Abraham Levi alle Ihre Schulden zahlen, wenn Sie sich für ihn beim Könige verwenden wollen, daß er im Ministerium bleibe."

„Nachtwächter, du bist vom hellen Teufel besessen!"

„Ich habe ihn aber in Hochdero Namen abgewiesen!"

„Du den Minister?"

„Ja, gnädigster Herr; hingegen habe ich die Gräfin Bonau mit dem Kammerherrn Pilzow wieder vollkommen versöhnt."

„Wer von uns beiden ist ein Narr?"

„Noch Eins. Die Sängerin Rollina ist eine gemeine Metze, gnädigster Herr. Ich kenne deren Liebesgeschichten. Sie sind der Betrogene Darum hielt ich es für Ihre königliche Hoheit un-würdig, sich mit ihr einzulassen, und habe für diese Nacht das Abendmahl bei ihr abbestellt."

„Die Rollina? Wie kamst du zu der?"

„Noch Eins. Der Herzog Hermann ist fürchterlich gegen Sie aufgebracht wegen der Kellergeschichte. Er wollte Sie beim König verklagen."

„Der Herzog? Wer hat dir denn das Alles erzählt?"

„Er selbst. Sie sind noch nicht sicher. Zum König aber geht er nicht mehr, denn ich drohte ihm mit dem Zettel, den er dem Bäckermädchen gab. Hingegen wollte er sich mit Ihnen auf Tod und Leben schlagen. Nehmen Sie sich in Acht vor ihm."

„Eins sage mir: weißt du, woher der Herzog weiß, daß ich —"

„Er weiß Alles von der Marschallin Blankenschwerd; die hat es ihm ausgeplaudert, und daß sie als Hexe bei dem Gaukelspiel gesessen."

Der Prinz nahm den Philipp beim Arm und sagte: „Spaß-vogel, du bist kein Nachtwächter!" Er drehte ihm das Gesicht gegen eine aus der Ferne herschimmernde Laterne, und erschrak, da er einen ihm vollkommen fremden Menschen sah.

„Bist du vom Satan besessen, oder . . . Wer bist du denn?" fragte Julian, der vor Schrecken ganz nüchtern geworden war.

Ich bin der Gärtner Philipp Stark, Sohn des Nachtwächters Gottlieb Stark! antwortete Philipp ruhig.

13.

„Nun ja, den suchen wir eben! Halt, Bursch!" riefen mehrere Stimmen, und Philipp, Röschen und der Prinz sahen sich plötzlich von sechs handfesten Dienern der löblichen Polizei umringt. Röschen that einen lauten Schrei. Philipp ergriff des erschrockenen Mädchens Hand und sagte: „Fürchte dich nicht!" — Der Prinz klopfte dem Philipp auf die Achsel und sagte: „Es ist ein dummer Streich. Ich sagte dir nicht vergebens, du solltest dich zur rechten Zeit davon machen. Aber fürchte dich nicht; es soll dir nichts widerfahren."

„Das wird sich hintennach ergeben!" versetzte einer der Handfesten: „Einstweilen wird er mit uns kommen."

„Wohin?" fragte Philipp: „Ich bin in meinem Dienst; ich bin der Nachtwächter."

„Das haben wir schon gehört, und eben deswegen kommt Ihr mit uns."

„Laßt ihn gehen, ihr Leute!" sagte Julian, und suchte in den Taschen nach Geld. Da er nichts fand, flüsterte er Philippen heimlich zu, ihnen aus der Börse zu geben. Die Handfesten aber rissen beide auseinander und riefen: „Fort! Hier werden keine Abreden mehr genommen. Auch die Maske ist verdächtig und muß mit uns."

„Die nicht!" sagte Philipp: „Ihr wollt den Nachtwächter; der bin ich. Könnet ihr verantworten, mich aus meinen Berufsgeschäften zu nehmen, so führet mich, wohin es euch beliebt. Diesen Herrn aber laßt gehen."

„Das ist nicht Eure Sache, uns zu lehren, wen wir für ver=
dächtig halten sollen!" versetzte einer der Polizeidiener: „Marsch,
Alles mit uns!"

„Auch das Frauenzimmer?" fragte Philipp: „Ich will nicht
hoffen."

„Nun, das Jüngferchen mag gehen. Für sie haben wir keinen
Befehl. Aber Namen und Gesichtchen müssen wir für den Nothfall
kennen, und den Aufenthalt."

„Es ist die Tochter der Wittwe Bittner im Milchgäßchen!"
sagte Philipp, und ärgerte sich nicht wenig, als die Kerls alle
das Gesicht des weinenden Röschens gegen den Schein der fernen
Straßenlaterne drehten und begafften.

„Geh' heim, Röschen!" sagte Philipp: „Geh' heim; fürchte
nichts für mich. Ich habe ein gutes Gewissen."

Röschen aber schluchzte laut, daß es selbst den Polizeidienern
Mitleid einflößte. Der Prinz wollte diesen Umstand benutzen, um
durch einen Sprung zu entkommen. Aber von den Handfesten einer
war noch ein besserer Springer, stand mit einem Satz vor ihm und
sagte: „Hollah! der hat ein schlechtes Gewissen; er muß mit uns.
Vorwärts, marsch!"

„Wohin?" fragte der Prinz.

„Direkte und schnurgeraden Wegs zu Seiner Excellenz dem
Herrn Polizeiminister."

„Hört, Leute," sagte der Prinz sehr ernst, doch leutselig —
denn ihm war in dieser Geschichte gar nicht wohl zu Muth, weil
er eben sein Nachtwächterstückchen nicht verrathen wissen wollte:
„Hört, Leute, ich bin diesen Augenblick nur sehr zufällig zu diesem
Nachtwächter gekommen; ihr habt mit mir nichts zu schaffen. Ich
bin vom Hofe. Untersteht ihr euch, mich zu zwingen, mit euch zu
gehen, werdet ihr euern Irrthum bereuen und morgen bei Wasser
und Brod im Thurme sitzen,"

„Laßt den Herrn um Gotteswillen gehen, Leute!" rief Philipp: „Verlasset euch auf mein Wort, es ist ein großer Herr, der
euch euern Dienst garstig versalzen kann. Es ist . . ."

„Schweig!" rief Julian: „Es soll Niemand aus deinem Munde
erfahren, wer ich bin, wenn du allenfalls errathen hättest, wer
ich sei. Hörst du, Niemand! Niemand, sage ich dir, es komme,
wie es wolle. Hörst du?"

„Wir thun unsere Schuldigkeit!" entgegnete ein Polizeidiener:
„und dafür setzt uns keiner in den Thurm. Das könnte aber am
Ende wohl dem Herrn in der Maske selbst widerfahren. Wir kennen dergleichen Sprachen schon und fürchten solche Drohungen nicht.
Vorwärts, marsch!"

„Leute, nehmt Vernunft an!" rief Philipp: „Es ist ein sehr
angesehener Herr am Hofe."

„Und wenn's der König selber wäre, müßte er mit uns; das
ist unsere Pflicht; er ist verdächtig!" gab Einer zur Antwort.

„Ei ja," rief ein Anderer, „große Herren am Hofe haben
wohl mit Nachtwächtern und Euresgleichen heimliche Dinge abzuthun und, wie vorhin, einander in die Ohren zu zischeln!"

Während man noch des Prinzen wegen hin und her stritt, kam
ein Wagen, achtspännig, mit brennenden Fackeln voran, daher gefahren, an der Kirche vorbei. „Halt!" rief eine Stimme im Wagen,
als dieser eben an dem Haufen der Polizeidiener war, welche den
Prinzen umringt hielten.

Der Wagen stand. Der Kutschenschlag öffnete sich. Ein Herr
sprang heraus im Ueberrock, mit einem glänzenden Stern darauf,
und ging zu der Menschengruppe. Er stieß die Polizeibeamten
zurück, betrachtete den Prinzen von oben bis unten und sagte:
„Richtig! erkannte ich doch gleich den Vogel an seinen Federn von
weitem. Maske, wer sind Sie?"

Julian wußte nicht, wohin sich in seiner Verlegenheit drehen und wenden, denn er erkannte den Herzog Hermann.

„Antworten Sie mir!" rief der Herzog mit donnernder Stimme. Julian schüttelte den Kopf und winkte dem Herzog, sich fortzubegeben. Dieser aber ward noch erpichter, zu wissen, mit wem er es auf dem Balle zu thun gehabt habe. Er fragte die Polizeibeamten. Diese standen mit entblößten Häuptern um den Herzog und sagten: sie hätten Befehl, den Nachtwächter unmittelbar zum Polizeiminister zu führen; der Wächter habe gottlose Verse gesungen, wie sie mit ihren eigenen Ohren gehört; sei ihnen aber durch Kreuz- und Quergassen entsprungen; hier nun, bei der Kirche, hätten sie ihn in vertraulichem Gespräche mit der Maske ertappt, die ihnen beinahe verdächtiger scheine, als der Nachtwächter. Die Maske habe sich für einen Herrn vom Hofe ausgeben wollen, allein das sei offenbar Windbeutelei. Sie hätten daher für Schuldigkeit gehalten, die Maske zu arretiren.

„Der Mensch ist nicht vom Hofe!" erwiederte der Herzog: „darauf könnet ihr sicher gehen; ich gebe euch mein Wort. Er hat sich unerlaubter Weise auf dem Balle eingeschlichen und Jeden glauben gemacht, er sei Prinz Julian. Er hat sich mir endlich entlarven müssen, da er auch mich betrogen, und mir entwischte. Es ist ein unbekannter Mensch, ein Abenteurer. Ich habe es dem Oberhofmeister gemeldet. Ihr Leute, führet ihn fort zum königlichen Palast, ihr habt einen guten Fang gethan."

Mit diesen Worten drehte sich der Herzog um, stieg in den Wagen, rief noch einmal zurück: „Laßt ihn nicht entkommen!" und fuhr davon.

Der Prinz sah sich verloren. Den Polizeidienern sein Gesicht zu zeigen, hielt er für unschicklich; durch diese wären seine Geniestreiche allzu stadtkundig geworden. Minder Gefahr lief er, wenn

er vor dem Oberhofmeister oder dem Polizeiminister die Larve ab-
zog. Also rief er entschlossen: „Meinethalben! Kommt!"

Er und Philipp gingen. Röschen sah ihnen weinend nach.

14.

Philipp hätte beinahe an Hexerei glauben mögen, oder daß
er träume. Denn so verworren und bunt es in dieser Nacht zu-
ging, war's ihm in seinem Leben noch nicht ergangen. Er hatte
sich eigentlich keine Vorwürfe zu machen, als daß er mit dem
Prinzen die Kleider getauscht, und dann, wider seinen Willen,
dessen Rolle auf dem Ball gespielt hatte. Da aber der Prinz
vermuthlich die Nachtwächterrolle ebenfalls nicht in der Regel gespielt haben mochte — denn warum mußte er sich als Nachtwächter
verhaften lassen? — hoffte er bei diesem Gnade zu finden.

Beim Palaste schlug dem armen Philipp das Herz stärker.
Man nahm ihm Mantel, Horn und Stange ab. Der Prinz sprach
mit einem vornehmen Herrn einige Worte. Sogleich wurden die
Polizeidiener weggeschickt; der Prinz ging die Stiege hinauf, und
der Philipp mußte folgen. „Fürchte dich nicht!" sagte Julian und
verließ ihn. Philipp wurde in ein kleines Vorzimmer geführt, wo
er lange allein blieb.

Endlich kam ein königlicher Kammerdiener und sagte: „Kommt
mit mir, der König will Euch sehen."

Philipp war fast außer sich vor Schrecken. Seine Knie wurden schwach. Er ward in ein schönes Zimmer geführt. Da saß
der alte König lachend an einem kleinen Tische. Neben ihm stand
der Prinz Julian ohne Larve. Sonst war Niemand im Zimmer.

Der König betrachtete den jungen Menschen eine Zeit lang,
wie es schien mit einer Art Wohlgefallen.

„Erzähle mir Alles genau," sagte der König zu ihm, „was du in dieser Nacht gethan hast."

Philipp gewann durch die leutselige Anrede des ehrwürdigen Monarchen wieder Muth, und beichtete haarklein, was er gethan und erlebt hatte, von Anfang bis zu Ende. Doch war er klug und bescheiden genug, das zu verschweigen, was er in seiner Prinzenrolle von den Höflingen gehört hatte, und wodurch Julian hätte in Verlegenheit gesetzt werden können. — Der König lachte bei der Erzählung einige Male laut auf; dann that er noch einige Fragen über Philipps Herkunft und Beschäftigung, nahm ein paar Goldstücke vom Tische, gab sie ihm und sagte: „Nun geh' du, mein Sohn, und warte deines Berufs. Es soll dir nichts Leides geschehen. Aber entdecke keinem Menschen, was du in dieser Nacht getrieben und erfahren hast. Das befehle ich dir. Nun geh'!"

Philipp fiel dem König zu Füßen und küßte dessen Hand, indem er einige Worte des Dankes stammelte. Als er wieder aufstand, um fortzugehen, sagte Prinz Julian: „Ich bitte unterthänigst, daß Ihre Majestät dem jungen Menschen erlauben wolle, draußen zu warten. Ich habe ihm für das Ungemach, das ich ihm diese Nacht verursachte, noch eine kleine Schuld abzutragen."

Der König nickte lächelnd mit dem Kopfe, und Philipp entfernte sich.

„Prinz!" sagte der König, und warnte drohend mit dem aufgehobenen Finger: „Ein Glück für Sie, daß Sie mir die Wahrheit sagten! Ich will auch diesmal noch Ihren wilden, albernen Possen Verzeihung widerfahren lassen. Sie hätten Strafe verdient. Noch einmal solch' einen Pagenstreich, und ich werde unerbittlich sein. Nichts wird Sie dann entschuldigen. Die Geschichte mit Herzog Hermann muß ich noch näher kennen. Gut, wenn er fortgeht; ich mag ihn nicht. Von dem, was sie über den Polizei- und Finanzminister sagten, erwarte ich ebenfalls Beweise. Sehen

Sie jetzt, und geben Sie dem jungen Gärtner ein Trinkgeld. Er hat in Ihrer Maske vernünftiger gehandelt, als Sie in der seinigen."

Der Prinz verließ den König. Er legte in einem Nebenzimmer den Ballanzug ab, den Ueberrock an, ließ Philippen rufen und befahl ihm, mit ihm in seinen Palast zu gehen. Hier mußte Philipp Alles, was er als Stellvertreter Julians auf dem Ball vernommen und gesprochen, Wort für Wort erzählen. Philipp gehorchte. Julian klopfte ihm auf die Schulter und sagte: „Höre Philipp, du bist ein gescheiter Kerl. Dich kann ich gebrauchen. Ich bin zufrieden mit dir. Was du in meinem Namen dem Kammerherrn Pilzow, der Gräfin Bonau, dem Marschall und seiner Frau, dem Oberst Kalt, dem Finanzminister und den Uebrigen gesagt, finde ich ganz vernünftig, und ich will es ansehen und halten, als hätte ich es selbst gesagt. Dagegen mußt du zu den Versen stehen, die ich in deinem Namen als Nachtwächter gesungen habe. Du wirst zur Strafe deines Nachtwächterdienstes entsetzt werden; das laß dir gefallen. Dafür mache ich dich zum Schloßgärtner bei mir. Ich gebe dir meine Gärten von beiden Schlössern Heimleben und Quellenthal. Das Geld, welches ich deiner Braut gegeben, soll ihre Aussteuer bleiben, und den Wechsel des Marschalls Blankenschwerd löse ich auf der Stelle bei dir mit fünftausend Gulden ein. Jetzt geh', diene mir treu und führe dich gut auf."

15.

Wer war glücklicher, als Philipp! Er flog in vollem Sprung zu Röschens Haus. Noch war Röschen nicht zu Bette; sie saß mit ihrer Mutter am Tische und weinte. Er warf die volle Börse auf den Tisch und sagte obemlos: „Röschen, das ist deine Aussteuer! und hier fünftausend Gulden, die sind mein. Ich habe als Nachtwächter Fehler gemacht; dafür verliere ich die Anwartschaft

auf des Vaters Dienst, und übermorgen ziehe ich als Schloß=
gärtner des Prinzen Julian nach Heimleben. Und Ihr, Mutter,
und Röschen müsset mit mir nach Heimleben. Mein Vater und
meine Mutter müssen auch mit mir. Ich kann euch nun wohl
Alle ernähren. Juchheh! Gott gebe allen Leuten ein solch' gutes
Neujahr!"

Mutter Bittner wußte nicht, ob ihren Ohren trauen bei Phi=
lipps Erzählung, und ihren Augen beim Anblick des vielen Gel=
des. Aber als Philipp ihr Alles und wie es gekommen, doch eben
nicht mehr als zu wissen nöthig war, erzählt hatte, stand sie
schluchzend auf, umarmte ihn mit Freuden und legte dann ihre
Tochter an sein Herz. Nun lief oder tanzte die freudetrunkene
Frau im Zimmer herum, fragte: „Wissen das Alles auch dein
Vater und deine Mutter schon?" und da es Philipp verneinte,
rief sie: „Röschen, mache Feuer an, thue Wasser über, koche einen
guten Kaffee für unser Fünf!" nahm ihr wollenes Mäntelchen,
wickelte sich hinein und ging zum Hause hinaus.

Röschen aber vergaß an Philipps Herzen Feuer und Wasser.
Sie standen noch in fester Umarmung, als Frau Bittner zurück=
kam, begleitet vom alten Gottlieb und Mutter Käthe. Die um=
ringten segnend ihre Kinder; Mutter Bittner, wollte sie Kaffee,
mußte ihn selber kochen.

Daß Philipp den Nachtwächterdienst einbüßte, daß Röschen
nach vierzehn Tagen seine Frau ward, daß beide mit ihren Aeltern
nach Heimleben zogen — das gehört nicht zum Abenteuer der Neu=
jahrsnacht, welches Niemanden verderblicher ward, als dem Finanz=
minister Bodenlos. Man hat auch seitdem nicht gehört, daß Prinz
Julian ähnliche Geniestreiche gemacht habe.

Die Walpurgisnacht.

Der Versucher.

Ich befand mich fern vom Hause in Geschäften zu Prag. Es war im April. Wie angenehme Zerstreuung es auch für mich gab, konnte ich doch das Heimweh nach unserm Städtchen nicht unterdrücken, wo mein junges Weib schon sieben Wochen auf meine Heimkehr hoffte. Seit unserm Hochzeitstage waren wir nie so lange getrennt gewesen. Freilich Fanny schickte mir regelmäßig alle Wochen Briefchen zu, aber diese Zeilen voller Liebe, Verlangen und Wehmuth waren Oel ins Feuer. Ich wünschte Prag und den heiligen Nepomuk vierundbreißig Meilen nordostwärts hinter mir.

Wer nicht ein liebenswürdiges Weibchen von zweiundzwanzig Jahren hat, reizend wie die Liebe, umspielt von zwei blühenden Liebesgöttern; wer in solch ein Wesen nach fünfjähriger Ehe nicht fünfhundertmal verliebter ist, als den Tag vor der Hochzeit, dem erzähle ich vergebens von meinem Heimweh.

Genug, ich dankte jauchzend dem Himmel, als die Geschäfte endlich abgethan waren. Ich nahm bei den wenigen Bekannten und Freunden Abschied, und sagte dem Wirth, er solle die Rechnung geben. Andern Tages wollte ich mit der Post fort.

Am Reisemorgen erschien der Wirth, gehorsamst aufzuwarten,

mit zahlenreicher Rechnung; ich hatte des baaren Geldes nicht genug zur Tilgung meiner Schuld und zu Ausgaben unterwegs. Also wollte ich einen guten Wechsel versilbern. Ich griff nach der Brieftasche, und suchte sie in allen Taschen, allen Winkeln. Sie war fort. Da ward mir nicht wohl; denn ich hatte für mehr denn vierzehnhundert Thaler Papier darin, und das ist doch keine Kleinigkeit unterm Himmel.

Es half mir auch nichts, daß ich die Stube umkehrte — die Brieftasche blieb verschwunden.

„Dacht' ich's doch," sagte ich zu mir selbst: „Wird der Mensch einen Augenblick seines Lebens froh, sitzt der Teufel gleich hinterm Hag und spielt ihm einen Possen. Man sollte sich in der Welt über nichts freuen, so hätte man auch der Höllenangst und des Verdrusses weniger. Ich habe es so oft schon erfahren."

Entweder war die Brieftasche gestohlen oder verloren. Ich hatte sie noch den Tag vorher in Händen gehabt; ich pflegte sie in der Brusttasche meines Rockes bei mir zu tragen. Auch lagen Fanny's Briefe darin. Es war mir, als hätte ich sie noch des Abends beim Entkleiden gefühlt. Wie nun meine theuern Papiere wieder bekommen? Denn wer sie hatte, konnte sie jede Stunde nach Belieben in Gold oder Silber verwandeln.

Da fing ich an zu fluchen, was sonst meine Leibsünde nicht ist. Ginge noch, wie in den guten, alten Zeiten, der Teufel herum, wenn auch wie ein brüllender Löwe, ich hätte auf der Stelle mit ihm einen Pakt geschlossen. Indem ich dies dachte, fiel mir eine Gestalt ein, die ich etwa acht Tage vorher beim Billard in einem verschlossenen Rothrock gesehen hatte, und die mir damals, wie ein menschgewordener Höllenfürst, vorgekommen war. Es überlief mich kalter Schauer. Und doch war ich so verzweifelt, daß ich dachte: „Meinethalben, und wenn er's wäre, jetzt würde er mir ganz willkommen sein, schaffte er mir nur die Brieftasche wieder.

Indem ward an meine Stubenthür gepocht. „Hollah!" dachte ich: „Der Versucher wird doch aus Spaß nicht Ernst machen?" Ich lief zur Thür; in Gedanken hatte ich den berüchtigten Roth-rock, und glaubte in der That, der werde es sein.

Und siehe — wunderliche Ueberraschung! — da ich die Stuben-thür öffnete, trat mit flüchtigem Kopfnicken der Versucher herein, an den ich gedacht hatte.

Nähere Schilderung.

Ich muß erzählen, wo und wie ich die Bekanntschaft dieser Erscheinung gemacht hatte, damit man mich nicht für einen Fan-tasten halte.

An einem Abend war ich in ein Kaffeehaus oder Kasino der Neustadt gegangen, wohin mich schon einmal ein Bekannter zum Billard geführt hatte. Ich hoffte, die neuesten Zeitungen zu finden. An einem Tischchen spielten zwei Herren nachdenkend ihre Parthie Schach. Einige junge Männer saßen am Fenster in lebhaftem Gespräch über Todtenerscheinungen und Natur der menschlichen Seele. Ein kleiner ältlicher Mann, in scharlachrothem Ueberrock, wanderte, die Hände auf dem Rücken, im Zimmer auf und ab. Ich nahm ein Glas Danzigerwasser und die Zeitungen.

Niemand machte meine Andacht so rege, als der scharlachrothe Spaziergänger. Ich vergaß selbst die Zeitungen und den spanischen Krieg. Er hatte, wie in der Kleidung etwas Geschmackloses, in Gestalt, in Bewegungen, in Gesichtszügen etwas Auffallendes und Widerliches. Er war von weniger, als mittlerer Größe, aber stark-knochicht, breitschulterig; mochte fünfzig bis sechzig Jahre haben, und ging mit dem Kopfe gebückt, wie ein Greis. Ein pechschwar-zes, glänzendes Haar hing ihm glatt und spießig um den Kopf. Das schwarzgelbe Gesicht mit der Habichtsnase und den vorrage-

ben Backenknochen hatten etwas Abstoßendes. Denn während alle
Züge kalt und eisern waren, schimmerte sein großes Auge so lebhaft,
wie das Auge eines begeisterten Jünglings, ohne daß man darin
Begeisterung und Seele las. Der, dachte ich, ist geborner Scharf-
richter, oder Großinquisitor, oder Räuberhauptmann, oder Zigeuner-
könig. Des Spaßes willen könnte der Mann Städte in Flammen
auflobern und Kinder an Speeren zappeln sehen. Ich möchte nicht
mit ihm in einem Walde allein reisen. Er hat gewiß in seinem
Leben noch nicht lächeln können.

Allein ich irrte mich. Er konnte lächeln. Er hörte den jungen
Herren am Fenster zu, und lächelte: Aber, Gott sei bei uns, das
war ein Lächeln! Es überlief mich eiskalt. Die schadenfrohe Hölle
schien aus allen Zügen zu spotten. Wenn der im rothen Rocke
nicht der Teufel ist, dachte ich, so ist's sein Bruder. Ich sah ihm
unwillkürlich nach den Füßen, den bekannten Pferdehuf zu beobachten, und richtig, er hatte einen Menschenfuß, wie unser einer,
und sein linker war ein Klumpfuß im Schnürstiefel. Doch hinkte
er damit nicht, und trat überhaupt so schleichend auf, wie über
Eierschalen, die er nicht zerdrücken wollte. Er hätte sich für baares
Geld sehen lassen können, um alle Voltaires abergläubig zu machen.

Den spanischen Krieg vergaß ich durchaus. Ich hielt zwar die
Zeitung vor mich hin, schielte jedoch darüber hinaus, die merk-
würdige Gestalt länger zu beobachten.

Indem der Rothrock am Schachtisch vorbeiging, sagte einer der
Spieler zu seinem düster und verlegen da sitzenden Gegner mit
triumphirender Miene: „Sie sind ohne Rettung verloren." Der
Rothrock blieb einen Augenblick stehen, warf einen Blick auf das
Spiel, und sagte zum Sieger: „Sie sind geblendet und beim dritten
Zug unausbleiblich matt." Der Sieger lächelte vornehm; der
Bedrängte schüttelte zweifelnd den Kopf und zog — beim dritten
Zug war der vermeinte Sieger in der That schachmatt.

Während die Kämpfer ihr Spiel wieder aufstellten, sagte einer von den jungen Männern am Fenster zum Rothrock heftig: „Sie lächeln, Herr, unser Streit scheint Sie zu interessiren? Aber Ihr Lächeln sagt mir, daß Sie entgegengesetzter Meinung sind über die Natur der Welt und der Gottheit. Haben Sie Schelling gelesen?"

„Ja wohl!" sagte der Rothrock.

„Und was will Ihr Lächeln sagen?"

„Ihr Schelling ist ein scharfsinniger Dichter, der die Gaukeleien seiner Einbildungskraft für Wahrheit hält, weil ihn Niemand widerlegen kann, als mit andern Fantasiegespinnsten, die nur mit noch größerm Scharfsinn vertheidigt werden müßten. Es geht den Philosophen heut' wie immer. Blinde disputiren über Farben-theorien, und Taube über die Kunst des reinen Satzes in der Musik. Alexander hätte gern Schiffbrücken zum Monde geschlagen, um ihn zu erobern, und die Philosophen, unzufrieden im Kreise der Vernunft, wollen gern übervernünftig werden."

So sagte der Rothrock. Da gab's Lärmen. Er aber hielt nicht Stand, nahm den runden Hut und schlich davon.

Ich sah ihn seitdem nie wieder, aber vergaß die auffallende Gestalt mit der Höllenphysiognomie nicht, und fürchtete mich, sie im Traume zu erblicken.

Nun stand er unverhofft vor mir im Zimmer.

Die Versuchung.

„Um Verzeihung, wenn ich Sie störe!" sagte er: „Habe ich die Ehre, Herrn Robert ... zu sprechen?"

„Der bin ich in der That!" erwiederte ich.

„Womit beweisen Sie das?"

Sonderbare Frage, dachte ich, ohne Zweifel ein Polizeispion.

Es lag ein halbzerrissener Brief auf meinem Tisch. Ich zeigte ihm die an mich gerichtete Zuschrift auf dem Umschlag.

„Ganz gut," sagte er, „allein Sie tragen einen Namen, der so allgemein ist, daß man dergleichen in allen Winkeln Deutschlands, Ungarns und Polens findet. Geben Sie mir nähere Umstände an. Ich möchte mit Ihnen Geschäfte machen. Man hat mich an Sie addressirt."

„Mein Herr," sagte ich, „verzeihen Sie, ich kann jetzt nicht an Geschäfte denken; bin auf dem Sprung zur Abreise und habe noch tausend Dinge zu besorgen. Auch irren Sie sich wohl in meiner Person, denn ich bin weder Staatsmann, noch Kaufmann."

Er maß mich mit großen Augen und sagte: „So?" Er schwieg eine Weile, und schien im Begriff umzukehren, dann aber fing er an: „Sie haben doch Handelsgeschäfte in Prag getrieben? Ist nicht Ihr Herr Bruder auf dem Punkt gestanden, Bankerot zu machen?"

Ich mußte feuerroth gewesen sein, denn davon wußte, glaubte ich, außer meinem Bruder, keine Seele, als ich. Auch lächelte der Versucher wieder ein schadenfrohes Lächeln.

„Mein Herr, Sie irren sich noch einmal!" sagte ich. „Zwar habe ich einen Bruder, und mehr, als einen, aber keinen, der Bankerot zu fürchten hätte."

„So?" murmelte der Versucher, und seine Züge wurden wieder hart und eisern.

„Mein Herr," — sagte ich etwas empfindlich, denn es war mir gar nicht lieb, daß Jemand in Prag lebte, der von meines Bruders Umständen unterrichtet war, und ich fürchtete, der Schlaukopf wolle in mein Spiel sehen, wie dem Schachspieler im Kaffeehause. — „Sie sind gewiß an den unrechten Mann gewiesen. Ich muß um Verzeihung bitten, daß ich Sie ersuche, sich kurz zu fassen. Ich habe keinen Augenblick zu versäumen."

„Gedulden Sie sich nur eine Minute," erwiederte er, „es liegt

mir daran, mit Ihnen zu reden. Sie schienen unruhig und verlegen. Ist Ihnen etwas Unangenehmes widerfahren? Sie sind
fremd hier. Ich zwar gehöre auch nicht nach Prag, und sehe die
Stadt seit zwölf Jahren wieder zum ersten Mal. Allein ich weiß
zu allen Dingen guten Rath. Vertrauen Sie mir. Sie haben
das Gesicht eines Biedermannes. Brauchen Sie Geld?"

Da lächelte oder vielmehr grinsete er wieder, als wollte er mir
meine Seele abkaufen. Sein Thun war mir immer verdächtiger;
ich schielte von ungefähr nach seinem Klumpfuß, und wirklich
wandelte mich abergläubige Furcht an. In keinem Fall wollte ich
mich mit dem verdächtigen Herrn einlassen, und sagte: „ich hätte
kein Geld nöthig. Da Sie es mir aber so großmüthig antragen,
mein Herr, darf ich Sie um Ihren Namen bitten?"

„An meinem Namen kann Ihnen nicht viel liegen," erwiederte
er, „der thut nichts zur Sache. Ich bin ein Manteuffel. Gibt
mir der Name bei Ihnen mehr Zutrauen?"

„Ein Manteuffel?" sagte ich, und wußte in seltsamer Verlegenheit nicht, was ich sagen sollte, und ob das ganze Ding Ernst
oder Spaß sei.

Indem ward an die Thür gepocht. Der Wirth trat herein
und brachte einen Brief, der von der Post gekommen war. Ich
nahm ihn.

„Lesen Sie nur den Brief erst," fing der Rothrock an, „nachher können wir schon wieder sprechen. Der Brief ist ohne Zweifel
von Ihrer liebenswürdigen Fanny."

Ich ward verlegener als je.

„Wissen Sie nun endlich," fuhr der Fremde fort und grinsete:
„wissen Sie nun endlich, wer ich bin, und was ich von Ihnen will?"

Es lag mir auf den Lippen, zu sagen: „Mein Herr, Sie sind,
glaube ich, der Satan, und möchten meine arme Seele zum Frühstück?" doch hielt ich an mich.

„Noch mehr," setzte er hinzu: „Sie wollen nach Eger. Gut, mein Weg geht durch das Städtchen. Ich reise morgen ab. Wollen Sie einen Platz in meinem Wagen annehmen?"

Ich dankte, und sagte: ich habe schon Post bestellt.

Da ward er unruhiger, und sagte: „Es ist Ihnen nicht beizukommen. Aber Ihre Fanny, den kleinen Leopold und August muß ich doch im Vorbeigehen kennen lernen. Errathen Sie noch nicht, wer ich bin und was ich will? In des Teufels Namen, Herr, ich möchte Ihnen gern einen Dienst leisten. Reden Sie doch."

„Gut," sagte ich endlich: „Wenn Sie ein Hexenmeister sind, mir ist meine Brieftasche fortgekommen. Rathen Sie mir, wie ich sie wieder bekomme?"

„Pah, was ist an einer Brieftasche gelegen? Kann ich Ihnen sonst nicht . . ."

„In der Brieftasche waren aber wichtige Papiere, über vierzehnhundert Thaler an Werth. — Rathen Sie mir, was habe ich zu thun, wenn sie verloren ist? und was, wenn sie gestohlen ist?"

„Wie sah die Brieftasche aus?"

„Seidenüberzug, hellgrün, mit Stickerei, mein Namenszug von Blumen darin. Es war eine Arbeit von meiner Frau."

„So ist der Ueberzug mehr werth, als die vierzehnhundert Thaler." Er lächelte mich wieder dabei mit seiner fürchterlichen Freundlichkeit an; dann fuhr er fort: „Da muß Rath geschafft werden. Was geben Sie mir, wenn ich Ihnen den Verlust ersetze?"

Bei diesen Worten sah er mich scharf und sonderbar an, als wolle er mir die Antwort: „Ich verschenke Ihnen meine Seele!" auf die Zunge legen. Da ich aber verlegen still schwieg, griff er in die Tasche und zog meine Brieftasche vor.

„Da haben Sie Ihr Kleinod und die vierzehnhundert Thaler nebst Zubehör!" sagte er.

Ich war außer mir. „Wie kommen Sie dazu?" rief ich, und blätterte in der Brieftasche, und fand, daß nichts fehlte.

„Gestern Nachmittag um vier Uhr fand ich sie auf der Moldaubrücke, und steckte sie ein."

Richtig, um die gleiche Zeit war ich über die Brücke gegangen, hatte die Brieftasche in Händen gehabt und eingesteckt.

„Vermuthlich nebenbei gesteckt!" sagte der Rothrock. „Nun aber wußte ich nicht, ob mein Fund von Einem zu Fuß oder zu Pferd, hinter oder vor mir verloren war. Ich blieb eine Stunde lang auf der Brücke, einen Suchenden abzuwarten. Als Niemand kam, ging ich in mein Wirthshaus. Ich las den Inhalt, die Briefe, um daraus den Verlierer zu erforschen. Eine Adresse zeigte mir Ihren Namen und Ihren Aufenthalt in diesem Gasthofe an. Darum machte ich mich jetzt zu Ihnen auf. Schon gestern Abend war ich hier und fand Sie nicht."

Lieber Gott, wie kann man sich doch mit seiner Physiognomik täuschen! Ich hätte meinem Manteuffel um den Hals fallen mögen. Ich sagte ihm die verbindlichsten Dinge. Meine Freude war so übermäßig, als vorher mein Verdruß. Er wollte aber nichts von Allem hören. Ich gelobte mir, mein Lebtage nicht wieder meinen physiognomischen Urtheilen zu trauen.

„Grüßen Sie Ihre schöne Fanny von mir. Reisen Sie glücklich. Wir sehen uns einmal wieder!" sagte er, und ging davon.

Heimkunft.

Nun wollte ich aufbrechen, abreisen. Ich zahlte dem Wirth. Mein Knecht, mit dem Koffer auf dem Rücken, ging vor mir her, ich die Treppe hinab. Da kam mein Bruder die Treppe herauf, derselbe, deswillen ich in Prag war.

Natürlich, aus der Abreise ward nun nichts. Wir gingen in

mein Zimmer zurück. Da hörte ich denn mit Vergnügen, die schwankenden Vermögensverhältnisse meines Bruders hätten sich zu ihrem Vortheil geändert. Ein sehr bedeutender Verlust war ihm durch glückliche Spekulation in Baumwolle und Kaffee sechsfach vergütet. Er war nach Prag geeilt, um seine Angelegenheit selbst zu berichtigen. „Jetzt habe ich mein Schäfchen ins Trockene gebracht," sagte er, „aber Angst habe ich ausgestanden. Nun gebe ich dem Handel gute Nacht. Ich lege mein Geld lieber an mäßigen Zins, so laufe ich nicht Gefahr, heute ein Millionär, morgen ein flüchtiger Bettler und Betrüger zu sein. Darum komme ich, dir für deine brüderliche Treue zu danken, und mich mit meinen Leuten für immer aus einander zu setzen."

Ich mußte ihn zu verschiedenen Häusern begleiten. Aber er spürte meine Ungeduld und mein Heimweh; drum nach einigen Tagen rieth er mir, ohne ihn zurück zu reisen. Das that ich denn auch, weil sich sein Aufenthalt in Prag wohl auf mehrere Wochen verlängerte. Ich nahm Extrapost und flog meiner geliebten Heimath entgegen.

Unterwegs fiel mir noch immer der seltsame Manteuffel ein. Ich konnte die Figur mit dem rothen Rock, dem Klumpfuß und der unvortheilhaften Gesichtsbildung nicht vergessen. Ich besann mich noch, daß ihm ein Büschel seiner schwarzen Haare über der Stirn emporstand. Vielleicht hat er ein kleines Horn darunter, und dann war der Beelzebub fertig vom Wirbel bis zur Sohle.

Zwar die Brieftasche hatte er wieder gebracht; ehrlicher konnte kein Mensch in der Welt sein. Er hatte Fanny's Briefe und meines Bruders mir gegebene Instruktion gelesen, so konnte er freilich von meinen Geheimnissen unterrichtet sein. Allein dann das Gesicht dazu — nein, so unleserlich schreibt die Natur sonst nicht! — Genug, hätte ich jemals an das Dasein eines Mephistopheles geglaubt, würde ich diesmal keinen Augenblick daran gezweifelt haben.

Ich hing diesem Gedanken nach, und läugne sogar nicht, daß
ich mich recht willig dem Spiel meiner Einbildungen überließ. Er
vertrieb mir die Langeweile. Ich nahm an, mein ehrlicher Manteuffel könnte wohl der ächte Teufel sein; seine Ehrlichkeit eine
Hinterlist, um dem Himmel meine arme Seele wegzuschnappen.
Und wenn er es nun wäre, was könnte er mir wohl bieten? —
Gold und Gut? — Ich war nie gelbsüchtig. Einen Thron? Ja,
den hätte ich wohl für acht Tage besessen, um der Welt Frieden
zu geben; aber dann wäre ich wieder in meine bescheidene Wohnung zurück gegangen, um, ein zweiter Cincinnatus, eigenhändig
Rüben zu bauen. — Hübsche Weiber? Einen Harem voll der schönsten Helenen, Armiden und Amanden? Nein, wenn ich an Fanny
dachte, kamen mir die reizendsten Zirkassierinnen wie alte Weiber
vor. Ich hätte keinen Strohhalm darum gegeben, einmal Doktor
Faust zu sein. Und wozu das? Ich war glücklich! Glücklich? Nein,
das doch auch nicht ganz, eben weil ich gar zu glücklich war. Ich
fürchtete mich ein wenig vor Freund Hain, dem Knochenmanne,
der mit der verwünschten Hippe mir meine Fanny, meine beiden
Söhne, mich selbst wegmähen konnte. Und dann wäre es doch die
große Frage, ob und wie wir uns im Paradiese wieder zusammen
finden würden? — Ich hätte wohl einen Blick ins künftige Leben
geworfen, um mich zu beruhigen. Aber gesetzt, mein Teufel hätte
mir den frommen Wunsch erfüllen, und mich, durch einen Spalt
der Himmelspforte, hinüber blinzeln lassen, was würde mir ein
Unterthan Abramelechs anders habe zeigen können, als seine Hölle?

Doch genug von den Possen.

Ich war von Prag bis zum Städtchen zwei Tage und eine
Nacht unterwegs. Aber den zweiten Tag ward's spät. Umsonst
schalt und spornte ich die Postknechte mit Wort und Geld. — es
ward immer später, immer dunkler, und ich immer sehnsuchtsvoller.
Ach, seit beinahe einem Vierteljahr hatte ich ja Fanny nicht ge-

sehen! meine Kinder nicht, die um die junge Mutter, wie zwei Engel um eine raphaelische Madonna flatterten! — Ich zitterte vor Entzücken, wenn ich daran dachte, die Liebenswürdigste ihres Geschlechts, mein Weib, sei noch heute in meinen Armen.

Es ist wahr, ich hatte, ehe ich Fanny kennen lernte, auch schon geliebt gehabt. Es gab einst eine Julie für mich, die mir durch den Stolz ihrer Aeltern entrissen und einem reichen polnischen Edelmann zum Weibe gegeben war. Unsere Liebe war die erste für uns beide — an gegenseitige Vergötterung und Raserei grenzend. Wir schwuren uns noch in der Abschiedsstunde ewige Liebe über Leben und Grab hinaus, und Küsse und Thränen hatten die Elbe besiegelt. Aber man weiß nun, wie es damit geht. Sie ward Frau Starostin, und ich sah Fanny. Meine Liebe zu Fanny war eine heiligere, reifere, zärtlichere. Julie war einst die Gottheit meiner Phantasie; allein Fanny die Angebetete meines Herzens.

Es brummte die Glocke des heimathlichen Städtleins ein Uhr, da wir in die schlafende Straße einfuhren. Ich stieg beim Posthause ab, ließ den Knecht nebst dem Koffer zurück, weil ich selbst, falls in meinem Hause Alles schlafen würde, wieder zurückkehren wollte, und schlich hinaus zur Vorstadt, an deren Ende mein freundliches Haus im Schatten hoher Nußbäume mir schon von weitem mit seinen Fenstern im Mondschein entgegenschimmerte.

Verhaßter Besuch.

Und Alles schlief! — o Fanny, Fanny, hättest du gewacht, wie viel Jammer und Schrecken wäre mir erspart worden! — Sie schliefen, mein Weib, meine Kinder, mein Gesinde, nirgends Licht! Ich wanderte zehnmal ums Haus herum — Alles verschlossen. Aus dem Schlaf jagen wollte ich doch Keinen. Besser

das Entzücken des Wiedersehens für die vom Schlummer erquickte
Seele in der Morgenstunde, als in der fieberischen Mitternacht.

Zum Glück fand ich mein neuangebautes schönes Gartenhaus
offen. Ich trat hinein. Da stand auf einem Tischchen der Strick-
korb meiner Fanny; da sah ich im Mondschimmer am Boden und
auf den Sesseln die Steckenpferde, Trommeln, Peitschen meiner
Kinder. Vermuthlich hatten sie den Nachmittag hier zugebracht.
O wie war mir unter diesen Kleinigkeiten so wohl, als wäre ich
bei meinen Lieben selbst. Ich streckte mich aufs Sofa, und beschloß hier zu übernachten. Die Nacht war lau und mild, und
der Duft blühender Bäume und Gartenbeete drang in mein Gemach.

Wer seit vierzig Stunden nicht geschlafen hat, findet jedes
Lager weich. Ich entschlief in meiner Uebermüdung bald. Doch
kaum hatte ich die Augen geschlossen, weckte mich das Knarren
der Gartenhausthür wieder. Ich richtete mich auf; ich sah einen
Menschen hereintreten: ich glaubte, es sei ein Dieb. Aber man
denke sich mein Erstaunen, es war der Freund Rothrock.

„Woher kommen Sie?“ fragte ich.

„Von Prag. In einer halben Stunde reise ich wieder ab. Ich
wollte Sie doch im Vorbeigehen und Ihre Fanny sehen, um mein
Wort zu halten. Ich hörte von Ihrem Knecht, Sie seien erst gekommen, und glaubte in Ihrem Hause Alles wach zu finden. Sie
werden doch hier nicht übernachten wollen in der feuchten Kühle,
und sich eine Krankheit erschlafen?“

Ich ging mit ihm hinaus in den Garten, und bebte an allen
Gliedern, so hatte mich die sonderbare Erscheinung erschreckt. Ich
verspottete zwar im Stillen meine abergläubige Furcht, aber doch
konnte ich mich ihrer nicht erwehren. Der Mensch ist nun einmal
so. Die harten Züge des Prager Freundes waren im täuschenden
Mondlicht noch viel schrecklicher, und seine Augen viel blitzender.

„Sie haben mich wirklich erschreckt, wie ein Gespenst!“ sagte ich. „Ich zittere am ganzen Leibe. Wie kamen Sie dazu, mich im Gartenhause zu suchen? Sie sind, wie ein Allwissender."

Er grinsete schadenfroh und sagte: „Kennen Sie mich nun, und was ich von Ihnen will?"

„Wahrhaftig, ich kenne Sie jetzt nicht besser, als in Prag. Aber zum Spaß will ich Ihnen doch erzählen, wie Sie mir da vorkamen. Sie nehmen's nicht übel, ich dachte, wenn Sie kein Hexenmeister wären, möchten Sie wohl der Teufel selbst sein."

Er grinsete wieder und entgegnete: „Wenn ich, zum Spaß gesagt, nun das letzte wäre, würden Sie mit mir gemeine Sache machen?"

„Sie müßten mir viel bieten, ehe ich einschlüge. Denn wahrhaftig, mein Herr Teufel, erlauben Sie, daß ich Sie zum Scherz so nenne, mein Glück ist vollkommen."

„Oho, bieten würde ich Ihnen nichts, geben nichts. Das war wohl in alten Zeiten Sitte, da die Leute noch an einen Teufel glaubten, und sich vor ihm desto mehr hüteten — da mußte man kapituliren. Aber heutiges Tages, da Keiner mehr an den Teufel glaubt, und mit der Vernunft Alles ausrichten will, sind die Menschenkinder allzuwohlfeil."

„Einmal hoffe ich, bei mir steht's anders, ob ich gleich den Beelzebub für ein Mährchen halte. Ein Quintchen Vernunft gibt mehr Tugend, als ein Zentner Teufelsglauben."

„Das ist's eben! — Eine stolze Sicherheit, ihr Sterblichen — erlauben Sie, daß ich in der Rolle spreche, die Sie mir gaben — eure stolze Sicherheit liefert der Hölle mehr Rekruten, als eine Legion Werber in Satans Uniform. Seit ihr selbst angefangen habt, die Ewigkeit für ein Problem, die Hölle für eine orientalische Fabel zu halten; seit man Ehrlichkeit und Dummheit für Tugenden gleichen Kalibers erklärt; die Wollust eine liebenswürdige Schwäche, Selbstsucht, Seelengröße, Gemeinnützigkeit eine Narrheit, und abgefeimte Tücke Lebensklugheit nennet, gibt man sich in der Hölle keine Mühe mehr, euch zu fangen. Ihr kommt von selbst. Die Vernunft habt ihr auf den Lippen, die Macht von hundert Leidenschaften im Herzen. Der Heiligste unter euch Entnervten ist, wer die wenigste Gelegenheit zu sündigen hat."

„Das heißt recht teuflisch gesprochen!" rief ich.

„Allerdings!" antwortete der rothe Herr und grinsete wieder: „Aber ich rede die Wahrheit, weil ihr Leute nicht mehr an sie glaubt. So lange den Menschen noch Wahrheiten heilig waren, mußte Satan ein Vater der Lügen sein. Jetzt ist's umgekehrt. Wir armen Teufel sind immer die Antipoden der Menschheit."

„So sind Sie in diesem Stück wenigstens nicht mein Gegner; denn ich denke, wie Sie, mein philosophischer Herr Teufel."

„Gut, so gehören Sie mir schon an. Wer mir nur ein Haar reicht, dessen Kopf habe ich. Und — hier ist's kühl — mein Wagen ist vielleicht schon angespannt, ich muß abreisen. Also leben Sie wohl."

Er ging. Ich begleitete ihn wieder zum Posthause zurück, wo wirklich sein Reisewagen eben Vorspann erhielt.

„Ich dächte, Sie kämen mit mir noch hinauf ins Haus, und tränken mit mir zum Abschied ein Glas Punsch, den ich bestellt hatte, ehe ich zu Ihnen ging."

Ich nahm die Einladung an. Es that mir wohl, in ein warmes Zimmer zu kommen.

Die Versuchung.

Der Punsch stand schon auf dem Tisch, da wir ins Zimmer traten. Ein fremder Reisender ging finster und müde auf und ab; es war ein langer, hagerer, alter Mann. Auf den Stühlen umher lag Gepäck; auch bemerkte ich einen Frauenzimmershawl und Strohhut, nebst weiblichen Handschuhen.

Als wir tranken, sagte der Fremde zum eintretenden Hausknecht, der das Gepäck holte: „Sagt meiner Gemahlin, wenn sie kommt, ich sei zu Bett. Wir reisen in aller Frühe fort." —

Ich wollte auch nicht wieder ins kalte Gartenhaus zurück, und bestellte mir die Nacht ein Bett. Der Fremde ging fort. Wir tranken den Punschnapf leer unter allerlei Geschwätz. Das Feuer des Rums erquickte und durchglühte mich. Der Rothrock eilte zu seinem Wagen, und indem ich ihm hineinhalf, sagte er: „Wir sehen uns noch einmal wieder." Damit rollte der Wagen weg.

Da ich ins Zimmer zurücktrat, war ein Frauenzimmer darin, welches den Shawl, die Handschuhe und den Hut holte. Wie sich die junge Schöne nach mir umdrehte, verlor ich fast alle Besonnenheit. Es war Julie, die erste Geliebte, im Begriff, mit ihrem Gemahl, wie ich nachher erfuhr, eine Lustreise nach Italien zu machen. Sie war nicht minder erschrocken, als ich.

„Um Gottes willen, ist es dein Geist, Robert?"

„Julie!" stammelte ich, und alle Wonnen der ersten Liebe wachten wieder auf bei diesem überraschenden Anblick. Ich wollte mich ihr ehrerbietig nahen. Ihre Augen waren voll Thränen; ihre Arme offen. Ich lag weinend an ihrem Busen.

Erst als wir wieder zu uns selbst kamen, bemerkte sie, daß sie halb entkleidet war. „Hier ist nicht mein Zimmer!" sagte sie, und warf sich den Shawl um. „Komm, Robert, wir haben uns viel zu sagen."

Sie ging. Ich folgte ihr in ihr Zimmer. „Hier können wir uns einander frei erzählen!" sagte sie, und wir setzten uns aufs Sofa. Nun ward denn erzählt. Ich lebte noch einmal im Fiebertaumel einer alten Liebe, die ich längst erloschen geglaubt hatte. Julie, durch ihren Starosten nicht glücklich, hing mit ehemaliger

Seligkeit an mir. Sie war schöner, aufgeblühter, als ehemals. Sie fand auch mich schöner, wie sie sagte. — Die Flamme der Leidenschaft wehte von Seele zu Seele in Küssen.

Ein Zauber, den ich unmöglich beschreiben kann, lag in Juliens Worten und Wesen. Alles von ehemals ward wieder hell; die erste Bekanntschaft auf dem Ball am Brauttage ihrer Schwester; die Empfindungen, welche uns damals bewegten; dann unser Wiedersehen im herzoglichen Schloßgarten; dann die Wasserfahrt mit unsern beiderseitigen Aeltern, und wie wir im Elysium von Wörlitz Liebe gestanden, Treue schworen. Dann — doch genug: für uns gab es nur Vergangenheit, keine Zukunft.

Plötzlich ging die Thür auf. Der lange, hagere Mann trat herein mit der Frage: „Wer ist noch bei dir, Julie?"

Wir sprangen erschrocken auf. Der Starost stand eine ganze Weile sprachlos, bleich wie eine Leiche. Dann mit drei Schritten fuhr er auf Julchen zu, schlang ihre langen, kastanienbraunen Locken um seine Faust, und schleuderte die Winselnde zur Erde und schleppte sie auf dem Boden herum, indem er rief: „Verrätherin! Nichtswürdige!"

Ich wollte ihr zu Hülfe eilen. Er stieß mich mit gewaltiger Kraft zurück, daß ich rücklings zu Boden taumelte. Wie ich mich wieder aufraffte, ließ er die Unglückliche fahren, und schrie mir zu: „Dich erdroßle ich!" In der Verzweiflung nahm ich ein Messer vom Tisch, und drohte, es ihm in die Rippen zu stoßen, wenn er nicht schwiege. Aber der Wüthende warf sich gegen mich, spannte meinen Hals zwischen seine Hände ein, und drückte zu. Ich verlor die Luft. Ich fuhr in der Verzweiflung mit dem Messer nach allen Seiten um mich. Ich stieß es wiederholt gegen ihn. Plötzlich stürzte der Unglückliche nieder. Er hatte das Messer im Herzen.

Julie lag wimmernd am Boden neben ihrem ermordeten Mann. Ich stand da, wie eine Bildsäule. „O," dachte ich, „wäre es doch nur ein Traum, und läge ich erwachend auf dem Sofa meines Gartenhauses. Verflucht sei der Rothrock! verflucht die Brieftasche! — O meine armen Kinder! o meine geliebte, unglückliche, fromme Fanny! — Nahe an den Schwellen meines häuslichen Paradieses werde ich zurückgeschleudert in eine Hölle, die ich nie kannte! — Ich bin Mörder!"

Der Lärmen im Zimmer hatte die Leute im Hause geweckt. Ich hörte fragen, rufen, gehen. Mir blieb nichts übrig, als die Flucht, ehe ich entdeckt ward. Ich ergriff das brennende Licht, um mir zum Hause hinaus zu zünden.

Vollendung des Gräuels.

Indem ich die Treppe hinabging, nahm ich mir vor, in mein Haus zu eilen, meine Frau, meine Kinder zu wecken, sie noch einmal an mein Herz zu drücken, dann wie ein Kain in die Welt hinaus zu flüchten, um nicht der Gerechtigkeit in die Hände zu fallen. Aber schon auf der Treppe sah ich meine Kleider ganz vom Blut des Starosten überschüttet. Ich zitterte, erblickt zu werden.

Die Hausthür nach der Straße war verschlossen. Als ich zurückeilte, um durch den Hof zu entkommen, hörte ich von der Treppe herab Menschen eilen, schreien und rufen hinter mir. Ich lief über den Hof, zur Scheune. Ich wußte, von da hinaus käme ich in Gärten und Felder außerhalb des Städtchens. Aber die mir nachsetzten, eilten behend genug. Ich war kaum in der Scheune, als mich einer beim Rock erwischte. Mit Höllenangst riß ich mich los, und schleuderte meine brennende Kerze in die neben mir hoch aufgethürmten Strohwellen. Es gab plötzlich Flammen. So hoffte ich mich zu retten. Es gelang. Man ließ von mir los, vermuthlich um den Brand zu tilgen. So entkam ich ins Freie.

Ich stürzte blindlings fort, setzte über Häge und Gräben. Meine Fanny, meinen August, meinen Leopold noch einmal zu sehen, daran war nicht zu denken. Der Trieb der Selbsterhaltung über= schrie alle andern Gefühle des Herzens und der Natur. Wenn ich an meine gestrige Heimkunft, an meine Erwartungen auf den heu= tigen nahen Morgen dachte, konnte ich das Geschehene gar nicht für möglich halten. Aber meine blutigen, klebrigen Kleider, der kühle Morgenwind, der mich durchschauerte, sagte mir nur zu sehr das Gegentheil. Ich lief fast athemlos, bis ich nicht mehr konnte. Hätte ich ein Mordwerkzeug bei mir geführt, wäre ein Strom in meiner Nähe gewesen, ich würde aufgehört haben zu leben.

Triefend vom Schweiße, ohne Athem, erschöpft an allen Kräf= ten, mit zitternden Knien, setzte ich meine Flucht in langsamern Schritten fort. Ich mußte zuweilen stehen bleiben, um mich zu erholen. Ich war mehrmals daran, ohnmächtig niederzusinken.

So gelangte ich nach dem nächsten Dorf bei unserm Städtchen. Indem ich davor stand, und noch überlegte, ob ich es umgehen, oder keck durchwandern sollte — denn noch war es mondhell, und die Sonne nicht zum Aufgang — fieng es im Dorfthurm an zu läuten. Bald klangen mir auch von andern entfernten Ortschaften Glockentöne. Es war Sturmgeläute.

Jeder Ton zermalmte mich. Ich sah mich um. O Gott, hinter mir weite dunkelrothe Gluth; eine ungeheure Flammensäule, die bis zu den Wolken hinaufleckte! Das ganze Städtchen stand in Flammen. Ich — ich war der Mordbrenner! — O meine Fanny, o meine Kinder, welch ein entsetzenvolles Erwachen aus dem stillen Morgenschlummer hat euch euer Vater bereitet! —

Da ergriff es mich, wie bei den Haaren, und hob mich in die Höhe, und meine Sohlen wurden leicht wie Federn. Ich lief in mächtigen Sprüngen um das Dorf herum einem Kiefernwald zu. Die Flammen meiner Heimath leuchteten wie Tageshelle, und die heulenden Sturmglocken dröhnten mit zerreißenden Klängen durch mein zerrüttetes Wesen.

Wie ich die Nacht des Waldes erreicht hatte, und so tief hinein war, daß ich nichts mehr vom rothen Licht der Feuersbrunst gewahren konnte, in welcher bisher immer mein Schatten vor mir hergaukelte, konnte ich nicht weiter. Ich fiel zur feuchten Erde nieder, und brüllte meinen Schmerz aus. Ich schlug mit der Stirn gegen den Boden, und raufte krampfhaft Gras und Wurzeln aus. Ich hätte sterben mögen, und wußte es nicht zu machen.

Untreuer, Mörder, Mordbrenner, das Alles fast in gleicher Stunde. O der Rothrock hatte wohl Recht: es gibt unter euch keine Heiligen, als denen die Gelegenheit zur Sünde fehlt. Bietet dem Teufel nur ein Haar: so hat er euern Kopf. Welches unselige Schicksal führte den Satan ins Gartenhaus zu mir! Hätte ich seinen Punsch nicht genommen, ich hätte Jullen gesehen, ohne Fanny's zu vergessen; hätte ich dies gekonnt, der Starost wäre nicht ermordet; ich würde meine Heimath nicht in Brand gesteckt haben — ich läge nicht hier in der Verzweiflung, mir selbst zum Gräuel, der Menschheit zum Fluch.

Inzwischen heulten die Sturmglocken unaufhörlich, und schreckten mich wieder empor. Ich freute mich, daß es noch nicht Tag war. So durfte ich hoffen, noch eine gute Strecke unbekannt zurückzulegen. Aber ich sank wieder weinend nieder, da ich mich erinnerte, es sei der erste Mai, es sei meiner Fanny Geburtstag. Wie hatten wir Glücklichen ihn sonst im Kreise der Unserigen heiter gefeiert! Und heut! welch ein Tag! welch eine Nacht! — Da durchfuhr mich der Gedanke: es ist Walpurgisnacht! — Sonderbar! der alte Aberglaube machte diese Nacht von jeher zur Nacht des Schreckens, in der böse Geister ihr Fest begangen haben sollten, und der Teufel seine Hexen auf dem Gipfel des Blocksberges versammelte. Fast hätte ich an die Wahrheit der albernsten Abscheulichkeit glauben mögen. Der verdächtige Rothrock fiel mir wieder lebhafter mit allen seinen sonderbaren Reden ein. Jetzt — warum soll ich läugnen? — jetzt hätte ich meine Seele darum ge= geben, er wäre wirklich gewesen, der er sich bei mir im Garten= haus scherzend genannt hatte, um mich zu retten, um mir mein Gedächtniß zu rauben, um mir mein Weib, meine Kinder in irgend einem Winkel der Erde wieder zu geben, wo wir unent= deckt leben könnten.

Aber die Sturmglocken tobten lauter. Ich spürte das Grauen des Morgens. Ich flog auf vom Boden, und setzte meine Flucht fort im Gebüsch und kam zur Landstraße.

Kain.

Hier holte ich frischen Athem. Alles Geschehene war so gräß= lich, so plötzlich — ich konnte selbst nicht daran glauben. Ich sah mich um — aber durch die Kiefern glühte der rothe Wiederschein der Feuersbrunst. Ich betastete mich, und besudelte meine Finger mit dem Blut des Starosten.

Das verräth mich dem Ersten, der mich findet! dachte ich, und riß mir die befleckten Kleider vom Leibe und verbarg sie in dichtes Gesträuch, und wusch mir die Hände im Thau des Grases rein. So, halb entkleidet, rannte ich auf der Landstraße hin.

„Wer bist du nun?" sprach ich zu mir selbst: „Wer dich er= blickt, wird dir nachsetzen. Nur Wahnsinnige oder Mörder laufen im Hemd durch die Wälder; oder ich muß sagen, ich sei beraubt worden. Würde mir ein Bauer begegnen, den ich übermannen könnte, er müßte mir seinen Kittel geben. So wäre ich für die ersten Augenblicke geborgen. Ueber Tag kann ich im Dickicht der Wälder verborgen bleiben, Nachts meinen Lauf fortsetzen. Aber woher soll ich Nahrung nehmen? Woher Geld? — Jetzt fiel mir bei, wie ich meine Brieftasche im weggeworfenen Rock gelassen und mich aller Baarschaft beraubt hatte.

Ich stand still und war unentschlossen. Einen Augenblick dachte ich daran, umzukehren und meine Brieftasche zu suchen. Aber — das Blut des Starosten! ich hätte es nicht wieder sehen mögen, und wäre eine Million zu holen gewesen. — Und zurückgehen, die spielende Feuergluth zwischen den Kiefern beständig vor Augen haben . . . nein, die Flammen der offenen Hölle lieber! — So wanderte ich weiter.

Da hörte ich das Rasseln eines Wagens — vielleicht eine Feuerspritze und zu Hilfe eilende Bauern. — Jach stürzte ich mich ins Gebüsch, von wo ich die Landschaft beobachten konnte. Ich zitterte wie ein Espenblatt. Da kam langsam, von zwei Pferden gezogen, ein geschmackvoller, offener Reisewagen, und mit Koffern gepackt Ein Mann saß darin, und lenkte die Rosse. Er fuhr immer langsamer, und hielt endlich still nahe vor mir. Er stieg aus, ging um den Wagen herum, besah ihn von allen Seiten; dann verließ er den Wagen und ging abwärts vor mir über die Straße ins Gebüsch.

„Dir wäre geholfen, wenn du im Wagen säßest!" rief's in mir: „Deine Beine sind wie gebrochen. Sie schleppen dich nicht mehr. Du wärest gerettet. Kleider, Geld, schnelle Flucht, Alles wäre vorhanden. Der Himmel will sich deiner annehmen. Benutze den Wink. Der Wagen ist leer. Schwing' dich hinein!"

Gedacht, gethan. Denn mit Ueberlegen war kein Augenblick zu versäumen. Jeder ist sich selbst der Nächste, man rettet sich, wie man kann. Verzweiflung und Noth haben kein Gesetz. Ein Satz, und ich war aus dem Gebüsch auf der Straße, von der Straße im Wagen. Ich ergriff den Leitriemen, und lenkte die Rosse mit dem Wagen um, von meiner brennenden Heimath ab. Da sprang der Eigenthümer aus dem Wald hervor, und in dem

Augenblick, da ich den Pferden die Peitsche fühlen ließ, wollte er ihnen in die Zügel fallen. Er stand vor ihnen. Ich schlug heftiger — jetzt mußte Alles gewagt sein. Die Rosse bäumten sich und drangen vorwärts. Der Eigenthümer fiel und lag unter den Pferden. Ich fuhr über ihn weg. Er schrie Hilfe. Seine Stimme durchbohrte mich. Es war eine bekannte Stimme — eine geliebte Stimme. Ich traute meinen Ohren nicht. Ich hielt still, und lehnte mich aus dem Wagen, um nach dem Unglücklichen zu sehen. — Ich sah ihn! — Aber — ich schaudere, indem ich's sage — ich sah meinen Bruder, der seine Sachen in Prag unerwartet abgethan, oder andere Ursachen zur Heimreise gehabt haben mußte.

Ich saß da, wie vom Blitz gerührt; gelähmt, erstarrt. Unter mir winselte der Geräderte. Das hatte ich nicht gewollt, nicht gedacht. Ich schleppte mich langsam aus dem Wagen. Ich sank zu meinem geliebten Bruder nieder. Das schwere Rad war ihm über die Brust gegangen. Ich rief mit bebender, leiser Stimme seinen Namen. Er hörte mich nicht mehr; er erkannte mich nicht mehr. Er hatte ausgelitten. Ich war der Verruchte, der ihm ein Leben geraubt hatte, das mir so theuer war, als das meinige. — Entsetzlich, zwei Morde in gleicher Nacht! freilich beide unwillkürlich, beide in der Verzweiflung begangen. Aber sie waren doch begangen, und Folgen des ersten Verbrechens, das ich hätte meiden sollen.

Meine Augen wurden naß; aber es waren nicht Thränen der Wehmuth über den geliebten Todten, sondern Thränen der rasenden Wuth gegen mein Schicksal, gegen den Himmel. Nie in meinem Leben hatte ich mich mit einem groben Verbrechen besudelt. Ich war gefühlvoll für das Schöne, Gute, Große und Wahre gewesen. Ich hatte keine süßere Freude gehabt, als am Glücklichmachen. Und nun, ein verdammter Leichtsinn — ein unseliger Augenblick von Selbstvergessenheit — und das — und das frevelvolle Spiel des Zufalls oder der Nothwendigkeit hatten mich zum elendeſten, verworfenſten Weſen unter dem Himmel gemacht. O, prahle doch Niemand mit ſeiner Tugend, mit ſeiner Kraft, mit ſeiner Beſonnenheit! — Es gehört nicht mehr als eine Minute dazu, in der man ſeine beſſern Grundſätze ein wenig auf die Seite ſtellt, — nicht mehr als eine Minute, und der Engelreine iſt aller Schandthaten fähig. Wohl ihm, wenn ſein Verhängniß es beſſer mit ihm will, als mit mir; und ihm nicht, elenderweiſe einen Bruder zu rädern, in den Weg legt!

Doch nichts von Moral. Wer ſie hier nicht von ſelbſt gefunden hat, für den gibt es keine. Ich will zum Ende meiner Unglücks-geſchichte eilen, die kein Dichter jemals ſchauerlicher erſinnen konnte.

Reue.

Ich küßte die bleiche Stirn meines Bruders. Da hörte ich Stimmen im Walde. Erſchrocken fuhr ich auf. Sollte ich mich ertappen laſſen über dem Leichnam des Geliebten, den ich erſt berauben wollte, und dann tödtete? Ich war, ehe ich mich ſelbſt beſann, im tiefſten Gebüſch, und überließ die Leiche nebſt Roß und Wagen ihrem Schickſal. Nur der allmächtige Trieb zum Leben wachte noch in mir: alles Andere war todt. — Ich ging in Be-täubung durch Strauch und Dorn; wo die Büſchung am finſterſten, die Verzweigung am dichteſten verſchlungen war, dahin eilte ich. Wer dich findet, rief's in mir, der wird dich tödten, Kain, Bruder-mörder!

Ermattet blieb ich auf einem Felſenſtein im Innerſten des Waldes ſitzen. Die Sonne war aufgegangen, ohne daß ich's bemerkt hatte. Ein neues Leben wehete durch die Natur. Die grauſen-volle Walpurgisnacht lag hinter mir mit meinen Verbrechen; aber die Kinder derſelben gaukelten wie Teufel auf meinem Wege hin. Ich ſah meine jammernde Fanny mit den verwaiſeten Kin-

bern — ich sah die trostlose Familie meines unglücklichen Bruders — ich sah das Hochgericht — den Henkerzug, den Rabenstein.

Da ward mir das Leben plötzlich zur Bürde. Hätte ich mich
doch vom Starost erdrosseln lassen, sprach ich bei mir selbst, ich
hätte es ja verdient. Ich war ja ein Verräther an meiner Fanny
und an der Treue, die ich ihr tausendmal geschworen. — Oder
wäre ich doch umgekehrt, wie das Städtchen hinter mir brannte.
Ich hätte Weib und Kind noch einmal küssen und dann nach dem
Abschied mich in die Flammen stürzen können. So hätte ich mir
doch den Brudermord erspart.

Ich fürchtete das Leben, weil ich mich vor neuen Verbrechen
fürchtete, die mir mit jedem Schritt unvermeidlich schienen. So
tief hatten mich die bisherigen Ereignisse erschüttert, daß ich glaubte,
dem Sünder bringe jeder Athemzug eine Sünde. Ich dachte an
Selbstmord — aber auch dazu war ich mittellos. So beschloß ich,
mich der Obrigkeit selbst auszuliefern, ihr meine Vergehen reu-
müthig zu bekennen. Dann — freilich unter traurigen Verhältnissen, hatte ich doch noch Hoffnung, meine Fanny, meinen Leopold und August noch einmal in meinem Leben an die Brust zu
drücken, Verzeihung von ihnen zu erflehen, und von ihren Thränen begleitet in die Ewigkeit hinüberzuwandern. Ich konnte noch
manche häusliche Verhältnisse anordnen, meiner Fanny noch manchen nützlichen Rath und Aufschlüsse über verschiedene Angelegenheiten geben.

Dieser Gedanke gewährte mir einiges Vergnügen. Ich ward
ruhiger. Das Leben hatte ich aufgegeben, nun hörten die Furien
des Gewissens auf, in mir zu wüthen, da sie hatten, was sie wollten.

Ich stand auf und ging; doch wußte ich nicht wohin. In der
Betäubung und Höllenangst hatte ich selbst die Gegend vergessen,
aus der ich gekommen war. Die Walbung lag finster und dick um
mich her. Ich sehnte mich nach dem Schimmer der Feuersbrunst,

bie follte mich zu meinen Richtern leiten. Doch gleichviel. Jeder Schritt, jeder Weg mußte mich immer zuletzt dahin bringen.

Indem ich eine Weile gegangen war, erhellte sich der Forst. Ich kam auf eine schlechte Landstraße, und schlug sie sogleich ein, unbekümmert, wohin sie gehe.

Der Verfucher.

Ich hörte nahe vor mir Pferde wiehern. Ich erfchrak. Die Liebe des Lebens erwachte von neuem. Ich gedachte in die Wild= niß zurück zu flüchten. Du haft zwar gefehlt; du bift zwar Ver= brecher der entfetzlichften Art, aber du kannft wohl noch glücklich werden, wenn du dich diesmal retteft. Denn ein vollendeter Bö= fewicht warft du nie, wenn gleich der leichtfinnigfte. So dachte ich, aller Vorfätze vergeffend, und mit meinen Gedanken fchon in einer fernen Einfamkeit, wo ich, unbekannt der Welt, mit Weib und Kindern unter fremdem Namen leben könnte. Aber bei dem Allem war ich doch vorwärts gegangen.

Da erblickte ich, als fich die Straße bog, dicht vor mir Pferde, einen umgeftürzten Wagen mit einem zerbrochenen Rade, und zu meinem Entfetzen oder Entzücken daneben ftehend — den wohlbe= kannten Rothrock.

Als er mich erblickte, grinfete er mich nach feiner Gewohnheit an, und fagte: „Willkommen hier! Habe ich nicht gefagt, daß wir uns wiederfinden würden? — Ich warte fchon die ganze Nacht. Mein Poftillon ift in das Städtchen zurück, Hilfe zu holen, und kehrt nicht wieder."

„Er hat dort mehr zu helfen, als hier," fagte ich: „denn die Stadt ift in vollem Feuer.

„Dachte ich's doch," erwiederte er, „denn ich fah es an der

Röthe des Himmels. Aber was wollen denn Sie im Walde? Was suchen Sie hier? Warum helfen Sie nicht löschen?"

„Ich habe wohl andere Dinge zu löschen, als Holzbrand."

„Dachte ich's doch. Sagte ich es Ihnen nicht vorher?"

„Retten Sie mich. Ich bin ein heilloser Verbrecher geworden — ich ward leichtsinniger Gatte, Mörder, Mordbrenner, Straßenräuber, Brudermörder, Alles seit dem Augenblick, da Sie mich verlassen hatten; Alles binnen drei Stunden. Und doch, ich schwöre es Ihnen, ich bin kein schlechter Mensch."

Der Rothrock stampfte mit dem Klumpfuß auf den Boden, da ich dies sagte, als wäre er voll Unwillens. Aber seine Geberden blieben hart und eisern. Auch gab er keine Antwort. Da erzählte ich ihm das beispiellose Unglück dieser Nacht. Er blieb ganz gelassen.

„Kennen Sie mich nun, und was ich von Ihnen will?" sagte er endlich.

„Meine Seele! meine Seele!" schrie ich: „denn nun fange ich an zu glauben, daß Sie in der That der sind, für den ich Sie in Prag, bei mir selbst scherzend, hielt."

„Und der wäre?"

„Der Satan."

„So falle vor mir nieder und bete mich an!" brüllte er mit gräßlicher Stimme.

Ich fiel auf die Knie, wie ein Wahnsinniger, vor ihm, und hob die gefalteten Hände, und rief: „Rette mich! — rette mein Weib und meine Kinder von dem Verderben! Sie sind unschuldig. Bringe uns in eine Wüste, wo wir Brod und Wasser haben und eine Höhle. Wir wollen uns selig machen, wie in einem Paradiese. Aber wische die Erinnerung an die Walpurgisnacht aus meinem Gedächtniß, sonst ist auch im Paradiese die Hölle. Kannst du das nicht, so ist mir's besser, ich sterbe büßend auf dem Hochgericht."

Wie ich dies sagte, hob er den Klumpfuß und stieß damit verächtlich gegen mich, daß ich rücklings zu Boden taumelte. Ich wollte meine Bitten wiederholen, aber er unterbrach mich und sagte: „Da seht mir den frommen, gefühlvollen Mann! da seht mir den stolzen Sterblichen in der Herrlichkeit seiner Vernunft! da seht mir den Philosophen, der den Teufel wegläugnet und die Ewigkeit in gelehrte Zweifel bringt! Er krönt seine Schandthaten mit der Anbetung des Satans."

„Daran, Satan, erkenne ich dich," schrie ich wüthend: „daran, daß das sanfte Mitleid in deiner eisernen Brust fehlt, welches doch sonst das warme Menschenherz bewohnt. Ich will auch kein Mitleid von dir, der nur schadenfrohen Hohn kennt. Ich wollte deine Gunst kaufen, mit meiner Seele kaufen. Sie könnte sich ja noch bessern; sie kann ja den Weg zur Reue finden und zur Gnade. Sie könnte dir ja noch entschlüpfen, wenn du sie am sichersten zu haben glaubst."

Düster entgegnete er mir: „Nein, mein Herr, ich bin der Teufel nicht, wie Sie glauben. Ich bin ein Mensch, wie Sie. Sie waren ein Verbrecher. Jetzt sind Sie ein Wahnsinniger geworden. Aber wer mit seinem bessern Glauben einmal gebrochen hat, der ist auch mit seiner Vernunft bald fertig. — Ich verachte Sie. Und wenn ich Ihnen helfen könnte, wahrhaftig, ich möchte Ihnen nicht helfen. Ihre Seele fordere ich nicht. Sie ist zur Hölle reif, ohne daß der Satan dafür einen rothen Heller bietet."

***

Hoffnung.

Eine Weile stand ich zweifelhaft und verlegen vor ihm. Scham und Wuth, Reue und Entschlossenheit zu jedem Verbrechen, das mich für den Augenblick retten konnte, kämpften in mir. Ich kann nicht beschreiben, was in mir vorging; denn was die Geschichte des flüchtigen Augenblicks war, würde unter meiner Feder sich zu einem Buche ausdehnen: und doch könnte ich's nicht in aller Klarheit darstellen.

„Wenn Sie nicht der sind, wofür ich Sie halte," sagte ich endlich, „so müßte ich wünschen, daß Sie es wären. Retten Sie mich, sonst bin ich verloren. Retten Sie mich, denn Sie allein sind an meinem entsetzlichen Schicksal schuldig."

„So macht's der Mensch!" sagte er grinsend: „Er will immer der Reine sein, und hätte er sich auch im Bruderblut gebadet."

„Ja, Sie, mein Herr, waren die erste Ursache alles namenlosen Gräuels dieser Nacht. — Warum kamen Sie in der Nacht zu meinem Gartenhause, wo ich ruhig und harmlos schlief, um den Anbruch des Morgens zu erwarten? Hätten Sie mich nicht geweckt, wäre Alles nicht geschehen, was geschehen ist."

„Aber weckte ich Sie zu Treulosigkeit und Mordbrand? So macht's der Mensch. Wenn er Tausende gemeuchelmordet hat, möchte er alle Schuld auf den Bergmann wälzen, der das Eisen aus den finstern Schachten der Erde heraufgeholt hat. Herr, auch Ihr Athemholen ist am Verbrechen Ursache, weil Sie ohne Athem es nicht begehen konnten. Aber ohne Athem hätten Sie auch kein Leben gehabt."

„Warum spielten Sie denn im Garten bei mir die Rolle des Teufels, und sagten so bedeutungsvoll, wer dem Satan nur ein Haar bietet, dessen Kopf zerrt er sich daran nach, wie an einem Seil?"

„Gut das! habe ich darum Lüge gesprochen? Wer könnte die Wahrheit fürchterlicher bezeugen, als Sie selbst? Habe ich das Haar von Ihnen begehrt? oder haben Sie es mir angeboten? — Aber, Herr, da Sie Julien, Ihre erste Geliebte, sahen, da hätten Sie Ihrer Fanny eingedenk sein müssen. Sie vertrauten Ihrer Tugend zu viel, oder vielmehr, Sie dachten an keine Tugend.

Religion und Tugend hätten Ihnen gesagt: fliehe heim zum Gartenhaus. Herr, der Mensch, sobald sein Versuchungsstündchen schlägt, darf sich, der Sünde gegenüber, auch das Erlaubteste nicht erlauben. Der erste leichtfertige Gedanke, den man durchschlüpfen läßt, ist das bewußte Haar in des Teufels Klaue."

„Sie haben Recht. Konnte ich aber das voraussehen?"

„Allerdings konnten Sie."

„Es war unmöglich. Denken Sie nur an das abscheuliche Zusammentreffen der Umstände."

„Daran hätten Sie, als eine Möglichkeit, denken sollen. Konnten Sie nicht an den Starosten denken, da Sie sein Weib im Arm hielten? nicht an die Feuersbrunst, da Sie das Licht in das Stroh schleuderten? nicht an den Brudermord, da Sie die Rosse gegen die Brust des Eigenthümers antrieben? — denn der, oder ein anderer, jeder Mensch ist Ihr Bruder."

„Mag sein. Aber bringen Sie mich nicht zu größerer Verzweiflung. Sie müssen wenigstens zugeben, daß der erste Fehltritt hätte ohne alle andern Gräßlichkeiten geschehen können, wenn nicht das Schrecklichste zusammengetroffen wäre, was immer zusammentreffen könnte?"

„Sie irren! Was lag denn Schreckliches darin, daß der Starost seine Frau besuchte? was denn Schreckliches darin, daß man in der Scheune Stroh hatte, wie in allen Scheunen? was Schreckliches, daß Ihr unglücklicher Bruder friedlich auf dem Rückweg begriffen war? Nein, Herr, was Sie ein abscheuliches Zusammentreffen heißen, konnte für Sie, wenn Sie auf rechtschaffenen Wegen geblieben wären, ein erfreuliches gewesen sein. Die Welt ist gut, das Gemüth macht sie zur Hölle. Der Mensch ist's, der erst Dolch und Gift macht; außerdem wären die Dinge friedliche Pflugschar oder heilsame Arznei geworden. Denken Sie an keine Rechtfertigung."

Da schrie ich verzweiflungsvoll auf, denn ich übersah meine ganze Abscheulichkeit. „O!" rief ich, „bis zu dieser Nacht bin ich schuldlos gewesen, ein guter Vater, ein treuer Gatte, ohne Vorwürfe. — Jetzt bin ich ohne Ruhe, ohne Ehre, ohne Trost!"

„Nein, Herr, auch darin muß ich widersprechen. Sie sind in dieser Nacht nicht erst geworden, was Sie sind, sondern Sie sind es längst gewesen. Man wird nicht in einer Stunde vom Engel zum Teufel, wenn man nicht schon alle Anlagen zum Teufelwerden besitzt. Es fehlte nur an Gelegenheit, daß der inwendige Mensch auswendig wurde. Es fehlte Ihnen die Julie und die Einsamkeit. Im Stahl und Stein schläft das Feuer, wenn man's gleich nicht sieht — nur zusammengeschlagen, es wird schon funkeln. Ein Funke nebenbei fliegt ins Pulverfaß, und eine halbe Stadt mit ihrer Glückseligkeit wird in Schutt und Trümmern gegen den Himmel geschleudert. Lobe mir doch Keiner die frommen Leute, die in stolzer Unschuld den armen Sünder zum Galgen begleiten! — daß ihrer nicht mehrere daran hängen, ist bloß Gunst des Zufalls."

„So tröste ich mich. So ist, wenn Sie die Wahrheit sprechen, die ganze Welt nicht besser, als ich und Sie dazu."

„Nein, Herr, Sie irren abermals. Ich gebe Ihnen die halbe Welt preis, aber nicht die ganze. Ich glaube noch an Tugend und Seelengröße, woran Sie eben mit Ihrer vermeinten Seelengröße nie stark glaubten. Aber die halbe Welt, ja! und besonders in unsern Tagen, wo der Grundzug der Gemüther Schlaffheit, Selbstsucht und feige Gleisnerei ist. Das ist auch der Ihrige. Darum stehen Sie auch hier als Verdammter."

„Sie können Recht haben; aber ich bin nicht besser und schlechter, als alle andern Menschen dieser Zeit."

„Was Sie sind, das scheint Ihnen die Welt zu sein. Wir sehen nie das Draußen in uns, sondern uns selbst in dem Draußen. Es ist Alles nur Spiegel."

„Um Gotteswillen, Herr!" rief ich außer mir, „retten Sie mich, denn die Zeit verrinnt. Wenn ich schlecht war, könnte ich nicht besser werden?"

„Allerdings. Noth bringt Kraft."

„Retten Sie mich und Weib und Kind! Ich kann besser, ich will besser werden, da ich mit Schaudern sehe, welcher Verbrechen ich fähig war, deren ich mich nie fähig gehalten haben würde!"

„Es kann werden. Aber Sie sind ein Schwächling. Schwäche ist die Säugamme der verruchtesten Thaten. Ich will Sie retten, wenn Sie sich selbst retten können. Kennen Sie mich nun, und was ich von Ihnen will?"

„So sind Sie ein Engel, mein Schutzgeist."

„Ich bin Ihnen nicht vergebens im Garten erschienen vor Ver= übung der Gräuel. Ich warnte Sie. Doch Muth! Wer Glau= ben und Muth für das Göttliche bewahrt, behält Alles."

Rettung.

Indem der Rothrock diese Worte sprach, kam es mir vor, als wenn sein gluthfarbenes Kleid wie helle Flammen um ihn brannte; und wie grünes Feuer schoß es um uns her aus dem Boden em= por; aber es waren nur die Bäume. Die Farben zuckten vor mei= nen Blicken wunderbar durch einander. Zuletzt losch Alles aus. Ich lag in Ohnmacht. Ich wußte nichts mehr von mir. Es war mir etwas geschehen.

Dann fühlte ich eine dumpfe Rückkehr des Bewußtseins, im Ohr einen fernen Ton; ums Auge eine Dämmerung von in ein= ander verschillernden Strahlen. Wie Gedanke, Klang und Licht heller wurden, sann ich über meinen Zustand, aber ich konnte nicht ergründen, was mir geschehen sei.

Entweder ist es Ohnmacht, oder Wahnsinn, oder Sterben —

dachte ich: Reißt sich die Seele von ihren Nerven, der Geist von seiner Seele los: was bleibt noch? Es geht mit den Sinnen ein Weltall aus, und der Geist schmilzt als unselbstständige Kraft ins Reich der Kräfte ein. Dann wäre der Mensch eine Schaumblase, ausgeworfen an der bewegten, ewig wechselnden Oberfläche vom Ozean des Alls; in sich abspiegelnd die grünenden Eilande und die Unendlichkeit des Himmels. Und die abspiegelnden Eilande und Himmel verfliegen in der Wasserblase, die ins All zurückgeht. — Nein, nein, rief's in mir: darum warst du Verbrecher, weil du den Glauben an Gott und dich selbst verloren, und dich den Hirn= gespinnsten einseitiger Klügelei ergeben hattest. Das gewaltige Geisterall ist kein todtes Meer, und der Menschengeist kein Schaum.

So ungefähr dachte ich, und schlug die Augen auf. Und über mir schwebte, wie von Wolken gehalten, der Alte in freundlichem Ernst; ich sah nicht mehr die harten, eisernen Züge, sondern ein mildes Wesen in seinen verklärten Mienen. Doch blendete mich der Glanz, und ich schloß die Augen bald wieder zu, und träumte fort. Ich konnte kein Glied regen.

Was ist mir oder wird aus mir, dacht' ich; denn mich däuchte, ich hörte Getümmel von Städten und Dörfern an mir vorüber= ziehen, bald Sausen bewegter Wälder, bald Ströme rauschen und Meeresbrandungen an Klippen, bald Glockenton der Heerden und ferne Hirtengesänge.

„Was geschieht mir? wohin komme ich?" seufzte ich leise mit · großer Anstrengung.

Ueber mir hing immer die Gestalt des Alten, und sein Auge war sorgsam auf mich niedergerichtet. „Ich rette dich!" sagte er mit unendlich sanftem Ton: „Fürchte dich nicht mehr. Du hast dein Leben und deinen Tod gesehen. Schwächling, werde Mann. Ein zweites Mal rette ich dich nicht wieder."

Darauf dämmerte es mir wieder vor meinen Augen, und mir

war, als läge ich in einer Felsenhöhle, in welche das Tageslicht durch enge Klüfte hineinschimmerte. Aber der Alte hing noch immer über mir; da sagte er: „Jetzt bist du gerettet und ich verlasse dich. Ich habe deine Wünsche erfüllt."

„Aber," seufzte ich, „meine Fanny, meine Kinder! gib sie mir noch in diese Wüste."

Der Alte sprach: „Sie gehören dir schon."

„Und das Gedächtniß meiner Gräuel wische aus für alle Ewigkeit, wenn du kannst."

Der Alte sprach: „Ich will es verwischen, es wird dich nicht mehr betrüben."

Indem er dies sagte, zerfloß es über mir, wie ein Dunst, und ich starrte die grauen Felsen über mir an, und begriff von Allem nichts. Aber mir war unaussprechlich wohl. Und doch glich Alles einem Feenmährchen.

Wie ich noch die Felsen über mir anstarrte, drückte ein unsichtbares Wesen seine Lippen auf die meinigen. Ich fühlte einen warmen Kuß.

Die neue Welt.

Der Kuß machte mich irdisch. Ich glaubte die Augen offen zu haben, doch merkte ich, daß sie geschlossen waren; denn ich hörte leise Tritte um mich rauschen, und sah doch in der Höhle Niemanden.

Da hauchte mich ein neuer Athem an, und zwei zarte Lippen rührten abermal an die meinigen. Das Gefühl des Lebens trat wieder in meine äußern Sinne. Ich hörte Kinderstimmen flüstern. Traum und Wahrheit schwammen verworren durch einander, und trennten sich immer bestimmter, bis ich zum hellen Bewußtsein und deutlicher äußern Klarheit kam.

Ich spürte, ich liege hart und unbequem. Es war mir, als

set es auf dem Sofa in meinem Gartenhause. Ich that die Augen
auf, und meine Fanny hing über mir. Mit ihren Küssen hatte
sie mich erweckt. Unsere Kinder klatschten freudig in die Hände,
als sie mein Erwachen sahen, und kletterten aufs Sofa und über
mich hin, und riefen eines ums andere: „Papa, guten Mor=
gen, Papa!" — Und mein Weibchen klammerte sich fest um mich;
und mit den Augen voller Freudenthränen machte es mir doch
Vorwürfe, daß ich die ganze kalte Nacht im Gartenhause geschlafen;
und wäre Christoph, unser Knecht, nicht vor einer Viertelstunde
aus dem Posthause gekommen, und hätte Lärmen mit den Mägden
in der Küche getrieben und deine Ankunft verrathen, kein Mensch
hätte davon gewußt.

Aber der schwere Walpurgistraum hatte mir dermaßen zugesetzt,
daß ich lange lag, und weder den Augen noch Ohren zu trauen
wagte. Ich suchte die phantastische Höhle der Wüste, und immer
war es das Gartenhaus. Da lagen noch Trommeln, Steckenpferde
und Peitschen am Boden herum. - Auf dem Tisch stand noch Fanny's
Strickkörbchen — alles wie ich es gefunden, als ich hier mein
Nachtlager wählte.

„Und Christoph ist erst jetzt aus dem Posthause gekommen?"
fragte ich. „Hat er dort die ganze Nacht geschlafen?"

„Freilich, du Wunderlicher!" sagte Fanny und streichelte mir
die Wange: „Er behauptet ja, du selbst habest es ihm so befoh=
len. — Warum auch hier auf dem steinharten Sofa übernachten?
Warum hast du uns nicht aus den Betten getrieben? Wie gern
wären wir doch zu deinem Empfang bereit gewesen!"

Ich erschrak freudig. „Ihr habt also sanft und ruhig geschlafen
die Nacht?" fragte ich.

„Nur zu gut!" sagte Fanny: „Hätte mir ahnen können, daß
du hier im Gartenhaus wärst — aus dem Schlafe würde nichts
geworden sein. Ich würde zu dir geschlichen sein, wie ein Ge=

spenst. Weißt du auch, daß es Walpurgisnacht war, wo die Hexen und Kobolde ihr Wesen treiben?"

„Ich weiß es nur zu gut!" sagte ich, und rieb mir die Augen und lächelte fröhlich, daß alle meine Verbrechen Traum gewesen waren; daß weder Posthaus noch Stadt gebrannt, weder der Roth-rock von Prag, noch die längstvergessene Julie mich besucht hatten.

Ich schloß die liebenswürdige Fanny fester und seliger an mein Herz; sie und die Kinder auf meinem Schoos, empfand ich heute lebendiger, als jemals, das Glück des reinen Herzens und guten Gewissens. — Es blühte um mich eine junge Welt; mehr als einmal ward sie mir zweifelhaft, wie neuer Traum. Ich sah oft nach den freundlichen Dächern unsers Städtchens, mich zu über-zeugen, daß ich kein brennendes Licht ins Stroh geworfen hatte.

Nie hatte ich im Leben einen zusammenhängendern, klarern, schrecklichern Traum geträumt. Nur zuletzt, wo er sich mit dem Wachen vermählte, war er fantastischer geworden.

Wir zogen im Triumph durch den schönen Garten ins heitere Wohnhaus, wo mich alles Gesinde freundlich bewillkommte. — Nachdem ich mich umgekleidet hatte, ging ich, beladen mit allerlei Spielwerk für meine Söhne, in Fanny's Zimmer zum Frühstück. Da saß die junge Mutter neben den jauchzenden Kleinen. Jeder neue Anblick der Lieben strömte neues Entzücken durch mich hin. Ich sank schweigend an Fanny's Brust; ich gab ihr mit Freuden-thränen im Auge das für sie in Prag gekaufte Angebinde, und sprach: „Fanny, heut' ist dein Geburtstag."

„Noch nie habe ich ihn schöner gefeiert," sagte sie, „als dies-mal! Ich habe dich ja wieder. Ich habe auch deine Freunde und meine Gespielinnen einladen lassen, den Tag deiner Wiederkunft recht fröhlich zu begehen. Gelt, das nimmst du nicht übel? — Nun aber setze dich zu uns. Nun erzähle mir haarklein, wie es dir ergangen?"

Aber der drückende Traum stand noch zu nahe vor mir. Ich dachte mich seiner am besten zu entledigen, wenn ich ihn erzählen würde. Fanny horchte und ward sehr finster. „Wahrhaftig," sagte sie am Ende lächelnd, „man sollte an Hexerei der Walpurgis= nacht glauben. Du hast eine ganze Predigt geträumt. Werde frommer, du Frommer, denn gewiß hat dein guter Engel mit dir gesprochen. Schreibe deinen Traum auf. Solch ein Traum ist merkwürdiger, als mancher Lebenslauf. Ich halte, du weißt es, viel auf Träume. Sie bedeuten wohl nichts voraus, aber sie bedeuten doch manchmal uns selbst. Es sind zuweilen die klarsten Seelenspiegelungen!"

Der Versucher mit der Versuchung.

Ein zwar nicht außerordentlicher, doch immer merkwürdiger Zufall erhöhte an dem gleichen Tage das Anziehende meines Walpurgistraums.

Meine Frau hatte Freunde und Freundinnen aus dem Städt= chen zu einem kleinen Familienfest eingeladen. Wir speiseten, wegen der Schönheit des Mittags, in dem obern geräumigen Saal des Gartenhauses. — Der Walpurgistraum war schon in meiner Erinnerung durch eine lieblichere Wirklichkeit halb verwischt.

Da meldete mein Bedienter einen fremden Herrn, der mich sprechen wollte, einen Baron Manteuffel von Drostow. — Fanny sah, daß ich erschrak. „Du wirst doch nicht," sagte sie lachend, „vor dem Versucher zittern, wenn er die Versuchung nicht mitbringt; und selbst nicht vor der Versuchung, an meiner Seite?"

Ich ging hinab. Da saß auf dem gleichen Sofa, wo ich ge= schlafen, leibhaftig der Rothrock von Prag. Er stand auf, begrüßte mich, wie einen alten Bekannten, und sagte: „Sie sehen, ich halte Wort. Ich muß jetzt Ihre liebenswürdige Fanny sehen, die ich

aus ihren vertraulichen Briefen ganz zufällig kennen lernte. Wer-
den Sie nicht eifersüchtig. Und — fuhr er fort, indem er in den
Garten hinauszeigte — ich bringe noch ein paar Gäste mit, meinen
Bruder und seine Frau. Aber meine Schwägerin kennt Sie schon.
Wir sind unvermuthet in Dresden zusammengetroffen, und machen
nun die Reise mit einander in Gesellschaft."

Ich bezeugte ihm meine Freude. Indem trat ein dicker, starker
Herr aus dem Garten in das Kabinet, wo wir sprachen; neben
ihm ein Frauenzimmer in Reisekleidern. Denke sich Jeder meinen
Schrecken! — Es war Julie, die Gemahlin des Starosten.

Julie war minder verlegen, als ich, wiewohl sie sich anfangs
auch entfärbte. Ich führte nach den ersten Höflichkeiten meine
Gäste in den obern Saal hinauf — ich stellte ihnen meine Fanny
vor. Der zum Besucher verwandelte Versucher von Prag sagte ihr
die schmeichelhaftesten Artigkeiten. „Ich habe," sagte er, „Sie
schon in Prag angebetet, als ich ohne Vorwissen Ihres Gemahls,
hinter alle kleinen Geheimnisse kam, die Sie ihm anvertrauten."

„Ich weiß Alles!" sagte Fanny: „Mit vierzehnhundert Tha-
lern bezahlten Sie die Geheimnisse. Sie sind aber bei dem Allem
ein böser Mann, denn Sie haben meinem Robert eine unruhige
Nacht gemacht."

„Damit ist's noch nicht abgethan, Fanny," sagte ich, „denn
siehe den lieben Versucher, und dort — ich stellte ihr die Gemahlin
des Starosten vor — Julie!"

Weiber sind nie lange verlegen. Sie umarmte Julien wie eine
Schwester, und setzte den Versucher rechts, die Versuchung links
neben sich. „So weit als möglich von dir!" rief sie mir mit
schelmischem Warnen zu.

Fanny und Julie, ob sie sich gleich nie gesehen hatten, waren
bald Herzensschwestern, hatten sich ungemein viel zu sagen, und
freuten sich, mich zum Gegenstand ihrer Neckereien zu machen.

Für mich war das ein ganz eigenes Fest, diese Gestalten neben einander zu sehen; beide liebenswürdig — aber Julie nur ein schönes Weib, Fanny ein Engel.

Julie, wie ich auf den Spaziergängen im Garten von ihr erfuhr, war sehr glücklich. Sie liebte ihren Mann von Herzen, wegen seines edeln Gemüthes. Aber für ihren Schwager, den Rothrock, hatte sie die zärtliche, ungemessene Ehrfurcht eines Kindes. Er war, wie sie mir erzählte, ehemals lange Zeit auf Reisen gewesen, und lebte jetzt in Polen auf einem kleinen Gut, nahe bei den Gütern ihres Mannes, als wohlthätiger Philosoph, zwischen Büchern und landwirthschaftlichen Arbeiten. Sie sprach von ihm mit Begeisterung, und behauptete, auf Erden wohne kein edlerer Mensch, als dieser. — Ich machte mir dabei die Nutz=anwendung, man müsse der Physiognomie nicht allzusehr trauen.

„Warum fragten Sie mich denn in Prag," sagte ich nachher zu dem ehrwürdigen Rothrock, mit den geheimnißvollen Worten: „Kennen Sie mich nun, und was ich von Ihnen will?" — Denn eben diese Worte waren mir in Prag aufgefallen, und hatten nachher im Traume am wirksamsten wiedergeklungen.

„Aber mein Gott!" rief er: „Ich mochte Ihnen sagen, als ich die Brieftasche brachte, was ich wollte, und mochte es Ihnen noch so nahe legen, daß ich der Finder sei; daß Sie nur Zutrauen zu mir haben, nur einige Kennzeichen des Verlustes angeben soll=ten: Sie blieben ja zurückhaltend, als wäre ich der verdächtigste Mensch. Und doch sah ich Ihnen die Unruhe an; und doch konnte ich kaum daran zweifeln, den rechten Mann vor mir zu haben."

Nun erzählte ich ihm meinen Traum. „Herr," rief er, „die Walpurgisgeister sollen leben! Der Traum verdient ein Kapitel in der Moralphilosophie und Psychologie zu sein. Wenn Sie ihn nicht haarklein aufzeichnen, so schreibe ich ihn selbst nieder, und schicke Ihnen das Ding gedruckt zu. Es sind da wunderbar gol=

bene Lehren. Nur ist mir's doch lieb, daß ich am Ende die Ehre habe, als Engel des Lichts darin zu glänzen, sonst möchte ich das Abenteuer Ihrer Walpurgisnacht nicht weiter erzählen hören."

Wir brachten mit einander einen seligen Tag zu: ich mit dem wahrhaft weisen Manteuffel, Fanny mit Julien.

Als wir Abends von einander schieden, und wir die lieben Gäste begleiteten, sagte Fanny zu mir, da wir vor der Thür des Posthauses standen: „Hier wird Abschied genommen, und nicht die schöne Versuchung einen Schritt weiter begleitet! Dein Walpurgis- traum enthält auch für mich gute Lehren. Kennst du mich nun, mein Herr, und was deine Fanny von dir will?"

Der Blondin von Namur.

Man weiß eben nicht, was an der folgenden Geschichte Wahres sein mag, aber für wahrhaft wird sie vom ersten französischen Erzähler gegeben, der sie zu Brüssel unter dem Titel: Histoire de Mr. Le Blond, ou Aventures secrètes et plaisantes de la cour de la Princesse de***, in klein Oktav, drucken ließ. Sie macht ein Gegenstück zu der bekannten Geschichte des Scharfrichters von Landau, den man entführte, eine unbekannte hohe Person köpfen ließ, und wieder, wohl belohnt, mit verbundenen Augen vor den Thoren von Landau absetzte. Nur das Abenteuer unsers Blondins ist weniger schauderhaft. Abenteuer solcher Art mögen übrigens zur Zeit Ludwigs des Vierzehnten wohl gar nicht selten gewesen sein.

Mutter und Sohn.

In der schönen Stadt Namur in Flandern wohnte eine alte fromme Wittwe sehr eingezogen und still. Wer sie nicht in der Messe sah, wo sie keinen Tag fehlte, oder in ihrem Kramladen, wo sie mit Seidenzeug und feinen Spitzen handelte, wußte von ihrem Dasein nichts. Vielleicht wäre Frau Le Blond auch so unbekannt gestorben, als sie gelebt hatte, wenn sie nicht einen Sohn gehabt hätte, der ganz ohne sein Zuthun die Aufmerksamkeit der Stadt, wenigstens einer Hälfte derselben, und zwar noch dazu der schönen, an sich zog, da er kaum fünfundzwanzig Jahre

alt sein mochte. Er war ein guter Junge, Frau Le Blond hatte
ihn aufs frömmste erzogen; böfere Gesellschaften, als seine Mutter
und die nächsten Verwandten, sah er nie; Geld hatte er nie viel
in der Tasche, denn Frau Le Blond hatte von ihrem Manne nichts
geerbt, und der kleine Seiden= und Spitzenhandel warf wenig ge=
nug ab; er war sehr mäßig in seinen Wünschen; sehr fleißig, sehr
ehrlich, sehr verständig. Aber alle diese Tugenden würden ihn in
Namur nicht bekannt gemacht haben, wenn er nicht der schönste
Jüngling gewesen wäre, zwanzig und dreißig Meilen weit in der
Runde. Warum er so schön war, und wie er es war, wer könnte
das erzählen? Genug, wenn man ihn sah, mit der eigenen Lieb=
lichkeit seiner Gesichtszüge, mit dem wunderbarfreundlichen Blick
seiner blauen Augen: so sagte Jeder, er sei schön. Und wegen
seiner krausen, goldigen Locken um die Schläfe, nannte ihn ganz
Namur nur, statt Herr Le Blond, schlechtweg den Blondin.
Es war damals Mode, daß ein junger Herr von Welt den Degen
an der Seite und die Perrücke auf dem Kopf haben mußte; aber
Frau Le Blond wollte aus Sparsamkeit nichts davon wissen. Sie
ließ ihrem Sohn statt des Degens die Elle, und statt der Perrücke
das blonde Lockengekräusel. Und Jedermann oder vielmehr Jede=
männin fand das gar allerliebst und naiv.

Der ehrliche Blondin selbst bekümmerte sich übrigens am wenig=
sten darum, ob man die Elle und das Haar allerliebst fände oder
nicht. Er hielt sich für einen Menschen, wie andere waren, und
wußte nicht, mit welcher Gewalt er zuweilen im Vorbeigehen die
Augen und Herzen der Mädchen von Namur an sich zog. Daß
ihn die Frauen und Töchter mit unwillkürlicher Güte ansahen,
wenn sie ihn ansahen, war er von Kindesbeinen her gewöhnt,
darin war ihm nichts Befremdendes; er gab sich auch durchaus
keine Mühe, darüber Betrachtungen anzustellen. Wenn die ge=
fälligen Landsmänninnen ihn gelegentlich in lange Gespräche ver=

strickten, dachte er nur, sie schwatzen doch alle gern, nach Weiber-
art. Wenn ihm eine oder die andere einmal in Selbstvergessenheit
die Hand drückte, drückte er ehrlich wieder und ließ sie gehen.

Sie gingen und kamen gern, selbst aus bessern Häusern, zur
Frau Le Blond in den Laden, um Seidentuch zu kaufen oder
Spitzen. Frau Le Blond sagte: „Siehst du, mein Kind, der Him-
mel segnet unsere Frömmigkeit, unsere Ehrfurcht, unsern Fleiß."
Der Sohn dankte dem Himmel für die Güte.

Inzwischen war doch merkwürdig, daß dieser himmlische Segen,
wie ihn Frau Le Blond nannte, seine eigenen Launen hatte. Denn
sie war gewiß so fromm, so ehrlich, so fleißig, wie ihr Sohn;
trotz dem, wenn sie im Laden allein war, konnte sie selten mit
den Käuferinnen Handels einig werden. Man fand sie immer im
Preis der Waaren zu theuer, zu unmäßig. Hingegen dem Sohn,
ob er gleich nicht weniger forderte, zahlte man, ohne einen Denier
abzumarkten. „Ei nun," sagte die Mutter, „ich bin eine alte,
unirrische, schwache Frau. Du hast ein besseres Mundwerk. Am
besten, ich setze mich in die Ruhe. Ich habe lange genug gewirth-
schaftet, gehandelt, geworben, zusammengescharrt. Jetzt arbeite
du. Nimm eine Frau. Ich will meine alten Tage bei dir pflegen."

Der Sohn fand das sehr billig. Es war ihm aus dem Laufe
der Welt die uralte Sitte sehr wohl bekannt, daß man in gewissen
Jahren eine Frau nehme, ohne daß er sich weiter darum härmte,
wozu?

Des Blondins Roth.

Frage, woher nun eine Frau nehmen? — „Dafür will ich schon
sorgen, mein Kind!" sagte Frau Le Blond: „Laß mich schaffen."

`„Wie wär's, Mütterchen, wenn ich Marien nähme, mein
Mühmchen? Ihr wißt ja, Mütterchen, der Oheim hat schon lange

gesagt, Marie und ich müßten ein Paar geben. Es ist ein wirth=
schaftliches Mädchen. Schon als Kinder spielten wir zuweilen
Mann und Frau mit einander. Der Oheim sprach mir noch vor
einigen Tagen davon."

„Mit mir auch!" sagte Frau Le Blond: „Aber Herzenskind,
daraus kann nun und nimmermehr etwas werden, und zwar aus
hundert und fünfzig Ursachen. Von diesen will ich dir nur das
erste halbe Dutzend sagen. Also erstens: so lange es mit unserm
Handel im Laden kümmerlich ging, sah uns dein Herr Oheim
über die Achsel an. Jetzt, da der stolze Herr bemerkt, daß meine
Kundschaft wächst, wird er höflich. Ich traue dem alten Fuchs
nicht. Zweitens: Marie ist recht gut, recht brav, recht wirthschaft=
lich; aber sie hat nichts. Ein Kaufmann muß nicht fragen, was
seine Frau ist, sondern was sie hat. Sie hat kein Vermögen;
du auch nicht. Null mit Null multiplizirt, bringt Null. Drit=
tens: Ihr seid beide Geschwisterkinder; weltliche und geistliche Ge=
setze untersagen in der Regel die Verheirathung so naher Ver=
wandten. In meinem Leben gebe ich dazu die Einwilligung nicht,
selbst wenn die Gesetze einwilligten. Viertens — —"

„Schon genug, Mütterchen!" sagte der belehrte Sohn: „Es
war nur so ein Einfall von mir. Wählt mir eine andere."

Frau Le Blond hatte nach wenigen Tagen eine andere, die
Tochter des reichen Messerschmieds Paulet. Reich war das Mäd=
chen, aber häßlich, wie die Nacht; der Buckel und ein von den
Pocken zerstörtes Auge waren noch die kleinsten Unlieblichkeiten
der Jungfrau. Darum hatte sie wohl auch noch keinen Mann ge=
funden, wenn sich auch Liebhaber zum Gelde gezeigt hätten. Herr
Paulet, der Messerschmied, ward auf der Stelle mit Frau Le
Blond Handels einig, und Jungfrau Paulet, die nie gehofft, daß
sich ein Anbeter ihres Antlitzes in den vier bekannten Welttheilen
entdecken lassen würde, glühte, als sie nun gar vom holden Blon=

bin hörte, vor Scham und Wonne so sehr, daß sie im ganzen Ge-
sichte grün wurde.

Dem guten Blondin aber, als er von der neuen Acquisition
hörte, ward's ebenfalls ganz grün vor den Augen. Nachdem er
sich vom ersten Entsetzen erholt hatte, hob er alle zehn Finger in
die Höhe und sprach: „Mütterchen, seht, ich will Euch nicht ein-,
sondern zweihundert und fünfzig Gründe an den Fingern herzäh-
len, warum ich die Jungfrau Paulet nicht zur Frau nehmen kann.
Erstens bekomme ich, wenn ich nur an sie denke, das Fieber; zweitens Uebelkeiten; drittens Schwindel; viertens Sausen in den
Ohren; fünftens — —"

„Halt!" rief Frau Le Blond, welche die übrigen paar hundert
Gründe nicht hören wollte: „du sprichst wie ein Apotheker, nicht
wie ein Kaufmann. Laß uns rechnen, wenn wir das Paulet'sche
Geld zehnmal im Jahre beim Handel umwenden, wie viel wir
gewinnen?"

Mutter und Sohn kamen aber in ihren Rechnungen nie auf
die gleiche Summe hinaus. Das gab viel Aerger und Noth. Frau
Le Blond bestand auf ihr altes Köpfchen und der Blondin auf
sein junges Herzchen. Es geht manchmal so; man weiß es ja
wohl. Sie ward mürrischer; er trauriger. Ungeachtet es rauhes
Winterwetter war, ging er doch jetzt lieber lustwandeln, als im
Sommer oder Frühling, um nicht daheim der Mutter Rechnungen
zu hören. Ja, wäre es nicht aus Liebe und Dankbarkeit gegen
die Mama gewesen, er würde in die weite Welt gelaufen sein,
um nichts mehr von der fieberbringenden Braut zu hören. Einmal war er schon ziemlich auf dem Sprung.

Die Erscheinung.

Eines Morgens befand er sich nach seiner Gewohnheit in der Kirche, die Messe zu hören. Nicht weit von ihm kniete ein Frauenzimmer, welches kostbar, doch einfach in Reisekleider gehüllt, das Gesicht mit einem goldgestickten Schleier bedeckt hatte. Die Betende, obgleich sie den Rosenkranz fleißig durch die Finger spielen ließ, schien doch nicht viel Andacht zu haben. Sie schien den Blondin mit Aufmerksamkeit zu beobachten; dann flüsterte sie mit ihrer Nachbarin, und dann ward der Blondin wieder in Augenschein genommen.

Der Blondin sah das wohl, aber er gab nicht viel darauf. Er dachte nur: „Die mag wohl auch nicht so häßlich sein, als der mir zugedachte Schatz." Aber das dachte er beim Anblick jedes Frauenzimmers, und vermehrte damit nur sein Herzeleid. Als er die Kirche verließ, bemerkte er, daß die Beterinnen sich ebenfalls erhoben und davon gingen. Einige Herren folgten ihnen ehrerbietig, halfen ihnen vor der Kirchthüre in eine prächtige Kutsche, setzten sich selbst in eine zweite, und fuhren davon. Der Blondin schloß daraus, es müßten hohe Herrschaften sein.

Diese vorübergehende Erscheinung ward ihm nur dadurch merkwürdiger, daß er sie am andern Tag wieder hatte. Als er, um sich die Grillen zu vertreiben, durch die untere Stadt über die steinerne Sambrebrücke ging, fiel ihm ein, den Schloßberg zu ersteigen. Auf den Stufen der untern Bergstiege begegneten ihm die in der Kirche erblickten Herren; auch standen da wartend die beiden bekannten Kutschen. Da er weiter hinauf kam, wo der Weg am Berge die zweite Krümmung macht, kam ihm die Fremde im goldgestickten Schleier mit ihrer Begleiterin entgegen, langsam im Gespräch und Umschauen. Denn man übersieht von da gar schön ganz Namur, wie es zwischen den zwei Bergen liegt, von der Maas und Sambre und dem Flüßchen Bederin durch- und umflossen.

Allein Frauenzimmer, wenn sie eine Treppe hinabgehen, müssen nicht viel plaudern oder umschauen. Es gibt leicht einen Fehltritt, zumal wenn noch Schneeflecken den Weg schlüpfrig machen. Die Verschleierte gab davon einen lebendigen Beweis. Sie fiel mit einem lauten Ach. Der Blondin flog zur Hülfe die Stufen hinauf, und richtete die Fremde höflich empor, welche darauf dankend und freundlich seinen Arm zur Stütze nahm bis den Berg hinab. Sie hatte sich aber am Fuß ein wenig wehe gethan; darum stand sie öfters still, um zu ruhen. Sie that dem höflichen Blondin allerlei Fragen, und da sie hörte, daß er unter anderm auch einen Spitzenhandel führe, verlangte sie davon zu kaufen, nannte ihm einen Gasthof, wo sie wohne, und die Stunde, in welcher er die Spitzen zu ihr bringen sollte. Er habe nur nach der Gräfin St. Silvain zu fragen. Sie hätte vielleicht noch viel mehr mit dem Blondin geplaudert, wären die Herren nicht wieder die Treppe hinaufgekommen, um sich wegen des Zögerns der Frauenzimmer zu unterrichten. Sie erzählte den Ehrfurchtsvollen ihr kleines Unglück, die darüber fast in Ohnmacht fielen, sie äußerst behutsam hinab und zum Wagen führten, und den Blondin stehen ließen.

Dieser setzte seinen Gang fort, erzählte der Frau Le Blond davon, und fragte in der bestimmten Stunde nach der Gräfin St. Silvain im angezeigten Gasthofe. Er ward in ihr Zimmer geführt. Sie war wieder in Reisekleidern, das Gesicht mit dem goldgestickten Schleier verdeckt. Er legte ihr zwei Schachteln voll der köstlichsten Spitzen vor. Sie aber hatte bald gewählt, zahlte, was er forderte, legte noch einige Goldstücke hinzu für seine Bemühung, und verzettelte ihn wieder in ein Geplauder, wie den Morgen auf der Treppe des Schloßberges. Da er unter anderm sagte, daß er in seinem Leben noch nicht weit außer Namur ge-

kommen sei, sagte die Gräfin: „Wollen Sie in meine Dienste
treten? Da sehen Sie ganz Frankreich. Ich gebe Ihnen mehr
Gehalt, als ihr Handel einträgt. Ich mache Sie zu meinem
und meines Gemahls Geheimschreiber."

Sie sagte das mit einer so weichen, gütigen Stimme, daß
wenig gefehlt hätte, der Blondin wäre durch die weiche Stimme
verführt worden; besonders wenn ihm dabei Jungfrau Paulet ein-
fiel, die einen etwas näselnden Ton hatte. Aber seine alte Mutter
verlaffen — das konnte er doch nicht über sein Herz bringen. Und
hatte er schon zehnmal geschworen, lieber in die weite Welt zu
laufen, als die Tochter des reichen Messerschmieds Paulet zu heirathen — er gab dennoch der Gräfin abschlägige Antwort und
versicherte, er könne nicht von seiner betagten Mutter scheiden.

Aber er rechnete es auch, als er heim kam, der Frau Le Blond
hoch an. Diese, welche sich von ihrem Sohne nichts, als ihre
mütterliche Zärtlichkeit, hoch anrechnen lassen wollte, sprach:
„Geh', wenn du willst, Ungehorsamer! Aber die Jungfrau Paulet mußt du doch nehmen. Denn ich sehe, es ist dein Heil, und
ich bin mit Herrn Paulet schon zu weit im Handel, als daß sich's
da mit Ehren zurücktreten ließe."

Der Blondin, erbittert, lief wirklich folgenden Tages zur
Gräfin; allein er kehrte ruhig wieder zum Laden zurück, denn die
Gräfin war schon abgereiset.

Kriegsnoth.

Die Erscheinung war bald vergessen. Aber Frau Le Blond vergaß nicht die Jungfrau Paulet. Inzwischen macht Gewohnheit
alles erträglich. Der Blondin hörte täglich davon, und sagte
täglich Nein. So ging ein Jahr darüber hin, und dann kam
andere Plage.

Nämlich der König von Frankreich, Ludwig der Vierzehnte, hatte sich in den Kopf gesetzt, mit aller Gewalt ein großer Mann zu sein. Man hieß ihn auch damals schon Ludwig den Großen; aber was thut man nicht einem Herrn zu gefallen, dem ein paarmal hunderttausend Mann zu Gebote stehen! Mit seinen Heerschaaren rückte er in höchsteigener Person endlich auch, im Jahr 1692 vor Namur, und machte mit einem Aufwand von vielen hundert Zentnern Pulver alle Heirathsplane der Frau Le Blond in Betreff ihres widerspenstigen Sohnes und der Messerschmiedstochter zu Schanden. Denn nach einer achttägigen Belagerung eroberte er die Stadt, und nach zweiundzwanzig Tagen die Schlösser, und Frau Le Blond ward vom Schrecken krank und starb.

Der Blondin war dem Könige von Frankreich zwar für seine militärische Einmischung in das Heirathsgeschäft sehr verbunden; aber der Tod der Mutter betrübte ihn doch. Die gute Mama hinterließ ihm inzwischen mehr Vermögen, als er erwartete. Sie hatte, ohne sein Vorwissen, schöne, gewichtige Rollen Goldes gespart, die eben hinreichten, einen alten Entwurf, nämlich sein Waarenlager zu erweitern, in Ausführung zu bringen. Dies geschah. Schon nach einem Vierteljahr verließ er das kleine Haus, worin sein enger Kramladen in einer kleinen Straße lag, und miethete sich ein geräumiges, zierliches Gewölb in einer der größten und belebtesten Straßen der Stadt. Seine Kunden und Kundinnen fanden sich auch da bald wieder ein. Nicht wenig freute ihn noch in der neuen Wohnung ein Gärtchen, das ihm hinter dem großen Hause zu Theil ward; denn er liebte die Zucht der Blumen über Alles. Das Gärtchen war links und rechts und hinterwärts mit andern Häusergärten benachbart, so daß man auf dem Fleck Bodens doch eigentlich recht im Grünen war. Nur kleine Häge von Hagenbuchen und Weißdorn, worin oft große Lücken ausgedorrt waren, trennten ein Paradies von dem andern, so daß man

alle wie ein Gemeingut der Nachbarschaft ansehen konnte. Der
Blondin hatte in seinem Theile sogar eine Laube von wildem Jas-
min. Da beschloß er seine schönsten Stunden zu leben und die
italienische Grammatik auswendig zu lernen, um mit der Zeit nach
Italien so gut briefwechseln zu können, wie andere Seiden- und
Spitzenhändler von Flandern. Der Eigenthümer des prächtigen
Hauses, welches er im Bodengeschoß bewohnte, war der Präsident
des hohen Oberamts (souverain baillage), und bekümmerte sich
wenig um seinen Miethsmann.

Es ging Alles ganz vortrefflich. Die Kundinnen im Laden
ließen den guten Blondin nicht im Stich; sie hatten immer etwas
zu besehen, zu untersuchen und zu kaufen. Der Blondin schien
täglich schöner zu werden; die Namuresinnen aber behaupteten, sein
Waarenlager sei das beste in der Stadt, sein Preis der billigste.

Hingegen mit der italienischen Grammatik ging's denn nicht so
gut. Italienische Sprachmeister gab's zu Namur nicht. Es war
ein mühseliges Geschäft. Dazu kam unverhofft noch eine andere
Störung seiner Lektionen.

Die Störung.

Wie er nämlich an einem warmen Sommermorgen, mit der
italienischen Grammatik unterm Arm, nach seiner Gewohnheit in
das Gärtchen ging, — und wie er in die Laube trat, saß darin
ein Frauenzimmer, ebenfalls mit einem Buche in der Hand, und
lernte fleißig. Es war ein Mädchen von ungefähr achtzehn Jahren, zart und prangend wie eine Lilie; kurz, ein Mädchen, wie
Herr Le Blond in seinem Leben nicht gesehen hatte. Denn solchen
warmen Schnee des Angesichts und Halses, und solche Wangen
von Karmin aufgeröthet, Lippen wie Gluth, Augenbrauen wie
mit chinesischem Tusch gemalt in feinem Halbbogen, und um das

reizende Köpfchen ein dunkles Lockengewimmel, wie ein Stück der ägyptischen Finsterniß, sah man nicht leicht in der Welt.

Der Blondin stand auch ganz verblüfft. Nicht weniger verlegen war die Schöne beim Eintritt des Blondins, der ihr wie ein Wesen aus einer andern Welt vorkam. Sie schien noch nie einen Blon= din gesehen zu haben. In der Verwirrung verbeugte sie sich vor ihm, und er knirte beinahe, und beide baten tausendmal um Ver= zeihung, ohne sich noch im mindesten beleidigt zu haben. Endlich ward doch ein Gespräch angezettelt; die Schöne führte es zwar lebhaft, aber etwas unverständlich. Denn erstens war des Blon= dins Seele ihr mehr in die Augen, als in die Ohren getreten; zweitens sprach sie das Französische gar wundersam fremd aus, mit ganzen eingemengten italienischen Redensarten. Doch ergab sich aus Allem, sie beide seien Nachbarn. Das hinter dem Le Blond'schen Garten gelegene Gärtchen gehörte zu dem großen Hause, welches hinterwärts an der Hauptstraße St. Fiacre läge, die mit der langen Straße parallel liege, in welcher Herr Le Blond wohne. Er sei gekommen Italienisch zu lernen; und sie mit einer französischen Grammatik, weil sie erst seit drei Monaten aus Italien angelangt sei, und sich nun so gut als möglich ins Fran= zösische einüben wollte.

Wie sie noch beide in diesen gegenseitigen Erklärungen begriffen waren, die etwas langsam zu Stande kamen — denn sie mußten oft Hände und Geberden zu Hilfe nehmen, um das Französische ins Italienische und das Italienische ins Französische zu übersetzen — rief eine weibliche Stimme den Namen Jacqueline. Darauf be= urlaubte sich Jacqueline, und nahm die Grammatik vom Tische und verschwand.

Der Blondin stand noch fest am Boden gewurzelt, und wußte selbst nicht, wie ihm geschehen war. Die Jasminlaube schien ganz verwandelt zu sein; jedes Blättchen durchsichtig wie Smaragd.

Er selbst empfand eine Art Schwindel, als wenn er behext worden wäre. Er setzte sich auf dieselbe Stelle des Bänkchens, wo sie gesessen war, und es durchschauerte ihn, als er die Stelle berührte. Er redete wie im Rausch, und bekomplimentirte sich noch mit der längst verschwundenen Schönheit, als wenn sie zugegen wäre. Jetzt erst verwünschte er recht von Herzen seine Unwissenheit in der süßtönenden Sprache Toskana's. Er schwor auch bei allen Heiligen und Heiliginnen, nun Tag und Nacht die Grammatik nicht fahren zu lassen, um der Nachbarin sagen zu können — — er wußte selbst nicht was?

Wie er aber zur Grammatik griff, sah er ein fremdes Buch auf dem Tische. Es war die französische. Jacqueline hatte, in der verzeihlichen Verwirrung, des Blondins Grammatik genommen. Er wagte kaum das Heiligthum anzutasten, welches ihre zarten Fingerspitzen geweiht hatten, und verwünschte sein Schicksal, daß er nur Herr Le Blond und nicht jene beneidenswürdige italienische Grammatik sei, welche, von Jacqueline entführt, von ihren Händen getragen, jetzt eine Bewohnerin ihres Zimmers war.

Er genas den ganzen Tag nicht; und waren seine Käufer oder Käuferinnen im Laden, saß er gewiß im Hinterstübchen, und starrte durchs Fenster nach der Jasminlaube und zum großen Hause dahinter hin. Erst am Abend fiel ihm bei, daß es schicklich wäre, der schönen Nachbarin die vertauschte Grammatik zurückzutragen und eigenhändig zu überreichen. Er machte sich sogleich auf; in wenigen Sprüngen hatte er durch ein Quergäßchen die geliebte Straße St. Fiacre erreicht. Das große Haus, ein wahrer Palast, war leicht entdeckt. Unten über einem Kaufmannsgewölbe las er mit großer Schrift auf schwarzem Schilde den Namen der Geschwister Buonvicini, Putzhändlerinnen von Milano.

So weit ging Alles gut. Allein jetzt bemächtigte sich seiner eine ungewöhnliche Angst oder Muthlosigkeit. Er ging am Palast

vorüber, die lange Straße hinunter, und erst in ziemlicher Ent=
fernung hatte er sich wieder erholt. „Warum soll ich nicht hin=
eingehen?“ dachte er: „Ich will ja in dem Hause kein Verbrechen
üben.“ Er kehrte um. Aber mit jedem Schritte, welchen er dem
Palast näher kam, stieg neue Aengstlichkeit in ihm auf. „Was
wird sie sagen, wenn sie dich mit der Grammatik erblickt? Wird
sie nicht glauben, du seiest ein äußerst zudringlicher Narr? Könn=
test du nicht warten, bis sie selbst ihr Buch fordert? Und welche
von den Geschwistern Buonvicini ist eigentlich Jacqueline? Wer
weiß denn, ob sie eben zu Hause ist? Dann wäre die Grammatik
fort, das einzige Unterpfand deiner Hoffnungen, sie noch einmal
wieder zu sehen.“

Mit solchen Betrachtungen war er schon wieder steifen Schrit=
tes am Palast vorbei, die Straße entlang. Je mehr er sich ent=
fernte, je reger ward die Sehnsucht zum Palast. Er schwenkte
wieder um, und ging — richtig wieder vorbei. So trieb er's noch
eine Stunde, bis es völlig finster geworden. Dann schlich er ziem=
lich müde, ziemlich verdrießlich in sein Hinterstübchen heim.

Der Irrthum.

Der gute Blondin tröstete sich indessen bald. Jacquelinens
Grammatik legte er, als Geißel für nochmaliges Zusammentreffen
mit deren Besitzerin, hinter Schloß und Riegel in Staatsgefangen=
schaft. Das Nachtessen schmeckte zwar nicht; aber man lebt zuwei=
len recht gut von Luft, und baut recht schöne Schlösser in die Luft.

So, zum Beispiel, gefiel ihm über die Maßen wohl, daß Jac=
queline ihres Standes eine Putzhändlerin war. Der Stand paßte
ganz auserwählt für seinen Seiden= und Spitzenladen. Er machte
allerlei Pläne; zum Beispiel auch den, daß die reizende Jacque=
line die Einzige in der Welt sei, die sich dazu eigne, Herrn Le

Blonds Frau zu werden. Die einzige Frage war nur: wie sie gewinnen?

Der Blondin hatte alles Uebrige gut berechnet, und auch ganz richtig gerechnet, — nur in einem Stücke hatte er sich gewaltig verrechnet. Nämlich, Jacqueline gehörte zwar in den Palast, aber nicht zu den Geschwistern Buonvicini. Sie war die einzige Tochter des französischen Generals de Fano, der in der Belagerung von Namur eine derbe Schußwunde empfangen hatte, und seitdem in der Stadt geblieben war, seiner Haut zu pflegen. Das fiel dem guten Spitzenhändler nicht von weitem ein, daß er nach der Eroberung der Tochter von einem der tapfersten Generale Ludwigs des Vierzehnten trachte. Er, als ein schlechter Politiker, wußte gar nichts vom Dasein eines Generals de Fano.

Jacqueline ihrerseits — denn da ich dem Leser einmal ein Geheimniß verrathen habe, mag ich auch wohl das andere mit in den Kauf geben — Jacqueline war gewiß mit nicht geringerer Verwirrung aus der bezauberten Jasminlaube gegangen. Der Blondin war ihr nicht aus dem Gedächtniß gekommen; die Mädchen haben aber ihr treuestes Gedächtniß im Herzen. Und das Bild eines Blondins im Herzen haben, ist für die Unbefangenheit eines Mädchens eine äußerst mißliche, ja sogar gefährliche Sache.

Sie war begierig zu wissen, wer der Blondin sei. Aber das bloße verdächtige Wort Blondin hätte sie gegen ihre Mutter, oder gegen die Kammerfrau, nicht aussprechen können; sie fürchtete, man möchte gleich etwas anderes errathen. Sie begnügte sich also, nur durch Umwege zur wissenswürdigen Sache zu gelangen; und als sie einmal erfahren hatte, in dem großen Hause, zu welchem die Jasminlaube gehöre, wohne der Präsident des hochlöblichen Oberamtes, war sie schon längst hinlänglich belehrt. Der Blondin war also offenbar der Sohn des Herrn Präsidenten.

Die Vertauschung der Grammatik hatte sie ebenfalls bald genug

bemerkt. Aus einem Papierzeichen schloß sie, daß der Lernbegie-
rige bei der Konjugation io amo stehen geblieben war, was sie
schon recht gut und richtig ins Französische durch j'aime zu übersetzen wußte. Sie ward diesmal beim Uebersetzen aber ganz verwirrt und unruhig, und ging mehr als einmal des Tages in das
Zimmer ihrer Kammerfrau, wo man durchs Fenster die Jasminlaube sehr deutlich sehen konnte.

Alle Morgen sahen die jungen Leute gleich nach Sonnenaufgang durchs Fenster nach der Laube. Einer wartete nur auf den
Andern, um die Grammatik zurückzustellen. Weil aber Jeder wartete und Keiner zuerst erschien, gingen drei Tage fruchtlos vorüber. Jacqueline war recht ungeduldig, und der Blondin starb
vor Sehnsucht.

Die Lehrstunden.

Endlich am vierten Morgen — die Sonne war noch nicht einmal aufgestanden — beschloß Herr Le Blond, seine Jasminlaube
wieder zu besuchen. Und wie er ans Fenster trat, sah er im Garten der Putzhändlerinnen schon Jacquelinens Gestalt im weißen
Morgenkleide zwischen den Gebüschen wandeln. Blitzschnell stand
er, die Grammatik unterm Arm, zwischen seinen Blumenbeeten,
und stellte sich emsig suchend; beim Bücken aber schielte er verstohlen
nach der lebendigen, jenseits der Laube umherwandelnden Blume.
Sie näherte sich dem Jasmingewölbe, er auch, man zeigte einander
die Gefangenen; man beschloß die Auswechselung derselben.

Als einmal Sprache gewonnen war, gerieth man sehr natürlich auf das Kapitel von der Sprache und deren Erlernung. Jacqueline klagte über Schwierigkeiten des Französischen; der Blondin
über das Mühselige des Italienischen. Einer fühlte bei der Klage
des Andern die süße Tugend des Mitleidens, und die Anerbietungen

ergaben sich von selbst, daß Einer des Andern Lehrer und Schüler sein wollte. Die erste Stunde nach Sonnenaufgang ward von beiden dem Unterricht geweiht, vermuthlich weil in beiden Grammatiken das Sprichwort stand: Morgenstunde hat Gold im Munde. Und die Jasminlaube taugte für die Lernbegierigen ganz vortrefflich zur Schulstube.

Der Anfang ward auf der Stelle gemacht. Sie setzten sich neben einander auf das Bänkchen, und nahmen sehr ernsthaft die Grammatik zur Hand.

Ohne Zweifel hätte man in den Sprachen gleich in der ersten Stunde die besten Fortschritte gemacht, wäre man einander nur nicht gar zu nahe gesessen. Aber wenn der Blondin von Jacquelinens Arm berührt wurde, oder gar seine Schläfe von einer ihrer schwarzen Locken, durchschauerte es ihn sonderbar; er vergaß den Zusammenhang des Vortrags, und seine Stimme gerieth ins Stocken, als wäre er von Engbrünstigkeit gequält. Oder wenn Jacquelinens Hand unvorsichtig im Nachweisen der Buchstaben und Silben der Grammatik von des Blondins Hand berührt ward, geschah ihr zuweilen, daß sie keinen Buchstaben mehr sehen konnte, ungeachtet sie doch sonst eben nicht über Blindheit zu klagen hatte.

Mit dem Lernen in der ersten Stunde konnte man es nicht gleich zu genau nehmen; man versprach sich mehr von der zweiten. Die Lernbegierde der jungen Leute war so außerordentlich groß, so musterhaft, daß beide schon vor Sonnenaufgang am andern Morgen in der Jasminlaube bei der Grammatik saßen. Allein es begegnete nun, daß der Lehrer zuweilen ganz verwirrt sprach, und die Schülerin so viel Ungeschicklichkeit bewies, daß sie ihren niedlichen Zeigefinger beim Lesen statt auf die untern Zeilen auf die obern legte. Nothwendig mußte er ihre Hand nehmen und sie an die rechte Zeile zurückführen. Aber da verloren beide das Gedächtniß; Keines wußte mehr von der rechten Zeile. Beide waren stumm

wie die Fische, glühten wie im Fieber, und starrten, als wären
sie im tiefsten Nachdenken über die Eigenthümlichkeit der zu lernen=
den Sprache, das Lehrbuch an, dessen Zeilen verworren durch ein=
ander liefen.

＇ In der dritten Stunde wollte man, wie billig, nachholen und
besser machen, was in den beiden ersten versäumt oder schlecht ge=
rathen war. Bisher hatte der Blondin unterrichtet, jetzt ward
die Schülerin Schulmeisterin. Er gestand demüthig, er sei im
Selbstunterricht beim Verbum io amo stehen geblieben; und bat
die Lehrerin, ihn zu überhören: da er glaube, es ziemlich aus=
wendig zu wissen. Um ihren Vortheil damit zu verbinden, könne
sie jedesmal sein Italienisch ins Französische übersetzen.

Man ließ sich aufs Bänkchen nieder; legte die Grammatik weg,
und der Blondin, um sich gegen alle Zerstreuung zu schützen, dachte,
es sei gerathener, ein= für allemal die Hand seiner Lehrerin zu
nehmen, und festzuhalten, um nicht etwa mitten im Auffagen sie
von ungefähr zu berühren Ein stilles Beben ergriff bei dieser
Gefangennahme die reizende Lehrerin; aber der Schüler bemerkte
es glücklicherweise nicht, weil ihn selbst ein unwillkürliches Zittern
befiel.

Nach langem Stillschweigen, was jedoch beiden kurz zu sein
dünkte, hob endlich der Blondin die Lektion an: „Das erste Tem=
pus, oder die gegenwärtige Zeit, io amo.“ — Gut, daß er die
Uebersetzung erwarten mußte, denn mehr konnte er unmöglich her=
vorbringen.

Sie übersetzte, indem sie beschämt die Augen niedersenkte, mit
flüsternder Stimme: „J'aime, ich liebe.“

Es währte ziemlich lange, ehe er Kraft genug gewann, stot=
ternd zu fagen: „Tu ama.“

Sie unterdrückte zitternd einen Seufzer und sagte: „Tu aimes,
du liebst.“

Er fuhr fort, und zog ihre Hand unwillkürlich an seine schla-
gende Brust: „Egli ama, er liebt."

„Il aime, er liebt!" setzte sie leise hinzu und warf verstohlen
einen Blick auf ihn. Er hatte die schöne Hand auf der Brust,
alles Italienische rein vergessen, und fing an: „Nous aimons,
wir lieben."

„Das ist nicht recht," sagte die Lehrerin: „hübsch italienisch
müssen Sie es sagen!"

Er sah ihr ins schwarze Auge, und sagte mit einem Gnade
bettelnden Blick wieder: „Nous aimons, wir lieben."

Das Ins Auge sehen taugt durchaus nicht zum Lernen. Sie
erwiederte bewußtlos: „Nous aimons, wir lieben;" besann sich
aber schnell, und mahnte ihn wieder, es sei nicht recht.

„Aber," sagte er, „es ist doch auch keine Sünde!" und legte
zitternd ihre Hand an seine brennenden Lippen.

Gegen solchen Beweisgrund konnte sie nun freilich nicht viel
einwenden. Dennoch ward sie unruhig, vermuthlich über die Ver-
nachlässigung der Sprache. Stumm saßen sie neben einander, und
da sich ihre Blicke einander begegneten, sanken ihre Stirnen sanft
gegen einander, während beide lispelten: „Nous aimons."

Mehr als dies lernten sie auch wirklich in dieser Stunde nicht.
Aber sie glaubten wunderviel gelernt zu haben, da ihre Seelen
mit einander eine neue Sprache redeten, die weder italienisch noch
französisch war. Es vergingen volle zwei Stunden über die Lektion,
und Einer wußte so viel, als der Andere, da man endlich scheiden mußte.

Der Helfer.

Die Lernbegierde ward von Tag zu Tag größer. Und waren
auch zuweilen die Morgen gar kühl, eine einzige Lektion machte

die ganze Luft schwül. Man lernte ohne Grammatik sprechen, denn man hatte außerordentlich viel zu sagen.

Der Blondin liebte freilich nur die Putzhändlerin und Jacqueline den Präsidentensohn; — aber auch, als beide ihren Irrthum erfuhren, ward er nur mit Seufzern und Thränen gebüßt. Man liebte um so inniger, um so geheimer, je hoffnungsloser der Wunsch zur ewigen Verbindung durch Priesterhand war.

„Wenn ich nur reich wäre!“ seufzte er. — „Wenn ich nur arm wäre!“ seufzte sie.

Das Unglück zu vergrößern, kam endlich noch der Winter dazu, machte die verschwiegene Jasminlaube durchsichtiger und streuete Schnee über die Gartengänge, der jeden Fußtritt darin verrieth. Man sah sich seltener, allenfalls von den Fenstern her, oder in der Kirche, oder im Dunkeln auf verabredeten Gängen um die Stadt. Die Liebe weiß immer Wege zu finden.

Trotz aller Wege fand sich aber doch kein einziger zum Ziel. Beide schworen zwar mehrmals ewige Treue, aber zweifelten doch selber, daß sie jemals den Schwur erfüllen könnten.

Eines Tages saß der Blondin in traurigem Nachdenken um sein Schicksal in einem der angesehensten Weinhäuser von Namur. Der Nektar wollte ihm nicht schmecken. Jacquelinen hatte der Unglückliche seit acht Tagen nicht gesprochen. Sie war indessen bei den Großen der Stadt auf Bällen und Gastmählern gewesen, und diesen Tag sogar in seinem eigenen Hause mit ihren Aeltern zum Nachtessen und Tanz beim Oberamtspräsidenten eingeladen. Darum — er ging sonst nie in ein Weinhaus — hatte er in der Verzweiflung gegen Abend seinen Laden geschlossen und war davongelaufen, um nicht anhören zu müssen, wie Jacqueline ihm über dem Kopf tanze. Ach, er war sehr unglücklich.

Neben ihm saß ein Herr im grauen Ueberrock, schon bei Jahren, still und ernst. Er trank ein Glas Pontak ums andere.

„Nicht so," sagte endlich derselbe zu ihm, „Sie sind der Herr Le Blond?"

Der Blondin sah ihn an, und erkannte an der breiten Narbe, welche der Fremde über die linke Wange hatte, daß er ihn schon seit zwei Tagen mehrmals gesehen, einmal im Laden bei sich, wo derselbe ein kostbares Stück Seidenzeug gekauft; dann wohl zwanzigmal auf der Straße vor seinem Hause auf und ab; dann in der Kirche; jetzt wieder hier. Der Herr hatte übrigens etwas Widerliches in seinem hagern, gelben Gesicht, und ein Paar Augen, die düster funkelten. Der Blondin beantwortete seine Frage.

„Sie scheinen nicht vergnügt zu sein!" fuhr der Fremde fort.

„Wohl möglich. Man ist nicht immer bei Laune."

„Trinken Sie."

„Das macht mich nicht heiterer."

„Es thut mir leid. Kann ich Ihnen nicht helfen?"

„Daß ich nicht wüßte."

„Versuchen Sie's mit mir. Sie interessiren mich, junger Mann, mehr als Sie glauben. Sie kennen mich nicht, aber lassen Sie uns Freunde werden. Ich helfe Ihnen gewiß, wenn Sie nur Vertrauen haben."

„Sie sind sehr gütig."

„Hat Sie Jemand beleidigt?"

„Keineswegs, mein Herr."

„Oder ein verliebter Verdruß?"

„Nichts weniger als das, mein Herr."

„Oder fehlt's an Geld — ich will ja helfen."

Der Blondin sah dem zudringlichen Helfer mit großen Augen ins gelbe Gesicht.

„Reden Sie doch!" fuhr der Helfer fort. „Brauchen Sie viel? Ein paar tausend Livres, oder mehr? Sie sind ein Glückskind. Sie könnten der reichste Mann von ganz Namur sein."

„Wie so?"

„Das sage ich Ihnen, sobald Sie es sein wollen."

„Wer möchte nicht gern reich sein?"

„Gut. Aber hier — das begreifen Sie — hier, wo jeden Augenblick unser Gespräch behorcht werden kann, läßt sich von solchen Dingen nicht viel reden. Ich bin fremd in Namur. Wollen Sie mich in meinen Gasthof begleiten, mit mir auf meinem Zimmer zu Nacht speisen?"

Der Blondin sah den Fremden mißtrauisch an. Und doch gefiel ihm für den fatalen Abend, da Jacqueline über seinem Hinterstübchen tanzte, das Abenteuer schon der Zerstreuung wegen gar nicht übel. „Ich will's versuchen!" dachte er bei sich, und ging mit.

Der Schatz.

Der Fremde bewohnte im Gasthofe einige prächtige Zimmer. Ein paar Bedienten flogen auf seinen Wink sogleich, ein ausgesuchtes Nachtessen zu bestellen. Der Blondin war betroffen über alles, was er sah; denn er bemerkte, daß der Fremde in seinem grauen Rock ein Mann von ungewöhnlichem Reichthum sein müsse, der sich wohl andere Leute, als einen armen, verliebten Spitzenhändler zur Gesellschaft wählen könnte.

„Mit wem habe ich die Ehre zu reden?" fragte etwas verlegen der Blondin.

„Nennen Sie mich nur Abubeker," erwiederte der Graurock; „ich bin von Geburt eigentlich ein Chaldäer."

„Mein Gott, ein Chaldäer! Wie kommen Sie so weit aus Asien in unsere Gegenden?"

„Wie's wohl so geht," erwiederte jener; „theils Langeweile, theils Wißbegier treiben mich umher. Ich denke von hier ein wenig nach Island zu reisen, sobald die Frühlingswitterung wärmer wird."

„Nach Island! Und sind Sie schon lange aus Asien abgereist?"

Der Chaldäer schien einen Augenblick nachzurechnen, und sagte dann ganz nachlässig: „Wohl, ungefähr in vierzehn Tagen sind es hundert und zweiundzwanzig Jahre, seit ich abreiste."

Der Blondin glaubte nicht recht gehört zu haben. Der Chaldäer wiederholte ganz trocken: „Hundert und zweiundzwanzig Jahre."

„Mein Himmel, hundert und zweiundzwanzig Jahre!" rief der Blondin. „Aber, wenn Sie erlauben, wie alt ungefähr wären Sie?"

„Dreihundert und zwölf Jahre voll."

„Dreihundert — —" schrie der Blondin.

„Zwölf Jahre voll!" setzte der Chaldäer ruhig hinzu: „Ich glaube es wohl, es befremdet Sie das; Sie mögen glauben, ich habe Lust, mit Ihnen zu scherzen. Sie werden noch ganz andere Dinge erleben, wenn Sie mit mir vertrauter werden. Glauben Sie aber, was Sie wollen, und richten Sie den Menschen nie nach seinen Worten, sondern nach seinen Thaten."

Der Blondin fand diese Reden sehr sonderbar, dachte aber: „Der Herr möchte sein Spätzchen mit meiner Leichtgläubigkeit treiben. Wir wollen sehen, wer den Andern am meisten überlistet."

Die Bedienten meldeten, das Nachtessen sei gerüstet. Man begab sich in einen Speisesaal, der mit Wohlgerüchen erfüllt war. Am Tisch nur zwei Gedecke, für den Blondin und den Chaldäer. Sie setzten sich. Die feinsten Speisen und Weine füllten den Tisch. Die Bedienten zogen sich zurück.

„Jetzt, lieber Freund," sagte Abubeker, „lassen wir's uns schmecken; verbannen Sie allen Kummer, der Sie plagt. Reden Sie offenherzig mit mir, wie ich mit Ihnen rede."

Der Blondin ließ sich's zwar schmecken, ward auch gegen Ende der Mahlzeit ziemlich heiter durch den Geist des köstlichen Weins; aber statt dem Fremden sich zu offenbaren, stieg sein gerechtes Mißtrauen Er hätte gern mehr von dem Chaldäer gewußt, ungeachtet ihm dieser während der ganzen Essenszeit von Schicksalen zu Wasser und zu Lande unglaubliche Dinge berichtet hatte.

„Ja, Herr Abubeker," sagte der Blondin, „Sie erzählen mir offenbare Feenmährchen. Bilden Sie sich denn wirklich ein, daß Ihnen ein vernünftiger Mensch das aufs Wort glaubt?"

„Es ist mir gleichgültig," versetzte der Chaldäer, „ob Sie mir glauben oder nicht; nur ist es Ihr eigener Schade. Daß ich in geheimen Wissenschaften wohl bewandert bin, mögen Sie aber doch merken. Haben Sie noch nie von der Nekromantie gehört?"

„Allerdings, aber nie viel davon gehalten. So viel ich weiß, läuft es dabei meistens auf Betrug, Gaukelei und Taschenspielerkünste hinaus."

„Gar möglich bei euch unwissenden Leuten hier in Europa; bei uns zu Lande in Chaldäa ist es doch etwas anderes."

„Lassen Sie ein Kunststück sehen!" sagte der Blondin.

„Ich mache keine Kunststücke," erwiederte Abubeker: „Aber — sehen Sie, junger Mann, Ihre Gesichtszüge haben mich für Sie gewonnen. Ich schwöre Ihnen, Sie sind unter einem glücklichen Stern geboren. Reden Sie offen mit mir: worin kann ich Ihnen helfen? Meine Hilfe ist Ihnen mehr werth, als alle Taschenspielerei. Zum Beispiel: sind Sie als Kaufmann in Verlegenheit? Brauchen Sie Geld?"

Der Blondin lächelte mißtrauisch über den Tisch hin: „Es könnte sein."

„Gut!" rief der Chaldäer: „Warum hielten Sie damit zurück und sagten's mir nicht gleich? Sie sind bestimmt, einen Schatz bei den Ruinen der Burg Valerien des Anges zu heben."

„Einen Schatz?"

„Wohl, und noch dazu einen beträchtlichen."

„Warum heben Sie ihn nicht für sich selbst, Herr Abubeker?"

„Weil er mir nicht bestimmt ist, und weil ich ihn gar nicht gebrauche."

„Wann soll ich ihn heben?"

„Sobald Sie die Reise nach Balerien des Anges machen wollen."

„Bedarf es dazu noch Vorbereitungen oder besondere Umstände und Anstalten?"

„Nicht die mindesten."

Der Blondin war an dem trockenen Ernst des Chaldäers fast irre, und doch glaubte er, dieser wolle sich mit ihm belustigen. Er besann sich, und sagte endlich: „Gut, Herr Abubeker. Um Ihnen aber die Wahrheit zu sagen, ich muß morgen schon einen fälligen Wechsel von fünftausend Livres zahlen. Wenn mir der Schatz gewiß ist, würden Sie nicht die Güte haben, mir bis zur Erhebung desselben fünftausend Livres vorzustrecken?"

Der Blondin schwieg und heftete beobachtend seinen Blick auf die Züge des Chaldäers, um sich an dessen unvermeidlicher Verlegenheit zu weiden. Der Chaldäer aber veränderte sein Gesicht nicht im geringsten, und sagte ganz ruhig: „Mit Vergnügen. Sie sollen sie haben." Dann wendete sich das Gespräch wieder auf Nekromantie und die Abenteuer des Fremdlings.

Herr Le Blond brach endlich gegen Mitternacht auf und wollte sich beurlauben. Aus Schonung mochte er den großsprecherischen Chaldäer nicht an die fünftausend Livres erinnern, und war mit der angenehmen Zerstreuung zufrieden, die er den Abend in dessen Gesellschaft genossen. Ohnehin hatte er die Geschichte von dem fälligen Wechsel nur erdichtet, um den Nekromanten auf die Probe zu stellen. Allein dieser bat ihn, einen Augenblick zu verweilen, entfernte sich ins Nebenzimmer, brachte vier Geldsäcke und legte einen nach dem andern auf den Tisch. Dann befahl er einem der Bedienten, Herrn Le Blond mit der Laterne zu seiner Wohnung zu begleiten, dem andern, ihm das Geld nachzutragen.

Der Blondin war bestürzt. Er dankte verbindlich und empfahl sich. Die Bedienten begleiteten ihn zu seinem Hause, wo Herrn Le Blonds Diener ihn erwartete. Dem gaben die Diener des Chaldäers das Geld und verschwanden.

Die Reise nach Salerien des Auges.

Dieses in seiner Art außerordentliche Ereigniß brachte den Herrn Le Blond um allen Schlaf. Er mußte beinahe anfangen, das Unglaublichste zu glauben.

Als er folgenden Tages ziemlich spät erwachte, war der Chaldäer sein erster Gedanke, wie es sonst nur Jacqueline zu sein pflegte. Jetzt nüchterner, als vorigen Abend, sah er ein, daß der vorgebliche dreihundert= und zwölfjährige Herr ihn offenbar zum Narren gehabt, und ihn statt mit fünftausend Livres, vermuthlich mit einigen Säckchen voll Sand und Blei heimgeschickt habe. Er mochte die Säcke, die noch immer da lagen, nur nicht aufthun, um sich die Beschämung, so lange als möglich, zu ersparen. Neugier überwog endlich. Aber wie groß war sein Erstaunen, als er statt Sand und Blei in jedem Säckchen fünfzig Louisd'or fand, neu, wie aus der Münze gekommen.

„Falschmünze und nichts anderes!" dachte er, und nahm die Goldwage. Alle waren vollwichtig. Er schickte ein paar Stücke zum Goldschmied; sie hatten ihr gehöriges Korn.

Jetzt stand dem Blondin der Verstand still, wie man zu sagen pflegt. An Wahrheit dessen wenigstens, was der Chaldäer von einem Schatze gesprochen hatte, konnte, nach einer so gewichtigen Vorausbezahlung, nicht ganz zu zweifeln sein. Was hätte auch den Fremden bewegen sollen, mit Herrn Le Blond so kostbaren Spaß zu treiben? Es muß etwas an der Sache sein. Der Blondin

beschloß jetzt offenherzig dem Chaldäer seine Noth zu klagen, näm=
lich seine Armuth, Jacquelinens Liebe und ihrer beider Wunsch.

Er ging sogleich den Morgen zum Herrn Abubeker. Der ält=
liche Herr, dem man bei der Lebhaftigkeit seiner Bewegungen ge=
wiß nicht dreihundert= und zwölfjähriges Alter zugemuthet hätte,
empfing den Blondin sehr freundschaftlich. „Haben Sie den Wechsel
abgethan?" fragte er. Der Blondin gestand, daß er seinen un=
bekannten Freund mit der Wechselgeschichte nur habe prüfen wollen;
bat um Verzeihung, und versprach ihm jetzt das Innerste seiner
Brust aufzuschließen. Er that's; erzählte haarklein von der Jas=
minlaube, von den Lektionen, von dem Irrthum mit dem Schilde
der Geschwister Buonvicini, von Jacquelinens Liebe, von des Ge=
nerals de Fano Stolz, und daß er keine Hoffnung habe, jemals
die Hand der Geliebten zu empfangen.

Der Chaldäer hörte aufmerksam zu. „Freund," sagte derselbe
endlich nach einigem Besinnen, „warum verzweifeln Sie? Heben
Sie den Schatz; kaufen Sie sich ein Landgut mit schönen Einkünf=
ten; treten Sie, als reicher Eigenthümer, vor den General, und
er schlägt Ihnen seine Tochter nicht ab."

„Aber täuschen Sie mich nicht mit der Hoffnung eines Schatzes?"

„Welches Interesse kann ich haben, Sie zu betrügen? Hingegen
darf ich Ihnen nicht bergen, Sie haben mich mit der Wechsel=
geschichte getäuscht. Sie hätten es nicht thun sollen. Sie ver=
zögern damit ohne Zweifel die Hebung Ihres Schatzes um einige
Tage, vielleicht um einige Wochen, die Sie deswegen länger ab=
wesend sind."

Der Blondin kämpfte mit sich selber zwischen Zweifel und Zu=
versicht.

„Was habe ich zu thun, wenn ich mit Ihnen gehen soll?"
fragte er nach einer Weile.

— Sie bestellen Ihr Hauswesen, schweigen gegen Jedermann

von dem, was wir vorhaben, und geben eine Reise vor, die Sie in Handelsgeschäften machen müssen. Am besten, Sie verkaufen Ihr Waarenlager mit Bausch und Bogen. Denn nach Hebung des Schatzes bedürfen Sie dieses Kleinhandels nicht mehr. Oder geben Sie Ihre Habe einem Freund in Verwahrung.

„Darf ich auch Jacquelinen nichts sagen?"

— Von der Abreise wohl; von Ihrer zuversichtlichen Hoffnung wohl, bald im Stande zu sein, öffentlich um ihre Hand werben zu können. Nichts von Valerien des Anges, nichts vom Schatz.

„Wann soll die Reise vor sich gehen?"

— In drei Tagen bin ich nicht mehr in Namur.

Der Blondin versprach, sich zur Abreise zu bereiten. „Denn," dachte er, als er wieder in seinem Hinterstübchen allein war, „was wage ich eigentlich? Wird Jacqueline nicht mein, was habe ich von der Welt? Ich will den Schatz heben."

Ehe drei Tage verflossen, war er fertig; Jacqueline von seiner Abreise belehrt, unter tausend Schwüren mit der Hoffnung des freudigsten Wiedersehens entlassen, und der Seiden- und Spitzen- laden geschlossen.

Er setzte sich in des Chaldäers Reisewagen und fuhr mit ihm von Namur ab; aber nicht am hellen Tage, sondern um Mitter- nacht. Wie die Glocken der Kathedralkirche zwölf Uhr schlugen, gab der Kutscher Abubekers den Pferden die Geißel zu fühlen.

Die Hebung des Schatzes.

Der Chaldäer blieb sich unterwegs gleich, eben so großspreche- risch, eben so unbefangen und zuversichtlich, wie im Gasthof zu Namur. Den ganzen Tag ward schnell mit abwechselnden Pferden gereiset in verschlossener Kutsche. Das Wetter war neblicht und regnerisch. Selbst Trank und Speise ward im Wagen genossen, nirgends angehalten. Abends in der Dunkelheit hielt man vor einem einsamen Jagdhause, oder dergleichen, in einem Walde. Eine Art Jäger, in ziemlich abgetragenen Kleidern, empfing die Reisenden, führte sie in ein Zimmer, dessen Fensterscheiben meist zerbrochen und mit Papier verklebt waren, dessen ehemals kostbare Tapeten, halb vermodert, in Stücken herunterhingen, und zündete ein wohlthuendes Kaminfeuer an. Des Chaldäers Bediente trugen Wein und kalte Küche herbei, während der Jäger mit seinem Knecht ein paar Matratzen in die Stube auf den Boden legte, um Nacht-lager zu rüsten.

„Uebernachten wir hier?" fragte der Blondin, und sah sich ver-legen um, denn es war ihm in dieser Herberge gar nicht geheuer.

„Zehn Schritte von hier ist die Ruine von Valeriens des Anges. Mitternacht zwölf Uhr, nicht später, nicht früher, müssen wir da sein. Trinken wir inzwischen hier bei den warmen Kaminflammen, und erquicken wir uns."

Den Blondin durchbebte ein kalter Schauer. Alle schreckhaften Erzählungen und sonderbaren Erscheinungen traten ihm schnell ins Gedächtniß, die bei Erhebung unterirdischer Schätze stattgefunden haben sollen. Er fragte: „Werden wir dergleichen auch erleben müssen?"

Der Chaldäer schüttelte lächelnd den Kopf, und sagte: „Possen! Fürchten Sie sich vor Ammenmährchen?"

Man verkürzte den langen Winterabend so gut als möglich bei Wein und Gespräch. Aber der Blondin war theils von der ver-gangenen schlaflosen Nacht, theils von der Reise selbst sehr er-müdet. Der Chaldäer gab sich alle Mühe, ihn durch wunderbare Erzählungen zu ermuntern.

Als es stark auf Mitternacht ging, ward auch der Chaldäer ernsthafter, und da er Le Blonds Schläfrigkeit bemerkte, stellte er sich vor ihn und fragte: „Sie haben mich doch sonst durch keine

Unwahrheit hintergangen? — Sie könnte Ihnen und mir in den Ruinen nachtheilig werden."

„Ich versichere auf Ehre," sagte Le Blond, „außer der Erdichtung von Wechseln, die ich — —"

„Schon das war übel. Ihre Neigung zum Schlaf in einer so wichtigen, über das Glück Ihrer Tage so entscheidenden Stunde wird mir verdächtig. Ich habe einen ähnlichen Fall erlebt, da ein solcher Schatzheber in vierwöchentliche Ohnmacht verfiel, sobald er den Schatz gehoben hatte."

„Ei, das wäre schrecklich!" rief Le Blond.

„O so schrecklich eben nicht für den Schläfer in seiner Ohnmacht; denn er hatte die lebhaftesten und süßesten Träume von der Welt, und hätte nichts Besseres gewünscht, als nie aus der Ohnmacht zu erwachen. Allein für mich war das Erwarten seiner Genesung und seines Erwachens peinlich."

„Aber der Schatz wurde doch troß dem gehoben?" fragte der Blondin weiter.

Der Chaldäer sah nach der Uhr, winkte dem Blondin, zu schweigen und ihm zu folgen, zündete eine kleine Blendlaterne an, und stieg eine schmale Treppe hinab. Der Blondin folgte, aber so schlaftrunken, daß er kaum wußte, was er that. Sie gingen eine kurze Strecke durch den Wald bis zum Schutte einer eingefallenen Mauer. Der Chaldäer bedeutete durch Winke, hier liege der Schatz. Während der Chaldäer bei der Blendlaterne in einem Buche las, hatte sich's der Blondin auf einem Mauerstück bequem gemacht und sich zum Ruhen niedergesetzt. Der Chaldäer las noch, als der Blondin in festen Schlaf fiel.

Der Traum.

Das war nun freilich ein Schlaf zur ganz unrechten Zeit. Doch abwehren konnte ihn Herr Le Blond unmöglich. Da er endlich erwachte, oder erwacht zu sein glaubte, war es schon heller Tag. Er rieb sich die Augen aus. Er lag auf einem köstlichen Bett, in der milden Dämmerung grünseidener Umhänge. Er schob diese zurück, und erblickte sich in einem der niedlichsten Schlafgemächer; Stühle und Tische vom feinsten Holz, mit Vergoldungen; die Wände mit schönen Gemälden geschmückt, deren Inhalt meistens die Macht und Schalkheit des Liebesgottes darstellte. Auf einem Tischchen blühten in vergoldeten Vasen mehrere Rosenstöcke.

Es fiel dem guten Blondin schwer, sich an das Vergangene zu erinnern. Er wußte nur sehr dunkel noch vom Kaminfeuer im Waldhause, vom Gang zur alten Mauer, von Abubekers Lesen im Buche bei der Blendlaterne. Er erhob sich im Bett und suchte nach dem Chaldäer.

Auf sein Geräusch öffnete sich eine Nebenthür; ein Kammerdiener in dick mit Gold besetzter Livree trat herein; der winkte hinter sich. Zwei andere Bediente kamen auf den Zehen herbei, und hinter ihnen ein betagter Herr, welcher sogleich schweigend nach des Blondins Puls griff, und ihm darauf in einem silbernen Löffel Arznei reichte.

„Es ist gar nicht nöthig!" sagte Le Blond: „Ich fühle mich zwar ein wenig betäubt, aber sonst ganz wohl."

Der Arzt schüttelte den Kopf und sagte: „Ich beschwöre Ew. Durchlaucht, nur diese paar Tropfen! Sie werden Ew. Durchlaucht sehr wohl thun."

Herr Le Blond betrachtete den Arzt mit großen Augen, und verlangte, man solle ihn mit der Arznei verschonen. Dann erkundigte er sich nach Herrn Abubeker.

Die Anwesenden sahen sich bedenklich unter einander an, und man las deutlich in ihren Mienen, daß sie ihn für wahnsinnig hielten. Endlich fragte der Arzt: „Wen verstehen Ew. Durchlaucht unter dem Abubeker?"

„Ei, der mit mir gestern Abend hier ankam, der Chaldäer."

„Ew. Durchlaucht sind schon seit geraumer Zeit hier, und kamen in Begleitung der Frau Herzogin, Ihrer Gemahlin, an."

„Ich? Gemahlin? Herzogin? Geraume Zeit? Ich bitte Sie, verschonen Sie mich mit dem Spaß und Ihren närrischen Titulaturen, und erlauben Sie mir aufzustehen. Wo sind meine Kleider?"

Die Bedienten und der Arzt warfen einander mit peinlicher Verlegenheit Blicke zu. Endlich verneigten sich alle, ihn unterthänigst zu bitten, nur so lange ruhig zu bleiben, bis man von seiner Gemahlin Verhaltungsbefehle eingezogen habe. Einer der Bedienten, meistens alte Leute, ging fort. Der Blondin hielt die Menschen für närrisch, oder das Ganze für Spaß des Chaldäers. Er fragte, ob er zu Valerien des Anges sei?

„Ew. Durchlaucht sind in Ihrem Jagdschlosse Charmes, um in dieser Eingezogenheit Höchst Ihrer Gesundheit zu pflegen!" erwiederte ein Kammerdiener.

Bald nachher erschien der Abgeschickte mit Befehl, Sr. Durchlaucht die Kleider zu geben.

„Geruhen Ew. Durchlaucht Dero Morgenanzug zu nehmen, oder befehlen Sie die Uniform, oder die Jagdkleider?"

„Nichts! Ich bitte um meine Kleider, und dann dem durchlauchten Spaß ein Ende zu machen."

Man brachte die Kleider, welche vom feinsten Zeuge, dazu einen Ueberrock, von blauem Tuch, auf dessen linker Seite ein silberner Stern eingestickt war.

Jetzt verlor der Blondin die Geduld. Er forderte seine eigenen Kleider mit Ungestüm. Alle erschraken; und der Arzt hatte noch

Muth, ihn demüthig zu beschwören, nicht ungnädig zu werden; der Zorn könne den schwersten Rückfall der Krankheit verursachen. Andere Kleider, als diese, habe er nie gehabt. Herr Le Blond ergab sich in sein Geschick, und hoffte, sei er einmal angekleidet, den Chaldäer zu finden. Die Bedienten waren geschäftig, ihm beim Ankleiden zu helfen; zum Waschen brachten sie ihm in silbernen Becken wohlriechendes Wasser. Dann ward Frühstück im feinsten chinesischen Porzellan aufgetragen.

Er aß und trank. Alles war ihm fremd und sonderbar. Solche Pracht des Geräthes hatte er in seinem Leben nie gesehen. Er trat ans Fenster; er sah, daß er in einem alten, hochgelegenen Schlosse wohne, mit Aussicht über einen weiten Wald, durch welchen sternförmig Alleen gehauen waren.

„Wie weit ist Namur von hier?“ Das wußte keiner. Er fragte wiederholt nach Herrn Abubeker, beschrieb den Chaldäer auf alle Weise, erzählte, daß er dreihundert und zwölf Jahre alt sei, und was er von ihm wußte. Die Bedienten zuckten die Achseln, ihre Unwissenheit zu entschuldigen. Der Arzt versicherte, eine solche Gestalt habe man hier noch nie gesehen; und wegen der dreihundert und zwölf Jahre griff er dem Blondin geschwind wieder nach dem Puls.

„Meine Herren,“ sagte Le Blond verdrießlich: „entweder bin ich närrisch, oder Sie sind es. Denn daß ich wache und gar nicht träume, das fühle ich deutlich. Bei wem bin ich hier?“

„Ihro Durchlaucht sind nebst Ihrer Frau Gemahlin in Hochdero eigenem Schlosse Charmes!“ sagte der Arzt.

„Was Gemahlin? Ich bitte Sie, halten Sie mich nicht länger für einen Wahnsinnigen oder Tölpel. Ich war nie verheirathet. Wo wäre denn meine sogenannte Gemahlin?“

„Ich werde Ihrer Durchlaucht sogleich von Dero Wünschen melden, die Sie äußern!“ rief einer der Bedienten und entfernte sich.

„Poſſen!" rief Le Blond, und machte Miene, das Schlaf=
zimmer zu verlaſſen. Aber er bemerkte, daß er nur in Pantoffeln
ſei, und forderte ſeine Stiefeln.

Indeſſen öffnete einer der Bedienten die Thür ſehr weit und
ſagte: „Ihro Durchlaucht, die Herzogin!"

Die Herzogin.

Im leichten Morgenkleide, welches aber eben ſo geſchmackvoll
als koſtbar war, trat ein junges Frauenzimmer herein, auf deſſen
Wink ſich ehrfurchtsvoll der Arzt und Bediente entfernten. „Ich
will einen Augenblick mit meinem Gemahl allein ſein!" ſagte ſie:
„Bleibt vor der Thür ſtehen."

Der Blondin, da er die junge, ihm unbekannte Schöne freund=
lich gegen ſich zuwandern ſah, wußte nicht mehr, was ſagen. Er
verbeugte ſich ehrerbietig und machte eine Bewegung, als wollte
er ſich entſchuldigen, konnte aber kein Wort hervorbringen. Sie
legte holdlächelnd ihre Hände auf ſeine Achſeln, ſah ihm lange
ſchweigend und forſchend in die Augen, und ſagte dann: „Wie
befinden Sie ſich heute? Nicht ſo, Sie wollen gut ſein; denken
auch nicht mehr an Spitzenladen und Zauberer, Jacquelinen und
vergrabene Schätze, von denen Sie immer und ewig ſeit einem
halben Jahre ſprechen. Wie froh wäre ich, wenn ich bald wieder
mit Ihnen nach Paris an den königlichen Hof zurück könnte! Erſt
heut' empfing ich von der Herzogin von Nemours Briefe, worin
ſie ſich nach Ihrer Geneſung aufs Angelegentlichſte erkundigt."

„Die Herzogin von Nemours?" ſagte der Blondin, dem das
vertrauliche Anlehnen der ſchönen Geſtalt, ihr zärtlicher Blick,
ihre Stimme ein Erröthen ums andere abjagte und ihn ſeltſam
bewegte: „Gnädige Frau, ich weiß nicht, wo ich bin. Beinahe
ſollte ich an Hexerei glauben. Ich bitte Sie, reißen Sie mich

aus dem Irrthum. Ich will Ihnen meine ganze Geschichte bis zum heutigen Tage erzählen. Dann richten Sie." Er erzählte.

„Mein Gott!" rief die Herzogin: „das haben Sie schon viel hundertmal erzählt. Eben deswegen mußten wir nach dem Rath der königlichen Leibärzte Paris verlassen, um alles Aufsehen zu vermeiden, welches Ihre Gemüthskrankheit nothwendig erregte. Ich bitte Sie, halten Sie sich wenigstens ruhig; vermeiden Sie Ihre Träumereien, denken Sie gar nicht mehr daran; finden Sie sich wieder in Ihre wirkliche Lage hinein; betrüben Sie mich nicht mehr mit Ihren seltsamen Einbildungen. Wollen Sie das?"

„Alles, was Sie befehlen, gnädige Frau. Aber entweder bin ich jetzt wirklich verrückt, oder ich muß an Zauberei glauben, oder der Zauberer verblendet Sie und alle Ihre Leute. Denn ich schwöre, ich bin kein Herzog; ich bin der Seidenhändler Le Blond von Namur; ich habe —"

„Ach, schon wieder das alte Lied!" rief die Herzogin unwillig: „Und Sie haben mir doch versprochen, vernünftig zu sein! Also Alles vergebens. Sie kennen mich also noch immer nicht wieder?"

Der Blondin schüttelte den Kopf, und doch war ihm in dem ganzen Wesen, selbst in der Stimme der Herzogin viel Bekanntes. „Es ist mir, als hätte ich schon einmal die Ehre gehabt, in Ihrer Gesellschaft oder Nähe gewesen zu sein; allein ich —"

„Gottlob!" rief die Herzogin: „Es fängt in Ihrer Vernunft an zu dämmern. Das ist seit langer Zeit das erste Mal, daß ich Sie so reden höre. Nur Geduld! Sie werden sich bald wieder auf Alles besinnen. Schonen Sie Ihrer. Thun Sie sich nur Gewalt an, und verbannen Sie Ihre Einbildungen. Reden Sie wenigstens nie mehr davon; geben Sie sich wenigstens nicht mehr vor unsern Bedienten mit Ihrer Krankheit bloß. Sie sind der Herzog von Melfi; Sie mein Gemahl, und könnten so glücklich sein, wenn Sie nicht . . . ."

„Ich der Herzog von Melfi, ich — gnädige Frau — Ihr Gemahl — — in der That, ich muß wahnsinnig sein, wenn ich das
glauben soll."

„Mein Lieber, Sie sind wahnsinnig, weil Sie's n i c h t glauben; weil Sie immer zum Fenster hinausspringen, wie rasend in
die Wälder laufen wollen. Daher mußte ich die Fenster vergit-
tern, die Schloßpforten verriegeln und bewachen lassen; darum
habe ich mich seit einigen Tagen von Ihnen entfernt halten müssen; darum muß ich selbst noch die Leute hier an der Thür draußen
Wacht stehen lassen. Sie haben mich ja schon einmal tödten wollen, so wenig lieben Sie mich!"

„Was?" rief Herr Le Blond: „Ich zum Fenster hinausspringen — ich Sie tödten wollen?" — Mein Verstand läuft im Ring
herum. Sagen Sie um Gotteswillen, wie könnte mir das ein-
fallen?"

„Sie wollen mich also nicht mehr erschrecken?"

„Gewiß nicht, gnädige Frau."

„Wollen nie wieder von Ihren alten Grillen sprechen, wenigstens sich vor Ihren Bedienten nicht mehr lächerlich machen, sondern Herzog, Gebieter, mein Gemahl, kurz Alles das sein, was
Sie wirklich sind?"

„Gnädige Frau!" sagte der Blondin, und traute Augen und
Ohren nicht: „Ich weiß zwar in der That nicht, was ich wirklich
bin. Den Chaldäer hole der Kukuk! Aber ich bin Alles, was
Sie aus mir zu machen für gut finden."

Da schloß ihn die Herzogin in ihre Arme und drückte ihre
schönen Lippen dankbar auf seinen Mund. Es strömte Fiebergluth
durch alle seine Adern. Er vergalt schüchtern den Kuß und folgte
ihr nun an ihrer Hand in die andern Zimmer.

Der Herzog.

Ein Gemach übertraf das andere an Pracht und Bequemlich=
keit. So oft er aber behauptete, in seinem Leben dergleichen
nicht gesehen zu haben, hielt ihm die Herzogin lächelnd = drohend
die Hand auf den Mund. „Was haben Sie mir versprochen?"
rief sie dann, und er gehorchte willig.

„Ich begreife zwar die ganze Komödie nicht, die man mit mir
spielt," dachte er bei sich selbst, sobald er, auf das weichste Ruhe=
bett hingeworfen, einen Augenblick allein war: „weiß auch nicht,
aus welchen Absichten man mit mir spielt; oder ob ich rase, oder
ob der Nekromant, der verdammte Chaldäer, mich bezaubert hat?
Inzwischen will ich den Ausgang des Dinges abwarten. Ewig
kann es doch nicht währen. Oder" — hier stockten seine Gedan=
ken; denn er erinnerte sich betroffen, was ihm Herr Abubeker im
Waldhause beim Kaminfeuer von einer Person erzählt hatte, der
er einen Schatz gehoben, und die in einer vierwöchentlichen Ohn=
macht gelegen, worin sie die schönsten Träume von der Welt ge=
habt zu haben behauptete. „Es wäre," dachte er, „der tollste
Streich von der Welt, wenn ich im Waldhause ohnmächtig auf
der Matratze läge, und der gute Chaldäer neben meinem Bette,
während ich hier ein Herzog zu sein glaube oder mit aller Gewalt
sein soll. Gleichviel. Ich muß den Verlauf der Dinge abwarten."

Er spielte in der That auf der Stelle seine Herzogenrolle sehr
glücklich. Allein mit der schönen Herzogin, die er als Gemahl
behandeln sollte, gerieth er jedesmal in Verlegenheit. Er wagte
in Ehrerbietung kaum zu ihr aufzublicken. Nur ihre Zärtlichkeiten
konnten ihn kühner machen.

Das Schloß war einsam gelegen, rings in einem ungeheuern
Forst begraben, von außen alt und verwittert, auf einem Felsen,
mit Gräben umzogen, über welche eine Zugbrücke hing. Von

innen fah man fchmale, bunkle Gänge, davon einige felbft am
Tage mit Lampen erleuchtet werden mußten. Hingegen herrfchte
in allen Sälen, Zimmern und Gemächern fürftliche Pracht, ver-
fchwenderifcher Reichthum, üppiger Ueberfluß an der Tafel. Die
Dienerfchaft war nicht groß. Drei männliche Bedienten und zwei
weibliche, der Arzt und ein halbblinder Kaftellan, Köche, Stall-
knechte machten den Hofftaat aus.

Am meiften intereffirte ihn die Herzogin. Er konnte nicht
läugnen, daß fie fehr liebenswürdig fei, und bedauerte, freilich
nur im Stillen, daß fie in dem unbegreiflichen Wahn beharrte,
fie fei feine Gemahlin, und daß fie ihre zärtliche Vertraulichkeit
einem Unwürdigen weihe. Aber, wie gefagt, er widerfprach zuletzt gar nicht mehr, um fie nicht zu betrüben. Sie war ausge-
laffen luftig, wenn er gebieterifche Miene gegen die Bedienten
annahm und den Herzog von Melfi in aller Form darftellte. Sie
gab ihm eigenhändig alle drei Stunden von der ihm verordneten
Arznei ein, fo fehr er auch dagegen proteftirte und fich auf fein
vollkommenes Wohlbefinden berief. Aber er mußte die Tropfen
trinken, um feine reizende Gemahlin nicht zu betrüben. Auch
fchienen fie fchon darum gut, weil fie ihm von ihrer zarten Hand
gereicht wurden. Den alten Arzt überhäufte fie mit Lobfprüchen
wegen der trefflichen Wirkungen feiner Kunft, an die Niemand
weniger, als unfer Herzog von Melfi glaubte. Denn mitten in
allen unbegreiflichen Umgebungen fühlte er doch, der Irrthum
müffe nothwendig auf der Seite der Andern fein, ob ihm gleich
unerklärlich blieb, auf welche Weife er in die Feenwelt gerathen fei.

Aber fchon nach einigen Tagen hatte er fich an die Feenwelt
fo ganz gewöhnt, als wäre er feit Kindesbeinen diefes prächtigen
Müßiggangs theilhaftig gewefen. Seine Gemahlin fchien fich von
Tag zu Tag zu verfchönern; und felbft Jacquelinens Andenken fchien
fich durch den Gang der Gegenwart zu verdunkeln. Die Tage floffen

in ungemeiner Schnelligkeit hin; man sang; man spielte Schach und Karten; man ließ sich die neuesten Werke der Dichter vorlesen; man ging endlich sogar auf die Jagd. Die Herzogin war eine treffliche Reiterin, und mit ihrer Flinte traf sie das aufsteigende Wild glücklicher, als der ungeschicktere Herzog, der sich beim Schießen lange Zeit übel geberdete. Aber auch darin erwarb er bald Vollkommenheit, und seine Gemahlin hatte dabei nur einen neuen Triumph, indem sie standhaft behauptete, er wäre unter Allen am Hofe der beste Schütz gewesen, und der König selbst habe ihm einst, bei Erlegung eines sechszehnenbigen Hirsches im Park des Herzogs von Orleans, das Zeugniß gegeben, es komme ihm im Jagen keiner gleich.

Wenn der erstaunte Herzog von Melfi dergleichen hörte, pflegte er mit komischer Verziehung des Gesichts hinter den Ohren zu kratzen und zu denken: „Ich weiß leider kein Wörtchen davon. Aber daß ich ein vollkommener Narr geworden, das weiß ich sehr gut."

Doch dergleichen wagte er nicht mehr laut zu sagen, um nicht auf die Stirn seiner schönen Nachbarin Wölkchen des Verdrusses zusammenzuziehen. Darum verstellte er sich, so gut er konnte, und bald ward ihm der eingeführte Ton Bedürfniß und Gewohnheit. Die Herzogin las ihm aus Briefen verschiedener Fürsten Glückwünsche zu seiner Genesung vor, und was ihm von Allem das Tollste schien, er mußte den Fürsten und Herzogen und Prinzessinnen, selbst dem König Ludwig dem Vierzehnten, für ihre Theilnahme danken, als wäre er längst mit ihnen bekannt gewesen. Seine Gemahlin lachte sich fast krank, wenn er einen seiner Briefe vorlas, worin die kaufmännische Schreibart des Spitzenhändlers mit den Schriften des Herzogs von Melfi bald in Zwietracht oder Eintracht stand.

Das Geheimniß.

Es verstrich in dem Getändel mancher Monat. Der Frühling erschien. Vögel sangen weit umher im Walde. Wiesen grünten. Felsen umspannten sich mit Blumen.

Da dachte der gute Blondin öfters an seine Jasminlaube und an Jacquelinen und die italienischen Lektionen. Es kam ihm zuweilen unbeschreibliche Sehnsucht, und quälte ihn mit Heimweh. Dann ward für ihn das Zauberschloß ein bunt geschmückter Kerker.

Aber, selbst wenn er diese Gefangenschaft hätte verlassen können, er würde es nicht gethan haben, weil er es nicht mehr konnte. Die verschlossenen Thore und aufgezogenen Brücken hielten ihn weniger, als sein Herz. Er liebte seine Gemahlin aufrichtig und von ganzer Seele; und in der That war sie sehr liebenswürdig durch ihr Gemüth. Noch mehr fühlte er sich an sie gefesselt, als sie ihm eines Morgens erröthend und selig gestand: ihre höchsten Wünsche wären erfüllt, Mutter zu werden. Von diesem Augenblick an war sie ihm das Theuerste auf Erden; und wollte Jacquelinens Bild ihm das Gegentheil beweisen, so suchte er sich loszureißen, wie von einer Erbsünde.

Auch die Herzogin schien, seit dem Geständniß, ihre Zärtlichkeit für ihn zu verdoppeln; aber in ihren Augen las er nicht selten unerklärliche Schwermuth, die mit jedem Tag sichtbarer ward. Oft starrte sie ihn lange und schweigend an, und brach dann plötzlich in ein lautes klagendes Schluchzen aus, und ihre Thränen schienen nicht aufhören zu können. Umsonst suchte er sie zu beruhigen, zu trösten, oder ihr die Ursachen ihres Kummers abzuschmeicheln. Sie blieb die Gleiche, und suchte sich wegen ihres wunderlichen Betragens zu entschuldigen mit allerlei Vorwänden. Der Arzt, welchen der bekümmerte Gatte befragte, wiegte den Kopf lächelnd und sagte: „Diese Schwermuth ist sehr erklärlich. Ihre

Durchlaucht geruhen darüber ohne Besorgniß zu sein. Die Umstände Dero Frau Gemahlin bringen es nicht anders mit sich."

Das schien Sr. Durchlaucht ein sehr vernünftiger Grund zu sein. Wenn er aber die Herzogin, ihre Thränen, ihre Liebkosungen schärfer beobachtete, schien es, als wenn noch ein ganz besonderes Geheimniß auf ihrer Seele laste. Sie sagte sogar einmal die räthselhaften Worte: „Eben daß das Ziel meiner Wünsche erreicht ist, macht mich höchst glücklich und doch höchst traurig."

Eines Abends, da sie ihren Gemahl fast nicht aus den Armen ließ, und Thränen und Fröhlichkeit bei ihr, wie Sonnenschein und Regen im Aprilwetter, wechselten, beschwor er sie von neuem, ihm das Räthsel ihres wunderlichen Betragens zu lösen. Er bat so dringend, daß sie endlich sagte: „Gut, Sie sollen es morgen erfahren." Sie zog ihn zum Nachtessen, und bat ihn, im Glase Wein für diesmal seine Neugier zu begraben.

Als er erwachte, war das Geheimniß, welches ihm die Herzogin offenbaren wollte, der erste seiner Gedanken. Aber er erstaunte nicht wenig, sich auf einer Matratze liegend, in dem alten Zimmer mit zerrissenen Tapeten zu finden, wo er zuletzt mit dem Chaldäer gewesen. Im Kamin glühten noch einige Kohlen. Der alte Jäger in seinem abgetragenen Rock stand am Fenster, und kaum bemerkte er das Erwachen des Schläfers, lief er behend zur Thür hinaus, und rief: „Herr Abubeker, er wacht!"

Der Chaldäer trat nach einigen Augenblicken ins Zimmer, und seine Frage war: „Wie befinden Sie sich?"

„Ganz leidlich; der Kopf ist nur ein wenig betäubt!" sagte Le Blond: „Aber vor allen Dingen erklären Sie mir, wo ich bin? welches Teufelsspiel treiben Sie mit mir?"

„Wo sollten Sie anders sein, als in Valerien des Anges?"

„Wo ist mein Schloß, meine Gemahlin, die Herzogin von Melsi? Wo sind meine Bedienten?"

Der Chaldäer lachte laut auf: „Es scheint, Sie leben noch in Ihren Träumereien. Aber Scherz bei Seite. Nehmen Sie diese Tinktur; die wird Ihnen alle Kräfte wiedergeben. Denn es ist kein Spaß, über vier Monate bewußtlos da zu liegen. Wir haben viel Noth mit Ihnen gehabt. Hier nehmen Sie diese Tinktur; trinken Sie!"

Der Blondin wollte sich anfangs weigern, aber da der Chaldäer fest versicherte, eher würde er ihm keine Antwort geben, trank er. Es floß wie Feuer durch seine Kehle. „Nun sagen Sie mir," fuhr der Blondin fort, wo ist die Herzogin, meine Gemahlin? Ich will schlechterdings zu ihr!"

„Herr Le Blond," antwortete der Chaldäer mit der ihm eigenen Trockenheit, „besinnen Sie sich, wo Sie sind, warum Sie hier mit mir ankamen? Machen Sie sich nicht etwa lächerlich, indem Sie aus Träumen reden, wie ein Wahnsinniger. Was wollen Sie mit Ihren Schlössern, Bedienten und Herzoginnen? Vielmehr habe ich das vollkommenste Recht, Ihnen wegen der Angst Vorwürfe zu machen, die Sie mir durch eine Ohnmacht verursachten, an der Sie selbst Schuld waren, weil Sie mich nicht mit aller Offenherzigkeit behandelten. Ich hatte Sie ja mehr denn einmal genug dazu aufgefordert und vor der schlimmen Folge gewarnt. Warum thaten Sie mir das?"

„Scherzen Sie doch nicht, Herr Abubeker!" rief der Blondin halb unwillig: „Wo ist das alte Schloß Charmes? wo die Herzogin von Melsi, meine Gemahlin?"

Der Chaldäer schüttelte unzufrieden den Kopf und sagte nach einer Weile: „Es gibt in Frankreich keine Herzogin von Melsi, kein Schloß Charmes. Wie kamen Sie, als Seidenhändler, zur Hand einer Prinzessin? Was denken Sie denn? Die ruhige Ueber-

legung eines Augenblicks könnte hinreichen, Sie von Ihrem Wahn
zu überzeugen."

„Aber ich habe ja noch Briefe vom Herzog von Orleans, vom
Herzog von Guimens, von der Herzogin von Nemours, von —
von — ja, vom König selbst!"

„Wo haben Sie sie denn?"

Der Blondin sah sich um. Er lag auf der Matratze, und zwar
in seinen Reisekleidern, die er von Namur mitgenommen. Er rieb
sich die Augen, rieb die Stirn und sprang auf. Eben ging die
Sonne nieder.

„Was ist denn das?" rief Le Blond: „Ist's jetzt Morgen
oder Abend?"

„Abend ist's!" antwortete der Chaldäer.

Der Blondin schüttelte den Kopf; er war irre an sich und der
Welt. Er ging nachdenkend im Zimmer auf und ab, blieb wieder
stehen; untersuchte seine Taschen; und da er gar keine Spur vom
herzoglichen Zustande weder um, noch an sich erblickte, rief er:
„Was ist denn Blendwerk? Wo ich bin oder wo ich war? Sie
werden mir doch nicht weiß machen wollen, daß ich länger als ein
Vierteljahr regelmäßig träumte, wie ich alle Tage aß, trank, schlief
und wieder aufstand?"

„Und Sie, mein Herr," versetzte der Chaldäer endlich mit
hörbarem Verdruß in der Stimme: „und Sie werden mir doch nicht
zumuthen, mich mit Ihnen um den Inhalt Ihrer Träume zu
zanken? Denken Sie von Ihrem Zustande, was Sie wollen; aber
danken sollten Sie mir, daß ich Sie aus Ihrer Ohnmacht rettete."

„Ihnen danken? Nein, Herr Abubeker, Sie verrechnen sich.
Es ist eben nicht ergötzlich, aus einem Herzog von Melfi, Seiden-
und Spitzenkrämer zu werden."

„Gut, Herr Le Blond, ich widerspreche nicht mehr," sagte
der Chaldäer trocken, „aber meine Zeit ist kostbar. Der Wagen

ist angespannt, wir müssen einsitzen, nach Namur zurück. Ist's gefällig, so folgen Sie mir."

„Keineswegs, nicht von der Stelle, bis ich weiß, wo ich bin. Das Schloß Charmes und meine Gemahlin können nicht weit von hier sein."

„Wenn Sie daran glauben, Herr Le Blond, so bleiben Sie. Ich meines Theils reise ab nach Namur. Leben Sie wohl."

Der Chaldäer machte in der That Miene, davon zu gehen. Es schien dem Blondin nicht räthlich, allein zurückzubleiben in unbekannten Gegenden. Er rief dem Reisegefährten zu, der schon die Thüre öffnete: „He, Herr Abubeker, ein Wort! Was ist denn aus dem Schatz geworden, den wir heben wollten?"

„Davon läßt sich im Wagen sprechen, wenn Ihre Sinne besser entwirrt sein werden."

Der Blondin schüttelte mißvergnügt den Kopf und folgte dem Chaldäer. Der Wagen stand in der That vor dem Waldhäuschen angespannt, Bediente vorn und hinten auf. Man setzte sich ein, und die Pferde flogen durch Wald und Nacht leichtfüßig dahin.

Trennung.

Der Blondin seufzte tief im Stillen, als er neben seinem Zauberer dasaß, der gar keine Neigung zu haben schien, das Schweigen zu brechen. Das flüchtige Fuhrwerk schien ihn in Schlaf einwiegen zu wollen. Herr Le Blond machte inzwischen über diese Flüchtigkeit zwei wichtige Bemerkungen. Die eine bestand in der Vermuthung, daß der Schatz, wenn er gehoben wäre, und im Wagen läge, keine allzugroße Last sein müsse. Die andere, daß Herr Abubeker seinen Zauber bei allem dem in guter Ordnung haben müsse, da man während der Nacht mehrmal Pferde wechselte, die schon alle bereit standen und die Fortsetzung der schnellen Reise kaum einige Minuten unterbrachen.

„Jetzt auf den Schatz zu kommen," sagte der Blondin, „wie ist's dem ergangen? Haben wir ihn gehoben?"

„Allerdings!" erwiederte der Chaldäer sehr schläfrig: „Er ist durch Ihre Ohnmacht nicht so beträchtlich ausgefallen, als ich erwartete; aber doch bedeutend genug, Ihnen zeitlebens bequeme Tage zu machen."

„Wie viel beträgt er etwa?"

„Ich weiß nicht."

„Haben wir ihn im Wagen?"

„Ja wohl!" sagte gähnend der Chaldäer: „Aber wenn Sie erlauben: ich bin des Schlafs bedürftig. Ich werde es Ihnen recht sehr danken, wenn Sie mir einige Stunden Ruhe gönnen. Denken Sie inzwischen nach, welchen Gebrauch Sie davon machen wollen."

Abubekers Schläfrigkeit kam dem guten Blondin zu sehr ungelegener Stunde. Er suchte den Reisegefährten durch allerlei Bemerkungen und Fragen munter zu erhalten.

„Das ist schon entschieden!" sagte Herr Le Blond: „Habe ich den Schatz, so reise ich so lange die Kreuz und Quer durch Frankreich, bis ich mein Schloß Charnies und meine Gemahlin wieder gefunden habe."

„Das sicherste Mittel, mein Herr, daß Ihnen das Geld wieder aus dem Kasten verschwindet. Denn Ihr guter Genius gab es Ihnen nicht, daß Sie es für einen Traum verschwenden. — Es thut mir leid um die Mühe, die ich mir für Sie gab. Denn schon jetzt haben Sie durch Ihre thörichten Entschlüsse einen Theil davon eingebüßt. Sie sollen, was Sie haben, mit Weisheit anwenden."

Herr Le Blond gerieth bei dieser Erklärung in eine kleine Ver=

legenheit. „Was nennen Sie denn mit Weisheit anwenden, wenn ich fragen darf?"

„Sie lieben die Tochter des Generals in Namur — wie heißt er doch gleich?"

„Mein Gott!" schrie der Blondin: „davon kann ja die Rede nicht mehr sein. Ich bin ja schon vermählt. Ich bin nahe daran, Vater zu werden."

„Ach, schweigen Sie!" fuhr der Chaldäer heftig auf: „Sie bringen mich mit Ihrer lächerlichen Träumerei in Wuth. Und ich sage Ihnen, durch dies Wort haben Sie abermals einen beträcht= lichen Theil Ihres Schatzes verloren. Werden Sie nicht vernünf= tiger, so kündige ich Ihnen an, daß Sie Alles, und endlich auch selbst mich verlieren."

Der Blondin schwieg. Der Mann war ihm immer ein Räthsel gewesen; jetzt ward er ihm verdächtig. Er fing an sich zu über= reden, der Chaldäer habe mit ihm ein Späßchen getrieben, aber keineswegs einen Schatz heben wollen. Nur konnte er nicht wohl begreifen, warum der Abenteurer sich den Spaß so viel Geld kosten ließ. Auch sein Aufenthalt zu Charmes, der nun schlechterdings zum bloßen Traum gemacht werden sollte, war ihm mehr als Spaß. Er hätte die Unterredung gern fortgesetzt, aber aus dem Schnarchen des Chaldäers schloß er, daß auf mancherlei Anfragen keine Antwort erfolgen würde.

Als nach einer halben Stunde — der Morgen graute schon — der Wagen vor einem Haus hielt neben einer Brücke, um frischen Anspann zu nehmen, gähnte der Chaldäer mächtig auf; doch schien er wieder in den Schlaf zurückkehren zu wollen. Der Blondin konnte sich nicht länger halten, stieß den Nachbar an und sagte: „Offenherzig gesprochen, Herr Abubeker, ich habe Alles wohl über= legt und erwogen; haben Sie mit mir Komödie spielen wollen, oder treiben Sie noch Scherz mit mir? Halten Sie mich denn

in allem Ernst für albern genug, zu glauben, daß ich ein Vierteljahr lang habe ohnmächtig liegen, habe träumen können . . . ."

Der Chaldäer pfiff sich ein Morgenlied, um nichts zu hören.
Der Blondin aber fuhr ganz ruhig fort: „Sie überreden mich in
Ewigkeit nicht. Denn ich bin jetzt im Stande, Ihnen den unwider-
sprechlichsten Beweis zu geben, daß ich wirklich wachend in Charmes
war, wirklich der Gemahl der Herzogin . . . ."

Herr Abubeker ließ ihn nicht ausreden, sondern donnerte ihn
heftig an, aber in einer wildfremden Sprache, von welcher der
Blondin kein Wort verstand.

„Sprechen Sie auch, damit ich Sie verstehe," sagte der
Blondin.

„Sie haben Recht; ich vergaß mich, Herr Le Blond!" sagte
der Chaldäer, und rückte näher an ihn, und fuhr mit zorniger,
doch gedämpfter Stimme fort, indem er Le Blond's Hand mit
Heftigkeit drückte: „All mein Warnen und Reden war nun bei
Ihnen vergebens. Sie haben sich um einen Theil Ihres Glückes
gebracht. Hüten Sie sich, wenn Sie nicht Alles einbüßen wollen.
Ich muß Sie auf andere Weise behandeln. Hören Sie mich aufmerksam an! Vergessen Sie Ihren Traum. Lassen Sie in Ihrem
ganzen Leben von dessen närrischem Inhalt keine Sylbe über Ihre
Lippen kommen, weder gegen mich von diesem Augenblick an, noch
gegen irgend einen andern Menschen; noch schreiben Sie davon
eine Zeile, noch malen Sie davon. Genug, begraben Sie in
Vergessenheit Ihre Träumerei. Unter dieser Bedingung sehen Sie
mich einst wieder und Ihr Glück, sonst nie."

Bei diesen Worten öffnete sich die Thür des Wagens; der Chaldäer stieg ab, und im gleichen Augenblick stieg ein breitschultriger,
starker Kerl ein, setzte sich ohne Feierlichkeit neben den Blondin,
und der Wagen rollte über die Brücke schnell davon.

Herr Le Blond machte zu dem neuen romanhaften Streich große

Augen; noch mehr, als der neue Reisegefährte eine Pistole hervorzog, und sagte: „die ist scharf geladen!" — dann ein langes
Messer hervorzog und sagte: „das ist scharf; wollen Sie die Spitze
mit dem Finger prüfen?"

„Ich habe gar keine Neigung dazu, mein Herr," sagte der
bestürzte Le Blond, „und glaube Ihnen gern auf Ihr Wort. Wozu
aber diese Umstände?"

„Beim ersten Schrei, den Sie thun," versetzte der Reisegefährte, „bei der ersten verdächtigen Bewegung, die Sie machen,
habe ich die Ehre, Ihnen dieses Messer zwischen die Rippen zu
stoßen oder die Kugel durch den Kopf zu jagen. Es thut mir unendlich leid, daß wir Beide in so gespannten Verhältnissen leben
müssen. Zu Ihrer eigenen Sicherheit muß ich Sie bitten, sich gefälligst die Augen von mir verbinden zu lassen, bis es mir erlaubt
sein wird, sie Ihnen wieder zu öffnen."

„Aber — warum das?" fragte der Blondin erschrocken.

„Weil Sie mein Gefangener sind!" antwortete der fürchterliche Nachbar, und zog ein Tuch hervor. „Ist's gefällig?" fuhr
er fort, und spielte mit der Dolchspitze um Herrn Le Blond's Brust.

Wider eine so dringende Einladung ließ sich im Grunde nicht
viel sagen. Der Blondin neigte sein Haupt verzagend dem Tuche
entgegen, und schnell genug waren ihm die Augen so fest zuge-
schnürt, daß er auch keinen Schein des Tages mehr wahrnahm.

Nun hatte unser Abenteurer gut Ueberlegung anstellen; denn
der Nachbar schien stumm geworden zu sein, und antwortete auf
keine Frage. Höchstens bot er von Stunde zu Stunde Wein und
kalte Küche. Herr Le Blond bereute bald, sich mit dem Chaldäer jemals eingelassen zu haben; bald bereute er, daß er sich
dessen Zorn zugezogen, wodurch er auch des Schatzes verlustig geworden. Er gedachte vielmals der letzten Worte Abubekers, und
beschloß in seinem Herzen, dessen Befehl zu erfüllen. So blieb

ihm wenigstens Hoffnung, den Wundermann irgend einmal wieder zu sehen. Denn so ganz natürlich ging's mit diesem doch nicht zu.

Ich weiß nun eben nicht, wie lange die Reise dauerte; denn der Blondin, welcher weder Tag noch Nacht unterscheiden konnte, wußte es selbst nicht. Er wachte, schlief dazwischen, träumte, wachte wieder, aß und trank, und fand die Reise sehr lang, weil sie langweilig war. Am meisten quälte ihn, zu wissen, was aus ihm werden solle, wohin es mit ihm ginge? Darauf antwortete aber der Nachbar nie.

Alles auf dem alten Fleck.

„Steigen Sie aus, wenn ich bitten darf!" sagte der Nachbar. Herr Le Blond gehorchte. Der Nachbar, wie gewöhnlich, war ihm dazu behülflich. Er stand auf festem Boden, ohne zu wissen, wo, und erwartete, was weiter geschehen solle? Da hörte er den Wagen hinter sich wegfahren. Doch blieb er mißtrauisch still. Als aber nach einer ziemlichen Weile der Nachbar sich nicht wahr= nehmen ließ, redete ihn Herr Le Blond an. Keine Antwort. Es kam ein anderer Wagen; der rollte aber vorbei. Er wagte endlich die Binde etwas zu lüpfen. Der Dolch des Nachbars ließ sich deswegen nicht zwischen den Rippen verspüren. Er riß das Tuch von den Augen, er sah darum nicht heller. Alles schwarz und dunkel. Der gute Blondin fürchtete in allem Ernst blind geworden zu sein, wenn er sich nicht umgewendet und erleuchtete Fenster einer langen Reihe Häuser gesehen hätte. Er betrachtete die Ge= gend genauer. Es war die wohlbekannte Hauptstraße von Namur, in der er wohnte; ja er stand vor dem großen, prächtigen Hause des Oberamts=Präsidenten, und zwar vor seinem eigenthümlichen Seiden= und Spitzenladen, der aber verschlossen war, weil es

Mitternacht sein mochte. Der Reisewagen des Chaldäers und die gefährliche Gesellschaft darin waren verschwunden.

Nach langem Pochen öffnete der schlaftrunkene Ladenhüter des Herrn Le Blond die Thür, nicht wenig verwundert und erfreut, seinen Gebieter wieder zu begrüßen; nahm den Reisekoffer, der vor der Thür auf der Straße stand, und erzählte im Hinterstübchen alle Laden- und Stadtneuigkeiten, die er wußte, und nach welchen der Blondin durchaus nicht begierig war.

Folgenden Morgens — man könnte sagen, folgenden Mittags, denn Herr Le Blond, von seinen Abenteuern und Reisen ermattet, that einen festen Schlaf — war Alles wieder auf der alten Stelle: das Hinterstübchen, die Aussicht auf die Jasminlaube, jeder Tisch, jeder Stuhl, jeder Schrank. Der Blondin rieb sich die Augen — es stand Alles beim Alten. Das Vergangene glich einem Traum; nichts war erklärlich darin; die Geschichte mit dem Herzogthum zu Charmes am allerwenigsten. Es war, so kam's dem Blondin vor, bloße Gaukelei und Teufelei; der vorgebliche Chaldäer entweder der Beelzebub in eigener Person, oder ein Schwarzkünstler, der ihn vermuthlich zu irgend einem Hexenstückchen gebraucht hatte. Er packte mit einiger Neugier seine Reisekiste aus; drei alterthümliche blinde Goldstücke lagen oben auf den Kleidern. Er wühlte begierig weiter, denn er hielt sie für Vorboten eines darunter liegenden Schatzes; aber nichts weiter gab's. Alles Uebrige lag in derselben Ordnung unversehrt, wie er es eigenhändig auf der gleichen Stelle im Hinterstübchen eingepackt hatte den Abend vor der Abreise mit dem Chaldäer nach St. Valerien des Anges.

Nicht Alles auf dem alten Fleck.

Er that einen tiefen Seufzer. Außer den drei alten, blinden Goldstücken und den fünftausend Livres, die ihm der Chaldäer vor der Abreise im Wirthshause gegeben, hatte er nichts von dem ganzen Abenteuer? Was war da zu thun? Er mußte es sich gefallen lassen, wieder in den Spitzenladen zu treten, und auf die Kundinnen zu warten, die sich aber während seiner Abwesenheit ganz verloren zu haben schienen.

Je weniger er im Laden zu schaffen hatte, je fleißiger lauerte er im Hinterstübchen am Fenster, um die geliebte Jacqueline zu erblicken. Sie kam aber nicht zum Vorschein. Er ging des Tags zwanzigmal in das Gärtchen und in die Jasminlaube, um sich zu zeigen. Alles umsonst. Jacqueline blieb unsichtbar. Aber je öfter er zur Laube kam, je mehr verschwand aus seiner Phantasie das Bild der Herzogin von Melsi; je lebendiger erwachte die Erinnerung an die reizende Jacqueline, an die Seligkeit der Lehrstunden, an die Thränen und Gelübde der ewigen Treue. Mit seiner ewigen Treue hatte es freilich eigenes Bewandtniß gehabt im Schlosse Charmes, das fühlte er wohl selbst; und er fürchtete sich, daß Jacqueline ihm wohl ungefähr auf ähnliche Weise Treue gehalten habe. Dann pflegte ihm recht daran zu liegen, seine ehemalige Herzogenschaft für einen Fiebertraum zu halten, wiewohl sein zartes Gewissen ihm bemerkbar machte, daß Untreue im Traume auch Untreue sei.

Am Abend lief er zwanzigmal die Straße St. Fiacre auf und ab, und beobachtete alle Fenster des großen Hauses, in welchem die Geschwister Buonvicini von Milano wohnten. Aber seine Entdeckungsreisen blieben vergebens. Er sah die schöne, mit jeder Stunde von ihm heißer geliebte Jacqueline nicht.

Am folgenden Tage ward es noch schlimmer. Denn auf sein banges Nachforschen um den General de Fano und dessen Familie erfuhr er — fast wäre er in Ohnmacht gesunken — der Herr General sei schon vor mehrern Wochen von Namur abgereiset, ver-

muthlich nach Italien, und seine gesammte Haushaltung habe ihn
begleitet.

Er lief mit dieser entsetzlichen Botschaft ins Hinterstübchen,
warf sich auf sein Bett und weinte wie ein Kind. Nun erst fühlte
er, was ihm die göttliche Jacqueline gewesen, da er sie ohne Hoff=
nung verloren sah. Sein Leben war zerrissen. Er verfluchte sein
Schicksal und nebenbei den gottlosen Chaldäer, der ihn um seine
Treue, um seine Kunden im Spitzenladen, um sein Herzogthum,
um seine Herzogin und um Jacquelinen gebracht hatte.

Doch kann man auch nicht immer weinen und fluchen. Der arme
Blondin ging wieder in alter Weise seinen kleinen Handelsgeschäften
nach, verschloß Gram und Sehnsucht in sich, und schlich ohne Trost,
ohne Freude, ohne Freund umher, wie ein Lebensmüder. Von
seinem Abenteuer mit dem Chaldäer offenbarte er keinem Menschen,
so oft ihn auch wohl Bekannte fragen mochten, wo er während
der mehrmonatlichen Abwesenheit gewesen? Er wußte ohnehin selbst
nicht, was er von dem Vorfall halten sollte. Denn er vernahm
von allen Seiten her, weil er bei Gelehrten und Ungelehrten nach=
spürte, daß es keinen Herzog und keine Herzogin von Melfi, kein
Schloß Charmes, ja nicht einmal ein sogenanntes St. Valerien
des Anges gebe. Der Chaldäer war ein Windbeutel vom Hause
aus, und hatte sich in seiner Zauberwelt eine ganz eigene Geogra=
phie gemacht.

Nach sechs Wochen hatte der Blondin, nur die göttliche Jac=
queline nicht, sonst Alles ziemlich vergessen, da begegnete ihm
wieder ein

Chaldäerstreich.

Er bekam nämlich eines Morgens vom Briefträger, unter an=
dern Handelsbriefen, einen mit der Aufschrift: Herrn De Blond
de Laure. Stadt, Straße und Haus, selbst sein Vorname, waren
so richtig angegeben, daß der Brief keinem Andern angehören

konnte, als ihm. Daß man ihm aber sein Le in ein vornehmes
De verwandelt hatte, befremdete ihn nicht so sehr, denn das
konnte für einen Schreibfehler gelten. Allein der Zusatz de Laure
machte ihn doch stutzen. Er erbrach den Brief. Er war datirt
vom Landhaus de Laure bei Gaillac, im Gouvernement Languedoc.
Der Verfasser des Briefes unterschrieb sich Martin Chrispin,
allerunterthänigster Diener und Verwalter des gnädigen Herrn.
Der Inhalt war ungefähr folgender: Da Herr St. Valerien
des Anges das herrliche Gut de Laure, sammt allen Ländereien
und dazu gehörigen Rechtsamen, für Herrn de Blond gekauft habe,
wolle sich der bisherige Verwalter seinem neuen Gebieter unterthänigst zu Gnaden empfehlen, und bitten, daß ihm seine jetzige
hohe Herrschaft ihr Zutrauen gewähren möge. Alle Dienerschaft
auf dem Gute wünsche nichts sehnlicher, als den gnädigen Herrn
bald daselbst persönlich verehren zu können. Auch frage der unter-
thänige Martin Chrispin an, ob er dem gnädigen Herrn, falls er
sich nicht sobald nach de Laure bemühen werde, die einlaufenden
Gelder vierteljährlich in guten Wechseln übermachen müsse?

Herr Le Blond las den Brief wohl zehnmal. Endlich warf er
ihn auf die Seite und sagte: „Der Martin Chrispin ist ein Narr!" —
Inzwischen machte ihm doch der Name des Herrn St. Valerien des
Anges viel Nachdenken, der das Landgut für ihn gekauft haben
sollte. „Steckt da etwa der Chaldäer dahinter, und will er mir
einen neuen Streich spielen in seiner Manier?" fragte der Blondin. „Nicht also, Herr Abubeker! Diesmal bekommen Sie mich
nicht wieder in Ihr Teufelsgarn." — Er legte den Brief zu den
drei alten, blinden Goldstücken.

Acht Tage nachher kam abermals ein ziemlich dicker Brief. Es
war ein alter, Form Rechtens ausgefertigter Kaufbrief, vom Gut
de Laure, worin Käufer und gegenwärtiger Eigenthümer genannt
ward; dabei lagen dankbar ausgestellte Quittungen für die baar

durch Herrn Le Blond an den ehemaligen Beſitzer geſchehenen Zahlungen. Bei dieſen Papieren fand ſich ein kleiner Zettel, auf welchem die Worte ſtanden:

Mein Herr!

Hier haben Sie den in eins der angenehmſten und einträglich=ſten Landgüter verwandelten Schatz. Genießen Sie mit Schwei=gen.

Abubeker.

Der Blondin hatte durchaus keine Urſache, an der Aechtheit des Kaufbriefes zu zweifeln; dennoch traute er dem Chaldäer nicht. Der jährliche Zins allein von dem Gute in Langueboc betrug ja mehr, als gegenwärtig ſein ganzes Vermögen und Waarenlager in Seidenzeugen und Spitzen. Wie hätte der Chaldäer zur Ver=ſchenkung ſo ungeheurer Summen kommen ſollen? Welche Abſicht konnte der räthſelhafte Mann dabei haben? Denn das wollte, trotz allen ſchon gemachten Erfahrungen, dem Herrn Le Blond nicht in den Kopf, daß der hagere, gelbe Freund Abubeker mit ſeinen funkelnden Augen aus Chaldäa gekommen, dreihundert und zwölf Jahre alt ſei, und in Gottes Welt umher fahre, um irgend einer guten Haut einen verborgenen Schatz zuzuweiſen. Das wäre ein Handwerk neuer Art geweſen.

Ganz vorſichtig zog er links und rechts Erkundigungen vom Gouvernement Langueboc, der Stadt Gaillac und den Ländereien von de Laure ein. Und da ſich das Daſein dieſer Güter nicht länger bezweifeln ließ, wollte er noch über die Aechtheit des zu Gaillac ausgeſtellten Kaufbriefes Sicherheit. Er wandte ſich alſo eines Tages ohne Umſtände an den Oberamtspräſidenten, in deſſen Hauſe er wohnte, erzählte demſelben, wie er eine beträchtliche Erbſchaft von einem Vetter in Oſtindien oder dergleichen gemacht, ſich dafür die Güter zu de Laure gekauft habe u. ſ. w. Der Oberamtsprä=ſident, welcher den Blondin bisher kaum als Miethsmann einiger Aufmerkſamkeit werth geachtet, horchte mächtig auf, da er von den Reichthümern des jungen Mannes hörte. Es kam darauf an, die Aechtheit des Kaufbriefes zu prüfen. Der Oberamtspräsident nahm den Pergamentbrief, verglich Siegel, Unterschriften, machte einen freundlichen Bückling, nannte ihn erst „mein Freund", dann, wie er das Pergament noch einmal betrachtet hatte, „mein bester Herr de Blond", dann, da er die Kaufsumme noch einmal las, „Herr Le Blond", und endlich, da er die Reihe wichtiger Rechtsame durchschaute, welche an den Ländereien hafteten, „Herr de Laure".

Der Blondin ahnete schon aus dieser von Minute zu Minute sich steigernden Artigkeit des Oberamtspräsidenten, daß der Chaldäer ehrlich zu Werke gegangen sei. Man bat ihn, sich nieder-lassen zu wollen. Man fragte, wie er zu der seltsamen Grille käme, den Spitzenhandel auch nur eine Stunde länger fortzusetzen? Man ersuchte ihn dringend, seine Besuche zu wiederholen; der Präsident bot ihm ein ganzes, noch unbewohntes Stockwerk seines Hauses, Küche, Keller, Stallung, Equipage an.

Das Gerücht von der großen Erbschaft des Blondin lief bald durch ganz Namur; der Seiden- und Spitzenvorrath ward in Bausch und Bogen verkauft; Glückwünsche kamen von allen Seiten, Ein-ladungen in die besten Häuser, wo irgend eine vormalige schöne Kundin wohnte; die halbe Stadt behauptete, mit ihm verwandt zu sein.

Aber das Alles machte ihn nicht glücklicher. Was bisher das Hauptgeschäft seines Lebens war, Geld zu sammeln, ward ihm, nun er sich, wie durch einen Zauberstab, an das glänzende Ziel versetzt fand, ganz gleichgültig. Nur Jacqueline lag ihm im Sinn. Er wäre gar zu gern, mit der Grammatik unterm Arm, wieder Sprachmeister bei ihr geworden. In Namur mochte er nicht blei-ben. Er beschloß, den General de Fano in allen Welttheilen auf-zusuchen, und sollte er darüber wieder zum armen Manne werden.

Nach de Laure.

Will man Reisen in alle Welttheile machen, muß man Geld haben. Der Blondin verließ Namur, um sich zuerst der Kassen seines unterthänigen Martin Chrispin zu versichern.

Seine Reise war ohne Abenteuer, obgleich er sich unterwegs oft aus dem Wagen legte, um sich nach dem Schlosse Charmes umzusehen. Er hatte schon die Provinz Languedoc erreicht, und fuhr noch Abends von Alby weg, einer anmuthigen Stadt auf der Höhe, um einige Meilen gegen Gaillac zu kommen, als ihm das unverhoffteste aller Abenteuer zustieß.

Er war nämlich ausgestiegen, eine Höhe zu Fuß hinauf zu wandern, während der Wagen langsam nachfuhr. Da kam auf der Landstraße den Berg herab ein vierspänniger Wagen, von einigen Reitern begleitet. Alles im schnellsten Trab. Der Blondin hatte kaum Zeit, auf die Seite zu springen. Indem er den flüchtigen Blick auf die Reisenden im Wagen warf, erkannte er oder glaubte er zu erkennen, was er in Ewigkeit nicht beisammen vermuthet hätte. Da saß der gelbe, hagere Chaldäer im tiefsten Gespräch verloren neben der wunderlieblichen Jacqueline. Er stand wie versteinert, rieb sich die Augen, denn es wollte dunkel vor ihnen werden; sah wieder auf, aber nun sah er gar nichts mehr; denn Wagen, Jacqueline, Chaldäer, Roß und Mann waren verschwunden, wie ein Luftbild. Da er aber das Luftbild noch in der Ferne über den steinigen Weg rasseln hörte, machte er geschwind links um, den Berg hinab, an seinem Wagen vorbei. Seinem Kutscher rief er nur zu, sogleich nach der Stadt Alby umzukehren. Das Umwenden der Kutsche auf der Bergstraße war eben so leicht nicht. Während dazu mit großer Noth die Versuche geschahen, hatte der Blondin schon den Fuß des Hügels erreicht. Die Reisenden aber wurden von ihm nicht mehr erblickt.

Desto unbändiger lief er, bis er athemlos an einem Maulbeer-
baum niedersank.

Indem jagten einige andere Reiter daher, an ihm vorüber,
kehrten wieder um, da sie ihn erblickten, und fragten, ob ihm in
der Gegend ein Wagen begegnet wäre, worin ein Herr mit einem
Frauenzimmer gesessen?

„Allerdings!“ rief Le Blond, der nun seinerseits auch fragen
wollte. Allein die Reiter ließen ihn nicht zu Worte kommen.
Man sah ihnen Angst, Zorn und Eile an. „Hat die Dame ge-
schrien?“ fragten sie.

„Keineswegs!“

„War ihr Mund verknebelt?“

„Ich glaube nicht.“

„Machte sie keinen Versuch, ihrem Entführer zu entrinnen?“

„Entführer?“ stammelte der Blondin, und verlor fast das Bewußtsein.

„Wohin sind sie?“

Der Sprachlose zeigte nur mit der Hand nach der Weltgegend,
und die Eilfertigen sprengten davon.

„Also entführt von dem Chaldäer!“ seufzte der Blondin, und
stieß alle Verwünschungen gegen denselben aus, die ihm eifersüch-
tige Wuth einflößen konnte. Zwar fiel ihm bei, daß eigentlich ein
dreihundert- und zwölfjähriger Liebhaber kein gefährlicher Nebenbuhler sein sollte; aber wer kann einem Hexenmeister trauen?

Sobald sein Wagen herbeikam, warf er sich hinein, und nun
ging's wie geflügelt nach Alby. Es fing schon an zu dämmern,
als man in die Stadt einfuhr. Nun war die Frage, wohin weiter
in der Nacht.

„Ins Wirthshaus!“ sagte der Blondin, der unterdessen zur
Ueberlegung gekommen war. Denn Thorheit schien es ihm, in
fremdem Lande, in dunkler Nacht umher zu reisen. Er hoffte

dafür in Albh über Jacquelinen, oder ihren Vater oder den gottlosen Chaldäer etwas zu erfahren.

Er erfuhr aber nichts, ungeachtet er sogar in ein öffentliches Konzert ging, welches den Abend gegeben ward, und wo er alle seine Nachbarn befragte und von einer Entführung erzählte.

Die letzte Erscheinung des Chaldäers.

Er legte sich gramvoll ins Bett. Von der Reise ermüdet, schlief er bald ein. Aber noch graute der Tag kaum, so weckte ihn ein heftiges Rütteln. Er schlug die Augen auf, und sah zwischen seinen beiden Bedienten, welche in Nachtkleidern, schlaftrunken mit brennenden Kerzen vor seinem Bette standen, den Chaldäer. Der Chaldäer winkte; die Diener setzten die Kerzen auf den Nachttisch und entfernten sich.

„Herr Le Blond: ich versprach Ihnen, Sie noch einmal zu sehen!" sagte der Chaldäer.

„Es ist mir sehr angenehm," erwiederte der Blondin, der die ganz unerwartete Erscheinung wie ein Gespenst anstarrte; „aber Herr Abubeker — —"

„Still! Ich heiße hier nicht Abubeker, sondern unter den Franzosen trage ich einen französischen Namen. Ich heiße jetzt St. Valerien des Anges."

„Ganz wohl, Herr St. Valerien des Anges; aber — —"

„Ich habe mein Werk an Ihnen vollbracht, Herr Le Blond. Jetzt reise ich nach Island, um mir an den Flammen des Hekla den Stein der Weisen zu pulvern."

„Vortrefflich, Herr St. Valerien des Anges; aber erlauben Sie mir nur eine Frage: muß das Fräulein de Fano auch beim Pulvern helfen?"

„Welche Thorheit!"

„Aber Sie haben meine Geliebte entführt. Nehmen Sie alle meine Schätze wieder, und geben Sie mir Jacquelinen."

„Ich das Fräulein entführt? Wer sagt Ihnen das?"

„Mein linkes und rechtes Auge. Sie jagten gestern auf der Straße mit ihr an mir vorbei."

„Unnütze Eifersucht. Ich führte sie Ihnen zu. Ich bin mit einer Fee vermählt auf dem Kaukasus. Ihren bösen Argwohn sollte ich strafen, wenn ich zürnen könnte. — Doch meine Zeit ist kurz. Ihr Glück ist gemacht. Genießen Sie es als ein Weiser. Reden Sie nie von Ihrem Traum, nie davon, wie Sie zu dem Landgut de Laure gekommen sind. Schwätzerei brächte Ihnen den Tod. Verstehen Sie mich? — In dem Augenblick, da Sie dies Gebot übertreten, wird Sie auf meinen Wink, und wäre ich tausend Meilen von Ihnen, einer meiner Dienstgeister ergreifen, durch alle Lüfte davon schleppen und in den brennenden Kessel des Hekla hineinwerfen."

„Ich möchte ihn nicht bemühen. — Aber Jacqueline?"

„Sie weiß jetzt, daß Sie hier in der Stadt sind."

„Woher wußten Sie's denn?"

„Hätte es mir nicht meine Kunst gesagt, so müßte ich's auch schon im Konzert gewußt haben, wo ich Sie sah."

„Und Jacqueline? wo ist sie?"

„Geduld! folgen Sie der Einladung, die heute an Sie kommen wird. Leben Sie wohl. Seien Sie durch Schweigen glücklich."

Der Chaldäer ging davon.

Herr Le Blond war außer sich. Er sprang aus dem Bette, warf einige Kleider um, rief die Bedienten, schickte sie dem Chaldäer nach, um zu erfahren, ob er vielleicht und wohin er, und ob er etwa mit einem Frauenzimmer verreise. — Ungeachtet der Blondin an das Wort des übernatürlichen Mannes zu glauben anfing, so plagte ihn doch die Eifersucht. Denn er fühlte, Jacque-

line sei wohl mehr werth, als eine hundertjährige Fee auf dem
Kaukasus. Er lief auch selbst in der Stadt herum, den Chaldäer
noch einmal zu erblicken; aber eben so vergebens, als seine Bedienten. Ganz Alby schlief.

Er mußte sich also auf Abubekers Verheißungen verlassen.
„Prellt er mich diesmal nicht," dachte er, „so ist er wahrhaftig
ein Ehrenmann; so glaube ich an seine dreihundert und zwölf Jahre,
an seinen Kaukasus, an sein Steinepulvern am Heklafeuer, und
sogar, daß ich nur von Charmes und meiner Herzogin von Melfi
geträumt habe." — Die Zeit ward ihm lang. Er saß den ganzen
Morgen zum Fenster hinaus, der Botschaft Jacquelinens oder der
Einladung zu ihr gewärtig.

Gegen Mittag ward nach ihm gefragt. Dem Blondin pochte
das Herz. Aber er verwunderte sich sehr, als ein stattlicher Herr
erschien, der ihm die Einladung brachte, den Erzbischof von Alby
zu besuchen und bei ihm zu Mittag zu speisen. Er sagte zwar zu,
aber das Ding ward ihm verdächtig. Denn wie kam er dazu, vom
Erzbischof eingeladen zu werden? Vielleicht ein Chaldäerstreich,
durch den Abubeker Zeit zu gewinnen hoffte, Jacquelinen desto bequemer ins Sichere zu bringen.

Seit der Blondin einmal Herzog gewesen war, wenn auch nur
im Traum, war ihm nichts leichter, als eine vornehme Rolle zu
spielen. Der erzbischöfliche Hof machte dem Er-Spitzenhändler
daher gar keine Verlegenheit. Mittags kam der Staatswagen
Sr. Gnaden; der Herr de Laure im zierlichen Kleide, doch immer als Reisender, stieg ein, und nach wenigen Minuten ward
vor dem großen bischöflichen Garten in der Vorstadt Chateauvieur
gehalten.

Ende gut, Alles gut.

Er stieg aus. Der Erzbischof mit mehrern Herren wandelte im Garten. Es war ein prächtiger Tag. Die ersten Begrüßungen und Höflichkeiten gingen bald vorüber. Der Blondin schien Allen schon bekannt zu sein; Alle sprachen ihm von seinem prächtigen Landgut de Laure; Alle beklagten, daß sein Freund St. Valerien des Anges so bald und so plötzlich habe abreisen müssen.

„Auch wir müssen nähere Bekanntschaft mit einander schließen," sagte ein alter Herr mit steifem Fuß, „denn durch Ihren Ankauf von de Laure sind wir beide die nächsten Nachbarn geworden. Ich bin der General de Fano. Meine Tochter behauptet, Ihre Bekanntschaft schon in Namur gemacht zu haben."

Der Blondin ward roth und blaß. Der alte General bemerkte es und lächelte schlau. „Geben Sie mir Ihren Arm zur Stütze; das Mädchen ist drüben in der Laube. Es weiß schon, daß Sie hier sind."

Der Blondin bebte, wie vom Fieberfrost ergriffen. Er läugnete nicht, Jacquelinens Bekanntschaft zu Namur gemacht zu haben, und läugnete noch manches Andere nicht, was sonst nicht zu läugnen war. Muthiger setzte er dann hinzu: „Ich wünschte, mein Freund St. Valerien des Anges hätte Ihnen Alles gesagt, was er wußte, was er wohl hätte sagen sollen — daß ich auch gern Ihrem Herzen der nächste Nachbar geworden wäre."

„Das hat er redlich!" erwiederte der General, „und er wird Ihnen auch gesagt haben, daß ich es mir zur Ehre rechne, Sie als meinen Sohn zu begrüßen."

Der Blondin, von Erstaunen und Entzücken übermannt, würde dem General gern dankbar zu Füßen gefallen sein, wenn nicht in dem gleichen Augenblick dessen liebenswürdige Tochter zum Vorschein gekommen wäre, vor welcher man den Fußfall noch lieber gethan hätte.

Was soll ich weiter erzählen? Der Chaldäer hatte alles eingeleitet, alles wohl gemacht. Jacqueline wußte durch ihn des geliebten Blondins Glücksvergrößerung, nahe Ankunft — alles. Ihr Vater, welcher sich mit einem steifen Bein aus der Laufbahn der Ehre zurückgezogen und nur ein mäßiges Vermögen erspart hatte, war sehr wohl zufrieden, den reichen Schwiegersohn zu bekommen. Der wunderbare Chaldäer hätte auch wahrscheinlich den großen Landsitz de Laure nicht gekauft, wäre es ihm nicht gewesen, um den liebekranken Blondin recht in Jacquelinens und des Generals Nähe zu pflanzen.

Was soll ich erzählen, daß Herr de Laure, noch an der Tafel des Erzbischofs, zum Bräutigam Jacquelinens proklamirt ward; daß er in Gesellschaft seiner Auserwählten und ihres Vaters in sein Schloß einzog; daß die Hochzeit glänzend war; daß der Blondin aber von allem Glanz dabei doch nichts glänzender fand, als die Thräne der Freude in Jacquelinens Augen, da sie im köstlichen Brautschmuck ihm um den Hals fiel — nur eine flüchtige Minute der Einsamkeit ward dazu benutzt — und sagte, indem sie ihre Arme um ihn schlang, mit seelenvoller Stimme: „Io amo!" —
„Tu ami!" rief er, und kniete vor der freudestrahlenden Göttin.

„Egli ama!" rief sie selig, hob ihn auf, und indem beide lispelten: „Noi amiamo!" erstarben alle andern Worte.

Kriegerische Abenteuer eines Friedfertigen.

Neunundbreißigster Geburtstag.

Am 6. Oktober 1806 — ich wohnte in einem etwas erhaben ge=
legenen kleinen Gelehrtenstübchen zu Berlin — war mein neun=
undbreißigster Geburtstag. Als ich erwachte, die Kirchenglocken
läuteten schon, es war an einem Sonntag, überlief mich kalter
Schauder. Denn, dacht' ich, übers Jahr ist dein vierzigster
Geburtstag; der vierzigste!

Im neunzehnten Jahre erwartet der Jüngling noch mit
Vergnügen die Ehre des Zwanzigers; denn so lange er in den
Zehnern läuft, hält ihn die Welt für unreif zu allerlei Dingen,
für die er doch wohl reif sein möchte. Aber im neunundzwanzig=
sten Jahre bringt der junge Mann schon sauersüße Miene zum
breißigsten Geburtstag. Die Flatter= und Flitterzeit des Lebens
ist vorbei. Aber gar der vierzigste! — ach, — vierzig Jahre!
Und ohne Amt und ohne Lebensgenossin!

In diesem Falle war ich; wahrlich nicht aus eigener Schuld.
Daher beschloß ich in meinem eigenen Rath, so lange ich noch
Mitglied vom Orden der Hagestolzen sein müsse, nie älter als
neunundbreißig, nie jünger als achtundbreißig zu sein, und sollte
ich barüber neunundachtzig werden und neunundneunzig.

Mit diesem verzweiflungsvollen, doch weisen Entschluß stand ich auf und wählte meine Sonntagskleider. Aber, wie gesagt, die Seele war voll bittern Schmerzes.

Bald vierzig, und noch einsam! noch immer nichts, als ein armer Candidatus theologiæ, ohne Anstellung, ohne Aussichten! — nicht einmal die Lehrerstelle an einer Stadtschule hatte ich erringen können. Wozu meine ganze Gelehrsamkeit, mein dreißigjähriger Fleiß, mein, ich darf's wohl sagen, reiner Lebenswandel? Ich hatte keine Verwandte, keine Fürsprecher, keine Gönner. Da lief ich noch immer, Woche aus, Woche ein, von Straße zu Straße, Privatunterricht zu geben, mir ein ärmliches, freudenloses Leben zu fristen. In Erholungsstunden war ich Schriftsteller, arbeitete in Journalen und Almanachen. Ach, das ist saure Arbeit! Die Buchhändler zahlten mir die Prachtschöpfungen meiner Musen nur mit Kupfermünze.

Man hatte mich zwar überall lieb; man lobte meine Talente, aber Keiner half mir — höchstens ward ich zu Gast geladen. O ihr Himmelsträume meiner Jugend, wie hattet ihr mich getäuscht! — Andere, die nicht gearbeitet hatten, freuten sich der Goldärnten. Nun bedauerten sie mich. Hätten sie mich lieber gehaßt! — Und die gute Friederike, ach sie war mir vergebens treu! auch sie mußte verblühen, wie eine Alpenblume in der Einsamkeit, die Niemand kennt:

Hier schossen mir die Thränen ins Auge. Ich überließ mich ungehindert meinem Schmerz. Ich schluchzte und weinte, wie ein Kind. O, hätte mich mein guter Vater das geringste Handwerk erlernen lassen!

Friederike war seit neun Jahren meine versprochene Braut. Fromm, wie eine leidende Heilige, stand sie so unverwandt und vergessen und arm in der Welt, wie ich; sah nur auf mich. Sie war eines Hofraths Tochter, der nach einem Bankerott plötzlich gestorben war. Ihre alte Mutter, die in einer kleinen Stadt der Neumark an der polnischen Grenze in kläglichen Umständen lebte, war zu arm, um ihre Tochter bei sich zu haben. Friederike diente in einem Hause zu Berlin, als Gesellschafterin einer gnädigen Frau, oder redlicher gesprochen, als — Kammerjungfer, und unterstützte die bedürftige Mutter. — Trotz meines fröhlichen Humors wäre ich oft verzweifelt, hätte mich die edle Friederike nicht wie ein besserer Engel wieder erhoben.

Nun aber rück' ich den Vierzigern zu, und Friederike war schon sechsundzwanzig! Ich noch immer ein armer frommer Candidatus theologiæ, und sie — Kammerjungfer.

Der Brief.

Unter diesen trostlosen Betrachtungen hatte ich mich angekleidet. Da ward gepocht. Der Briefträger trat herein. Ein dicker Brief; er kostete mich fünf Groschen. Schwere Ausgabe für eine fast zum Boden leere Kandidaten-Kasse!

Ich warf mich gemächlich auf meinen Strohsessel hin, um ein Viertelstündchen aus Adresse und Siegel den Schreiber zu errathen. Das thue ich immer gerne, meine Neugier zu bekämpfen; nebenbei auch, mich am Spiele schöner Hoffnungen zu ergötzen, deren Erfüllung mir aus dem Brief entgegensteigen könnte. Die Frage war, ob ihn öffnen, oder das Lesen bis morgen verschieben? — Denn heute war mein Geburtstag, und an einem Geburtstag mochte ich keine, vielleicht üble, Nachricht lesen. Sie wäre mir schlimme Vorbedeutung fürs ganze Jahr gewesen. Man ist abergläubig, wenn man unglücklich ist, trotz aller Freigeisterei nebenbei.

Ich zog das Loos. Es entschied für Nichtentsiegeln. Böses Zeichen! — „Nein, dem Schicksal Trotz geboten, und die abergläubige Furcht verbannt!" flüsterte in mir die Neugier im Panzerrock des Heldenmuthes. — Weg war das Siegel, und ich las — las, und meine Augen wurden von Thränen dunkel. — Ich mußte den Brief weglegen, um mich zu fassen. Ich las ihn wieder — o ewige Vorsehung, o Friederike! — Ich warf den Brief hin, und mich auf die Knie, und beugte meine Stirn auf den Erdboden nieder, und weinte vielleicht die ersten Thränen des Entzückens in meinem Leben, und dankte dem Allversorger im Himmel für so viele Gnade.

Der Brief kam nämlich von meinem einzigen Gönner, einem Handelsmann in Frankfurt am Main, in dessen Familie ich lange, als Hauslehrer, gelebt hatte. Durch Zufall — o nicht doch; wo ein Gott ist, da ist kein Zufall! — genug, durch Verwendung meines gütigen Freundes hatte ich in den Patrimonialgütern eines mediatisirten Reichsgrafen den förmlichen Ruf als Pfarrer erhalten, mit siebenhundert Gulden Gehalt, freier Wohnung, Garten, Holz u. s. w., und dazu noch die Hoffnung, wenn ich das Glück hätte, dem Herrn Reichsgrafen persönlich zu gefallen, Lehrer seines jungen Sohnes, mit besonderer Gehaltzulage, zu werden. Zu dem Ende sollte ich mich am neunzehnten Oktober unfehlbar in Magdeburg einfinden, wo an diesem Tage der Herr Graf auf einer Reise eintreffen würde, und mich zu sehen verlangte. — Mein Frankfurter Mäcen konnte mir vom Charakter des Grafen, seines Freundes, nicht Lobeserhebungen genug machen. — Im Briefe lag die Vokation selbst eingeschlossen, vom Grafen unterschrieben.

So stand ich nun unverhofft am Ziele meiner zwanzigjährigen Wünsche! — Ich vollendete in der Geschwindigkeit meinen Anzug, und, mit der Vokation in der Tasche, ging ich sogleich — nein, flog ich zu der einzigen Freundin.

Ihre Herrschaft war zum Glück in der Kirche. Ich fand Friederiken allein. Sie erschrak, als sie mich sah. Ich war athemlos. Mein Gesicht glühte. Meine Augen funkelten. Sie führte mich ängstlich in ihr Stübchen. Ich wollte ihr mein Glück verkünden, aber ich konnte nicht reden. Ich weinte — schloß sie mit Heftigkeit an mein Herz, und legte mein brennendes Gesicht auf ihre Schulter.

Sie zitterte erschrocken in meinen Armen. „Welches Unglück ist Ihnen denn begegnet, daß es Ihren alten schönen Muth so ganz zermalmt hat?" sagte sie. — „Ach, Friederike!" rief ich: „des Leidens ist mein Herz gewohnt; ich wollte wohl das schwerste Schicksal mit Lächeln begrüßen. Aber die Freude ist mir ein ungewohnter Gast; gegen sie stehe ich ganz ohne Waffe. Ich schäme mich, aber sie beugt mich Philosophen mit Zentnerlast."

„Die Freude, Herr Doktor?" sagte Friederike erstaunt.

Wohlverstanden, ich war von Universitäten her Magister bonarum artium, wollte aber aus modischer Bescheidenheit lieber Doktor der Philosophie, als Meister aller freien Künste heißen.

„Wissen Sie noch," rief ich, „als wir uns im Garten von Sanssouci zum ersten Mal gestanden, wie lieb wir uns wären? Es sind nun neun Jahre. O Friederike! und den Schwur der Tugend und Liebe, den wir damals unter dem sternenvollen Himmel vor dem Allgegenwärtigen schworen, haben wir, wenn gleich hoffnungslos, doch treu gehalten, bis heute. Willst du mir nun folgen, Friederike?" setzte ich leise hinzu und schüchtern; zum ersten Mal nannte ich sie du — „dich erwartet eine ländliche Wohnung, ein freundlicher Garten, ein — willst du mein Glück mit mir theilen? — sieh her, da ist die Vokation, ich bin Pfarrer geworden."

Sie las die Briefe. Freude umstrahlte ihr schönes Antlitz immer heller, je weiter sie las. So reizend war sie mir nie erschienen. Dann ließ sie die Hände sinken mit den Briefen, und sah stumm und erröthend zu mir empor, und über ihre Wangen perlten einige Thränen nieder. „Ich gehe mit dir, wohin du willst, Ferdinand!" stammelte sie, und sank schluchzend an meine Brust. O das erste Du von ihren Lippen und meinen Taufnamen, den ich für mich seit dem Tode meiner geliebten Mutter von keinem Menschen mehr gehört hatte!

Wir waren seliger, als die Engel im höchsten aller Freudenhimmel. Nach einer Weile riß sich die Liebliche von mir los, streckte die gefalteten Hände weinend empor, sank dann auf die Knie, und lag mit dem Gesicht auf dem Stuhl in der Stellung einer Betenden.

Endlich richtete sie sich wieder auf, und indem sie mich mit unbeschreiblich schönem Lächeln ansah, war ihre erste Frage: „Ist denn das Alles wahr? Es ist mir wie Traum. Zeigen Sie mir doch die Briefe. Ich weiß kein Wort mehr von Allem, was darin steht."

Verlobung und Abschied.

„Es versteht sich von selbst," sagte ich, „den Boden meiner Pfarrei betrete ich nicht, ohne vermählt zu sein. Wie könnte ich auch in den ersten Tagen meines Berufs die weltliche Sorge um Anordnung unserer kleinen Wirthschaft übernehmen? Wo ist meine Studierstube? wo unser Wohnzimmer? Du, Friederike, mußt mir doch das Alles zeigen. Du mußt mir das fremde Haus zur freundlichen Heimath machen. Nur vergiß mir nicht, daß mein Arbeitsstübchen ein Fenster hinaus in deinen Blumengarten habe, damit ich dich im Frühjahr zuweilen sehen kann, wenn ich studiere, und du draußen pflanzest."

Sie erröthete, lächelte verschämt, und wollte davon nichts hören. Aber doch sprach sie von neuen Fensterumhängen, und wie der Garten eingerichtet werden müsse, und ob es nicht besser und wohlfeiler sei, Alles, was man gebrauche, in Frankfurt einzukaufen? Dann auch von der alten Mama, die wir zu uns nehmen wollten, und von Küche und Keller.

Unter solchen Umständen blieb nun wohl nichts anderes übrig, als ernst ans Werk zu schreiten, die gnädige Herrschaft um Friederikens Entlassung anzugehen, mein Kandidatenstübchen und meine Lektionen aufzukündigen, uns, als Brautleute, von der Kanzel proklamiren zu lassen u. s. w.

Alles ging in löblicher Ordnung von Statten. Glückwünsche und kleine Geschenke träufelten mir von allen Seiten zu. Ich war bald reicher, als ich seit vielen Jahren gewesen. Einer meiner Berliner Freunde, dessen Kinder ich unterrichtet hatte, bot mir zu der bevorstehenden Reise nach Magdeburg seinen leichten Reisewagen an, den ich nicht ausschlug.

Ich versah mich mit den nöthigen Pässen. Es war stürmische Zeit; Krieg und Kriegsgeschrei rings umher. Unser König stand mit seinem Heer schon in Thüringen dem bisher unbezwungenen Napoleon gegenüber. Doch blieben wir ziemlich unbesorgt. Es war gar nicht daran zu zweifeln, daß die Franzosen gleich in den ersten vierzehn Tagen über den Rhein zurückgejagt sein würden. Aus Spekulation hatte ich wirklich in meinem Dachstübchen schon fünfundzwanzig preußische Kriegs= und Siegeslieder gemacht, worin ich alle künftig zu liefernden Schlachten so genau beschrieb, daß nur der Name des Schlachtfeldes hinzuzusetzen übrig blieb. Ich hoffte damit von Buchhändlern in Berlin einen schönen Thaler Geld zu gewinnen. Aus Vorsicht steckte ich das Manuskript der Siegeslieder gleich zu mir, um nöthigen Falls schon in Magdeburg die ersten drucken zu lassen.

Am 14. Oktober, am Tage des Untergangs der alten preußischen Herrlichkeit bei Jena und Auerstädt, nahm ich von Friederiken Abschied. Seit neun Jahren die erste Trennung! Gleich nach meiner Rückkehr von Magdeburg sollte unsere Hochzeit in Berlin und die Abreise zum Pfarrhause sein. So reizend auch die Fernsicht schimmerte, konnten wir uns doch beim Abschiede damit nicht trösten. Uns war, als würden wir auf ewig von einander gerissen. Ich läugnete zwar, als Doktor der Philosophie, herzhaft alles Ahnungsvermögen des Menschen hinweg; aber als Bräutigam glaubte ich mit frommer Einfalt daran. — „Ferdinand! Ferdinand! Gott sei mit dir! sei glücklich! aber wir sehen uns nie wieder!" rief Friederike schluchzend.

———

Reise nach Magdeburg.

Am 15. Oktober fuhr ich vergnügt, wie ein Gott, zum Brandenburger Thor hinaus; meine Vokation und die Siegeslieder in der Tasche. In Potsdam mußte ich einiger Geschäfte willen übernachten. Abends ging ich hinaus nach Sanssouci. — Im Garten auf der klassischen Stelle, wo einst die siebenzehnjährige Friederike mir ewige Liebe schwor, erneuerte ich nach neun Jahren mein treues Gelübde. Dann schrieb ich der Theuren bis tief in die Nacht eine Iliade von meinen Hoffnungen und Träumen; schilderte die Seligkeit unsers künftigen häuslichen Lebens in der Pfarrwohnung, fern vom Getümmel der großen Welt.

„Du und ich, Friederike, was bedürfen wir mehr, um den ganzen Himmel auf die Erde niederzuziehen? Unsere Hütte, unser Gärtchen wird für uns der schönste Theil von Gottes Schöpfungen heißen. Unbeneidet von Andern, werden wir selbst Engel nicht beneiden."

Unter den Melodien des letzten Wunsches von Salis entschlummerte ich — meine Träume waren nur buntere, glänzendere Fortsetzungen des Wachens. Früh ging's den andern Tag auf den Weg. Ich war mein eigener Kutscher, und das Roß gar fromm und brav. Unterwegs pflog ich vorübergehend im Geist Gespräche, die ich in Magdeburg mit dem Grafen halten wollte, um mich ihm von der glänzendsten Seite zu zeigen, — oder mit Friederiken, wenn ich sie im Pfarrhause herumführen würde, und sagen könnte: steh', Engel, dies ist dein Königreich. Zur Abwechslung hielt ich im Geist auch wohl meine Antrittspredigt in der Kirche, vor allem versammelten Volk, das in mir seinen Seelenhirten ehrte, und vor der anwesenden hohen Herrschaft. Ich sprach sehr rührend; kein Auge in der Gemeinde blieb trocken. Man betete mich fast an. Meine Friederike fiel mir um den Hals, und gab mir den süßesten des Lohns, einen Kuß.

Zu Brandenburg war im Wirthshause alles sehr lebendig. Man sprach von großen Schlachten, die zwischen Napoleon und dem geliebten König vorgefallen sein sollten; Prinz Louis Ferdinands Heldentod bei Saalfeld sei furchtbar gerächt worden; in den Thüringer Wäldern hemmen die Leichname der erschlagenen Weltüberwinder den Lauf der Ströme. — „Und wie ist's dem Kaiser Napoleon ergangen?" fragte ich dazwischen. — Man vermißt ihn. — „Und der Marschall Lannes?" — Todt. — „Und Davoust?" — Todt! — „Und Ney?" — Todt! — alles todt!—

Da konnte ich mich nicht länger halten — ich griff nach meiner Tasche, um die Siegeshymnen herauszuziehen. Ein alter Mann hinter mir setzte seine Pfeife ab, und bückte sich, wie von ungefähr, und murmelte mir mit der tiefsten Baßstimme ins Ohr: „Wollte Gott, es wäre an dem! aber ich weiß, alles ist falsch. Es ist gewiß großes Unglück begegnet."

Die Hand ward mir bei diesen Worten in der Tasche lahm. Ich ließ die tyrtäischen Gesänge einstweilen an Ort und Stelle. „Großes Unglück? Und ich in Magdeburg? Konnte sich Napoleon mit seiner Armee nicht zwischen mich und Friederiken drängen?" Es ergriff mich, wie Fieberfrost.

Aber außer dem alten, unheilweissagenden Manne jubelte das Volk im Wirthszimmer so laut, so überzeugend; jeder beschrieb die Schlachten und Siege des Königs so umständlich mit allen Neben= ereignissen, daß man dergleichen schlechterdings nur mit eigenen Augen gesehen oder nur von Augenzeugen erfahren haben konnte. Ich pflichtete, wie billig, der Stimmenmehrheit bei, und ging ruhig schlafen.

Böse Ahnungen.

Am folgenden Tag begegneten mir unterwegs auf der Landstraße einzelne Kuriere, die von Magdeburg oder von der Armee zu kom= men schienen, und nach Berlin eilten. Das feierliche Schweigen dieser Eilboten war mir sehr verdächtig; denn die Freude pflegt sich sonst, auch unaufgefordert, mitzutheilen.

In einem Dorfe zwischen Ziesar und Burg war eine große Menge Volks zusammengelaufen. Ich fuhr gegen den Haufen, aber er theilte sich nicht. Nun erst bemerkte ich vor einem großen Hause gesattelte Pferde, und im Hause an den Fenstern preußische Husaren.

„Was gibt's Neues?" fragte ich die umstehenden Leute, wäh= rend ich mit dem Wagen hielt. — „Ach, du mein Herr und Gott!" schrie ein altes Bauernweib: „der König hat ja Alles verloren, und die Franzosen sind schon unterwegs, und vielleicht schon in einer Stunde hier."

Natürlich gab ich auf die Nachricht nicht viel. Aber doch wollte ich mich näher belehren, und lenkte gegen das große Gebäude, sprang vom Wagen und ging hinein. Alle Stuben wimmelten von Menschen. Husaren, Bauern, Beamte standen gedrängt durch einander, schmauchten ihre Pfeife, tranken, fluchten, erzählten. — Keiner machte ein frohes Gesicht. Bald war die Rede von der

Niederlage der Preußen, von der Nähe der Franzosen; bald von
einem Herrn Oberstwachtmeister, der wegen seiner schweren Wunden nicht länger zu Pferde sein konnte, sondern gefahren werden
müsse. Man sollte eine Chaise herbeischaffen; man hatte Boten in
die Nachbarschaft ausgeschickt.

Ich war außer mir vor Schrecken, suchte ein Plätzchen an einem
der Tische, und ließ mir von dem elenden Bier geben, um Gelegenheit zu haben, den Hergang der Dinge genauer zu erfahren
und Maßregeln nehmen zu können. Nach zehn Minuten verloren
sich die Husaren aus den Stuben; es hieß: sie sitzen auf! Ich
drängte mich zum Fenster, um sie abreisen zu sehen, und sah sie
wirklich im gleichen Augenblicke davon eilen, und zwischen ihnen —
meinen Berliner Reisewagen im vollen Trab davon gehen.

Da hatte ich gut zum Fenster hinausrufen: „Halt, es ist mein
Wagen!" — In einer Minute war alles verschwunden. Ich
arbeitete mich durch die Menge der Bauern hinaus ins Freie.
Der Platz war leer; mein Wagen fort.

„Beruhigen Sie sich!" sagte ein kleiner, hagerer Mann, welcher hier das Ansehen eines Beamten hatte: „der Herr Oberstwachtmeister schickt Ihnen den Wagen heute wieder zurück. Er
will ihn nur bis zum nächsten Ort mitnehmen. Der gute Herr
war an seinen Wunden sterbenskrank, und wählt den nächsten Weg
zu seinen Gütern."

„Wer ist denn aber dieser Herr Oberstwachtmeister?" fragte
ich. Keiner wußte es. — „Und wohin ist er mit dem Wagen?"
Keiner wußte es. — Ich lief durchs Dorf in der Richtung, wie
der Wagen mit seiner Begleitung gegangen war. Vor dem Dorf
spaltete sich der Weg in drei bis vier andere. Aber nirgends war
eine deutliche Spur der Flüchtlinge zu bemerken; nirgends fand
ich Leute, die mir Nachweisung geben konnten; alle waren vor
dem großen Hause versammelt, zu dem ich traurig zurückkehrte. Nie

mand bekümmerte sich um meine Verlegenheit: jeder dachte an die Nähe seiner eigenen Noth, an die Nähe der Franzosen.

„Schreiben Sie, protokolliren Sie das mir widerfahrne Unrecht!" sagte ich zu dem Beamten: „Das ganze Dorf, Sie selbst sind der Gewaltthat Zeuge. Schreiben Sie, daß ich auf Unkosten des Herrn Oberstwachtmeisters hier im Dorfe liegen bleibe und zehre, bis er mir den Wagen zurückgeschickt hat, und daß ich mir übrigens auf dem Wege Rechtens alle übrige Genugthuung vorbehalte."

Der Schreiber schrieb: ich ließ mir Abschrift des Protokolls geben, und legte sie zu den Siegesliedern. Die Nacht verstrich; der folgende Tag verstrich. Meine Ungeduld stieg aufs Höchste. Der Wagen kam nicht wieder.

Nun brach der neunzehnte Oktober an. O Himmel, und der Herr Reichsgraf erwartete mich in Magdeburg! Ich verlangte auf Unkosten des Oberstwachtmeisters eine Fuhre, wenigstens ein Pferd, um mich an meinen Bestimmungsort begeben zu können. Allein der Oberstwachtmeister hatte so wenig Kredit, daß man mir auf seinen Namen nichts, mir sogar, ohne Zahlung meiner Schuld, keinen freien Abzug gestatten wollte.

Zum Glück hatte ich meine Baarschaft bei mir. Ranzioniren konnte ich mich wohl. Aber auch mit meiner Garderobe war der Oberstwachtmeister durchgegangen. Wovon sollte ich dem Berliner Freund für Roß und Wagen Ersatz geben; wovon mir neue Kleider und Wäsche kaufen, mit Friederiken die weite Reise zur Pfarre machen? — Wahrhaftig, eine schwere Prüfung des Glaubens für den designirten Pfarrer!

Ich schnitt mir einen Knotenstock, und wanderte muthig zu Fuß den Weg nach Magdeburg. Der Herr Reichsgraf dort wird dir schon helfen! dachte ich und sang, als ich so einsam durch Duft und Herbstnebel hinwanderte, wohlgemuth mit Salis:

Wann, o Schickſal, wann wird endlich
Mir mein letzter Wunſch gewährt?
Nur ein Hüttchen ſtill und ländlich,
Und ein eigner, kleiner Herd!
Und ein Freund, bewährt und weiſe,
Freiheit, Heiterkeit und Ruh' —
Ach! — und dieſes ſeufz' ich leiſe —
Zur Gefährtin ſie dazu?

Die Rückkehr.

Einzelne Haufen preußiſcher Soldaten von allerlei Regimentern, mit und ohne Gewehre, Marketender und Troßwägen kamen mir entgegen, und zogen ſtillſchweigend an mir vorüber. Ich hatte den Muth nicht, die Kriegshelden anzureden.

„Ei, ſieh' da, Herr Doktor!" wohin?" rief mich eine Stimme an, als ich zwiſchen den Gartenhägen des Städtchens Burg abermals auf einen Trupp Soldaten ſtieß. Es war ein Lieutenant, den ich in Berlin kennen gelernt hatte, weil er mit mir in einem Hauſe wohnte. Ich pflegte ihn immer ſcherzweiſe Karl den Großen zu nennen, weil er ſein adeliches Geſchlechtsregiſter bis zu dieſem Sachſenbekehrer hinaufführte.

„Nach Magdeburg, Herr Lieutenant."

Sie kommen nicht mehr hinein, Herr Doktor; die Franzoſen belagern es ſchon mit 150,000 Mann. Kehren Sie mit mir um, wenn ich Ihnen rathen darf. Fort nach Berlin! der Feind folgt uns ſchon auf dem Fuße. Alles iſt verloren. Braunſchweig tobt; Möllendorf gefangen; vom König weiß kein Menſch mehr. Die Reſerve unter Prinz Eugen vom Würtemberg iſt geſtern bei Halle aufgerieben."

„Aber, Herr Lieutenant, ich muß — muß heute nach Magdeburg."

„So rennen Sie in die Bajonnette der Franzosen. Glück auf die Reise, Herr Doktor!" — Indem Karl der Große dies sagte, sprengten zwei Dragoner neben uns weg, und schrien: „Der Feind ist schon bei Wittenberg über die Elbe!" — Da verdoppelte die Infanterie ihre Schritte, und ich — weil ich doch das Belagerungskorps vor Magdeburg nicht allein abtreiben konnte, leistete schnellfüßig dem Lieutenant Gesellschaft, und kehrte dem Reichsgrafen den Rücken zu. — Adieu Pfarrhaus, Paradiesgarten und Hochzeit!

Solchen Streich hatte mir das Schicksal noch nie gespielt, so alt ich auch geworden war. Die Schlacht von Jena zerstörte alle meine Hoffnungen, die nie blühender gewesen waren. Also wieder Doktor, Hagestolz, und arm wie eine Kirchenmaus! Ich wußte nicht, wer durch Napoleons Kriegsglück mehr verloren hatte, der König oder ich?

Aber nun fand mich mein unbarmherziges Fatum wieder auf dem alten, gewohnten Platz, wo ich ihm Stirn bieten konnte. So lange ich noch etwas zu verlieren hatte, war ich voller Furcht und Zittern. Jetzt, da mir auch nicht mehr das letzte Kleid auf dem Leibe gehörte, wenn der Berliner Freund Roß und Wagen bezahlt haben wollte, kehrte mein heiterer Geist zurück, der alles Unglücks spottete.

Beförderung zum Feldprediger.

„Frisch auf, ich folge der Fahne Karls des Großen!" sagte ich lachend zum Lieutenant: „und flehe um seinen großmüthigen Schutz bis Berlin."

„Wetter! Sie sollen dabei so übel nicht fahren. Ich habe noch eine halbe Kompagnie bei mir — alles tapfere Preußen, die den Teufel nicht scheuen. Hätte ich noch eine Kanone, ich würde vor zwei Regimentern Franzosen nicht weichen. Wetter! an des

Herzogs von Braunschweig Stelle wäre mir das bei Jena nicht geschehen. Kommen Sie, Doktor, ich mache Sie zum Feldprediger meiner halben Kompagnie."

So oft wir durch ein Dorf kamen, ließ der Lieutenant seine aus den Flüchtlingen verschiedener Regimenter zusammengesetzte Armee in Reihe und Glied aufmarschiren, und so zog er stolz, beim Wirbel der Trommel, an den Bauern vorüber, indem er kommandirte: „Gewehr in Arm!" Wer kein Gewehr hatte, zog demüthig bei der Bagage hintennach. Als Feldprediger war da mein natürlicher Platz. Ich machte nebenbei Bekanntschaft mit der Marketenderin, welcher der Wagen gehörte. Diese ehrenwerthe Dame ging rüstig zu Fuß neben ihrem magern Gaul her, und erzählte mir sehr umständlich die Geschichten von Saalfeld und Auerstädt, und tadelte Stellungen und Manövres der Preußen auf dem Schlachtfelde. Ich hatte nichts gegen ihre strategischen Beweise einzuwenden. Denn an der Spitze von zweimalhunderttausend Mann eine Schlacht zu verlieren, traue ich mir selbst Geschicklichkeit genug zu.

Elisabeth, so hieß die Kriegskünstlerin — und was noch mehr war, sie glich auch der Königin Elisabeth von England auf ein Haar, wie man sie noch auf Kupferstichen sieht — hatte auch eine hohe Schulter und behauptete, wie die Geliebte des Grafen Essex, ewige Jungfrau sein und bleiben zu wollen — Elisabeth also hatte eine muntere Laune, viel Witz, sogar viel Belesenheit in der neuesten Literatur von Spieß und Kramer, und sang beständig Berliner Opernarien mit helltönender Silberstimme. Weil ich ihren schlechten Branntwein mit baarem Gelde zahlte, — Karl der Große stellte für sich und seine Kriegsmacht nur Bons aus, — hatte ich ihre vorzüglichste Gunst erworben. Vermöge ihres Genies und Branntweinfasses hatte sie auf unsere Truppen, und durch diese auf den Heerführer, so viel Einfluß, daß sie ein wirkliches Mit-

glied des Kriegsrathes ward, und überall mitsprach, wo über Fortsetzung des Zuges gesprochen werden mußte.

Weil ihr altes Roß so marode war, als die Helden von Saalfeld und Auerstädt irgend sein konnten; weil das Branntweinfaß
nur dem müden Gaul, die Kompagnie aber treu und fest dem
Branntweinfaß, der Oberfeldherr aber der Kompagnie folgte, so
dirigirte im Grunde unsere Königin Elisabeth den Zug, und wir
machten den Tag nie mehr, als zwei bis drei Meilen. Auch ward
es immer so eingerichtet, daß wir unser Nachtquartier nie in einer
Stadt, sondern in irgend einem Dorfe nahmen, wo der Soldat
freies Spiel, und die Königin für ihren Gaul unentgeldliche Ra-
tionen hatte. Einen Tag um den andern gab's Rasttag.

Zwar kamen wir auf diese Weise nicht weit, aber unser Heer
vergrößerte sich von Tag zu Tag durch einzelne Haufen Soldaten,
die sich ihm zugesellten, so daß wir bald gegen zweihundert Mann
stark waren; dabei hatten wir zwei Mann Dragoner und vier
Trompeter.

Nun Generaladjutant.

Karl der Große nahm mich am vierten Tage des Abends auf
die Seite. Ich sah es ihm längst an, daß er über große Plane
brütete. — „Herr Doktor", sagte er, „im Kriege macht man sein
Glück. Ich bin seit acht Jahren Lieutenant; jetzt oder nie werde
ich General. Ich kommandire gegenwärtig fast zweihundert Mann.
Ehe wir die Oder erreichen, habe ich vielleicht zweitausend gesammelt, die ich unserm König zuführe. Ich führe sie ihm aber
erst nach einigen Heldenthaten zu. Ich falle mit meinem Korps
in Sachsen ein, und agire dem Feind im Rücken."

„Wie? Sie wollen nicht nach Berlin?" fragte ich, und dachte
an die verlassene Friederike.

Herzogs von Braunschweig Stelle wäre mir b...
geschehen. Kommen Sie, Doktor, ich mache...
meiner halben Kompagnie."

So oft wir durch ein Dorf kamen...
aus den Flüchtlingen verschiedener...
Armee in Reihe und Glied auf...
beim Wirbel der Trommel, a...
kommandirte: „Gewehr in...
demüthig bei der Bagage...
mein natürlicher Platz...
Marketenderin, welch...
Dame ging rüstig...
zählte mir sehr...
städt, und ta...
Schlacht...
einzuwer...
Ma...

h...
hol...
Degen
weiß,
die beim
n."
s General-
erbes half,
hoffte. Ich
die besignirte
Niemandem ein
o sein Heer, er-
:; stellte mich als
te den staunenden

... ...ern," rief er, und spreizte beide Arme auseinan-
...: es ist beschlossen! Wir wollen durch unsere Thaten den
...en der Preußen wieder ruhmreich machen. Der Geist des großen
Friedrichs umschwebt uns. Das zitternde, blutende Vaterland
sieht auf uns — wie, Kameraden, sollen wir in schmähliche Knechtschaft fallen? Was haben wir zu wählen? Sieg und Ruhm von
der Welt, oder eine ungeheure Reise in französische Knechtschaft. —
Wer mir treu sein, wer mir für Gott, König und Vaterland folgen will, der rufe mit: Sieg oder Tod!"

Diese Rede entflammte das ganze Heer. Die meisten schrien:
„Sieg oder Tod!" nur einige, denen noch nach den Fleischtöpfen
Berlins gelüstete, riefen mit komischem Enthusiasmus dazwischen:
„Sieg oder Brod!"

Die Königin Elisabeth war auch bei dem feierlichen Auftritt
zugegen. Man sah es ihr an, wie empfindlich sie gekränkt sei,

wichtigste Maßregel ohne ihr Vorwissen ergriffen zu sehen. Eine nahm sie um die andere; bald schüttelte sie den Kopf hohn= b; bald nickte sie für sich trotzig und drohend hin.

folgenden Morgen — wir waren unweit Brandenburg — Heer aus. Karl der Große mit imperatorischer Hoheit auf einem hartmäuligen Roß, welches das letzte Nacht= dem Wege der Requisition hatte liefern müssen, neben 'ng die breite Landstraße nach Berlin, rechts der enge, ? des Ruhms und unsterblichen Namens nach — aube ich. — Wir, das heißt, der Imperator und ?hrhaftig mit blutendem Herzen — zögerten nicht m Scheidewege, sondern schlugen die Helden= — Die Armee folgte. Den Schluß des Zuges ?rin mit ihrem Wagen. Als sie am Scheide= 'nks ab, in die Straße nach Berlin.

... ?rieregarde das Branntweinfaß den breiten Weg ?ninziehen, so schwenkte auch sie, und marschirte ihm, ohne ein Wort zu sagen, nach. Ein Nachbar steckte mit seinem Beispiel den zweiten an; einer nach dem andern drehte sich um, ließ die Unsterblichkeit des Namens im Stich, und folgte dem rumpelnden Wagen, bis der Imperator und ich noch allein beisammen ritten, er vertieft in Kriegsoperationsplanen, ich voller Wehmuth um die verlassene Braut.

Nun denke sich jeder den zügellosen Schmerz Karls des Großen, als er von ungefähr bemerkte, daß sein Heer hinter uns verschwun= den war! Da marschirte es hin, dem geliebten Fasse nach, uns den Rücken kehrend, ach, und an der Spitze der Heerschaaren die Königin Elisabeth auf der Branntweintonne sitzend, wie auf einem Triumphwagen. Dabei sang sie mit hellgellender Kehle:

Freut euch des Lebens,
Weil noch das Lämpchen glüht.

und brav. Unterwegs pflog ich vorübergehend im Geist Gespräche, die ich in Magdeburg mit dem Grafen halten wollte, um mich ihm von der glänzendsten Seite zu zeigen, — oder mit Friederiken, wenn ich sie im Pfarrhause herumführen würde, und sagen könnte: sieh', Engel, dies ist dein Königreich. Zur Abwechslung hielt ich im Geist auch wohl meine Antrittspredigt in der Kirche, vor allem versammelten Volk, das in mir seinen Seelenhirten ehrte, und vor der anwesenden hohen Herrschaft. Ich sprach sehr rührend; kein Auge in der Gemeinde blieb trocken. Man betete mich fast an. Meine Friederike fiel mir um den Hals, und gab mir den süßesten des Lohns, einen Kuß.

Zu Brandenburg war im Wirthshause alles sehr lebendig. Man sprach von großen Schlachten, die zwischen Napoleon und dem geliebten König vorgefallen sein sollten; Prinz Louis Ferdinands Heldentod bei Saalfeld sei furchtbar gerächt worden; in den Thüringer Wäldern hemmen die Leichname der erschlagenen Weltüberwinder den Lauf der Ströme. — „Und wie ist's dem Kaiser Napoleon ergangen?" fragte ich dazwischen. — Man vermißt ihn. — „Und der Marschall Lannes?" — Todt. — „Und Davoust?" — Todt! — „Und Ney?" — Todt! — alles todt!—

Da konnte ich mich nicht länger halten — ich griff nach meiner Tasche, um die Siegeshymnen herauszuziehen. Ein alter Mann hinter mir setzte seine Pfeife ab, und bückte sich, wie von ungefähr, und murmelte mir mit der tiefsten Baßstimme ins Ohr: „Wollte Gott, es wäre an dem! aber ich weiß, alles ist falsch. Es ist gewiß großes Unglück begegnet."

Die Hand ward mir bei diesen Worten in der Tasche lahm. Ich ließ die tyrtäischen Gesänge einstweilen an Ort und Stelle. „Großes Unglück? Und ich in Magdeburg? Konnte sich Napoleon mit seiner Armee nicht zwischen mich und Friederiken drängen?" Es ergriff mich, wie Fieberfrost.

Aber außer dem alten, unheilweissagenden Manne jubelte das Volk im Wirthszimmer so laut, so überzeugend; jeder beschrieb die Schlachten und Siege des Königs so umständlich mit allen Neben=ereignissen, daß man dergleichen schlechterdings nur mit eigenen Augen gesehen oder nur von Augenzeugen erfahren haben konnte. Ich pflichtete, wie billig, der Stimmenmehrheit bei, und ging ruhig schlafen.

Böse Ahnungen.

Am folgenden Tag begegneten mir unterwegs auf der Landstraße einzelne Kuriere, die von Magdeburg oder von der Armee zu kom=men schienen, und nach Berlin eilten. Das feierliche Schweigen dieser Eilboten war mir sehr verdächtig; denn die Freude pflegt sich sonst, auch unaufgefordert, mitzutheilen.

In einem Dorfe zwischen Ziesar und Burg war eine große Menge Volks zusammengelaufen. Ich fuhr gegen den Haufen, aber er theilte sich nicht. Nun erst bemerkte ich vor einem großen Hause gesattelte Pferde, und im Hause an den Fenstern preußische Husaren.

„Was gibt's Neues?" fragte ich die umstehenden Leute, wäh=rend ich mit dem Wagen hielt. — „Ach, du mein Herr und Gott!" schrie ein altes Bauernweib: „der König hat ja Alles verloren, und die Franzosen sind schon unterwegs, und vielleicht schon in einer Stunde hier."

Natürlich gab ich auf die Nachricht nicht viel. Aber doch wollte ich mich näher belehren, und lenkte gegen das große Gebäude, sprang vom Wagen und ging hinein. Alle Stuben wimmelten von Menschen. Husaren, Bauern, Beamte standen gedrängt durch einander, schmauchten ihre Pfeife, tranken, fluchten, erzählten. — Keiner machte ein frohes Gesicht. Bald war die Rede von der

Niederlage der Preußen, von der Nähe der Franzosen; bald von einem Herrn Oberstwachtmeister, der wegen seiner schweren Wunden nicht länger zu Pferde sein konnte, sondern gefahren werden müsse. Man sollte eine Chaise herbeischaffen; man hatte Boten in die Nachbarschaft ausgeschickt.

Ich war außer mir vor Schrecken, suchte ein Plätzchen an einem der Tische, und ließ mir von dem elenden Bier geben, um Gelegenheit zu haben, den Hergang der Dinge genauer zu erfahren und Maßregeln nehmen zu können. Nach zehn Minuten verloren sich die Husaren aus den Stuben; es hieß: sie sitzen auf! Ich drängte mich zum Fenster, um sie abreisen zu sehen, und sah sie wirklich im gleichen Augenblicke davon eilen, und zwischen ihnen — meinen Berliner Reisewagen im vollen Trab davon gehen.

Da hatte ich gut zum Fenster hinausrufen: „Halt, es ist mein Wagen!" — In einer Minute war alles verschwunden. Ich arbeitete mich durch die Menge der Bauern hinaus ins Freie. Der Platz war leer; mein Wagen fort.

„Beruhigen Sie sich!" sagte ein kleiner, hagerer Mann, welcher hier das Ansehen eines Beamten hatte: „der Herr Oberstwachtmeister schickt Ihnen den Wagen heute wieder zurück. Er will ihn nur bis zum nächsten Ort mitnehmen. Der gute Herr war an seinen Wunden sterbenskrank, und wählt den nächsten Weg zu seinen Gütern."

„Wer ist denn aber dieser Herr Oberstwachtmeister?" fragte ich. Keiner wußte es. — „Und wohin ist er mit dem Wagen?" Keiner wußte es. — Ich lief durchs Dorf in der Richtung, wie der Wagen mit seiner Begleitung gegangen war. Vor dem Dorf spaltete sich der Weg in drei bis vier andere. Aber nirgends war eine deutliche Spur der Flüchtlinge zu bemerken; nirgends fand ich Leute, die mir Nachweisung geben konnten; alle waren vor dem großen Hause versammelt, zu dem ich traurig zurückkehrte. Nie-

manb bekümmerte sich um meine Verlegenheit; jeber dachte an die
Nähe seiner eigenen Noth, an die Nähe der Franzosen.

„Schreiben Sie, protofolliren Sie bas mir wiberfahrene Un=
recht!" sagte ich zu dem Beamten: „Das ganze Dorf, Sie selbst
sind der Gewaltthat Zeuge. Schreiben Sie, baß ich auf Unkosten
des Herrn Oberstwachtmeisters hier im Dorfe liegen bleibe und
zehre, bis er mir den Wagen zurückgeschickt hat, und baß ich mir
übrigens auf bem Wege Rechtens alle übrige Genugthuung vor=
behalte."

Der Schreiber schrieb; ich ließ mir Abschrift des Protofolls
geben, und legte sie zu den Siegesliedern. Die Nacht verstrich;
der folgende Tag verstrich. Meine Ungebulb stieg aufs Höchste.
Der Wagen kam nicht wieder.

Nun brach der neunzehnte Oktober an. O Himmel, und
ber Herr Reichsgraf erwartete mich in Magdeburg! Ich ver=
langte auf Unkosten des Oberstwachtmeisters eine Fuhre, wenigstens
ein Pferd, um mich an meinen Bestimmungsort begeben zu können.
Allein der Oberstwachtmeister hatte so wenig Krebit, baß man mir
auf seinen Namen nichts, mir sogar, ohne Zahlnng meiner Schuld,
keinen freien Abzug gestatten wollte.

Zum Glück hatte ich meine Baarschaft bei mir. Ranzioniren
konnte ich mich wohl. Aber auch mit meiner Garberobe war der
Oberstwachtmeister durchgegangen. Wovon sollte ich dem Berliner
Freund für Roß und Wagen Ersatz geben: wovon mir neue Kleider
und Wäsche kaufen, mit Friederiken die weite Reise zur Pfarre
machen? — Wahrhaftig, eine schwere Prüfung des Glaubens für
den besignirten Pfarrer!

Ich schnitt mir einen Knotenstock, und wanderte muthig zu Fuß
den Weg nach Magdeburg. Der Herr Reichsgraf dort wirb bir
schon helfen! dachte ich und sang, als ich so einsam durch Duft
und Herbstnebel hinwanderte, wohlgemuth mit Salis:

Wann, o Schicksal, wann wird endlich
Mir mein letzter Wunsch gewährt?
Nur ein Hüttchen still und ländlich,
Und ein eigner, kleiner Herd!
Und ein Freund, bewährt und weise,
Freiheit, Heiterkeit und Ruh' —
Ach! — und dieses seufz' ich leise —
Zur Gefährtin sie dazu?

Die Rückkehr.

Einzelne Haufen preußischer Soldaten von allerlei Regimentern, mit und ohne Gewehre, Marketender und Troßwägen kamen mir entgegen, und zogen stillschweigend an mir vorüber. Ich hatte den Muth nicht, die Kriegshelden anzureden.

„Ei, sieh' da, Herr Doktor!“ wohin?“ rief mich eine Stimme an, als ich zwischen den Gartenhägen des Städtchens Burg abermals auf einen Trupp Soldaten stieß. Es war ein Lieutenant, den ich in Berlin kennen gelernt hatte, weil er mit mir in einem Hause wohnte. Ich pflegte ihn immer scherzweise Karl den Großen zu nennen, weil er sein adeliches Geschlechtsregister bis zu diesem Sachsenbekehrer hinaufführte.

„Nach Magdeburg, Herr Lieutenant.“

Sie kommen nicht mehr hinein, Herr Doktor; die Franzosen belagern es schon mit 150,000 Mann. Kehren Sie mit mir um, wenn ich Ihnen rathen darf. Fort nach Berlin! der Feind folgt uns schon auf dem Fuße. Alles ist verloren. Braunschweig todt; Möllendorf gefangen; vom König weiß kein Mensch mehr. Die Reserve unter Prinz Eugen vom Würtemberg ist gestern bei Halle aufgerieben.“

„Aber, Herr Lieutenant, ich muß — muß heute nach Magdeburg.“

„So rennen Sie in die Bajonnette der Franzosen. Glück auf die Reise, Herr Doktor!" — Indem Karl der Große dies sagte, sprengten zwei Dragoner neben uns weg, und schrien: „Der Feind ist schon bei Wittenberg über die Elbe!" — Da verdoppelte die Infanterie ihre Schritte, und ich — weil ich doch das Belagerungs= korps vor Magdeburg nicht allein abtreiben konnte, leistete schnell= füßig dem Lieutenant Gesellschaft, und kehrte dem Reichsgrafen den Rücken zu. — Abieu Pfarrhaus, Paradiesgarten und Hochzeit!

Solchen Streich hatte mir das Schicksal noch nie gespielt, so alt ich auch geworden war. Die Schlacht von Jena zerstörte alle meine Hoffnungen, die nie blühender gewesen waren. Also wieder Doktor, Hagestolz, und arm wie eine Kirchenmaus! Ich wußte nicht, wer durch Napoleons Kriegsglück mehr verloren hatte, der König oder ich?

Aber nun fand mich mein unbarmherziges Fatum wieder auf dem alten, gewohnten Platz, wo ich ihm Stirn bieten konnte. So lange ich noch etwas zu verlieren hatte, war ich voller Furcht und Zittern. Jetzt, da mir auch nicht mehr das letzte Kleid auf dem Leibe gehörte, wenn der Berliner Freund Roß und Wagen bezahlt haben wollte, kehrte mein heiterer Geist zurück, der alles Unglücks spottete.

Beförberung zum Feldprediger.

„Frisch auf, ich folge der Fahne Karls des Großen!" sagte ich lachend zum Lieutenant: „und flehe um seinen großmüthigen Schutz bis Berlin."

„Wetter! Sie sollen dabei so übel nicht fahren. Ich habe noch eine halbe Kompagnie bei mir — alles tapfere Preußen, die den Teufel nicht scheuen. Hätte ich noch eine Kanone, ich würde vor zwei Regimentern Franzosen nicht weichen. Wetter! an des

Herzogs von Braunschweig Stelle wäre mir das bei Jena nicht geschehen. Kommen Sie, Doktor, ich mache Sie zum Feldprediger meiner halben Kompagnie."

So oft wir durch ein Dorf kamen, ließ der Lieutenant seine aus den Flüchtlingen verschiedener Regimenter zusammengesetzte Armee in Reihe und Glied aufmarschiren, und so zog er stolz, beim Wirbel der Trommel, an den Bauern vorüber, indem er kommandirte: „Gewehr in Arm!" Wer kein Gewehr hatte, zog demüthig bei der Bagage hintennach. Als Feldprediger war da mein natürlicher Platz. Ich machte nebenbei Bekanntschaft mit der Marketenderin, welcher der Wagen gehörte. Diese ehrenwerthe Dame ging rüstig zu Fuß neben ihrem magern Gaul her, und er= zählte mir sehr umständlich die Geschichten von Saalfeld und Auer= städt, und tadelte Stellungen und Manöveres der Preußen auf dem Schlachtfelde. Ich hatte nichts gegen ihre strategischen Beweise einzuwenden. Denn an der Spitze von zweimalhunderttausend Mann eine Schlacht zu verlieren, traue ich mir selbst Geschicklich= keit genug zu.

Elisabeth, so hieß die Kriegskünstlerin — und was noch mehr war, sie glich auch der Königin Elisabeth von England auf ein Haar, wie man sie noch auf Kupferstichen sieht — hatte auch eine hohe Schulter und behauptete, wie die Geliebte des Grafen Essex, ewige Jungfrau sein und bleiben zu wollen — Elisabeth also hatte eine muntere Laune, viel Witz, sogar viel Belesenheit in der neuesten Literatur von Spieß und Kramer, und sang beständig Berliner Opernarien mit helltönender Silberstimme. Weil ich ihren schlechten Branntwein mit baarem Gelde zahlte, — Karl der Große stellte für sich und seine Kriegsmacht nur Bons aus, — hatte ich ihre vorzüglichste Gunst erworben. Vermöge ihres Genies und Branntweinfasses hatte sie auf unsere Truppen, und durch diese auf den Heerführer, so viel Einfluß, daß sie ein wirkliches Mit=

glied des Kriegsrathes ward, und überall mitsprach, wo über Fort=
setzung des Zuges gesprochen werden mußte.

Weil ihr altes Roß so marode war, als die Helden von Saal=
feld und Auerstädt irgend sein konnten; weil das Branntweinfaß
nur dem müden Gaul, die Kompagnie aber treu und fest dem
Branntweinfaß, der Oberfeldherr aber der Kompagnie folgte, so
dirigirte im Grunde unsere Königin Elisabeth den Zug, und wir
machten den Tag nie mehr, als zwei bis drei Meilen. Auch ward
es immer so eingerichtet, daß wir unser Nachtquartier nie in einer
Stadt, sondern in irgend einem Dorfe nahmen, wo der Soldat
freies Spiel, und die Königin für ihren Gaul unentgeldliche Ra=
tionen hatte. Einen Tag um den andern gab's Rasttag.

Zwar kamen wir auf diese Weise nicht weit, aber unser Heer
vergrößerte sich von Tag zu Tag durch einzelne Haufen Soldaten,
die sich ihm zugesellten, so daß wir bald gegen zweihundert Mann
stark waren; dabei hatten wir zwei Mann Dragoner und vier
Trompeter.

Nun Generaladjutant.

Karl der Große nahm mich am vierten Tage des Abends auf
die Seite. Ich sah es ihm längst an, daß er über große Plane
brütete. — „Herr Doktor", sagte er, „im Kriege macht man sein
Glück. Ich bin seit acht Jahren Lieutenant; jetzt oder nie werde
ich General. Ich kommandire gegenwärtig fast zweihundert Mann.
Ehe wir die Oder erreichen, habe ich vielleicht zweitausend ge=
sammelt, die ich unserm König zuführe. Ich führe sie ihm aber
erst nach einigen Heldenthaten zu. Ich falle mit meinem Korps
in Sachsen ein, und agire dem Feind im Rücken."

„Wie? Sie wollen nicht nach Berlin?" fragte ich, und dachte
an die verlassene Friederike.

„Nein, rechts ab, gegen Mittenwalde! Doktor, die Feld=
predigerstelle taugt für Sie nicht. Ich dächte, Sie würden Sol=
dat. Ich gebe Ihnen einen Militärhut, blauen Ueberrock, Degen
und Pferd. — Sie sollen mein Generaladjutant werden. Ich weiß,
Sie verstehen Mathematik, und zeichnen gut. Ich kann Sie beim
Rekognosziren gebrauchen und zum Krokiren der Gegenden.“

Da half kein Opponiren. Ich nahm die Stelle des General=
adjutanten an, weil sie mir auf den Rücken eines Pferdes half,
mit dem ich desto schneller Friederiken wieder zu sehen hoffte. Ich
gelobte Karl dem Großen Treue, und vertauschte die besignirte
Pfarre mit dem Schwert Petri, doch gedachte ich Niemandem ein
Ohr abzuhauen.

Der Feldherr zählte noch den gleichen Abend sein Heer, er=
nannte neue Kapitäne, Korporale und Lieutenante; stellte mich als
seinen künftigen Adjutanten vor, und entwickelte den staunenden
Preußen seine Riesenplane.

„Ja, Kameraden,“ rief er, und spreizte beide Arme ausein=
ander: „es ist beschlossen! Wir wollen durch unsere Thaten den
Namen der Preußen wieder ruhmreich machen. Der Geist des großen
Friedrichs umschwebt uns. Das zitternde, blutende Vaterland
sieht auf uns — wie, Kameraden, sollen wir in schmähliche Knecht=
schaft fallen? Was haben wir zu wählen? Sieg und Ruhm von
der Welt, oder eine ungeheure Reise in französische Knechtschaft. —
Wer mir treu sein, wer mir für Gott, König und Vaterland fol=
gen will, der rufe mit: Sieg oder Tod!“

Diese Rede entflammte das ganze Heer. Die meisten schrien:
„Sieg oder Tod!“ nur einige, denen noch nach den Fleischtöpfen
Berlins gelüstete, riefen mit komischem Enthusiasmus dazwischen:
„Sieg oder Brod!“

Die Königin Elisabeth war auch bei dem feierlichen Auftritt
zugegen. Man sah es ihr an, wie empfindlich sie gekränkt sei,

die wichtigste Maßregel ohne ihr Vorwissen ergriffen zu sehen. Eine Prise nahm sie um die andere; bald schüttelte sie den Kopf hohn= lächelnd; bald nickte sie für sich trotzig und drohend hin.

Den folgenden Morgen — wir waren unweit Brandenburg — rückte das Heer aus. Karl der Große mit imperatorischer Hoheit voran; ich auf einem hartmäuligen Roß, welches das letzte Nacht= quartier auf dem Wege der Requisition hatte liefern müssen, neben ihm. Links ging die breite Landstraße nach Berlin, rechts der enge, kothige Karrweg des Ruhms und unsterblichen Namens nach — Mittenwalde, glaube ich. — Wir, das heißt, der Imperator und ich — ich aber wahrhaftig mit blutendem Herzen — zögerten nicht einen Augenblick am Scheidewege, sondern schlugen die Helden= bahn rechts ein. — Die Armee folgte. Den Schluß des Zuges machte die Marketenderin mit ihrem Wagen. Als sie am Scheide= wege war, lenkte sie links ab, in die Straße nach Berlin.

Kaum sah die Arrieregarde das Branntweinfaß den breiten Weg dahinziehen, so schwenkte auch sie, und marschirte ihm, ohne ein Wort zu sagen, nach. Ein Nachbar steckte mit seinem Beispiel den zweiten an; einer nach dem andern drehte sich um, ließ die Unsterblichkeit des Namens im Stich, und folgte dem rumpelnden Wagen, bis der Imperator und ich noch allein beisammen ritten, er vertieft in Kriegsoperationsplanen, ich voller Wehmuth um die verlassene Braut.

Nun denke sich jeder den zügellosen Schmerz Karls des Großen, als er von ungefähr bemerkte, daß sein Heer hinter uns verschwun= den war! Da marschirte es hin, dem geliebten Fasse nach, uns den Rücken kehrend, ach, und an der Spitze der Heerschaaren die Königin Elisabeth auf der Branntweintonne sitzend, wie auf einem Triumphwagen. Dabei sang sie mit hellgellender Kehle:

> Freut euch des Lebens,
> Weil noch das Lämpchen glüht.

Der Imperator schäumte vor Wuth. Wir ritten der bundesbrüchigen Kriegsschaar nach. Wir kommandirten: Halt! aber erst, als die stolze Königin ihren Wagen in seinem Siegeslaufe zu hemmen geruhte, gehorchten unsere zuchtlosen Helden.

Jetzt stimmte der heldenmüthige Lieutenant seine Philippica mit donnernder Stimme an — nicht Xenophons, nicht Plutarchs Helden sprachen mit größerer Kraft. Die Soldaten hörten der Rede mit vieler Andacht und Aufmerksamkeit zu; doch bemerkte ich, daß sie sich nicht enthalten konnten, von Zeit zu Zeit auf Elisabeths Zauberwagen hinzuschielen, damit er ihnen nicht entwische.

Ich weiß auch nicht, was trotz der Beredsamkeit unsers Oberfeldherrn aus allem zuletzt geworden wäre — denn Königin Elisabeth fing wieder ihr äußerst verdächtiges Wackeln mit dem Kopfe an — wenn nicht ein neuer Auftritt unsere ganze Neugier rege gemacht hätte.

Marsch mit der Armee Karls des Großen.

In vollem Galopp kam plötzlich ein Husarenlieutenant die Berliner Straße daher gegen uns angesprengt. Wie der grimmige Kaiser Chaumigrem in der asiatischen Banise die Geschichte des blutigen, jedoch muthigen Pegu mit einem Donnerwetter von Verwünschungen eröffnet, so kündigte sich uns dieser ohne weiteres Präludium mit einem fünf Minuten langen Fluch an. „Wohin wollt ihr in Teufels Namen? Die Franzosen sind in Berlin eingerückt! Wir sind abgeschnitten. Der König ist über Küstrin nach Westpreußen zurück! Wir müssen versuchen, uns nach der Oder, nach Schlesien zurückzuschleichen!" —

„Wetter!" brüllte ihm Karl der Große zu: „Wir sind Preußen, Herr, und schleichen nicht. Wir hauen uns durch!"

Dies Bonmot imponirte dem wüthenden Chaumigrem, der seinen schwarzen Knebelbart strich, und ganz ehrerbietig zu unserm Feld-herrn herantritt.

„Wenn Sie sich an meine Truppen anschließen wollen, die ich gesammelt habe, um sie unserm König zu retten," sagte der Lieutenant mit großer Hoheit, „so sind Sie uns willkommen. Ich übergebe Ihnen in diesem Fall das Kommando über die gesammte Kavallerie, welche vorhanden ist (nämlich zwei Dragoner und vier Trompeter), und welche ich sonst noch erwarte; alles aber unter meinem Befehl. — Und jetzt — Bataillon, rechts um! mir nach. Der erste, der nach Berlin denkt, wird als Ausreißer behandelt; ich lasse ihn am ersten besten Baum aufhängen. Marsch!"

Und vorwärts ging's wieder die enge, schmutzige Ehrenbahn nach Mittenwalde. Keiner sah sich nach Berlin mehr um, zwar nicht aus Furcht vor den Galgen-Bäumen, sondern aus Furcht vor den Franzosen. Selbst Elisabeth folgte tief gedemüthigt der Armee; sie war auch bescheiden von ihrer Triumphtonne herabgestiegen. Im ganzen Heere aber herrschte unaussprechliche Bestürzung. Die Franzosen schon in Berlin? Wo kommen die Kerls alle her? Sie schneiten doch nicht vom Himmel herab?

Auch ich ließ das Haupt hängen. So hatte Napoleon denn die Hälfte der preußischen Monarchie, die Hauptstadt des Reichs Friedrichs des Großen, und selbst meine Friederike in seiner Gewalt. O, sie hatte wohl Recht, als sie mit unglückahnendem Geiste beim Abschiede rief: „Ferdinand, wir sehen uns nie wieder!"

Welch ein schrecklicher Umschwung der Dinge in wenigen Tagen! Preußens einst vom ganzen Welttheil gefürchtetes Heere zertreten; ein herrlich aufgeblühtes Königreich durch einen einzigen Schlag zertrümmert; meine Braut in der Gewalt des galantesten und tapfersten Volks der Welt; mein Patron und Reichsgraf in einer Stadt belagert, die schon Tilly einst verbrannt hatte; meine

Pfarrei, Gott weiß wo? und ich der friedliebende Doctor philosophiæ, Magister bonarum artium, designirter Pfarrer u. s. w.,
von allem nichts mehr, sondern — Generaladjutant Karls des
Großen.

Ohne Scherz, wenn ich, mein Fatum erwägend, zuweilen neben
meinem Lieutenant-General oder neben dem grimmigen Chaumigrem hinritt, in Phantasien verloren, mit Friederikens Bild, oder
mit meinem Gelehrtenstübchen in Berlin beschäftigt, und dann
plötzlich etwa durch einen Fehltritt meiner Rosinante erwachte —
die unbekannten Gegenden der Mittelmark vor mir, die fremden
Gesichter mit den Knebelbärten neben mir, das fortschreitende Heer
hinter mir erblickte — ich mußte mich bei der Nase zupfen, in
Arm zwicken, um mich zu überzeugen, daß ich wache.

Zuweilen verdroß es mich, statt kriegerische Abenteuer mitzumachen, nicht auf Flügeln der Liebe nach Berlin geflogen zu sein.
Was hätten auch die Marschälle des Kaisers von Frankreich einem
armen Magister bonarum artium zu Leibe thun wollen, der seine
berühmten Siegeslieder glücklicherweise noch nicht hatte drucken
lassen? Aber dann versöhnte mich ein einziger Gedanke immer
wieder mit meinem Verhängniß — nicht der Gedanke an Friederikens treue Liebe, oder an des Siegers Großmuth, sondern der
Gedanke — an meinen Geldbeutel. Wovon sollte ich in Berlin
leben? Meine Hauslektionen waren schon Andern übertragen; meine
Siegeslieder vergebens gemacht. Als Generaladjutant hatte ich
auf gut soldatisch wenigstens freie Zehrung, freies Quartier. Wer
weiß, dachte ich, wie weit du es noch in der kriegerischen Laufbahn bringen kannst? War nicht Moreau ein bloßer Advokat,
der nachher als Feldherr das Gegenstück zum Xenophontischen Rückzug lieferte? Wer steht dafür, daß nicht auch ein Doktor der Philosophie die Welt durch seine Rückzüge in Erstaunen setzt?

Durch allerlei bösen Wind von Franzosen, die auf der Seite

von Berlin umherschwärmen sollten, wurde unser Heerhaufen immer mehr südwärts verschlagen. Wir sprachen zwar, um uns als Männer zu Großthaten zu begeistern, viel vom Durchhauen; aber Chaumigrem hatte doch mit dem Durchschleichen auch nicht ganz Unrecht gehabt. Denn wir marschirten Kreuz und Quer die elendesten Dorfwege, nicht anders, als gingen wir haussren. Unser Elisabethswagen hatte vielfachen Vorspann; wir machten zwei Tage lang doppelte Märsche, und die braven Bauern gaben uns treulich Nachricht von allen Seiten, wo sie Franzosen gesehen hatten, und beschenkten uns voll mitleidiger Freigebigkeit mit Nahrung und Trank. Aber Alle riefen: Schlagt euch nach Schlesien. Die Franzosen sind schon in Frankfurt an der Oder."

Ein siegreiches Treffen.

„In der That," sagte der Lieutenant zum grimmigen Chaumigrem und mir, als wir am zweiten Abend nach dem Abmarsch von der Berliner Landstraße unser Hauptquartier in einer elenden Dorfschenke genommen und die Posten ringsum aufgestellt hatten: „in der That operire ich dem Kaiser Napoleon schon im Rücken."

Er lächelte dabei mit wohlgefälliger Miene, die zu verstehen gab, er denke sich noch weit mehr dazu, als er sagte.

„Mag sein," sagte Chaumigrem, „wenn er uns morgen nur nicht auf unserm Rücken operirt!" — Es überlief mich eiskalt, denn ich dachte ganz natürlich auch an den lieben meinigen.

Chaumigrems barbarischer Einfall gab uns Stoff zum Nachdenken. Wir schwiegen alle drei still. Plötzlich fuhren wir von unsern Sitzen auf, und standen steif und gerade, wie die Kerzen — denn im Dorfe fiel ein Gewehrschuß um den andern, und unsere Soldaten schrien draußen: „Franzosen! Feinde! Alles heraus!"

Die Trommel wirbelte; die vier Trompeten schmetterten um

die Wette. Chaumigrem war todtenblaß. Ich, um mein höllisches Entsetzen zu verbergen, wüthete in der Wirthsstube herum,
und rief: „Halloh! drauf los, brave Preußen; drauf los!" und
suchte die Thür — war aber, der Himmel weiß es, wie mit Blindheit geschlagen. Ich fand keine Thür; ich sprengte in der Angst
der alten Wirthin die Schränke auf, und rief dabei mit immer
höher steigender Stimme: „Preußen heraus! brave Preußen, verlaßt mich nicht!" — Die Wirthin lamentirte kläglich; die Kinder
schrien Zeter; Hund und Katzen sprangen flüchtend über Tisch und
Stühle bis zum heißen Kachelofen hinauf.

Die Verwirrung, dies Geschrei um mich her, vermehrte mein
Grausen, denn ich glaubte nicht anders, als die Franzosen seien
schon im Zimmer und spießten unbarmherziger Weise die Kinder.
Wenn sich der Himmel nur dies einzige Mal meiner erbarmt,
dachte ich, so will ich in meinem Leben nie wieder Generaladjutant sein.

Mein Toben und Lärmen, welches Karl der Große und sein
versteinerter Chaumigrem, zum Glück für mich, ganz anders
und sehr ehrenvoll für mich auslegten, flößte auch ihnen neuen
Muth ein. Sie zogen die Degen, gingen zu den vor dem Hause
versammelten Truppen hinaus, und ich folgte ihnen. — Ach wie
wohl that mir's, da ich draußen in der Dunkelheit stand! nun sah
mich Niemand. — Ich konnte jetzt, wenn die Noth am größten
werden sollte, ungestört einen Moreau'schen oder Xenophontischen
Rückzug machen. Ich bin nicht furchtsam, aber diesmal hatte mich
doch ein panischer Schrecken unterjocht. Ohnehin bin ich von Natur des Abends etwas ängstlicher, als am Tage.

„Adjutant vor, mit zwanzig Mann sogleich zum Kirchhof; dort
ist unser Posten angegriffen! Wenn's nöthig ist, schicken Sie her;
und wir rücken mit Sukkurs nach. Bis jetzt ist's nur Postenge-
fecht." So befahl mir der Lieutenant; zwanzig Mann setzten sich

gegen den aus der grauen Dämmerung hervorschwebenden Kirchthurm in Bewegung, und ich unglückseliger Magister bonarum artium mußte mit dem bloßen Degen voran.

Plagt denn diesen Lieutenant da der Teufel? dachte ich, weiß
er denn nicht mehr, daß ich zu Berlin im Dachstübchen wohnte?

Allein es war genug, mir Muth zuzutrauen, und das Ehrgefühl gab mir ihn. Als wir den Kirchhof erreicht hatten, ward
mir's plötzlich schwarz vor den Augen, denn wir rückten geradezu
gegen eine alte Mauer, auf welcher dürres Gesträuch wehete. Ich
aber hielt die Mauer für französische Truppen, die Strauchäste
für Bajonnette, sprang auf die Seite, und schrie mit Grausen, als
sähe ich Gespenster: „Feuer! gebt Feuer!"

Erst beim Pulverblitz erkannten wir, daß wir einer ehrwürdigen Mauer unser Treffen lieferten.

„Pardon! Pardon!" riefen aber im gleichen Moment mehrere
Stimmen. Und sieben Mann leichter französischer Infanterie krochen
unter der Mauer, wo sie sich verborgen hatten, hervor, und —
streckten vor dem Magister bonarum artium das Gewehr. Hätten
die Narren geschwiegen, wir würden sie nicht bemerkt haben.

Die Gefangenen wurden entwaffnet, gezählt und ins Hauptquartier gebracht. Daß ich mit einigem Stolz vor Karl dem
Großen beim Schimmer der Stalllaternen, Lampen und Kien-
späne aufzog, läßt sich denken. Er umarmte mich vor der ganzen
Armee und sagte: „Herr Adjutant, Ihr Muth, Ihre Klugheit
macht Ihnen Ehre. Ich werde Ihr Betragen bei dieser Affaire
Sr. Majestät dem König aufs vortheilhafteste vorzustellen wissen."

Von unsern Gefangenen erfuhren wir nun, was ich aber auch
schon auf dem Kirchhof wußte, daß eine Kompagnie französischer
leichter Infanterie bestimmt war, in das abgelegene Dorf ein-
quartiert zu werden; daß sie sich jedoch auf der Stelle nach einigem Geplänkel zurückgezogen habe, da sie überrascht war, Preußen

zu finden, und (wie die Feinde glaubten) in großer Zahl (vermuthlich wegen der Menge unserer ausgestellten Wachen, und des Lärmens unserer Trommeln und vier braven Trompeter). Die sieben Gefangenen hatten sich zufällig zu weit vorgewagt.

Ich ließ vor Freuden meine Weltüberwinder aufs beste bewirthen, mit Allem, was man hatte. Es waren in meinem Leben die ersten Menschen, die ich gefangen, die ersten Kriegshelden Napoleons, die ich gesehen hatte. Die Kerls freuten sich dankbar meines Schutzes, und es war mir dabei eigentlich zu Muth, als müßte ich mich um den ihrigen bewerben. Denn als ich sie fragte, ob viel Franzosen in der Gegend herum wären? vernahm ich mit Schaudern, es sei ein ganzes Armeekorps unter Marschall Davoust, von Sachsen aus, im Zuge nach Berlin.

Ich übersetzte diese Aussage meinen anwesenden Generalen.

Karl der Große, entzückt über den Erstlingssieg seines Heeres, rieb sich beständig die Hände, und sagte: „Wetter! also operire ich doch wirklich der französischen Armee im Rücken!"

Chaumigrem hingegen ward wieder bleich, und seine Augen wurden stier und kalt, wie Glasaugen.

Zweites Treffen, und dessen Folgen.

Was mich bei meiner denkwürdigen Waffenthat am meisten erquickte, war die Ueberzeugung, daß durch dieselbe keiner meiner Nächsten das Leben, nicht einmal einen Tropfen Bluts verloren hatte. Freilich war dies nicht mein Verdienst. Das Verdienst aber der Feldherren in den Schlachten, wie in kleinen Treffen, scheint mir überhaupt zweideutig zu sein. Geringscheinende, oft ganz übersehene Ereignisse, der glückliche Einfall eines Korporals, das Bonmot eines Trommelschlägers, die zufällige Stimmung des gemeinen Mannes, wirkt gewiß oft mehr, als das Genie des Feld

fehlshabers im großen Getümmel zum guten Ausgang. Ueber=
haupt sind die Regimenter, Bataillone und Kompagnien auf dem
Schlachtfelde bei weitem nicht so ganz Maschine, wie man ge=
wöhnlich zu glauben beliebt. Ich wünschte die Schlachten bei
Marathon, Pharsalia, Marengo und Jena einmal von
einem Allwissenden psychologisch beschrieben zu lesen.

Als der Morgen graute, standen wir schon zum Aufbruch fertig.
Es war sehr kalt; aber unser Imperator meinte, wir würden
einen heißen Tag erleben. Die Bauern erzählten, daß ringsum
alle Dörfer von feindlichen Truppen wimmelten. Im Kriegsrath
ward beschlossen, auf Holzwegen durch die Wälder zu defiliren.
An Wegweisern fehlte es uns nicht.

Kaum aber hatten wir das Dorf verlassen, so sahen wir vor
uns in der Ebene von verschiedenen Seiten her französische Trup=
pen in schnurgerader Richtung gegen uns anrücken, selbst vom
Walde, der uns aufnehmen sollte.

Der Lieutenant=General ließ sich nicht aus der Fassung brin=
gen. Mit stoischer Ruhe stellte er sein Heer in Schlachtordnung.

Der linke Flügel lehnte sich an eine Pfütze, der rechte an einen
alten Nußbaum.

„Kameraden," sprach er, „vergeßt heute nicht, daß ihr Preußen
seid. Wir haben keine Fahne, aber seht auf den weißen Federbusch
meines Hutes, er wird Euch überall auf dem Wege des Ruhms
vorschweben."

Dieser Gedanke mahnte mich an Heinrich IV., der einmal
unter minder mißlichen Umständen ein Aehnliches sagte.

„Können wir gegen die Uebermacht nicht siegen, so können
wir Preußen doch auch nie besiegt werden!" fuhr er fort:
„Das Schlimmste, was uns begegnen kann, ist, daß wir heute
mit Ziethen, Schwerin, Winterfeld und Friedrich dem
Großen zu Nacht essen, statt in einem elenden märkischen Dorf."

Kräftiger hatte Leonidas nicht zu seinen dem Tode fürs Vaterland geweihten Spartanern bei den Thermopylen gesprochen,
als hier mein Karl der Große, welcher den lacedämonischen König,
vielleicht ohne zu wiffen, sehr unglücklich parodierte.

Unsere Truppen schienen inzwischen den irdischen Speck, die
Klöße und Rüben der Mark den Gastmählern im Elysium bescheiden vorzuziehen. Ach, eine Brobrinde aus Friederikens Hand wäre
mir auch köstlicher gewesen, als Ambrosia in Gesellschaft aller
Helden der Vorwelt.

Es war ein schauerliches Schauspiel, die einzelnen französischen
Kolonnen langsam über die Stoppelfelder heranrücken zu sehen.
Von Zeit zu Zeit hörte man das Getöse ihrer Trommeln von fern.

Ich saß sehr verlegen auf meinem Roffe unweit des Nußbaumes,
am rechten Flügel der Armee; alle Glieder bebten mir vor Frost.
Dem guten Shaumigrem, der auf dem linken Flügel an der Pfütze
oder einem Weiher postirt war, wo seine vier Trompeter einen
wahren Teufelslärm machten, mag auch nicht viel wärmer gewesen sein.

Zum letzten Male vor Eröffnung des Blutbades kam Karl der
Große zu mir hergesprengt. „Herr General-Adjutant, heute ist
der Tag, wo sich Ihr Genie auszeichnen wird!“ sagte er: „Aber
ich bitte Sie um Gotteswillen, überlaffen Sie sich nicht dem Un-
geftüm Ihres Muthes allzusehr. Bleiben Sie immer besonnen.
Falle ich im Treffen, so übernehmen Sie das Kommando. Der
Feind ist zu stark. Werden wir geworfen, so ziehen wir ins Dorf
hinter uns, und vertheidigen uns bis auf den letzten Mann auf
dem Kirchhof.“

Damit sprengte er davon und überließ mich Unglückseligen dem
Ungestüm meines Muthes.

Die Königin Elisabeth hatte unterdeffen mit ihrem Wagen
eine kühne Bewegung um die Pfütze gemacht, vermuthlich einen

dortigen Feldweg zu erreichen. Dies hinderte aber wahrscheinlich den grausamen Chaumigrem an allfälligen Kavallerie=Evolutionen; denn er fluchte mörderlich, und zwang die weinende Marketenderin, mit ihrem Fuhrwerk vor der Fronte des ersten Treffens hinweg ihre Richtung gegen meinen Nußbaum zu nehmen.

Dies zufällige Manöver entschied den betrübten Ausgang der Schlacht, noch ehe sie angefangen hatte.

Fortsetzung.

Denn in eben dem Augenblick, als unsere tapfere Schaar mit den Blicken der Sehnsucht und Liebe an den Schätzen des vorüber= fahrenden Wagens hing, donnerte des Feindes erster Kanonenschuß gegen uns. Und, o Schrecken! die Kugel fuhr, wie aufs beste gezielt, mitten ins große Branntweinfaß, daß der Nektar in kry= stallener Klarheit herausfluthete, während die Rosse mit dem Wa= gen im Schrecken querfeldein sprengten.

Nun war's, als wäre mit dem Göttertrank der erschlagenen Tonne auch die Seele unsers Heeres entflohen. Das Vordertreffen wankte: die Arrieregarde machte eine retrograde Bewegung nach dem Dorfe zu. Karl der Große rief: vorwärts marsch — aber da war kein Leben mehr; nichts ging vorwärts. Er hatte in der Angst vergessen, daß sein weißer Federbusch auf dem Wege des Ruhms voranleuchten sollte — nun aber hielt er beständig hinter der Fronte, daher glaubten unsere Leute steif und fest, der Weg des Ruhms gehe dem Dorfe zu.

Jetzt fiel der zweite Kanonenschuß. Mein Roß hatte sich schon über den ersten arg verwundert; beim zweiten fing es an, die Un= ruhe seines Herrn zu theilen. Ich konnte mich nicht enthalten, gelegentlich den Kopf umzudrehen, um mich zu überzeugen, ob der Weg ins Dorf noch sichtbar sei.

Darauf begannen die Feinde ein kleines Gewehrfeuer. Einzelne Kavallerie sprengte gegen unsern Flügel an. Da schrie ich, gleich einem Besessenen: „Feuer! gebt Feuer! schießt!" — drückte den Hut in die Augen, und dachte: helf' euch Gott! — fort wollte ich, ins Dorf. Aber ehe ich die hartmäulige Bestie unter mir umdrehen konnte, gaben neben mir meine gehorsamen Soldaten Feuer. Darüber erschrak mein Gaul nicht weniger als ich. Er flog mit mir unter dem Nußbaum erst hoch in die Luft, und dann hinaus ins Freie. Ein paar französische Chasseurs zu Pferde schossen auf mich. Da sie mich aber nicht fallen sahen, vielmehr sahen, wie ich mit geschwungenem Säbel (ich hatte zwar den Säbel in der Hand, hielt aber mit der gleichen Hand den Hut am Kopf fest, was mir ein martialisches Aussehen geben mochte), wie, sag' ich, mit Wetterschnelle auf sie losflog, drehten sie um, und jagten davon.

Mein Pegasus, umsonst waren Zaum und Gebiß, hatte den Kopf zwischen die Beine gelegt, und setzte, wie rasend, den Feinden nach. Ich fluchte, ich weinte, ich schrie: „Halt! Brr! halt!" — Nichts! im Galopp, im gestreckten Galopp riß es mich fort. Die Chasseurs erreilten einen schmalen Fahrweg zwischen Zäunen; mein höllisches Streitroß wählte die gleiche Straße. Die Feinde, die sich nun nicht mehr schwenken konnten, überfiel wahrscheinlich ein Grausen, da ich ihnen, wenn gleich wider meinen Willen, fast im Nacken war. Sie spornten ihre müden Gäule noch mehr, und meine verherte Rostnante, die muthig mit mir durchging, verdoppelte ihre Sprünge.

Die flüchtigen Chasseurs hielten mich vermuthlich für einen Teufelskerl, der darauf geschworen hatte, ihnen das Blut abzuzapfen. Denn sie sahen sich von Zeit zu Zeit nach mir mit Geberden voller Entsetzen um. Ach, die guten Herren! hätten sie nur gewußt, wie mir bei diesem Siege zu Muthe war.

Und immer weiter, hopp, hopp, hopp,
Ging's fort im saufenden Galopp,
Daß Roß und Reiter schnoben,
Und Kies und Funken stoben.

Als wir um die Ecke eines Kieferwaldes bogen, kamen wir auf
eine geräumige Fläche, wo von französischer Seite ein Lager auf=
geschlagen war. Hier verlor ich den Steigbügel von den Füßen —
meine Flüchtlinge zerstreuten sich — einige Soldaten im Lager
legten auf mich an und schossen. Meine Bestie that einen Satz
seitwärts, und ich fiel, wie ein Sack, herab auf den Boden.

Adieu, Friederike! gute Nacht, falsche Welt! seufzte ich; denn
ich so gut, als die Soldaten, glaubten, ich sei todt. Die Kerle
sprangen lachend zu mir. Auch die Flüchtlinge kamen zu mir heran.
Ich stand zitternd auf. Man forderte mir den Degen ab. Ich gab
ihn. Die Infanteristen wollten mich plündern. Die Chasseurs aber
nahmen mich in Schutz, und schworen, ich sei ein Mann von Ehre
und Muth. Ein so unverdientes Lob vom Feinde selbst freute mich
gar sehr, noch mehr aber, daß ich nirgends eine Wunde an mir
fühlte.

Jetzt war ich Kriegsgefangener. Man führte mich zu einem
einzelnen Bauernhaus; unterwegs büßte ich meine Uhr, meinen
Geldbeutel und den goldenen Fingerring ein, den ich zum Andenken
Friederikens trug.

Ein Oberst, der neben mehrern Offizieren in dem Bauernhause
am Frühstück saß, fragte mich, nachdem man ihm die Geschichte
meiner Gefangennahme, und wie ich die Chasseurs bis ins Lager
verfolgt habe, erzählt hatte, nach meinem Rang. — Was sollte
ich antworten? Designirter Pfarrer? Maître des arts? Docteur en
philosophie? — Die Herren hätten mich für wahnsinnig gehalten.

Karl der Große hatte mich zu seinem Generaladjutanten er=
hoben. Also antwortete ich dem Frager ohne Bedenken: Adjutant-

général. — Kleider machen Leute; aber Titel auch. — Ich mußte mich sogleich mit zum Frühstück niedersetzen — kalten Braten, Malaga, Liqueur. Der humane Oberst sagte mir einige Worte des Trostes wegen meiner Gefangenschaft: „Das ist der Wechsel des Kriegsglücks. Vor fünfzig Jahren hatten die Herren Preußen Friedrich den Großen, wir ein Roßbach; jetzt haben wir Nappleon den Großen, Sie ein Jena."

Kriegsgefangenschaft.

Die Offiziere setzten sich zu Pferde. Ich ward der Wache im Lager übergeben. Den alten Fieberfrost hatte ich noch immer nicht verloren; darum befreundete ich mich mit der Gluth des Wacht=feuers.

Was mag aus dem Lieutenant Leonidas und seiner tapfern Schaar geworden sein? was aus der Königin mit ihrem gespreng=ten Faffe? seufzte ich. Und was wird aus mir werden? Man hatte mir schon vorläufig angekündigt, ich werde nach Frankfurt an der Oder gebracht, und von dort mit einem Transport Kriegsgefan=gener nach Frankreich geführt werden. Mein aus dem aufrichtig=sten Gemüth dargebotenes Ehrenwort, nie wieder, wenn man mich frei ließe, gegen Se. Majestät den Kaiser der Franzosen die Waffen zu tragen, war vom Obersten nicht angenommen worden. Mein Schicksal, hieß es, müsse höhern Orts entschieden werden.

Also nach Frankreich, du armer Doktor! auf eine Festung. O wie plötzlich hat sich Alles umgestaltet! Säßest du noch auf dei=nem Dichterstübchen mit der stillen Aussicht auf eine lange Reihe von Dächern; läsest du deinen Plutarch von großen Männern, oder auch nur die Zeitung für die elegante Welt, und Coulissen=Anekdoten bei einer Pfeife Tabak! Was könnte deiner Seligkeit abgehen? Wenn du dein Tagewerk beendigt, deine Lehrstunden von

Haus zu Haus gegeben hätteſt, würdeſt du dich mit Friederiken von einer ſchönen Zukunft unterhalten, oder könnteſt du in deiner poetiſchen Einſamkeit neue Grenadierlieder in Vater Gleims Manier ſchreiben!

Hier fielen mir die preußiſchen Siegeslieder ein, die ich noch immer in der Taſche bei mir trug. Raſch fuhr ich mit der Hand zu den Manuſkripten, ſah mich um, ob ich beobachtet wäre, und ſchleuderte ſie ins Feuer. Denn Siegeslieder in feindlicher Ge= fangenſchaft — Lieder voller Hohn und Verachtung gegen Napo= leon und ſein Heer — die konnten mir den Kopf koſten! — Ich ſah ſie nun mit eben dem Vergnügen in den Flammen ſterben, mit welchem ich ſie im Feuer der Begeiſterung einſt zur Welt ge= bracht hatte. Selbſt daß ich in der erſten Angſt zu tief gegriffen, und meine Vokation zum Pfarrer mit verbrannt hatte, konnte meine Freude nicht mindern.

Plötzlich ſtanden einige Soldaten vor mir — dieſelben, die mich vom Pferde geſchoſſen — und fragten: „Was haben Sie da heimlich verbrannt?“ Sie ließen einige Worte von Eſpionage fallen, und vom Füſiliren. Ich war verlegen um eine Antwort: das ver= beſſerte meine Sache nicht. Die Kerls, ich merkte es gar wohl, ſuchten Händel an mir. Sie erklärten mich verdächtig, führten mich in die Wachthütte, wo ich Ueberrock und Stiefel ausziehen und den Hut abgeben mußte. Sie nahmen das Alles mit ſich fort. Ich ſah weder die Kerls, noch meine Kleider wieder.

Den Tag über ward ich noch einige Male wegen der verbrann= ten Papiere in Frage genommen. Und da ich auf meinen Aus= ſagen beharrte, es ſeien Kleinigkeiten, Familienangelegenheiten, Privatbriefe geweſen, wurde ich von zwei Mann, die Angeſichts meiner ihre Gewehre luden, fortgeführt, wie es hieß, ins Quar= tier des Generals.

Ohne Rock, barhäuptig und barfüßig, im feuchtkalten Oktober=

weiter, mußte ich nun mit meinen Begleitern eine Spazierreise
von drei Stunden Weges machen. Kothig und zerlumpt, rein aus=
geplündert, war ich ärmer als ein Bettler; denn selbst die Frei=
heit fehlte mir. Ja sogar mein Leben war ein schlecht versichertes
Gut, weil die Franzosen im Felde einen zu kurzen Prozeßgang
lieben. Angeklagt wegen Espionage hängt man den armen Teufel
auf, oder füsilirt ihn, und bekümmert sich hintennach nicht weiter
um ihn, ob er's übel nimmt.

Wiederfinden.

Mit Anbruch der Nacht dehnte sich eine ganze Reihe flammen=
der Wachtfeuer vor meinen Blicken aus. Dahin ging unser Marsch.
Hier war ein ansehnliches Lager. Ich ward in ein außer dem
Dorf gelegenes, schönes Landhaus geführt. Alle Zimmer gläuzten
erleuchtet; Schildwachen zu Fuß und zu Pferd vor der Thür. Offi=
ziere in glänzenden Uniformen von allen Waffen gingen aus und
ein. Man führte mich vor ein Militärbureau. Man las den Be=
richt über mich, fragte um meinen Namen und Grad, und rief
dann: „Fort mit ihm zu den andern Gefangenen!" — Einer der
anwesenden Offiziere sagte: „Es ist eine Schande, wie man den
ausgeplündert hat!" — Ein anderer sagte: „Gehen Sie, ich
werde um Kleider für Sie sorgen."

Man führte mich ins Lager, und hier ward ich einem Offizier
übergeben, der die Bewachung der Kriegsgefangenen unter sich
hatte. Diese lagen neben brennenden Scheiterhaufen umher, und
genossen ihr kärgliches Abendbrod. Ich gesellte mich zu ihnen.

Siehe, da saß mit seinem blassen Antlitz und pechschwarzen
Knebelbart mein grimmiger Chaumigrem, neben ihm Karl
der Große; beide aßen eine dampfende Suppe aus großer irbener

Schüssel, welche die Königin Elisabeth dienstgefällig, in Ermangelung eines Tisches, auf ihrem jungfräulichen Schoos hielt.

„Ei, sieh' da, mein Feldherr!" rief ich entzückt beim Anblick dieser lieben, bekannten Gesichter: „Ist das die Mahlzeit, welche Sie im Elysium bei Ziethen, Schwerin, Winterfeld und Friedrich dem Großen versprochen hatten?"

Als der Lieutenant meine Stimme hörte, sprang er freudig auf, und schloß mich in seine Arme: „Wie, Herr Adjutant, Sie leben noch? Gottlob, so ist unserm König doch noch ein braver Mann erhalten! O wie viel haben wir Sie schon bedauert. Aber daß Sie auch Ihre verdammte Hitze nicht mäßigen konnten? Ich sah es wohl, wie Sie es mit den Chasseurs aufnahmen, wie Sie sie in die Flucht trieben. Ihr Beispiel begeisterte wieder meine schon etwas muthlosen Leute. Wir stürzten mit gefälltem Bajonnette gegen den Feind. — Verwundete gab es auf beiden Seiten. Wir schlugen uns eine halbe Stunde lang. Aber da waren wir umringt. Wir mußten das Gewehr strecken. Kommen Sie, Herzensadjutant, theilen Sie unsere Suppe mit uns."

Noch einmal ums andere umarmte mich der wackere Lieutenant-General; auch der tapfere Chaumigrem war aufgesprungen, und hatte mich in seine Arme geschlossen. Die Königin bot mir ihren blechernen Löffel, und so vergaß ich mein Elend.

Nach einer halben Stunde kam der wachthabende Offizier mit einem Korporal. „Wer von Ihnen, meine Herren, ist der Generaladjutant?" — Karl der Große lächelte selbstzufrieden, und zeigte mit dem Finger auf mich; denn der französischen Sprache war er nicht mächtig.

„Herr Adjutant," sagte der Offizier, „es thut mir leid, Sie sind schändlich mißhandelt worden. Hier schickt man Ihnen aus dem Hauptquartier einige Kleider, wenn Sie davon Gebrauch machen können, und ein paar Bouteillen Wein zur Erquickung.

Seien Sie überzeugt, daß Franzosen auch ihre Feinde, als Männer von Ehre, zu schätzen wissen, und daß Plünderer und Maro-
deurs nur Ausnahmen von der Regel sind."

Ich sagte meinen edelmüthigen Feinden das Verbindlichste, was
ich ersinnen konnte, und es that mir leid, daß ich für den Augenblick nicht eine schönere Phrase zu spenden hatte, als die, daß
mich heut die Eroberer der Welt (les conquérans de l'univers,
im Französischen tönt so etwas größer, als in dem gewissenhaften
Deutschen) zweimal besiegt hätten. Wir Deutschen mögen uns
nun dagegen sträuben, wie wir wollen, die Franzosen sind doch
das geistreichste Volk des heutigen Europa's, und die Griechen
unsers Weltalters. Selbst ihre gemeinsten Soldaten studieren im
Aeußern auf Grazie und Würde, wie bei uns nur Schauspieler
auf der Bühne; ein treffender Einfall bezaubert sie, ein guter Gedanke belohnt sie, und das Ehrgefühl erhebt sie alle. — Es ist in
dem Volke doch etwas Geistiges, und nicht alles daran Kartoffel
und Bier.

Selbstranzionirung.

Den folgenden Tag wurden die Kriegsgefangenen nach Frankfurt an der Oder geführt. Ich kannte die liebe Stadt recht
gut, und auch ich hatte die Ehre, vielen wackern Leuten dort bekannt zu sein. Doch schien mir die Ehre gegenwärtig eins der
überflüssigsten Güter meines Lebens, weil ich dadurch ums Leben
selbst kommen konnte. Denn gesetzt, ein ehrlicher Frankfurter wäre
aus der Hausthür hervorgesprungen, hätte den Generaladjutanten
als seinen lieben Doktor begrüßt, hätte meinen Kriegs- und Siegesliedern nachgefragt — —

Als der Zug unters Thor kam — o wie schlug mir das Herz! —
drückte ich mir den großen Offiziershut tief in die Augen, und

die Nase schob ich nach damaliger Stutzermode tief hinab ins dicke
Halstuch. Ich schämte mich, in die wohlbekannte Stadt, wie ein
Verbrecher, unter Gefangenen einzuziehen: und Verbrecher war
ich doch wohl ein wenig, denn ich war ein wenig Betrüger und
Anmaßer von militärischen Würden, die mir nicht gehörten.

Ein Troß von neugierigen Gaffern umschwärmte mich unaufhörlich — ach nein, ich will die guten Leute so hart nicht nennen.
Sie kamen auch wohl aus Mitleiden, oder aus Begierde, irgend
einen Freund, einen theuern Anverwandten unter uns zu finden.
Obschon der Abend dämmerte, verbarg ich mich doch im tiefsten
Haufen meiner zerlumpten Schicksalsgefährten, die alle mit offe-
nem Antlitz stolz einherschritten, als wollten sie sagen: seht uns
nur an, das leiden wir für König und Vaterland. Ich hätte es
zwar mit gutem Gewissen auch sagen können: aber eine Tugend,
zu der man wider Willen gekommen ist, sieht der Sünde um ein
Haar ähnlich. Endlich kamen wir von Pontius und Pilatus, von
General- und Platzkommandant ins Nachtquartier; wir Offiziere
in ein schlechtes Wirthshaus zusammengeschoben, mit Ehrenwache,
ob wir gleich unser Ehrenwort mündlich und schriftlich gegeben
hatten, uns nicht selbst zu ranzioniren.

Ich bekenne, mit diesem Ehrenwort hatte ich's gar nicht ehrlich gemeint. Denn als ich meinen Generaladjutanten-Titel nieder-
schrieb, dachte ich: der Generaladjutant möge sein militärisches
Ehrenwort halten, aber ohne Verbindlichkeit für den Herrn Doktor
und Magister.

Sobald es dunkel ward, bat ich um Erlaubniß, noch Freunde
in der Stadt besuchen zu dürfen; ich meinte irgend eine nachlässige
Thorwache. Man schlug es mir höflich ab. Allein da mich Nie-
mand an der Stubenthür aufhielt; da mich Niemand unter der
Hausthür fragte: wohin wollen Sie? da mir Niemand auf der
Straße den Weg verrannte; da mir es sogar Niemand übel nahm,

daß ich vors Thor ging, frische Luft zu schöpfen — die Schild=
wache hielt mich vermuthlich für einen französischen Offizier — so
trug ich kein Bedenken, mein Glück weiter zu versuchen. Ich lief,
auf gut Deutsch gesagt, davon, oder ich ranzionirte mich selbst,
wie es edler in der Kriegssprache heißt; denn selbst in dieser hat
man Worte erfunden, um Sünden und Schanden zu bedecken, de=
ren sich sonst der Krieg nie schämt; retrograde Bewegungen statt
Reißaus; Requisitionen statt Brandschatzungen u. s. w. Ein Be=
weis von der fortschreitenden Kultur selbst bei dem Stande, der sonst
von Amtswegen alle Kultur zu zerstören pflegt, und dem man wenig=
stens Offenheit und Gerabheit nachzurühmen pflegt.

Stallknecht und Kutscher.

Ich mochte eine Stunde gelaufen sein — denn der elenden,
kothigen Straße zum Trotz lief ich mich außer Athem — fand ich's
räthlich, gemächlicher einher zu schreiten. Unter meinen müden
Füßen spürte ich einen milden Sand; rings um mich her säuselte
im Abendlüftchen ein Kieferhain; über meinem Haupte wallte der
berühmte Silbermond durch graue, gebrochene Wolken. Ich fand
meine Lage sehr romantisch, sogar poetisch; hätte aber doch ein
gutprosaisches Nachtessen nebst Strohbett nicht verschmäht.

Die Frage entstand: wohin wollen Sie, Herr Exgeneraladju=
tant? wovon gedenken Sie in Zukunft zu leben? — Ich wußte
wahrhaftig weder das eine noch das andere. Und es ist gut, daß
man in der Welt zuweilen solche kleinliche Nebendinge nicht weiß.
Eben das reizt die Lust des Lebens, wenn man so auf Gerathe=
wohl im Weltall fortschreitet, ohne zu wissen wohin. Neugier und
Hoffnung tragen uns weiter. Ich habe einen reichen Mann ge=
kannt, der vollauf zu leben hatte, und den Spleen dazu. Viel=
leicht war sein Ueberdruß und Ekel am Einerlei des Lebens gerade

eine Folge seines Reichthums. Er verachtete das Leben, das ihm nie eine Sorge machte. Er war nahe daran, Selbstmörder zu werden, vermuthlich um der langen Weile eines Daseins zu entgehen, mit dem er nichts zu machen wußte. Und was hielt ihn von einem Tage zum andern ab, den Faden seiner Stunden zu zerreißen? — Die Haude = Spenersche Zeitung. Er wollte nur noch immer vor seinem Tode wissen, was aus der Welt werden würde? — Und wenn er die Zeitungen gelesen hatte, dachte er: das wäre also nach meinem Tode geschehen, wenn ich mich gestern mit einer Kugel selbstranzionirt hätte. Es ist doch gut, daß ich dies noch vor meinem seligen Ende erfahren habe. Und so überlebte sich der herzbrave Mann von einem Zeitungstage zum andern, bis ein paar Kaufleute die Gefälligkeit hatten, ihm durch einen sehr höflichen Spitzbubenstreich, Bankerott genannt, einen großen Theil seines Vermögens abzunehmen. Nun hatte er Noth zu arbeiten; und die Noth heilte seinen Spleen. Der Hunger ist nie heftiger, als wenn man nicht weiß, womit ihn stillen; und das Leben nie reizender, als wenn man nicht weiß, wie es retten.

Das mochten unterwegs im obenerwähnten säuselnden Kieferhain auch meine Gedanken sein. Ich schleppte mich auf müden Füßen weiter, voller Neugierde, was aus mir noch werden, und wohin ich am Ende von meinem Schicksal verschlagen würde. Da bellten Hunde — da leuchteten ferne Fenster — ich kam also zu einem Dorfe.

Vor dem Wirthshause stand eine offene halbe Chaise mit zwei Rossen bespannt, und zwar in der gleichen Richtung des Wegs, den ich zu wählen hatte. Das Standbrett hinter dem Kasten der Chaise — ich rekognoszirte das Lokal — hatte zum Glück keine Eisenstacheln und Schutzwehren gegen blinde Passagiers, die sich gern auf fremde Kosten durch die Welt schleppen lassen. Also konnte ich — und das war kein geringer Trost — meinem matten

Leichnam ein Ruheplätzchen schaffen, und mit Bequemlichkeit flüchten. — Der Wagen war leer, also der Eigenthümer noch im Wirthshaus. Ich wühlte in meinen Taschen — kein rother Pfenning darin, und doch hätte ich gern ein Stück Brod gekauft. Betteln konnte
ich nicht, als Offizier, aber wohl in Requisition setzen. Ich wollte
mein Glück versuchen, ich trat ins Haus.

Da lag auf einem alten Futterkasten ein runder Hut, ein Bauernkittel und eine Peitsche. — Heil dem braven Mann, der in der
Welt die Geistesgegenwart erfunden hat! — Wetterschnell flog
mein militärischer Sturmhut auf den Boden, der grobe Filz auf
meinen Kopf; der blaue lange Ueberrock des Offiziers auf den Kasten; mein schlanker Leib in den breitschultrigen Bauernkittel. Hätte
ich noch ein Schlachtschwert gehabt, ich würde es gegen die Peitsche
vertauscht haben, welche ich dennoch als Zugabe in die Hand nahm,
um mich irgendwo einmal meiner Haut wehren zu können, wenn
auch nur gegen unhöfliche Dorfhunde.

Daß ich nun, als qualifizirter Dieb, an ein Nachtessen im
gleichen Hause nicht denken konnte, verstand sich von selbst. Das
war schlimm genug. Aber doch hatte ich nun das Vergnügen, vor
französischen Nachstellungen gesicherter, inkognito reisen zu können.

Ich stand noch in der Hausthür, mit dem Gesicht auf der
Dorfstraße herumspähend, wo ich verborgen den Wagen beobachten
konnte, um bei der Abfahrt mein Plätzchen hinten auf in Besitz
zu nehmen. Da sprang jählings hinter mir eine Thüre auf —
eine französische Stimme donnerte — ich bekam von zwei gottlosen Fäusten hinterrücks einen so gewaltigen Stoß vorwärts, daß
ich, so lang ich war, vor mir hinstürzte in den Koth, so tief er
war. Das geschah mit einander in wunderbarlicher Eilfertigkeit.
Noch jetzt begreife ich nicht, wie man zu dem allem in so wenigen Augenblicken die nöthige Zeit fand.

„Allons bougre, allons!" rief der Franzose einmal ums an-

bere, der mich für seinen Fuhrmann halten mochte. Ich war mit
mir noch nicht im Reinen, ob ich mich todt stellen, oder als Dieb
aufspringen und davon laufen müsse, ehe ich gehenkt würde. Der
Franzose entschied für keins von beiden; packte mich mit wahren
Teufelskrallen beim Kleid im Nacken, riß mich in die Höhe, pflanzte
mich neben das Vorderrad zum Fuhrsitz, und schrie: „Sitzen dik
auf!" — sprang in den Wagen, und rief: „Allons, en avant!"

Mir gleichviel! dachte ich, setzte mich an Kutschers Platz, gab
den Pferden einen derben Hieb und jagte zum Dorfe hinaus. Statt
des bescheidenen Hintenauf hatte ich nun die Ehrenstelle vorauf.
Der um seine Garderobe und Beamtung betrogene Kutscher, näm=
lich mein Vorfahr, konnte nun statt meiner Generaladjutanten=
dienste thun, falls er nicht freiwillig die Kleider im Stich gelassen
hatte, um dem Franzosen inkognito zu entwischen.

Wiederum Mord und Todtschlag.

Je schneller ich fuhr, je öfter wiederholte mein gestrenger Herr
im Wagen sein „bon! bon!" Er schien Eile, und wie ich aus
seiner Unruhe und seinen zwischen den Zähnen von Zeit zu Zeit
hervorgestoßenen Selbstgesprächen vermuthen konnte, kein heiteres
Gewissen zu haben, als ich. Zwischen Mondschatten und Mond=
schein glaubte ich bemerken zu können, er sei eine von den wichti=
gen Personen, die man bei der französischen Armee Employés zu
nennen pflegt. Für einen Offizier war er zu bürgerlich, für einen
Bürger zu militärisch gekleidet.

Unsere Gespräche waren sehr einsilbig; er sprach kein Deutsch,
ich, meiner Rolle gemäß, kein Französisch. Fragte er mich: „Isset
Polen weit, weit?" antwortete ich regelmäßig: „Viel weit!" —
Fragte er: „Isset Preuß da?" so erwiederte ich: „Viel Preußen!"—

Dann schrie er wie besessen: „Immer zu! immer zu!" und ich ließ die Pferde springen, so gut sie mochten.

Ich gab ihm endlich zu verstehen, er sollte mir zu essen geben, wenn A hätte. Er verstand mich nicht. Ich sprach von Barmherzigkeit, der Kommissär kannte keine; von Hunger, der Speckwanst verstand das Wort nicht. Brod; da hatte ich's getroffen. Er gab mir ein großes Stück.

Nun saß ich vergnügt auf meinem Bock, wie kein König auf dem Thron, und versöhnte mich mit meiner dienstbaren Stelle, die mir alles gewährte, was ich verlangen konnte. Ob Pfarrer, ob Stallknecht, ob Generaladjutant, ob Magister oder Feldprediger — was kommt zuletzt darauf an? Der Mensch ist in jedem Rock doch immer das Beste; schlimm genug, wenn der Rock das Beste vom Menschen ist. Ich fuhr die Straße nach Polen. Wer weiß, dachte ich, ob du in den Wechseln deiner Schicksale nicht dem Kommando eines Armeekorps an den Ufern der Weichsel entgegenkutschirst? Niemand verzweifle! Es gibt eine Vorsehung. So finster es oft wird, so hell klärt's sich auf. Ich war in der besten Stimmung, zum Zeitvertreib eine Predigt zum Behuf der mir designirten Pfarrei auszuarbeiten, als ich im Mondschein vor mir einige Gewehre blitzen sah. Mein Kommissär bemerkte sie im gleichen Augenblick, zog den Säbel und nahm eine Pistole zur Hand, deren Hahn er spannte. Das Knacken des Hahns hinter mir trieb mir den kalten Schweiß aus.

„Bougre, Bougre! zufahr, immer zu!" schrie er.

„Halt! wer da? halt! qui vive?" brüllten einige Soldaten, die mir die Bajonnette ihrer Gewehre fast allzunahe gegen die Rippen hielten.

Wem sollte ich gehorchen? Eine Nothlüge, hoffte ich, sollte mich aus der Verlegenheit ziehen. Da ich die Soldaten für Franzosen hielt, die ihrem Regimente nachzügelten, rief ich, um ihnen etwas Ehrfurcht einzuflößen: „Messieurs, mein Herr General ist französisch General!"

„Halt! ergebt euch!" schrien nun mehrere Stimmen.

„Foudre!" rief der vorgebliche General, und sprang mit einem Satz aus dem Wagen, daß er zwei Kerls zu Boden stürzte.

Er schoß; Piff, Puff, Paff! fielen links und rechts Schüsse — die Kugeln pfiffen mir am Ohr vorbei — meine Pferde wurden noch scheuer, als ich. Im gestreckten Galopp jagten sie davon; meine Peitsche zerbläute ihre Rücken. — Ich hörte noch Säbelgeklirr und Flintenschüsse — und bald von Allem nichts mehr. Ich war gerettet; Dank sei es der Klugheit und Behendigkeit meiner Rosse.

„Verdammte Geschichte!" brummte ich, und stellte eine chirurgische Untersuchung meines Leichnams vom Scheitel bis zur Sohle an: denn in der ersten Angst glaubte ich von dem Kugelhagel durchlöchert zu sein, wie ein Sieb. Aber kein Haar war mir verwundet.

Desto besser! Aber meine Herrschaft, was war aus ihr geworden? Sollte ich wieder umkehren, nachfragen, mich auch ein wenig zersäbeln und zerbajonnetten lassen? Nein, so weit ging meine Kutschertreue und zärtliche Anhänglichkeit nicht. Der Himmel weiß, was aus dem Commissaire de guerre oder Employé geworden sein mag. Ich habe es nachher nicht erfahren, da ich den gleichen Weg wieder zurückgekommen bin.

Ich fuhr nun langsamer, denn meine Rosse waren an Kräften erschöpft. — Vor mir lag wieder ein kleines Dorf. Jetzt überlegte ich: was beginnen? Dort übernachten, oder weiter eilen? Noch klang mir das Kugelgezisch in den Ohren, und meine Angst rief: „weiter!" — — Ferner: wem gehören Wagen und Pferde? Antwort: vor der Hand Keinem, als dem gegenwärtigen Besitzer, der ihn weder erobert, noch gestohlen, noch in Requisition gesetzt hat. — Frage: was mit dem fremden Gut machen? verschenken, verkaufen, behalten? Zum ersten hatte ich keine Lust, zum andern kein Recht, zum dritten kein Geld.

In dieser Verlegenheit kam ich zum Wirthshaus: es war noch nicht so spät, als ich glaubte. Der Stallknecht kam; ich spannte aus, verlangte ein Futter für die Pferde, für mich ein Warmbier, und setzte mich zum Ofen. Im Nothfall hoffte ich mit meinem runden Filzhut und Bauernkittel Bezahlung zu leisten; jener war mir ohnedies zu eng, und dieser zu weit.

Gefährliche Gesellschaft.

Die dicke Wirthin pflanzte sich vor meinen Tisch hin, setzte beide Arme in die Seite, und fragte: ob ich über Nacht zu bleiben gedächte? — Antwort: Nein. — Ob ich noch nach dem Städtchen wolle? — Antwort: Ja! Es war mir recht lieb, daß die Neugierige fragte, denn ich war noch viel neugieriger zu wissen, auf welcher Straße, in welcher Weltgegend ich sei und wohin ich führe. — Ob ich nicht ein junges Frauenzimmer mit dahin nehmen wolle, das zu Fuß angekommen wäre, und jetzt, wegen übergroßer Ermüdung, auf dem Bett läge? es könnte mir ein gutes Trinkgeld eintragen. — Antwort: Recht gern! und das ging mir von Herzen, besonders wegen des Trinkgeldes, dann auch wegen der Gesellschaft. — Ob ich nicht besser thäte, mit Tagesanbruch weiter zu reisen? denn die Nacht sei keines Menschen Freund, zumal bei Kriegszeiten. Es streife viel Franzosenvolk umher, und zerstreutes preußisches Militär, das sich zu retten suche. Es gehe kein Tag ohne Mord und Todtschlag und Plünderung vorüber. — Ich nickte schaudernd mit dem Kopf. — Man wolle mich und das Mamsellchen eine oder zwei Stunden vor Tag wecken; ich käme noch immer zu guter Zeit an Ort und Stelle; meine Herrschaft würde gewiß nicht schmälen. — Das glaubte ich selbst. — Also

blieb ich. Es that mir, den Rossen und dem „Mamsellchen" wohl.
Doch beschloß ich, früh aufzubrechen, denn ich berechnete psycho=
logisch gut, des Morgens müsse die Straße am sichersten sein,
weil die, welche gut finden, sich des Nachts in Gefahr zu setzen,
sich aus Ermüdung oder Furcht vor Tagesanbruch verbergen; und
die, welche am Tage wandern wollen, dazu nicht die Nacht zu
wählen pflegen.

Mein Stallbett, auf dem ich nur bangen Schlummer hatte,
fesselte mich nicht lange. Als es in der Dorfkirche vier Uhr schlug,
war ich bei meinen Pferden, herrlichen Kutschgäulen. Ich machte
Lärmen im Hause. Während der Knecht anspannte, beleuchtete
ich mit der trüben Laterne mein neues Eigenthum, die Chaise.
Der Kasten war von mehrern eingedrungenen Flintenkugeln durch=
löchert. Im Wagen lag eine Säbelscheide, ohne Säbel, in einer
der Seitentaschen befand sich eine zierliche Tabakspfeife mit silber=
beschlagenem Meerschaumkopf, dabei ein seidener Tabaksbeutel mit
Stickerei, Vergißmeinnichtchen, und darum die zärtlichen Worte:
Souvenir de l'amitié. Vermuthlich galante Eroberung meines
ehemaligen Herrn, des Employé, von irgend einem deutschen
Mädchen. Der Kasten des Wagensitzes war fest verschlossen; den
Schlüssel hatte der Employé unnützerweise behalten.

Die Wirthin kam und erzählte mir gähnend haarklein, was
ich und meine Pferde alles gegessen und getrunken hätten. Ich
fand das sehr langweilig, weil ich es ohnedem wußte, und fertigte
sie mit dem Bescheid ab: „Mamsellchen wird schon für mich bezah=
len." Dann stieg ich in den Wagen, und setzte mich an die Stelle
meiner gewesenen Herrschaft; da saß ich bequemer und wärmer,
auch rechnete ich auf angenehme Gespräche mit Mamsellchen.

Es kam endlich; man hob es zu mir in den Wagen; ich rief
Adieu, und fort ging's. Aus dem angenehmen Gespräch aber
ward nichts. Die Reisegefährtin schob sich in den Winkel des

Wagensitzes so weit als möglich von mir, antwortete einige Mal auf meine bescheidenen Bemerkungen, daß es sehr frisch, oder sehr finster, oder nicht gut fahren sei, ein schläfriges Ja und Nein, und überließ mich meinen fernern Betrachtungen.

Diese Betrachtungen wurden immer wunderlicher, als meine schöne Gesellschafterin — zwar im Dunkeln ließ sich mehr Schönheit ahnen, als sehen — im Schlafe, wie der Wagen schaukelte, sich näher und näher gegen mich senkte. Aus bloßem Mitleiden mit dem guten Kinde, daß es nicht zu sehr umhergeworfen werde, rückte ich ihm drei bis vier Zoll näher. Nach einem Weilchen lehnte der Kopf der Schläferin an meiner Achsel — ein hartes Kissen. Ich legte mit schüchternem Erbarmen meinen linken Arm um ihren schlanken Leib, und hielt die Schlummernde an meiner Brust. Sie schlief sanft wie die Unschuld, und erwachte selbst von den unruhigen Schlägen meines Herzens nicht, während ich wie ein Verbrecher zitterte.

Zum ersten Male lag ein schlafendes Mädchen an meiner Brust — zum ersten Male hielt ich stundenlang ein weibliches Wesen mit dem Arm umschlungen — ach, vergib, Friederike, wenn ich dir in diesen Augenblicken — nein, untreu ward dir meine Seele auch da nicht, denn ich gedachte deiner. Oft bildete ich mir ein, daß ich dich so zur Gefährtin habe; der sanfte Druck, mit dem ich die Fremde an mich zog, galt dir; mein verstohlener Seufzer dir, und dir der gottlose Kuß, den ich leise auf — ihre Haube drückte. Aber zu einem Weibe, dessen Busen nach der Melodie des sanften Odems steigt und fällt, dessen Anschmiegen mit einer fremdartigen Gluth erfüllt, — zu solch einem Wesen setze man einen Mann von Schnee, aber keinen Hagestolz, ach! von neununddreißig Jahren.

Schönes Morgenroth.

Sanft schlich der Wagen im Sande fort. Ich ließ den Pferden ihren beliebigen Schritt, hielt meine schlummernde Unschuld fest im Arm, schloß die müden Augenlieder, um bequemer von Friederiken, Pfarrer und allen Himmeln zu träumen, die mir das Wachen nicht gab, und so ward aus dem willkührlichen Geträum zuletzt wirklicher Schlummer.

Ich und meine Schlafgenossin erwachten fast zu gleicher Zeit, als der Wagen aus dem milden Sande plötzlich über einen holprigen Prügeldamm fuhr. Es war schon hell. Vor uns im Hintergrunde der Landschaft brannte ein prächtiges dunkelglühendes Morgenroth, welches blendend auf unsere Augen fiel.

Erst sah ich auf meine braven Pferde, dann auf meine Reisegesellschaftern. Sie rieb sich mit beiden Händen die Augen; ich rieb mir die meinigen. Dann sahen wir uns ganz trocken einander an. Sie rieb sich wieder die Augen; ich mußte desgleichen thun, denn das Morgenroth hatte mich, glaube ich, blind gemacht. Ich sah sie wieder an; sie mich. Und nun erst war ich überzeugt, daß ich noch schlafe und von Friederiken träume, denn sie saß, so kam es mir jetzt vor, neben mir.

„Aber, mein Gott, Herr Doktor, sind Sie es?" fragte sie mit ihrer leisen, schönen Silberstimme, und betrachtete bald mein Angesicht und den werdenden Schnurrbart — Ueberrest meiner ehemaligen Generaladjutanten-Uniform — bald meinen beschmierten und zerrissenen Bauernkittel.

„Ach, Friederike!" rief ich, „wie kommen Sie hieher? und zu mir?"

Jetzt fragten wir nicht mehr. Unsere Augen verdunkelten sich jetzt in den Thränen wehmüthiger Seligkeit — ich ließ das Leitseil fallen — wir schlossen Brust an Brust, Mund an Mund

und in langen Küssen tauschten wir Leben um Leben, Seele um Seele. — — O wir hatten uns wieder; nach der langen, ewigen Trennung, wieder! und wie unverhofft, wie wunderbar! Vergessen war aller Schmerz der Vergangenheit! Vergessen alles Elend des Lebens, meine Sorgen, ihre Thränen; vergessen jede Gewitterwolke der Zukunft. Wir athmeten in einer schönen Welt. Das Irdische fiel von uns — Alles war selige Verklärung.

Nur der verruchte Prügeldamm, auf dem der Wagen so unbarmherzig stieß, daß sich selbst unsere küssenden Lippen beständig von einander verloren und mühsam wieder suchen mußten — nur der Prügeldamm, bei dessen Anlage man vermuthlich solche rührende Scene nicht berechnet hatte — nur er trennte uns, da wir glaubten, der Tod könne uns nicht wieder scheiden. O wie gern wären wir Brust an Brust gestorben.

Ich nahm das Leitseil wieder zur Hand. Und nun ging's aus Fragen her und hin. Und ob wir uns gleich sahen, und ob wir einander gleich fest Hand in Hand hielten, als fürchteten wir, uns im eigenen Wagen von einander zu verlieren, wurden wir doch zweifelhaft, ob wir's auch wirklich wären. — Sie war schöner, als ich sie jemals gesehen; das Morgenroth umstrahlte sie mit einer Glorie. Ich mußte noch einmal das Leitseil fallen lassen.

Was ich von meinen kriegerischen Abenteuern Friederiken erzählte, wissen meine Leser; aber Friederike hörte sie aufmerksamer und begieriger an, als sie gelesen werden mögen. — Die Begebenheiten meiner Verlobten waren ungleich einfacher. Sie hatte von ihrer Herrschaft die Entlassung erhalten. Kurz vor dem Einrücken der Franzosen in die Hauptstadt flüchtete die Herrschaft nach Stettin, und der Himmel weiß, wohin. Friederike schwebte meinetwillen in Todesängsten; bekam endlich einen Brief von ihrer betagten Mutter, und den Befehl, Berlin zu verlassen und zu ihr zu kommen. Sie reisete also, eine gehorsame Tochter, ab, nachdem fie meinetwillen alle nöthigen Anzeigen hinterlaffen hatte; fuhr mit Gelegenheit bis Frankfurt, und machte fich von da, weil die Franzofen alle Pferde und Wagen in Beschlag genommen, oder weil in dem Augenblick Niemand dergleichen zu einer unfichern Reife hergeben mochte, ziemlich heroisch zu Fuß auf den Weg. Müde und matt kam fie geftern Abend in das Dorf, von wo an ich die Ehre hatte, ihr Leibkutscher zu werden.

———

Es wird Tag.

Unterwegs — auch Liebende wollen gefrühftückt haben, und zum Wohnort von Friederikens Mutter waren es noch einige Meilen — verschwand im erften Wirthshaus unter scharfem Scheermeffer der letzte Reft meiner Generaladjutantur von der Oberlippe. Friederike kaufte mir für ihr Geld — ich weiß nicht, wie fie den Trödel auskundschaftete — bei dem Amtmann oder Schreiber einen ehrbaren Ueberrock und Hut, so, daß ich doch, ohne Auffehen zu erregen, bei einem hübschen, wohlgekleideten Mädchen im Wagen fitzen konnte.

So fuhren wir weiter. Es war Tag geworden; auch in unferm Gemüth ward es sonnenheller Tag. Verkündet waren wir von der Kanzel, alfo Hochzeit mußte gemacht werden. Darüber waren wir einig. Ich follte unterdeffen nach Frankfurt am Main schreiben, um meinen Gönner wegen des Ex = Reichsgrafen und der Pfarre zu befragen. Erwählter Pfarrer war ich doch einmal, trotz dem, daß ich im franzöfifchen Bivouac, nebft den Siegesliedern, die Vokution verbrannt hatte. — Friederike hatte beinahe hundert Thaler erspart; davon ließ fich anfangs das Leben friften. Und wenn alles Unglück zusammenschlug, konnte ich ja irgendwo noch eine Winkelschule anlegen. Mit Brod und Waffer, das fühlten wir, konnten wir glücklich sein: nur nicht von einander getrennt, auch bei allem Ueberfluß nicht.

Indem wir uns in unserer bittern Armuth selig priesen, sie von wohlfeilen Suppen, ich von der Einnahme eines fleißigen Schulmeisters sprach, ging's kling! kling! auf dem Fußboden des Wagens. — Wir sahen hinab. Es war ein blanker Louisd'or.

„Hast du ihn verloren?" fragte ich Friederiken.

„Ich habe kein Gold!" sagte sie.

Wir nahmen die milde Gabe, als Nachlaß meines seligen Employé, für meinen Kutscherlohn.

Nach einer Weile abermals kling! kling! — wieder ein Louisd'or. — „Wahrhaftig," sagte ich, „wir haben einen guten Schutzgeist, oder eine gütige Fee, die unser frommes Gespräch gehört hat." Ich hob auch diesen auf, und sah fleißig umher, ob er noch Brüder habe. Alles war leer. Es that mir leid. Bald darauf erneuerte sich das Hexenspiel zum dritten Mal.

„Hier ist's nicht richtig in der Chaise!" sagte ich, und hielt die Pferde an. Es blitzte mir aus dem Spalt des Kastens von unserm Wagensitz ein viertes Goldstück entgegen. Da war die Goldquelle entdeckt. — Ich erbrach den verschlossenen Sitz mit Gewalt, und fand, was ich immer für das Geräusch und Klirren einer Kette gehalten, einen durchgeriebenen Geldsack. Andere Geldsäckchen lagen, fester gebunden, vertraulich neben einander. Wie mein Employé zu diesem Schatz gekommen, wußte ich nicht: ob er ihm oder Andern gehörte, galt mir gleich. Aber Friederike und ich erkannten einhellig, diese Summe sei für unsere bescheidenen Wünsche zu groß — wir könnten sie nicht behalten. Wir legten auch die drei Louisd'or zu den andern, verwahrten das Geld besser, und fuhren gelassen davon, als hätten wir nichts gefunden.

Die alte Mutter Friederikens, entzückt uns zu umarmen, empfing uns segnend. Unser Schatz ward ihr in Verwahrung gegeben; aber ungeachtet aller Nachfragen, die ich wegen Wagen, Pferd, verlornem Geld in die öffentlichen Blätter einrücken ließ, meldete sich nach mehreren Monaten kein Mensch dazu.

So endeten meine Abenteuer. Ich war reicher, als ich es je zu werden Hoffnung haben konnte, und die schöne Friederike mein Weibchen.

Dem Berliner Freund sandte ich Entschädigung für sein Fuhrwerk, um welches mich der Herr Oberwachtmeister geprellt hatte; der Pfarrei entsagte ich, und ein erträgliches Landgut, in einer der reizendsten Gegenden, eine von jungen Linden und Kastanienbäumen umschattete Wohnung, die Raum genug für Friederiken, ihre Mutter und mich hat, umschließt mein Paradies.

Die Bohne.

Ich war in Verzweiflung — erzählte in einer Abendgesellschaft
der junge Banquier Walter — neun Wochen lang hatte ich mich
in Wien herumgetrieben; in allen Gesellschaften, bei allen Anlässen, in allen Polizeibüreaur hatte ich das Fräulein von Tarnau, die Tante, die Kammerjungfer beschrieben! keine Seele konnte
mir Auskunft geben, wohin sie gekommen. An gutem Rath fehlte
es freilich nicht, denn der ist immer wohlfeil. Man wies mich
nach allen Richtungen der Windrose hinaus, um meine Göttin zu
sehen.

Aber in Wien war sie nicht mehr. Ungeachtet mir das im
Gasthofe, wo sie gewohnt hatte, sehr deutlich gesagt wurde, ungeachtet ich dasselbe Zimmer bewohnte, welches einst das ihrige
gewesen, suchte ich sie doch noch immer. Ich war in allen Kirchen
und Messen, auf den Redouten und Bällen, in allen Schauspielen
und Lustorten. Genug, der Liebe Mühe blieb umsonst. Meine
Heilige war verschwunden.

So verließ ich trostlos die Kaiserstadt, und kehrte im bösesten
Winterwetter nach meiner Heimath zurück.

Um Ihnen aber das ganze Seltsame meines Schicksals klar
zu machen, muß ich Ihnen erzählen, wie ich das Fräulein kennen

lernte. Sie werden in meiner Geschichte viel Wunderſames finden; aber in der Liebe iſt Alles Roman.

———

Vor drei Jahren machte ich eine Geſchäftsreiſe nach Wien. Unſerm Hauſe drohte damals großer Verluſt durch Bankozettel. Es gelang mir, das Unglück abzuwenden, und nun wollte ich von der Gelegenheit Nutzen ziehen und Wiens geſammte Herrlichkeit ge= nießen. „Wer weiß,“ dachte ich, „du kommſt in deinem Leben nicht wieder nach Wien!“

Meine Bekannten zogen mich in alle ihre Geſellſchaften; ich ward in manchen Familienzirkel eingeführt; die Mütter empfingen mich ſehr gütig, die ſchönen Wienerinnen meiner Bekanntſchaft nicht minder. Man wußte, ich ſei unvermählt, und der Name unſers Hauſes war den Vätern nicht fremd. Ich galt allenthalben als der reiche Banquier, und jeder machte mich zum Herrn von Walter.

Wegen der Eigenheiten und Launen meines guten alten Vaters, dachte ich noch an kein Heirathen. Deſto ungebundener flatterte ich von einer Schönheit zur andern. Sie waren mir alle lieb, aber lieben konnte und wollte ich keine.

„Das Fräulein von Tarnau wird ebenfalls erwartet!“ liſpelte in einer Geſellſchaft einſt eine ältliche Dame in meiner Nähe ihrer jungen Nachbarin zu.

„Es iſt ein gutes, liebes Kind,“ erwiederte die Nachbarin, „ſie würde noch manchmal für ſchön gelten können, wenn ſie nicht das häßliche Gebrechen hätte.“

„Ah!“ ſprach die ältliche Dame: „Sie meinen das Mutter= maal, das ſie auf der Bruſt, gerade unterm Hals hat? Man ſagt, es gleiche einer Maus!“

„Einer Maus? Pardon, gnädige Frau, wenn's weiter nichts

wäre, hätte sie eben nicht nöthig, sich so nonnenhaft bis ans Kinn zu vermummen. Nein, es sieht vollkommen einem Kameel mit zwei Höckern, vier Füßen und langem Halse ähnlich."

„Glauben Sie das nicht!" sprach eine Dritte, welche sich nun in das Gespräch mischte: „Ich weiß die Sache genau. Es ist ein Muttermaal von ganz eigener Art, von ungeheurer Größe. Der ganze Busen ist schwarzgrau, wie Kaffee! und hinauf bis zum Halse, denken Sie nur, ich bitte Sie um Gottes willen, hinauf bis zum Halse mit dünnen, weißen Haaren bewachsen!"

„Ei, das ist entsetzlich!" rief die alte Dame.

„Ja, wenn mir solch ein Unglück zugewachsen wäre," sagte eine der beiden Jüngern, und schlug die Augen sittsam zu ihrem Busen nieder, um welchen, wie ein Nebel um Schnee, eine zarte Gaze spielte: „Ich glaube wahrhaftig, ich lebte nicht mehr."

Jetzt mengten sich auch Andere in das Gespräch; Jeder bestätigte die Geschichte; aber Alle bedauerten das Fräulein von Tarnau wegen dieses Uebels.

Die Thür öffnete sich. Das Fräulein von Tarnau und ihre Tante traten herein.

Das Fräulein, wäre es mir nicht auch schon durch jene Unterhaltung merkwürdig geworden, hätte mich durch seine Schönheit und Grazie überraschen müssen. Ein Ideal, wie wir es zuweilen in den Bildern von Angelika Kaufmann bewundern, ein — nein, lächeln Sie nicht; ich war damals noch nicht verliebt; jetzt bin ich vermählt; also ist Wahrheit in meinem Munde.

Genug, die schöne Tarnau eroberte Blicke und Herzen aller Männer; alle nahten sich ihr mit einer durch süßes Mitleiden erhöhten Theilnahme. Aber ihre Brust war undurchdringlich verschleiert bis unter den Hals. Eben das erinnerte unaufhörlich diesen an die Maus, jenen ans Kameel. „Ach!" dachte Jeder im Stillen: „warum war das Schicksal so grausam, und entstellte das reizendste Geschöpf unter der Sonne auf so empfindliche Art!" — Und, ich läugne es nicht, ich dachte es auch.

Ich bin von Natur nicht neugierig, aber den Abend plagte mich diese Sünde, wie noch nie. Auch der schönste Busen war mir gleichgültig; aber der häßlichste des liebenswürdigsten Mädchens zog meine Blicke an. Unaufhörlich schwärmten meine Augen um die Falten des dichten Schleiers; ich wiederholte die Entdeckungsreise von Viertelstunde zu Viertelstunde; ich fand immer Gelegenheit, der holden Unglücklichen am nächsten zu stehen. Umsonst!

Man tanzte. Schon standen mehrere Paare bereit; die schöne Tarnau blieb unaufgefordert. — Was doch die Einbildung thut! — Ich forderte sie auf; sie gab mir die Hand. Nun blieb ich den ganzen Abend ihr Tänzer.

Sie schwebte so leicht um mich her, wie eine von Titania's Elfen, und in allen ihren Bewegungen, ihrem Lächeln, ihren Blicken, ihren Worten voll so unaussprechlicher Anmuth — ach, Schade um das Meisterstück der Natur, die ihr herrlichstes Werk in unbarmherziger Laune verdarb!

Man schied spät aus einander. Die schöne Unglückliche hatte mich entzückt. Sie war so harmlos und selig und unbefangen — ach, sie wußte zum Glück nicht, was ich schon wußte, und was Alle wußten! Desto besser für sie. Ich war nicht Phantast genug, um mich auf der Stelle zu verlieben, wiewohl sie es werth gewesen wäre. Allein, das gestehe ich gern, noch nie hatte mich ein weibliches Wesen in solchem Grabe für sich eingenommen. Ein inniges Mitleiden bewegte mein Herz. Und solch ein Engel verdiente doch wohl ein wenig Mitleiden!

Vermuthlich hätte ich sie schon den ersten Tag vergessen — vergessen? nein, das möchte ich doch nicht sagen; denn an eines der bizarrsten Spiele der Natur, wo der Zauber des Schönen mit dem Häßlichsten alles Häßlichen vermischt war, denkt man wohl noch. Aber als ich von einem Gang zurückkam, und die Treppen meines Gasthofs hinaufging, kam mir die Tante mit dem Fräulein sehr unvermuthet von oben herab entgegen.

Natürlich, man blieb stehen. Man fragte sich gegenseitig um das Befinden seit gestern. Wir wunderten uns, mit einander unter gleichem Dache gewohnt zu haben, ohne es zu wissen. Ich äußerte darüber mein Vergnügen, und bat um die Erlaubniß, die Damen in gelegenen Stunden auf ihrem Zimmer sehen zu dürfen. Bei diesem Worte sehen sah ich wirklich — denn meine Neugier regte sich wieder — nach den Gegenden des häßlichen Muttermaals. Aber ein dicker Shawl, sorgfältig unterm Kinn mit einer Nadel zusammengeheftet, umschlang des Fräuleins Brust und Schultern; d'rum blickte ich lieber in das himmlisch schöne Gesicht hinauf.

Sie gingen die Treppen hinab, ich schnell in mein Zimmer, um noch zum Fenster hinaus die schlanke Gestalt zu sehen. Sie stiegen in einen Wagen und fuhren davon. „Ach," seufzte ich: „Jammerschade, daß solch ein Engel so widerlich verunstaltet sein muß!"

Was mir erlaubt war, unterließ ich auch nicht. Ich machte von Zeit zu Zeit den Damen einen Besuch. Sie waren fremd in Wien, wie ich, und nur durch ein Augsburger Haus, von dem sie Wechsel hatten, an meinen Bekannten empfohlen, bei dem ich sie vorigen Abend kennen gelernt hatte.

Ich führte die Hausgenossinnen in den Prater, ins Schauspiel, und wo es etwas zu sehen gab. Die schöne Josephine — ich will das Fräulein nennen, wie die Tante sie nannte — entfaltete der schönen Eigenschaften des Herzens und Geistes immer mehr, je bekannter sie mit mir ward. Aber das entging mir nicht! je länger unsere Bekanntschaft dauerte, je vorsichtiger verhüllte sie die traurig verunstaltete Brust. Josephine war das vollkommenste weibliche Wesen, das ich in meinem Leben gesehen; aber ganz vollkommen darf doch unterm Monde nichts sein!

Weil wir uns täglich sahen, wurden wir täglich vertrauter. Es war zuletzt, als gehörte·ich ganz zu ihnen. Die Tante behandelte mich mit jener Vertrautheit, die man auf Reisen so leicht zu einander gewinnt. In Josephinens Aeußerungen schien ich milde Spuren der Freundschaft zu finden. War ich einmal durch Geschäfte verhindert, bei den Damen zur bestimmten Zeit zu erscheinen, so mußte ich sogar kleine Vorwürfe hören, und wenn mich dann Josephine starr und schweigend eine Zeit lang ansah, als wollte sie mein ganzes Wesen durchschauen und fragen: wer bist du? — ach, ich weiß nicht, wie mir ward!

Und zuletzt hinderten mich keine Geschäfte mehr. Ich erschien mit dem Glockenschlag.

Allein der Himmel dauerte nicht lange. Ich erhielt einen Brief von Hause. Meinen guten Vater hatte der Schlag gerührt; er sehnte sich nach mir. Ich sollte eilen, wenn ich ihn in dieser Welt noch einmal umarmen wollte.

Der·Brief kam des Morgens. In einer halben Stunde war gepackt; die Post vor dem Gasthof. Ich war vor Schrecken wie von Sinnen. Mein Bedienter meldete, Alles sei berichtigt; ich könne einsteigen. Ich ging wie ein Träumender zur Straße hinab, dachte an keinen Abschied von den Hausgenossinnen, und eben wollte man mich in den Wagen heben, als eine Stimme von oben herab rief: „Wo wollen Sie hin?"

Das war Josephinens süße Stimme. Ich blickte hinauf; sie lag am Fenster, und wiederholte die Frage. Meine Besinnung kehrte zurück. Ich flog wieder in den Gasthof, die Treppen hinauf, um wenigstens zu thun, was Höflichkeit und Freundschaft befahl.

Ich klopfte an. Die Thür sprang auf. Josephine, noch im einfachen Morgenkleide, trat mir zuerst entgegen, und dann mit dem Ausdruck des lebhaftesten Schreckens einen Schritt zurück.

„Mein Gott!" rief sie, „was fehlt Ihnen? was ist Ihnen begegnet? Wie sind Sie so bleich und entstellt!"

Indem sie das mit heftiger Bewegung sprach, und ihre Hand ausstreckte, die meinige zu ergreifen, fiel ihr Kaschmirshawl, den sie nur leicht umgeworfen hatte, vorn auseinander. Und — mögen mir's die Manen meines guten Vaters verzeihen — aber die Neugier ist eine der zudringlichsten Sünden! — Ich vergaß Reise, Schlagfluß und Extrapost, und hatte nur Augen für das geoffenbarte Geheimniß von Josephinens Brust.

Denken Sie sich mein Erstaunen! — Ich sah eine Brust hell und weiß wie Elfenbein, und zwei Zoll tief unter dem Grübchen des alabasternen Halses, das berüchtigte Muttermaal. Aber es war keine Maus, kein Kameel, sondern ein dunkelbrauner Fleck der Haut von der Größe und selbst von der Gestalt einer Bohne. Man hätte schwören mögen, es liege da eine Schminkbohne von bräunlicher Farbe auf dem blendenden Schnee.

Zwar zog Josephine, erröthend und schnell genug, den Shawl wieder zusammen — aber sprechen konnte ich nun doch nicht. War es der Schlagfluß, war es die Bohne, genug, ich stand betäubt da, wie eine Bildsäule.

„Um des Himmels willen!" rief die Tante: „sagen Sie doch, was ist Ihnen geschehen? Haben Sie ein Unglück gehabt?"

„Meinen Vater hat der Schlag gerührt — er ringt mit dem Tode — ich muß Sie verlassen."

Das war Alles, was ich endlich hervorbringen konnte. Ich küßte den Damen die Hände, und nahm Abschied. Bei diesem Abschied hielt Josephine einen Augenblick lang — aber es war auch nur einen Augenblick! — meine Hand krampfhaft in der ihrigen geschlossen. Ihr Gesicht schien mir blässer und ihr Auge naß. Aber vielleicht war dem auch nicht so; denn ich sah fast nichts; es dämmerte Alles schattenhaft vor meinen Blicken.

Im Wagen war Alles vergessen, nur nicht meines guten Vaters
Todeskampf. Ich fuhr Tag und Nacht; ich lebte, wie im Fieber.
Die Tage meiner Reise waren die fürchterlichsten meines Lebens.
Nur in den verworrenen Träumen, die mich umgaukelten, hatte
ich dann und wann noch einen frohen Augenblick; nur dann und
wann zeigte mir Morpheus oder das Fieber auch die dunkle
Bohne im Schnee.

Als der Wagen endlich vor dem väterlichen Hause still hielt,
traten mir einige meiner Verwandten entgegen, alle in schwarzen
Trauerkleidern. Es war geschehen. Mein Vater hatte die Welt
verlassen; seine Asche ruhte im Grabe.

Ich will hier nicht sagen, wie gewaltig mein Schmerz war.
Ich liebte meinen Vater, auch bei allen seinen Launen, mit der
dankbarsten, kindlichsten Zärtlichkeit. Schrecken, Kummer und die
Anstrengungen der Reise warfen meine Gesundheit nieder. Ich
fiel in ein hitziges Fieber, und das war mir Wohlthat; denn ich
vergaß Alles. Ein Vierteljahr lang verließ ich das Krankenlager
nicht. Und da ich genas, und die Welt und die Vergangenheit
wieder, wie aus zerfließenden Nebeln, vor mein Bewußtsein trat,
war ich so gelassen, so kalt, als wäre nichts vorgegangen, als
hätte ich meine Gefühle alle eingebüßt.

Durch des Vaters plötzlichen Hintritt und durch die lange Dauer
der Krankheit waren die Geschäfte meines Hauses in einige Verwirrung gerathen. Ein Glück für mich! Da gab es der Arbeit
vollauf und Zerstreuung genug!

Doch binnen Jahr und Tag war Alles geordnet; ich der Herr
meines Hauses. Und wie der schwarze Krepp von Arm und Hut
verschwand, nahten sich Vettern, Tanten und Basen mit Hochzeits-
planen. Solche Ausbrüche vetterlicher und bäslicher Fürsorge sind
so unvermeidliche Wirkungen der Nothwendigkeit, als Geburt und
Tod. Ich ließ den Projektmachern ihren Lauf, und bekümmerte

mich nicht viel um ihre Rathen und Thaten. Kein Vetter, keine Tante, Hymens allzeitfertige Diener, vermögen so viel, als ein einziges, artiges Mädchen allein und zur rechten Stunde. Aber in unserer ganzen Stadt und Nachbarschaft war kein artiges Mädchen — nein, das wäre Verleumbung, allein die magische Stunde fehlte!

Jedessen brachte mich doch das beständige Fragen und Antworten zum Nachdenken. Ich bemerkte wirklich, daß ich allein war; daß mir etwas fehlte. Mein Haus war, seit des Vaters Tode, eine wahre Einöde geworden. Und doch kannte ich unter den zehntausend Jungfrauen, die ich je gesehen, keine, mit der ich mein Leben und meine Wüste hätte theilen mögen.

Da fiel mir, ich weiß nicht wie? — denn das war eine längst vergessene Geschichte — mein Aufenthalt in Wien und die schöne Tarnau ein. Zum Glück war ich auf meinem Zimmer einzig, denn ich glaube, daß ich bei der Erinnerung feuerroth geworden bin; wenigstens sprang ich plötzlich vom Sofa auf, streckte in heftiger Gemüthsbewegung die Arme weit durch die Luft aus, als wollte ich das Götterbild damit umfangen, und seufzte — ich rief mit Entzücken, mit Schmerz, mit Sehnsucht und Verzagen: „Josephine! Josephine!"

Das, glaube ich, war die magische Stunde. — — Mein Unheil zu vergrößern, ließ mich in der folgenden Nacht der Gott der Träume die Bohne im Schnee sehen. Josephine war schön genug für mich; aber die kupplerische Einbildung verklärte sie nun mit überirdischer Herrlichkeit. — Lache Keiner! Ich hatte mich nüchtern zu Bette gelegt, und stand, von der gewaltigen Leidenschaft berauscht, am andern Morgen auf.

Nun erst war mein Haus öde und wüst, wie das alte Chaos der Schöpfung gewesen sein mag. Ich suchte Josephinen überall, ich sah sie überall. Ich dachte sie mir als mein Weib, bald dort mit kleiner häuslicher Arbeit am hohen Fenstersitz, bald dort am Klavier, und mich hinter ihr horchend; bald neben mir im Sofa am kleinen runden Tisch beim Frühstück. Alle ihre unbeschreibliche Anmuth, ihr Lächeln, ihr Blick, ihr Nachtigallenton wirkte in diesen Verblendungen noch unendlich schöner. Ich blieb meiner nicht mächtig, ich war in einem Strom von Empfindungen aller Art aufgelöst; bald hätte ich im Uebermaß der Seligkeit, die ich mir träumte, jauchzen, bald vor Schmerz weinen mögen, wenn ich mir Josephinen dachte, wie sie mich vielleicht verwerfen könnte. Ich mag aber auch mitunter wirklich gejauchzt und geweint haben, denn ich glich einem wahnsinnigen Träumer, der nur unter seinen Idealen daheim, und für die Außenwelt taub und blind ist.

Der Zustand war mir selbst unerträglich. Ich richtete meine Geschäfte ein, ließ die Postpferde bestellen, und flog in meinem Wagen nach Wien.

Freilich kamen mir unterwegs dann und wann sehr nüchterne Ueberlegungen. Was kann sich nicht in sechzehn Monaten alles geändert haben! dachte ich. Vielleicht liebt sie einen Andern. Vielleicht ist sie schon vermählt. Sie hat nicht über sich allein zu verfügen, sie ist jung, hat Aeltern, Verwandte, und diese haben Rücksichten, auf die unsereins nicht immer sieht; sie ist vom Adelstande.

Ich besann mich dann wohl noch auf das ehemalige freundschaftliche Verhältniß, tröstete mich durch die Erinnerung an ihr blasses Gesicht, an ihr bethränetes Auge, an ihren innigen, unwillkürlichen Händedruck beim Abschiede. Aus Allem leitete ich Beweise von Josephinens Empfindungen für mich, sogar Beweise von Liebe, ungeachtet sich jene Erscheinungen auch wohl anders erklären ließen. Aber um nicht zu verzweifeln, mußte ich mich überreden, ich sei dem Fräulein von Tarnau nicht gleichgültig gewesen. Lieber kein Leben, als ein Leben ohne sie; lieber Wahnsinn und glücklich, als Wahrheit und elend!

Unter solchen Empfindungen und Ueberlegungen kam ich wieder in Wien an. Erst als ich in der Ferne die Thürme vor mir sah, fiel mir ein, daß ich, der alle Möglichkeiten berechnet hatte, doch die einzige nicht in Erwägung genommen: Josephine sei vor einem Jahre eine Fremde gewesen, wie ich, und schwerlich noch da.

——————

Wie mir's in Wien ging, habe ich gleich anfangs erzählt. Das Fräulein von Tarnau war verschwunden. Der Gasthof hatte einen neuen Herrn bekommen; da konnte mir kein Mensch rathen. Alle meine Bekannten wußten so wenig von ihr, und wohin sie gereiset, als ich. Man schrieb, mir zu Gefallen, nach Augsburg, von wo sie oder ihre Tante Wechsel und Empfehlungsbriefe mitgebracht hatte. Aber der Augsburger Korrespondent war in der Zeit gestorben, und seine Erben konnten von keinem Fräulein von Tarnau Auskunft geben.

Genug, ich war in Verzweiflung. Am unbarmherzigsten zürnte ich gegen mich selbst. Denn war's nicht meine Schuld, daß ich bei meinem ersten Aufenthalt in Wien so unverzeihlich nachlässig gewesen, und mich um nichts bekümmert hatte, was sie, ihre Familie, ihren Wohnort betraf? Freilich, damals dachte ich auch noch nicht daran, daß ich mich fünf Vierteljahre nachher in sie verlieben würde.

Was mich in meinen Schmerzen am meisten erquickte, meine Leidenschaft aber nur gewaltiger anfachte, waren ihre Zimmer. Diese bewohnte ich nun. Ich fand da noch die gleichen Möbeln: den gleichen Stuhl, auf dem sie gesessen; den gleichen Tisch, an dem sie geschrieben hatte. Alles Vergangene lebte so hell, so gegenwärtig um mich, daß ich zuweilen erschrocken von meinem Sitze auffuhr, wenn etwas an der Stubenthür vorüberrauschte, und ich meinte, sie werde es sein, und mit der Tante hereintreten.

Im Zimmer selbst blieb nichts ununterfucht, denn ich hoffte noch irgend eine Spur von ihr zu entdecken. Zwanzigmal musterte ich die Wände vom Boden zur Decke, um unter den Inschriften vieler Reisenden vielleicht auch ihren Namen, eine Anzeige ihres Vaterlandes zu finden. Alles umsonst.

Seltsam — aber unbedeutend genug, gleich den ersten Tag, da ich das Zimmer bezog, fand ich in einem Ziehkästchen des Schreib- tisches — lache nur Niemand! — eine schöne, glänzende braune Bohn e. Man weiß, welch' ein heiliges Symbol mir diese Frucht geworden war. Und nun gar ein Fund in Josephinens Zimmer! — Ich hob die Bohne sorgfältig auf. Und als ich nun die beste Hoffnung aufgab, die Liebenswürdige je wieder unterm Monde zu finden, nahm ich die Bohne, trug sie zu einem Juwelier, ließ sie in Gold faffen, um sie beständig an seidener Schnur auf meiner Brust zu tragen, als Andenken an die Liebenswürdigste ihres Ge- schlechts, als ewige Erinnerung an meinen — tragischen Roman.

So schied ich aus Wien. Ich war sehr unglücklich, sehr trost- los. Ich schwor, mich nie zu vermählen. Ach, man schwört in der Uebereilung mancherlei!

Ich kam mir in meinem Vaterstädtchen wie ein Wittwer vor; alle Mädchen schienen mir unerträglich, fade und alltäglich; ich vergrub mich in Geschäften; zerstreute mich mit gewagten Unter- nehmungen; sah keine Gesellschaften; mied allen Umgang. Nur Josephinens Bild schwebte beständig, wie ein Engel, um mich her, und die Bohne auf meiner Brust war mir ein so liebes Eigenthum, als hätte ich das Kleinob von ihrer eigenen Hand empfangen. Man gönne doch dem Unglücklichen seine Träume! Ich bildete mir zu- letzt selber ein, die schöne Tarnau habe die Bohne eigenhändig in das Ziehkästchen des Schreibtisches gelegt. Ein beseligender

Wahnsinn ist am Ende so gut, wie alle Philosophie, durch welche man sich selig machen möchte.

Mein Aeußeres muß freilich nicht so viel Seligkeit haben vermuthen lassen; denn Alle hielten mich für melancholisch, krank und dem Untergange nahe. Vettern und Basen bestürmten mich mit Bitten, Einladungen, Zerstreuungen; sogar Doktoren wurden mir ins Haus geschickt. Ich mochte von Allem nichts.

Um aber die Quäler los zu werden, und zu zeigen, daß ich noch sei, wie ein anderer Mensch, ließ ich mir's gefallen, dann und wann in der Woche eine der Abendgesellschaften meiner Freunde zu besuchen.

So nahm ich einst auch die Einladung des Justizraths Hildebrand an. Nun werden Sie die wunderbare Katastrophe meines Lebens hören.

Ich fuhr etwas spät zum Justizrath; Geschäfte hatten mich aufgehalten. Schon war die Gesellschaft mir bekannt, mit Ausnahme eines Einzigen, der mir als Oberstlieutenant in russischen Diensten, und seit Kurzem Besitzer des Priestischen Gutes, anderthalb Stunden von unserer Stadt gelegen, vorgestellt ward. Ich hörte wenig auf das; machte mein stummes Kompliment, legte den Hut ab und setzte mich. Man war gesprächig, mir desto lieber, denn ich hatte keine sonderliche Lust zu plaudern.

Der russische Oberstlieutenant, ein großer, starker Mann, von angenehmer, Ehrfurcht erregender Bildung, schon über die Sechszig hinaus, aber noch voller Feuer, beschäftigte meine Aufmerksamkeit am meisten. Er trug einen Orden im Knopfloch; auf Stirn und Wange ein paar Narben. Seine Stimme war sehr laut und gebieterisch; man merkte ihm den kommandirenden Offizier an. Die Rede war bald von Persien, bald von der Moldau. Der Oberstlieutenant hatte da Feldzüge mitgemacht; man ließ sich gern von ihm erzählen, und er erzählte gut.

Nach dem Nachtessen ließ der Justizrath Punsch herumgehen bei Tisch: Die Unterhaltung war indessen lebhafter geworden. Der alte Offizier sprach von einer Schlacht, und wie er, an einer Brustwunde verblutet, vom Pferde gesunken und von den Türken gefangen genommen worden wäre. In der Lebhaftigkeit seines Vortrages riß er die Weste von einander, seine Brustwunde zu zeigen; da bemerkte man, daß er an seidener Schnur eine kleine goldene Kapsel auf der Brust trug. Er selbst nahm die Schnur hervor und rief: „Alles raubten mir die Janitscharen, nur dies Juwel, das Köstlichste meiner Besitzungen, rettete ich!"

Natürlich, Jeder glaubte, es sei ein Diamant von seltener Größe, oder eine Perle von ungeheuerm Werth darin; eine Beute aus dem Orient.

„Ach, nicht doch!" rief der Oberstlieutenant: „es ist nur eine Bohne!"

„Eine Bohne?" schrien Alle.

Ich ward feuerroth, glaube ich, oder todtenblaß, oder abwechselnd eins um das andere; denn ich wußte mich vor Schrecken kaum zu fassen. „Wie kommt der Mann zu einer Bohne, die er, als ein Heiligthum, in Gold gefaßt, an seidener Schnur auf seiner Brust trägt, gerade wie ich? — Denke sich Jeder in meine Lage, und wie mir zu Muthe sein mußte. Gern hätte ich erfahren, warum er die Bohne trüge, aber ich war wie gelähmt. Ich konnte keine Silbe hervorbringen. Ich stürzte ein Glas Punsch hinunter, um mir Muth zu der Frage zu machen. Ehe ich sie aber that, war sie schon von allen Anwesenden gethan.

„Das will ich Ihnen wohl sagen!" sprach der alte Offizier, und stopfte seine Pfeife: „Aber ich fürchte, die Geschichte ist Ihnen nicht interessant genug. Laden Sie Ihre Pfeifen, meine Herren."

Jeder gehorchte, sogar ich, der sonst nicht raucht. Doch nahm ich die kalte Pfeife an die Lippen, aus bloßer Furcht, der Oberst-lieutenant möchte nicht erzählen, wenn er mich ohne das beliebte Instrument sähe.

Meine Herren, ich war im fünfzehnten Jahre Kadet, im zwanzigsten Lieutenant, sagte der alte Herr. — Aber im fünfundzwanzigsten Jahr ist man noch weit mehr, als nur Lieutenant. Man ist ein Gott, nota bene! wenn man verliebt ist. Und das war ich.

Unser Oberst hatte eine Tochter, das schönste, geistvollste Mädchen im ganzen Königreich, und ich hatte, nebst zwei gesunden Augen, ein extragesundes Herz. Daraus erklär' ich Alles. Die junge Gräfin von Oberndorf — ich aber nannte sie in der Stille lieber bei ihrem Taufnamen Sophie, denn ich war, nota bene! kein Graf — also Sophie war sechszehn Jahre alt, und, wie gesagt, ich fünfundzwanzig. Sie werden ohne Mühe begreifen, was daraus für Unheil entstehen mußte. Es war ganz unvermeidlich, sage ich Ihnen. Jeder von Ihnen sieht das gewiß ein; aber der Herr Oberst, der sonst in Regimentssachen einen Sperberblick hatte, sah das gar nicht; doch, nota bene! meine Liebe war halter auch nicht Regimentssache.

Uebrigens galt ich viel bei ihm; er hatte mich lieb, wie einen Sohn; er hatte meine Aeltern gekannt, die nun todt waren. Er vertrat bei mir Vaterstelle, und ich wäre um Alles in der Welt gern sein Sohn gewesen. Aber daran durfte nicht gedacht werden. Er war Oberst, ich Lieutenant; er Graf, ich nicht; er reich, wie ein Crösus, ich blutarm. Nun wissen Sie Alles. Der Abstand unter uns war zu groß.

Die Gräfin Sophie nahm es mit Titel, Armuth und Lieutenantsstelle nicht halb so genau, als der alte Kriegsheld; allein sie war auch in vielen Stücken klüger, als er.

Ich bemerkte zwar, daß sie gegen mich freundlicher, als gegen jeden andern Offizier war; daß sie sich mit mir am liebsten unterhielt; mit mir am liebsten tanzte; im Sommer mit mir am liebsten im Garten ging, und sich im Winter von mir am liebsten im Schlitten fahren ließ — daraus konnte ich indessen noch nicht schließen, ob sie mich liebe. Aber daß ich s i e liebte, anbetete, vergötterte, das wußte ich nur zu wohl.

Tausendmal wollte ich ihr Alles bekennen, war ich im Begriff zu ihren Füßen hinzusinken — aber, lieber Gott, ich bin seitdem, weiß nicht wie oft, mit leichterm Herzen nebst meinem Bataillon gegen Batterien Sturm gelaufen, als damals der herrlichen Sophie nur einen S c h r i t t näher. Es ging nicht, sage ich.

Doch, ich will Sie mit meinen Liebes= und Leidensgeschichten nicht lange aufhalten, sondern gleich die Hauptsache erzählen.

Ich mußte eines Abends dem Herrn Obersten Rapport bringen. Er war nicht zu Hause; das war halter kein großes Unglück; denn Gräfin Sophie saß allein im Zimmer, und erlaubte mir, den Vater bei ihr zu erwarten.

Gar wunderlich ging es uns. Trafen wir in größern Gesellschaften zusammen, so konnten wir des Plauderns nie ein Ende finden; waren wir hingegen a l l e i n, was man nennt, u n t e r v i e r A u g e n, so wußten wir nichts zu sagen. Ach, wir wußten es wohl, aber, nota bene! wir konnten es nur nicht sagen! — Ich weiß nicht, meine Herren, ob es Ihnen in Ihren jüngern Jahren je so fatal gegangen ist.

Vor der jungen Gräfin lag auf dem Tische, zwischen den brennenden Kerzen, ein umgelegtes Damenbrett. Man nannte das Ding ein Mühlenspiel; dabei lagen eben so viele weiße, als bunte Bohnen, mit denen man auf dem Spielbrett Plätze zu bezeichnen hat.

Nach einer langen Pause in unserm Gespräch — doch dergleichen

Pausen waren, nota bene! nichts weniger als langweilig — invitirte mich die Gräfin zum Spiel. Sie gab mir die bunten Bohnen und behielt die weißen. Sie gebührten ihr schon der Unschuldsfarbe wegen. Wir spielten. Ihre Mühle war jeden Augenblick voll. Das konnte nicht fehlen, es mußte unter uns Zank geben; und ich zankte gern mit ihr, denn im Zank konnte ich ihr so manches sagen, was ich bei ruhigem Blute ihr nie zu sagen den Muth gehabt hätte.

Nun war's, als wären wir in großer Gesellschaft, das heißt, wir plauderten um die Wette. Gräfin Sophie hatte Geist und Witz; sie lachte, neckte mich, und trieb mich mit ihren Einfällen so in die Enge, daß ich in der Verzweiflung nicht wußte, was antworten? Ich nahm in der Erbitterung eine meiner braunen Bohnen, und um die schöne Spötterin zu strafen, die mich so schelmisch triumphirend anlächelte, warf ich ihr die Bohne zu. Die Bohne flog im Bogenwurf und bedrohte das feine Näschen meiner Gegnerin; aber wie sie den schönen Kopf zurückbog, um der leichten Bombe auszuweichen — ach! fiel mein Geschoß durch die Falten ihres Halstuchs hinab zum Busen. Zum Glück war's kein Pfeil.

Und doch erschrak ich, und Alles glühte in mir vor Angst. Sophie ward roth und senkte ihre Augen schamhaft nieder. Nun waren Scherz und Spiel und Zank vorbei. Ich konnte nicht reden, und sie war stumm. Ich mußte fürchten, durch meine Unart ihren Zorn verdient zu haben. Ich blickte schüchtern zu ihr hinüber; sie sah auf und gab mir einen etwas düstern Blick. — Das konnte ich nicht ertragen. Ich stand auf; ich bog meine Knie vor der Angebeteten, drückte ihre Hand an meine Lippen, und flehte Verzeihung. Sie antwortete keine Silbe, aber doch entzog sie mir die Hand nicht.

„O Gräfin, o theure Sophie! zürnen Sie mir nicht. Ich würde sterben," rief ich, „wenn Sie mir böse wären. Denn nur für

Sie, nur durch Sie lebe ich. Ohne Sie ist mein Dasein nichts werth. Sie sind meine Seele, mein Himmel, mein Alles."

Genug, ein Wort gab das andere. Ich erzählte ihr mit Thränen im Auge so viel, und sie, mit Thränen im Auge, hörte so viel! Ich bat um Antwort und ließ ihr doch keine Zeit zur Antwort, und nota bene! der Herr Oberst stand drei Schritte vor uns im Zimmer, ohne daß Sophie, noch ich, ihn gehört oder gesehen hatten, wie er hereintrat. Ich glaube, der muß wie ein Gespenst geschlichen sein. Gott habe ihn selig! er ist jetzt im Paradiese.

Sehr überraschend kam uns daher das Donnerwetter seiner fürchterlichen Stimme, mit der er uns Unglücklichen eine ganze Reihe alter und neuer Regimentsflüche zuschnob. Ich sprang auf, ihm entgegen. Sophie, ohne die Besinnung zu verlieren, desgleichen. Wir wollten uns entschuldigen, wenn da was zu entschuldigen war. Er aber ließ uns nicht zur Sprache kommen.

„Schweigt!" rief er mit einer Gewalt, als hätte er, statt mit zwei Sündern, mit zwei Regimentern Kavallerie zu verhandeln: „Du, Sophie, verreisest morgen. — Sie, Herr Lieutenant, fordern Ihren Abschied, oder verlassen die Provinz, oder sind des Todes."

Damit drehte sich der Oberst um, und verließ hastig das Zimmer. Ich gestehe, des Mannes Klugheit mitten in seinem Ungestüm verdient Bewunderung. Denn ich halte es für sehr klug, daß er uns allein ließ, wir hatten uns noch viel zu sagen.

Gräfin Sophie stand mitten im Zimmer da, das schöne Haupt auf die Brust niedergesenkt, die Hände schlaff vor sich hingefaltet, wie eine Bildsäule.

„O Sophie!" sagte ich, und stürzte zu ihr, umschlang sie mit meinen Armen und drückte sie mit Inbrunst an mein Herz: „Sophie, nun verliere ich Sie auf ewig!"

„Nein," erwiederte sie fest: „nicht auf ewig. So lange ich

athme, bleibt Ihr Andenken in meinem Herzen." Und dies sagte
sie mit einem Tone — o! mit einer Stimme, die mir tief durch
alle Nerven bebte.

„Bin ich Ihnen etwas werth, Sophie?" fragte ich leise, und
drückte meine glühende Lippe auf ihren Rosenmund. Sie sagte
nicht Ja, nicht Nein, aber erwiederte meinen Kuß, und ich verlor
die Erde unter den Füßen; meine Seele hatte keinen Leib mehr; ich
berührte die Sterne; ich wußte nun von der Seligkeit der Serafim.

Sie weinte. Ihr Schluchzen erweckte mich.

„O Sophie," rief ich, sank zu ihren Füßen und umarmte ihre
Knie: „Ich schwöre es dir: Dir gehöre ich allein, so lange ich
athme, und wohin mich auch mein Schicksal verschlagen mag!"

Nun entstand Todtenstille — unsere Seelen schworen zusammen.
Plötzlich fiel etwas auf den Boden nieder. Es war die unglückselige Bohne, welche an allen unsern Leiden schuld gewesen. Ich
nahm sie, stand auf, und hielt sie Sophien mit den Worten vor:
„Dies ist das Werk der Vorsehung! Ich behalte sie zum Andenken
dieses Abends."

Die Gräfin schloß mich mit Heftigkeit in die Arme; ihre Augen
glänzten schöner. „Ja, es ist eine Vorsehung!" lispelte sie,
wandte sich ab und ging in ein Nebenzimmer.

Am folgenden Morgen, oder vielmehr schon in der Nacht war
sie verreiset. Der Oberst behandelte mich auf der Parade mit
verächtlicher Kälte. Ich kam um Entlassung ein, erhielt sie, und
nun reisete ich ab. Wohin? war mir gleichgültig. Freunde gaben
mir Empfehlungen nach Petersburg und versorgten mich mit
Reisegeld.

„Es ist halter eine Vorsehung!" dachte ich, und reisete dem
rauhen Norden zu. Sophie war mir auf immer verloren; nichts
hatte ich mehr von ihr, als die schmerzliche Erinnerung, und —
die verhängnißvolle Bohne. Diese ließ ich zu Königsberg in

Gold faffen, und so trage ich sie nun seit zweiundvierzig Jahren getreu auf meiner Brust.

Die erhaltenen Empfehlungen gewannen mir bald eine Ober-lieutenantsstelle. Das Leben war mir ziemlich gleichgültig, darum war ich ziemlich tapfer. Ich schlug mich in Asien und Europa herum; bekam Beute, Ehre, Orden, und was sich der Soldat sonst wünscht. Nach etlichen und zwanzig Jahren hatte ich's end-lich bis zum Oberstlieutenant gebracht. Ich war dabei alt gewor-den, meine Jünglingshistorien waren halter vergessen, nota bene! aber die Bohne blieb mir nicht minder lieb.

Als ich in der Schlacht bei Kiburn im Liman Anno acht-undachtzig von den Janitscharen gefangen ward — es war ein heißer Tag, der Prinz von Nassau machte seine Sache gut! — da plünderten mich die Janitscharen rein aus; aber die heilige Bohne fanden sie doch nicht. Sie war auch vom Blut meiner Brustwunde ganz gebadet. Da dachte ich zu sterben. Ich ward von den Un-gläubigen zwei Tage lang herumgeschleppt, aber immer von un-serer Reiterei verfolgt, ließen sie mich zuletzt halbtodt auf freiem Felde liegen. Da fanden mich unsere Leute. Sie erbarmten sich mein. Ich kam ins Lazareth, und mußte, um mich wieder ganz herzustellen, an der Spitze eines Transports nach Moskau zurück.

Die Ruhe gefiel mir wohl. Ich hatte zu leben, und darum ward mir auch das Leben lieb. Nach zwanzig Jahren Dienst und sieben ehrenvollen Wunden konnte ich auf ehrenvolle Entlassung hoffen. Ich empfing sie, mit Pension. Das war mir recht, nota bene! aber nicht lange. Moskau ist eine behagliche Stadt, aber Unsereinem, der kein Kaufmann ist, doch langweilig. Petersburg ist eine schöne Stadt, aber all' ihre Pracht war doch nicht reizend genug, um mich des Städtchens vergessen zu lassen, wo ich mit dem Obersten von Oberndorf, und, nota bene! mit Sophien vor zwanzig Jahren in Garnison gewesen war.

Zu versäumen hatte ich nichts. „Willst doch das Städtchen einmal wieder sehen, und, wenn's sein kann, auch die Geliebte deiner Jugend, die nun entweder Großmama oder — todt ist. Lieber Gott, es wird sich indessen Vieles geändert haben!" dachte ich.

Die Pässe kamen an, und ich reisete ab, sah mich fein um in allen Städten, denn ich hatte nichts zu eilen, und also gelangte ich auch zu unserm ehemaligen Garnisonsstädtchen.

Lieber Gott, als ich nun den schwarzen spitzigen Kirchthurm mit vergoldetem Knopf hinter den vielen Gärten und Obstbäumen hervorsteigen sah, wie klopfte mir da das Herz! aber, nota bene! nicht des Kirchthurms wegen, sondern ich dachte an Sophien, und daß wohl ihr Grab nicht weit vom Kirchthurm sein möchte.

Es kannte mich Niemand mehr in der Stadt. Es ist wohl wahr, ein Vierteljahrhundert ist lange Zeit! Das Regiment, bei dem ich ehemals gestanden, war nicht mehr hier; statt dessen lagen hier Dragoner. Der Oberst von Oberndorf war gestorben vor vielen Jahren, und seine Tochter auf ihren Gütern in Mähren, hieß es, unweit Brünn. Ob sie noch lebe, wußte Niemand.

„Willst auch noch hin!" dachte ich: „Und wenn die Edle im Grabe liegt, so besuchst du ihr Grab, nimmst davon etwas Erde, läffest sie in Gold fassen und trägst sie statt der Bohne!"

In Brünn erfuhr ich mit freudigem Schrecken, sie lebe, wohne fünf Stunden von der Stadt auf einem schönen Gute und heiße noch immer Gräfin von Oberndorf.

Geschwind ich auf und dahin!" Man zeigte mir einen schönen Landsitz, umgeben von geschmackvollen Gartenanlagen. „Da wohnt sie!" — Ich bebte wieder, wie damals, da ich Lieutenant war, und hatte doch vor den Türken nicht gebebt.

Ich stieg aus dem Wagen. Schon sah ich die Holde, wie sie voll himmlischer Anmuth und Verwirrung mich erkennen würde.

„Ach, Weiberherzen! ob sie mich nur noch lieben mag?" dachte ich, und ging mit ungewissen Schritten durch den Garten.

Unter einer Laube von rothblühenden Akazien vor der Thür des Landhauses saßen zwei ältliche Damen und zwei jüngere Frauenzimmer. Sie lasen. Aber Sophien sah ich nicht.

Ich entschuldigte die Störung, welche ich verursachte; denn sie schienen alle durch mein plötzliches Erscheinen überrascht zu sein.

„Wen suchen Sie?" fragte mich eine der ältern Damen.

„Kann ich die Ehre haben, der Gräfin Sophie von Oberndorf meine Aufwartung zu machen?" sagte ich.

„Das bin ich selbst!" erwiederte zu meinem Erstaunen die beinahe Vierzigjährige. Es war mir als hätt' ich einen Anfall vom Schwindel.

„Erlauben Sie, daß ich mich setze, mir ist nicht wohl!" seufzte ich, und setzte mich, ohne eine Antwort abzuwarten. Lieber Gott, welche Verwandlung! Wohin war die blühendste aller Schönheiten geflohen! — Ich kam aus meinen Täuschungen zurück; ich besann mich auf das Vierteljahrhundert. Es war Sophie, ja, sie war's! aber die v e r b l ü h t e Sophie.

„Mit wem habe ich die Ehre mich zu unterhalten?" fragte sie mich. Ach, also sie kannte mich nicht mehr!

Ich wollte eine Szene vor den andern Damen vermeiden, und bat nur um einen Augenblick unter vier Augen. — Die Gräfin führte mich ins Haus, dann links in ein großes Zimmer. Das Erste, was mir in die Augen fiel, war das große in Oel gemalte Bildniß ihres Vaters. — Ich konnte lange keine Worte finden, mein Herz war so beklemmt. Ich starrte das Bild des Obersten an, bis mir die Augen von einer Thräne verdunkelt wurden. — „Ja, Alter," stammelte ich leise und mit einer Stimme, die nicht sehr fest war: „siehe nur deine Sophie an! — O, du hast an uns nicht wohl gethan!"

Die Gräfin stand verlegen neben mir, und schien sich vor meinen Deklamationen zu fürchten. Ich wollte sie aus der peinlichen Lage befreien, und konnte doch nicht mehr sprechen. Die Wehmuth hatte sich meiner zu sehr bemächtigt.

„Ihnen ist nicht wohl, mein Herr!" sagte die Gräfin und sah sich ängstlich nach der Thür um.

„O sehr!" seufzte ich: „Kennen Sie mich nicht!"

Sie faßte mich jetzt schärfer ins Auge, und schüttelte leise das Haupt. — Nun riß ich die Schnur mit der Bohne aus meinem Busen hervor, kniete vor ihr nieder, und sagte: „Ach, Sophie, kennen Sie diese Bohne noch, die uns vor fünfundzwanzig Jahren trennte? Ich habe sie treu bewahrt. — Sophie, damals sagten Sie, es gibt eine Vorsehung. Ja, es gibt eine."

„Mein Gott!" lallte sie mit matter Stimme, und ging an mir hinweg, warf sich aufs Sofa und wollte sich das bleich gewordene Gesicht verhüllen, hatte aber die Kraft nicht mehr. Sie hatte mich erkannt. Sie liebte mich noch.

Ich rief die Frauenzimmer zur Hilfe, die mit Entsetzen ihre Freundin erblaßt, und einen fremden Offizier in Thränen vor ihr hinknien sahen. Noch ehe sie Wasser und Riechfläschchen gebracht hatten, war die Gräfin schon wieder zu sich selber gekommen. Sie rieb sich die Augen, wie eine Träumende. Dann brach ein heftiger Thränenstrom hervor; sie schluchzte wie untröstlich, umschlang meinen Nacken mit ihren Armen und rief nur meinen Namen.

Genug, meine Herren, das war ein Augenblick, Engel hätten über uns weinen müssen. — Nun dachte ich nicht mehr ans Abschiednehmen. Die Gräfin behielt mich als Gast. O, wie viel hatten wir uns zu erzählen, wie treu hatte sie mich geliebt! — Was der alte Oberst einst verhindert hatte, das verhinderte nun weder er, noch seine Familie mehr. Sophie ward meine Gemahlin;

wohl etwas spät und doch nicht zu spät. Unsere Seelen liebten noch mit jugendlicher Gluth.

Meine Geschichte, oder die Geschichte dieser Bohne, ist damit zu Ende, nota bene! noch nicht g a n z. Denn ich muß doch sagen, daß das Kind, welches mir meine Sophie gebar, gerade auf der Brust ein Muttermaal mit auf die Welt brachte, wie eine Bohne gestaltet. Seltsames Spiel der Natur! Aber das Mädchen ist mir darum nur um so lieber.

————

So erzählte der Oberstlieutenant, aber ich hörte nichts mehr. Alles drehte sich mit mir im Kreise herum; vor meinen Ohren war's ein Brausen und Sausen, wie vom Meere. Nur zwischendurch ertönte mir noch der Name J o s e p h i n e.

Indem ward gemeldet, der Wagen des Oberstlieutenants sei vorgefahren. „Schlechterdings nicht,“ rief der Justizrath, „ich lasse Sie nicht zurück in der Nacht.“

„Ha,“ sprach der Oberstlieutenant, „es ist eine liebliche Nacht, und herrlicher Mondschein dazu.“

Man meldete meinen Wagen. Ich stand auf, ging zum Oberstlieutenant, nahm ihn bei der Hand, und sagte: „Sie heißen von Tarnau?“

Er verbeugte sich bejahend.

„Ich bitte Sie, bringen Sie diese Nacht bei mir zu,“ sagte ich, „es liegt viel daran. Sie dürfen nicht fort. Ich habe mit Ihnen Wichtiges zu reden.“ Ich sagte das so ernst, ich möchte sagen bewußtlos hin, und dabei zitterte ich so heftig fieberisch, daß der Alte nicht wußte, was er aus mir machen sollte. — Trotz dem blieb er standhaft. Er wollte zurück. Es brachte mich seine Halsstarrigkeit fast zum Verzweifeln.

„Kommen Sie!“ sagte ich, ergriff ihn bei der Hand und führte ihn gewaltsam auf die Seite, wo ich die Schnur aus der Brust zog und ihm die Bohne vorhielt: „Sehen Sie — nicht bloß Spiele der Natur — Spiele des Verhängnisses — auch ich trage die Bohne."

Der alte Herr riß die Augen weit auf, betrachtete mein Kleinod, schüttelte den Kopf und sagte endlich: „Mit solchem Talisman kann man nach meinem Tode noch meinen Geist beschwören. Ich bleibe und fahre mit Ihnen, wohin Sie wollen."

Er ging mit dem Justizrath, seinen Wagen abzubestellen. Weil ich ihm aber doch etwas verdächtig vorgekommen sein mochte, zog er Erkundigungen über mich ein. Der Justizrath war artig genug, ihm von mir alles Liebe und Schöne zu sagen. Ich bemerkte das, als sie wieder ins Zimmer hereintraten. Der alte Herr war so freundlich und wohlgelaunt, wie vorher. Er reichte mir ein Glas Punsch, und rief: „Also die Bohnen sollen leben! Nota bene, und worauf sie deuten." Wir stießen an. Das Leben kehrte wieder in mich zurück.

„Also, Sie sind der Herr von Walter?" hob er wieder nach einer Weile an.

„Nur Walter schlechtweg."

„Und waren vor etwa einem Jahr in Wien?"

„Da war ich!" antwortete ich, und mir ward, als verwandelte sich mein Wesen in eine Feuerflamme.

„So, so!" sagte er: „Meine Schwägerin hat mir viel von Ihnen erzählt. Sie wohnten mit ihr im gleichen Gasthof. Sie haben viel Aufmerksamkeit für die gute Dame gehabt — dafür wird sie Ihnen noch mündlich danken."

Jetzt ward das Gespräch wieder allgemeiner, bis Alles zum Abschied aufbrach. Der Oberstlieutenant fuhr mit mir nach Hause. Ich brachte ihn sogleich in das für ihn bestimmte Zimmer.

„Und nun?" fragte er: „Ich bin Ihnen bisher gehorsam gewesen. Was haben Sie Wichtiges mit mir?"

Ich fing von Wien an, von der Tante, von Josephinen.

„Das weiß ich Alles!" rief er: „Aber zum Teufel, wie hängt das mit der Bohne zusammen, die Sie mir zeigten?"

Ich legte nun Generalbeichte ab. Er erfuhr Alles.

„Das weiß ich Alles!" rief er wieder: „Aber die Bohne, die Bohne!"

Nun erzählte ich ihm die zweite Reise nach Wien.

Er lachte laut auf, und schloß mich freundlich in die Arme. —

„Nun nichts mehr! Morgen sprechen wir mehr. Denn Sie begreifen wohl, ich habe dabei nichts zu sagen. Was wollen Sie von mir? — Morgen fahren Sie mit mir hinaus aufs Gut. Da werden Sie Josephinen sehen; da werden Sie meine Sophie kennen lernen. Das ist klar, man muß sich einander kennen lernen."

Wir schieden; ich ging zu Bette, aber schlafen konnte ich nicht, als in fieberischem Geträume.

„Herr Walter, jetzt rund heraus mit der Wahrheit!" sagte der Herr von Tarnau am folgenden Morgen beim Frühstück: „Ich weiß, Sie sind ein reicher Mann; ich sehe, Sie sind ein junger Mann, vor dem die Mädchen eben nicht aus Entsetzen ins Kloster laufen; ich höre, Sie sind ein Biedermann, welchen alle Welt schätzt; ich erfahre nun von Ihnen, Sie sind ein verliebter Mann. Aber das zusammengenommen, Herr, wiegt noch nicht schwer genug, um . . . ."

„Mir fehlt das Adelsdiplom!" fiel ich ihm ins Wort.

„Nein, Herr, wo Geist und Herz Gottesadel haben, da ist Menschenadel zuletzt entbehrlich. Ich war auch nur gemeiner Edelmann, und Gräfin Sophie liebte mich doch."

„Was fehlt mir?" fragte ich.

„Das sage ich Ihnen jetzt, nota bene, weil es Morgen ist.

Des Abends, wenn der Mensch durch des ganzen Tages Last und Mühe erdrückt, und der stärkste Mann schwächer, der größte etwas kleiner geworden ist, des Abends soll man keinem einen Stroh= halm auf die Schulter legen. Also rund heraus: mit Ihrer Bohne da ist's ein anderes, als es mit der meinigen war. Die meinige war das Werk der Vorsehung; erst ein Stein des Aergernisses; dann ein Eckstein und Grundpfeiler treuer Liebe; endlich eine Welt, die sich zwischen vereint gewesene Herzen warf, und zuletzt die Boussole, welche uns wieder zusammenführte. Ihre Liebe ist großes Spiel der Phantasie. Ich lebte für Sophien seit dem Augenblicke, da ich sie sah; Sie aber kamen erst ein gutes Jahr hintennach auf den Einfall, Josephinen zu lieben. Sie begreifen, dagegen läßt sich nichts einwenden. Sie werden von Ihrem Traum erwachen, wenn Sie meine Tochter wiedersehen, und sich die Himmlische Ihrer Einbildungen in ein ganz natürliches, irdisches Mädchen verwandelt. Endlich, und nota bene! greifen wir ohne anders in der Fronte an: Josephine liebt Sie nicht."

„Das ist hart!" seufzte ich: „aber sind Sie dessen gewiß?"

„Wir fahren heute auf mein Gut, da werden Sie sich über= zeugen. Was ich von Ihnen und Ihrem Aufenthalt in Wien weiß, habe ich von meiner Schwägerin, nicht von meiner Tochter, die sich kaum erinnern mag, wie Sie heißen. — Noch mehr, wir haben einen gefährlichen Nachbar, den jungen Grafen von Holten. Er besucht uns oft; Josephine sieht ihn gern. Ich ertappte sie oft, wenn ihre Blicke minutenlang mit Wohlgefallen auf ihm ruhten, und wenn sie mein Belauschen bemerkte, ward sie feuerroth und hüpfte lachend und singend davon."

„Wenn's so ist, Herr Oberstlieutenant," — sagte ich nach einer langen Pause, in der ich mich zu sammeln suchte: „wenn's so ist, fahre ich nicht mit Ihnen. Mir ist besser, Ihre Tochter nie wie= der zu sehen."

„Sie irren sich. Ihre Ruhe ist mir lieb. Sie müssen sie sehen, um Ihre Einbildung zu berichtigen und vollkommen zu genesen."

Nach langem Für und Wider setzte ich mich zu ihm in den Wagen. In der That spürte ich wohl, die Phantasie möchte mir einen Streich gespielt haben. So lange ich in meinen Liebesträumen allein lebte, ward ich meinem Ideal so innig vertraut, schmückte ich Josephinen mit so verklärenden Reizen aus, dichtete ich ihr — denn es that meiner Schwärmerei wohl! — so stille, zarte, treue, stumme Gegenliebe an, daß ich erst jetzt, da ich das erste Mal mit einer dritten Person über meine Herzensangelegenheit Worte wechselte, bemerkte, die Hälfte meiner Geschichte sei von mir selbst erfunden. So lange ein Gedanke oder eine Empfindung nicht ausgesprochen ist, kennen wir deren Gestalt nicht. Erst die Hülle des Gedankens, das Wort, gibt den Vorstellungen Bestimmtheit und Wesen, scheidet den Traum von Wahrheit, und setzt den Geist ins Verhältniß, über sie, wie von ihm gesonderte, fremde Wesen zu urtheilen.

Es war ein schöner Juniusmorgen, als wir nach dem Tarnauschen Gute hinausfuhren, und — worüber ich selbst erstaunte — mein Gemüth blieb so hell und ruhig, wie es seit einem Jahre nicht gewesen war. Meine einfachen, höflichen Verhältnisse zu Josephinen und ihrer Tante während des ersten Aufenthalts zu Wien standen so klar vor meiner Erinnerung da, daß ich selbst nicht begreifen konnte, wie ich noch gestern, und seit Monaten und Tagen daraus einen Fieberrausch geschaffen hatte. Ja, das Aergste war, ich erkannte jetzt, daß ich Josephinen in Wien gar nicht geliebt hatte; daß ich sie auch jetzt nicht liebte, wiewohl ich sie sehr liebenswürdig finden konnte.

Der Wagen hielt vor einer einfachen Villa still. Die Bedienten sprangen herbei. Der Oberstlieutenant führte mich in ein Zimmer, wo uns ein paar betagte Damen freundlich entgegen traten.

Er nannte ihnen meinen Namen; dann, indem er die älteste der Frauen in seinen Arm nahm, sagte er: „Und dies ist meine Sophie!"

Ich verbeugte mich ehrfurchtsvoll vor der sechzigjährigen Matrone, die mir durch die Erzählung vom gestrigen Abend so interessant geworden. „Ach!" seufzte ich still im Herzen: „was sind Jugend und Schönheit!"

Beinahe hätte ich glauben sollen, der welterfahrene Veteran habe den Inhalt des Seufzers mir aus den Augen gelesen. Er drückte die Hand seiner Gemahlin küssend an den Mund, und sagte lächelnd: „Nicht so, Freund? Wenn man die alten Herren und Frauen sieht, man kann sich fast nicht überreden, daß sie auch einmal jung gewesen sein sollen; und sieht man die Jungfrau in aller Frische ihres schönen Blühens, man würde wetten wollen, sie könne nie Runzeln und graues Haar bekommen."

Die Tante Josephinens erkannte mich so gut, als ich sie. Sie sagte mir viel Verbindliches; wir setzten uns um den Tisch; wir frühstückten, den Damen zur Gesellschaft, zum andernmale.

„Und wo steckt Josephine?" fragte der Alte: „Sie wird sich freuen, ihre Wiener Bekanntschaft zu erneuern."

„Sie ist mit Graf Holten hinaus in den Garten. Da sind noch Aurikeln zu begießen, ehe die Sonne zu hoch tritt!" entgegnete die Tante; und ich bekam ein kleines Fröstelln. Alle meine alten Einbildungen waren dahin. — Doch faßte ich mich schnell. Ich hatte hier niemals Ansprüche gehabt; ich hatte keine zu verlieren. Ich fing beinahe an, mich der Thorheiten meines Herzens und der Geniesprünge meiner Phantasie zu schämen. Ich ward munter, stimmte in den unbefangenen fröhlichen Ton der Gesellschaft, und erzählte der Tante sogar, wie ich sie bei meinem zweiten Aufenthalt in Wien so peinlich vermißt hätte.

Während des Gesprächs trat ein junger Mann, von edler,

äußerer Bildung, ins Zimmer. Sein Gesicht war blaß, sein Auge todt und düster; in seinem Wesen lag etwas Unnatürliches, Verstörtes.

„Gnädige Frauen," sagte er hastig und eintönig, als hätte er die Anrede einstudirt, „erlauben Sie, daß ich mich bei Ihnen beurlaube. Ich verreise heute nach der Residenz — ich habe — ich bin — ich werde vielleicht einige Zeit abwesend sein. Es ist eine weite Reise vielleicht."

Der Oberstlieutenant hatte den Kopf nach ihm umgedreht, und sah ihn unbeweglich an.

„Was ficht Sie an, Graf Holten?" rief er: „Sie sehen aus wie einer, der einen Mord begangen hat."

„Nein," erwiederte mit gewaltsamem Lächeln der junge Mann, „wie einer, an dem ein Mord begangen worden ist."

Darauf küßte er den Damen die Hände, umarmte den Oberstlieutenant und flog wieder zur Thür hinaus, ohne ein Wort weiter zu sagen. Der Oberstlieutenant ihm rasch nach. Die Frauenzimmer waren in bitterer Verlegenheit. Ich erfuhr, dieser junge Mann sei der Graf Holten aus der Nachbarschaft; gestern Abend, wie oft geschehen, zum Besuch angekommen; noch vor einer Stunde sehr vergnügt gewesen, und nun sich selbst nicht mehr ähnlich.

„Was ist ihm begegnet?" fragten die Damen den Oberstlieutenant, als er nach geraumer Zeit wieder zurückkam.

Der Alte ward ernsthaft, schüttelte den Kopf, und lächelte endlich zu seiner Sophie hinüber und sagte: „Frage doch Josephinen."

„Hätte Sie ihn beleidigt?" forschte die Tante betroffen.

„Wie man's nimmt!" erwiederte er: „Es ist eine lange Geschichte, der Graf aber gab sie mir mit zwei, drei Worten: „Ich liebte, und ward nicht wieder geliebt."

Indem öffnete sich die Thür, und das Fräulein von Tar-

nau trat herein. Sie war's! und liebenswürdiger, schöner, als
ich sie in Wien, anmuthiger, als ich sie in meinen Träumen ge=
sehen. Ich stand auf, wollte ihr entgegen — — aber meine Knie
wankten, ich war festgebannt — ich stammelte unzusammenhängende
Worte — war der glücklichste und elendeste aller Sterblichen.

Hoch erröthend stand Josephine unter der Thür, starrte mich an,
wie eine Geistererscheinung, und trat dann, bald von ihrer Ueber=
raschung genesen, lächelnd zum Tische vor. Nun, nach den ersten
umgewechselten Begrüßungen, ward das Räthsel unsers unver=
mutheten Zusammentreffens gelöset, ich erzählte, daß ich erst
gestern von ihrem Hiersein erfahren; sie, daß ihr Vater die mähri=
schen Güter unangenehmer Familienverhältnisse willen verkauft,
und sich hier in der reizendsten Landschaft von der Welt angesie=
delt habe.

„Ach, Tante, liebe Tante!" rief sie, indem sie die Hand der
Tante in ihre beiden schloß, und an ihre Brust drückte, und mich
mit Blicken musterte, aus denen die Freude unzweideutig schim=
merte: „Habe ich's Ihnen nicht gesagt? habe ich nicht Recht
gehabt?"

Die alte Tante warf lächelnd einen Schweigen fordernden Blick
auf Josephinen. — Die Mutter schlug die Augen nieder, um eine
gewisse Verwirrung zu verbergen. Der alte Vater beobachtete mit
forschendem Blick Einen um den Andern, stand auf, und raunte
mir mit lauter Stimme in die Ohren: „Herr Walter, es will
mich bedünken, Sie haben die Bohne dennoch am rechten Ort
gefunden. — Aber du, Josephine, was hast du mit dem Grafen
gehabt, daß er, nota bene! im Sturm davongegangen?"

Josephine antwortete ausweichend. — Alle erhoben sich. Man
ging in den Garten. Der Oberstlieutenant zeigte mir seine Ge=
bäude, Wiesen, Aecker, Ställe, Scheunen, während die Frauen=
zimmer im Pavillon des Gartens in lebhafter Unterredung waren.

Nach einer langweiligen halben Stunde kamen wir von der öko-
nomischen Reise zu ihnen zurück. Nun ward der alte Herr auf die
Seite genommen, und Josephine mir zur Begleitung gegeben.

Ich nahm mir vor, gegen Josephinen sehr zurückhaltend
zu sein, — ich fürchtete das Schicksal des Grafen Holten. Wir
sprachen von unserer Bekanntschaft in Wien, von unsern damaligen
Unterhaltungen, Spazierfahrten und kleinen Schicksalen. „Ach!"
rief Josephine, „und wenn Sie wüßten, was ich Ihretwegen gelitten, da Sie so plötzlich von uns gerissen wurden. Gewiß, seitdem ist kein — — ja, wir haben noch oft von Ihnen gesprochen."

Nun — wie hätte ich anders können? — nun erzählte auch
ich meine Schicksale, meine zweite Reise nach Wien, mein Wohnen in ihren Zimmern — und immer leiser, immer schüchterner —
den Fund der Bohne — meine Heimkehr in die Vaterstadt — die
Geschichte des gestrigen Abends. Dann schwieg ich. Aufzusehen
wagte ich nicht. Ich wühlte mit dem Fuß im Sande. Josephinens Schweigen dauerte lange.

Endlich war mir's, als hörte ich schluchzen. Ich sah auf. Sie
hatte ihr Gesicht ins Schnupftuch verhüllt. - Mit zitternder Stimme
fragte ich: „Um Gotteswillen, Fräulein, war Ihnen meine Auf-
richtigkeit unangenehm?"

Sie ließ das Schnupftuch fallen, und sah mich mit verweinten
Augen lächelnd an. „Ist das Alles Wahrheit?" fragte sie nach
einer Pause. Ich riß die Schnur mit der Bohne von meinem
Halse, und hielt sie ihr dar mit den Worten: „Die zeugt für mich."

Sie nahm die Schnur wie aus Neugier, um die goldene Ein-
fassung zu betrachten. Sie weinte heftiger. Da lehnte sie sich auf
meinen Arm, legte ihre Stirn auf meine Achseln und sagte: „Ich
glaube an eine Vorsehung, Walter!"

Da schloß ich meine Arme um das himmlische Geschöpf, und rief:
„O könnte ich jetzt sterben!" — Sie sah erschrocken zu mir auf.

Die Stimmen der Kommenden zwischen den Gebüschen der kleinen englischen Anlagen mahnten uns, ihnen entgegenzugehen. Josephine hatte noch die Schnur mit der Bohne in der Hand, als
wir vor ihren Aeltern standen. Der Oberstlieutenant sah es, und
lachte laut auf. — Josephine verbarg ihr schönes Antlitz an der
Brust der zärtlichen Mutter — doch wozu noch die Worte alle?
Sie wissen ja, daß Josephinen meine Gattin ist; ich wollte Ihnen
nur den Roman meiner Liebe erzählen.

Die Nacht in Brezwezmcisl.

Ich zweifle gar nicht, das Jahr 1796 mag wohl manche schreckliche Nacht gehabt haben, zumal für die Italiener und Deutschen. Es war das erste Siegesjahr Napoleon Bonaparte's und die Zeit von Moreau's Rückzug. Damals hatte ich in meiner Vaterstadt auf der Universität die akademischen Studien beendigt; war Doktor beider Rechte, und hätte mich wohl unterstanden, den Prozeß sämmtlicher europäischer Kaiser und Könige mit der damaligen französischen Republik zu schlichten, wenn man nur Grotius, Puffendorf und mich zum Schiedsrichter verlangt hätte.

Ich war inzwischen bloß zum Justizkommissär einer kleinen Stadt des neuen Ostpreußens ausersehen. Viel Ehre für mich. Mit dem einen Fuß schon im Amte, während mit dem andern noch im akademischen Hörsaale, heißt seltenes Glück. Das dankte ich der Eroberung oder Schöpfung eines neuen Ostpreußens und dem Falle Koszinsko's. Man macht es zwar dem höchstseligen König — wir andere Christen sterben nur schlechtweg selig, und die Bettler vermuthlich nur tiefstselig; man sagt, im Tode sind wir einander alle gleich, ich beweise im Vorbeigehen das Gegentheil! — Also man macht ihm zwar zum Vorwurf, an einer schreienden Ungerechtigkeit Theil genommen zu haben, da er ein selbstständiges Volk verschlingen half; aber ohne diese kleine Ungerechtigkeit, ich möchte sie gar nicht schreiend nennen, wären tausend preußische Musensöhne ohne Anstellung geblieben. In der Natur wird Eines Tod das Leben des Andern; der Häring ist für den Magen des Wallfisches, und das gesammte Thier- und Pflanzenreich, auch das Steinreich, wenn es nicht zuweilen unverdaulich wäre, für den Magen des Menschen da. Uebrigens läßt sich sehr gut beweisen, daß ein Mädchen, welches seine Ehre, und ein Volk, welches seine Selbstständigkeit überlebt, ihres eigenen Unglückes schuldig sind. Denn wer sterben kann, ist unbezwingbar, und eben der Tod ist der feste Stützpunkt eines großen, ruhmreichen Lebens.

Meine Mutter gab mir ihren besten Segen, nebst Wäsche und Reisegeld, und so reisete ich meiner glänzenden Bestimmung nach Neu-Ostpreußen entgegen, von dem die heutigen Geographen nichts mehr wissen, ungeachtet es doch kein Zauber- und Feenland war, das auf den Wink eines Oberon entsteht und verschwindet. Ich will meine Leser mit keiner langen Reisebeschreibung ermüden. Flaches Land, flache Menschen, grobe Postwagen, grobe Postbeamte, elende Straßen, elender Verkehr, und nebenbei Jedermann auf seinen Misthaufen stolz, wie ein Perser-Schach auf seinen Thron. Es ist einer der vortrefflichsten Gedanken der Natur, daß sie jedem ihrer Wesen ein eigenes Element anwies, worin es sich mit Behaglichkeit bewegen kann. Der Fisch verschmachtet in der Luft, der polnische Jude in der Eleganz eines Boudoirs.

Also kurz und gut, ich kam eines Abends vor Sonnenuntergang nach, ich glaube es hieß Brczwezmcisl, einem freundlichen Städtchen; freundlich, obgleich die Häuser rußig, schwarz, die Straßen ungepflastert, kothig, die Menschen nicht säuberlich waren. Aber ein Kohlenbrenner kann in seiner Art so freundlich aussehen, wie eine Operntänzerin, deren Fußtriller von Kennern beklatscht werden.

Ich hatte mir das Brczwezmcisl, meinen Berufsort, viel schreck-

licher vorgestellt; vermuthlich fand ich's gerade deswegen freund=
licher. Der Name des Orts, als ich ihn zum ersten Mal aus=
sprechen wollte, hat mir fast einen Kinnbackenkrampf zugezogen.
Daher mochte meine heimliche Furcht vor der Stadt selbst stammen.
Der Name hat immer bedeutenden Einfluß auf unsere Vorstellung
von den Dingen. Und weil das Gute und Böse in der Welt we=
niger in den Dingen selbst, als in unserer Vorstellung von ihnen
wohnt, ist Veredlung der Namen eine wahre Verschönerung des
Lebens.

Zur Vergrößerung meiner Furcht vor der neuostpreußischen Bühne
meiner Rechtskunst mochte auch nicht wenig der Umstand beigetra=
gen haben, daß ich bisher im Leben noch nicht weiter von meinem
Geburtsort gekommen war, als man etwa dessen Thurmspitze sehen
konnte. Ungeachtet ich wohl aus den Lehrbüchern der Erdbeschrei=
bung wußte, daß die Menschenfresser ziemlich entfernt wohnten,
erregte es doch zuweilen mein billiges Erstaunen, daß man mich
nicht unterwegs ein paarmal todt schlug, wo Ort und Zeit dazu
gelegen waren, und nicht Hund und Hahn um mein plötzliches Ver=
schwinden vom Erdball gekräht haben würden. Wahrhaftig, man
gewinnt erst Vertrauen auf die Menschheit, wenn man sich ihr,
als Fremdling und Gast, auf Gnade und Ungnade überläßt. Men=
schenfeinde sind die vollendetsten, engherzigsten Selbstsüchtlinge;
Selbstsucht ist eine Seelenkrankheit, die aus der Stetigkeit des
Aufenthalts entspringt. Wer Egoisten heilen will, muß sie auf
Reisen schicken. Luftänderung thut dem Gemüth so wohl, als
dem Leibe.

Als ich mein Brezwezmcisl vom Postwagen hinab zum ersten
Male erblickte — es schien aus der Ferne ein aus der Ebene stei=
gender Kothhaufen zu sein; aber Berlin und Paris stellen sich mit
ihren Palästen dem, der in den Wolken schifft, wohl auch nicht
prächtiger dar — klopfte mir das Herz gewaltig. Dort also war

das Ziel meiner Reise, der Anfang meiner öffentlichen Laufbahn, vielleicht auch das Ende derselben, wenn mich etwa die in Neuostpreußen verwandelten Polaken, als Söldner ihrer Unterdrücker, bei einem Aufruhr niederzumachen Lust bekommen haben würden. Ich kannte dort keine Seele, als einen ehemaligen Universitätsfreund, Namens Burkhardt, der zu Brczwezmcisl als Obersteuereinnehmer, aber auch erst seit Kurzem, angestellt war. Er wußte von meiner Ankunft; er hatte mir vorläufig eine Wohnung gemiethet und das Nöthige zu meinem Empfang angeordnet, weil ich ihn darum gebeten. Dieser Burkhardt, der mir vorzeiten ein sehr gleichgültiger Mensch gewesen, mit dem ich auf der Universität wenigen Umgang gehabt, den ich sogar auf Anrathen meiner Mutter gemieden hatte, weil er unter den Studenten als Säufer, Spieler und Raufer berüchtigt war, gewann in meiner Hochachtung und Freundschaft, je näher ich an Brczwezmcisl kam. Ich schwor ihm unterwegs Liebe und Treue bis in den Tod. Er war ja der einzige von meinen Bekannten in der wildfremden polnischen Stadt; gleichsam der Mitschiffbrüchige, welcher sich, auf demselben Brette, aus den Wellen an die wüste Insel gerettet hatte.

Ich bin eigentlich gar nicht abergläubig; aber doch kann ich mich nicht enthalten, dann und wann auf Vorbedeutungen zu halten. Wenn keine erscheinen wollen, mache ich mir sie. Ich glaube, man thut dergleichen im Müßiggang des Geistes; es ist ein Spiel, das für den Augenblick unterhaltend sein kann. So nahm ich mir vor, auf die erste Person Acht zu haben, die mir aus dem Thore der Stadt entgegenkommen würde. Ich setzte fest, ein junges Mädchen sollte mir zum glücklichen, ein Mann zum übeln Vorzeichen dienen. Ich war noch nicht mit der Anordnung der verschiedenen möglichen Zeichen fertig, als ich schon das Thor vor mir sah, aus welchem eine, wie es schien, sehr wohl gebaute, junge Brczwezmcislerin hervortrat. Vortrefflich! Ich hätte mit meinen von dem

preußischen Postwagen pflichtmäßig zerstoßenen und zermalmten Gliedern hinabfliegen und die polnische Grazie anbeten mögen. Ich
faßte sie scharf ins Auge, mir ihre Züge tief einzuprägen, und
wischte meine Lorgnette — denn ich bin etwas kurzsichtig — vom
letzten Sonnenstäubchen rein.

Wie wir aber einander näher waren, bemerkte ich bald, die
Venus von Brczwezmcisl sei etwas häßlicher Natur, zwar schlank,
aber schlank wie eine Schwindsüchtige, dürr, eingebogen, mit platter Brust. Auch das Gesicht war platt, nämlich ohne Nase, die
durch irgend einen traurigen Unfall verloren gegangen sein mochte.
Ich hätte geschworen, es wäre ein Todtenkopf, wenn nicht seltsamer Weise zwischen den Zähnen ein Stück Fleisch hervorgehangen
wäre. Ich traute meinen Augen kaum. Wie ich's jedoch näher
durch die Brille betrachtete, merkte ich wohl, die patriotische Polin
streckte vor mir zum Zeichen des Abscheu's die Zunge heraus. Ich
zog geschwind den Hut ab, und dankte höflich für das Kompliment.
Das meinige war der Polin vermuthlich so unerwartet, als mir
das ihrige. Sie nahm die Zunge zurück und lachte so unmäßig,
daß sie fast am Husten erstickte.

Unter diesen scherzhaften Umständen kam ich in die Stadt. Der
Wagen hielt vor dem Posthause. Der preußische Adler über der
Thür, ganz neu gemalt, war, vermuthlich von patriotischen Gassen-
buben, mit frischen Kothflecken beworfen. Die Klauen des königs-
lichen Vogels lagen ganz unter Unflath begraben, entweder weil
das vielgepriesene Raubthier mit den Klauen eben so viel, als mit
dem Schnabel zu sündigen pflegt; oder weil die Polen zu verstehen
geben wollten, Preußen habe am Neuostpreußischen so viel erwischt,
als der gemalte Adler zwischen den Pfoten trage.

Die alte Starostei.

Ich fragte den Herrn Postmeister sehr höflich nach der Wohnung des Herrn Obersteuereinnehmers Burkhardt. Der Mann schien nicht wohl zu hören, denn er gab keine Antwort. Da er sich aber bald darauf doch mit einem Briefträger unterhielt, schloß ich aus seiner Stummheit, er wolle mich durch die weltbekannte Postgrobheit überzeugen, daß ich in der That nirgendwo anders, als an einem der wohleingerichtetsten Postbüreau sei. Nach der sechsten Anfrage fuhr er mich heftig an, was ich wolle? Ich fragte zum siebenten Mal dasselbe, und zwar mit der verbindlichsten Berliner oder Leipziger Artigkeit.

„In der alten Starostei!" schnauzte er mich an.

„Um Vergebung, wenn ich fragen darf, wollen Sie mir nicht gefälligst sagen, wo ich die alte Starostei finde?"

„Ich habe keine Zeit. Peter, führe ihn hin."

Peter führte mich. Der Postmeister, der zum Antworten keine Zeit hatte, sah, die Pfeife rauchend, zum Fenster hinaus, auf der Straße mir nach. Vermuthlich Neugier. Bei aller mir angebornen Höflichkeit war ich doch im Herzen ergrimmt über die unanständige Behandlung. Ich ballte in meiner Rocktasche drohend die Faust und dachte: „Nur Geduld, Herr Postmeister, fällt Er einmal der Justiz in die Klauen, deren wohlbestellter königlicher Kommissär ich zu sein die Ehre habe, werde ich Ihm Seine Flegelhaftigkeit auf die allerzierlichste Weise einpfeffern. Der Herr Postmeister sollen zeitlebens meiner Rechtskniffe gedenken."

Peter, ein zerlumpter Polak, der mich führte, verstand und sprach das Deutsche nur höchst mühsam. Mein Gespräch mit ihm war daher so verworren und schauderhaft, daß ich es in meinem Leben nicht vergessen werde. Der Kerl sah dazu abscheulich drein mit seinem gelben, spitznasigen Gesicht und dem schwarzen struppi-

pigen Haar, ungefähr wie es unsere nord= und süddeutschen Zier-
bengel zu tragen pflegten, wenn sie schön thun wollten. Statt
des Tituskopfes zeigten sie uns gewöhnlich die Nachbildung eines
struppigen Weichselzopfes.

„Lieber Freund," sprach ich, während wir langsam im tiefen
Kothe wateten, „will Er mir doch wohl sagen, ob Er den Herrn
Burkhardt kennt?"

— Die alte Starostei! antwortete Peter.

„Ganz recht, bester Freund. Er weiß doch, daß ich zum Herrn
Obereinnehmer will?"

— Die alte Starostei.

„Gut. Was soll ich aber in seiner alten Starostei?"

— Sterben!

„Das hole der Teufel! Das kommt mir nicht in den Sinn."

— Mausetodt! sterben!

„Warum? Was habe ich verbrochen?"

— Preuße! Kein Polak!

„Ich bin ein Preuße."

— Weiß gut.

„Warum denn sterben? Wie meint Er's?"

— So und so und so! — Der Kerl stieß, als hätte er einen
Dolch in der Faust. Dann zeigte er auf sein Herz, ächzte und
verdrehte gräßlich die Augen. Mir ward bei der Unterredung ganz
übel. Denn verrückt konnte Peter nicht sein, er sah mir ziemlich
verständig aus, und Wahnsinnige hat man doch nicht leicht zu
Handlangern auf der Post.

„Wir verstehen uns vielleicht nicht vollkommen, scharmanter
Freund!" fing ich endlich wieder an. „Was will Er mit dem
Sterben sagen?"

— Todt machen. Dabei sah er mich wild von der Seite an.

„Was? Todt?"

— Wenn Nacht ist!

„Nacht? Die nächste Nacht? Er ist nicht wohl bei Trost!"

— Gar wohl Polak, aber Preuße nicht.

Ich schüttelte den Kopf und schwieg. Offenbar verstanden wir beide einander nicht. Und doch lag in den Reden des trotzigen Kerls etwas Fürchterliches. Denn der Haß der Polen gegen die Deutschen, oder was dasselbe sagen wollte, gegen die Preußen, war mir bekannt. Es hatte schon hin und wieder Unglück gegeben. Wie, wenn der Kerl mich warnen wollte? Oder wenn der dumme Tölpel durch seinen Uebermuth eine allen Preußen bevorstehende Mordnacht verrathen hätte? — Ich ward nachdenkend und beschloß, meinem Freund und Landsmann Burkhardt das Gespräch mitzutheilen; als wir vor der sogenannten alten Starostei ankamen. Es war ein altes, hohes, steinernes Haus in einer stillen, abgelegenen Straße. Schon ehe wir dazu kamen, bemerkte ich, daß die, welche vor dem Hause vorüber gingen, scheue, verstohlene Blicke auf das grauschwarze Gebäude warfen. Eben so that mein Führer. Der sagte nun kein Wort mehr, sondern zeigte mit dem Finger auf die Hausthür, und schob sich ohne Gruß und Lebewohl davon.

Allerdings war mein Eintritt und Empfang in Brczwezuciel nicht gar anmuthig und einladend gewesen. Die ersten Personen, welche mich hier begrüßten, die unhöfliche Dame unter dem Thor, der grobe, neuostpreußische Postmeister und der kauderwelsche verpreußte Polak hatten mir Lust und Liebe sowohl zu meinem neuen Aufenthaltsort, als zu meinem Justizkommissariat verbittert. Ich pries mich glücklich, endlich zu einem Menschen zu gelangen, der wenigstens mit mir schon einmal die gleiche Luft geathmet. Zwar Herr Burkhardt hatte nicht des besten Rufes genossen bei uns zu Lande; allein was ändert sich nicht im Menschen mit dem Wechsel der Umstände? Ist die Gemüthsart etwas anderes, als das Werk der Umgebungen? Der Schwache wird in der Angst zum Riesen; der Feige in der Schlachtgefahr zum Helden; Herkules unter Weibern zum Flachsspinner. Und gesetzt, mein Obereinnehmer hätte bisher für seinen König Alles, nur für sich selbst keine bessern Grundsätze eingenommen gehabt: noch besser immer ein gutmüthiger Zecher, als das schwindsüchtige nasenlose Gerippe mit der Zunge; besser ein leichtsinniger Spieler, als ein raffinirt grober Postmeister; besser ein tapferer Raufer und Schläger zur Gesellschaft, als ein mißvergnügter Polake. Vielmehr Burkhardts letztgenannte Untugend gereichte ihm in meinen Augen zum größten Verdienst; denn — unter uns gesagt — mein sanfter, bescheidener, schüchterner Charakter, den Mama oft hochgepriesen, konnte mir unter den Polen beim ersten Aufstand zum schmählichsten Verderben gereichen. Es gibt Tugenden, die an ihrem Ort zur Sünde, und Sünden, die zur Tugend werden können. Es ist nicht Alles zu allen Zeiten das Gleiche, ungeachtet es das Gleiche geblieben.

Wie ich durch die hohe Pforte in die sogenannte alte Starostei eintrat, gerieth ich in Verlegenheit, wo meinen alten lieben Freund Burkhardt finden? Das Haus war groß. Das Kreischen der verrosteten Thürangeln hallte im ganzen Gebäude wieder: doch nahm das Niemand für ein Zeichen, nachzusehen, wer da sei? Ich stieg die breiten Steintreppen muthig hinauf.

Weil ich links eine Stubenthür bemerkte, pochte ich fein höflich an. Kein Mensch entgegnete mit freundlichem „Herein!" Ich pochte stärker. Alles stumm. Mein Klopfen weckte den Wiederhall im zweiten und dritten Stock des Hauses. Ich ward ungeduldig. Ich sehnte mich, endlich dem lieben Seelenfreund Burkhardt ans Herz zu sinken, ihn in meine Arme zu schließen. Ich öffnete die Stubenthür, trat hinein und sah mitten im Zimmer einen Sarg. Der Todte, der darin lag, konnte mir freilich kein freundliches Herein rufen.

Ich bin von Natur gegen die Lebendigen sehr höflich; noch weit mehr gegen die Todten. So leise, als möglich, wollte ich mich zurückziehen, als ich gleichen Augenblicks bemerkte, der Schläfer im Sarg sei kein anderer, denn der Obersteuereinnehmer Burkhardt, von welchem nun selbst der Tod die letzte Steuer eingezogen. Da lag er, unbekümmert um Weinglas und Karten, so ernst und feierlich, daß ich mich kaum unterstand, an seine Lieblingsfreuden zu denken. In seiner Miene war eine Fremdheit gegen das menschliche Leben, als hätte er nie mit demselben zu schaffen gehabt. Ich glaube wohl, wenn eine unbekannte allmächtige Hand den Schleier des Jenseits lüpft, das äußere Auge bricht und das innere hellsehend wird, da mag das irdische Leben winzig genug erscheinen, und alle Aufmerksamkeit nur dorthin streben.

Betroffen schlich ich aus der Todtenstube weg, in den finstern einsamen Hausgang. Jetzt erst überfiel mich das Grausen des Lebens vor dem Todten, daß ich kaum begreifen konnte, woher ich Muth genommen, dem Leichnam so lange ins Antlitz zu schauen. Zu gleicher Zeit erschrak ich vor meiner eigenen Verlassenheit, in der ich nun lebte. Denn da stand ich hundert Meilen weit von meiner theuern Vaterstadt, vom mütterlichen Hause, in einer Stadt, deren Namen ich nie gehört hatte, bis ich ihr Justizkommissär sein sollte, um sie zu entpolaken. Mein einziger Bekannter und erst kaum von mir adoptirter Herzensfreund hatte sich im vollen Sinne des Worts aus dem Staube gemacht, selbst aus dem Staube seiner Hülle, und mich ohne Rath und Trost mir selbst überlassen. Die Frage war: wohin soll ich mein Haupt legen? wo hat mir der Todte die Wohnung bestellt?

Indem schrien die rostigen Thürangeln der Hauspforte so durchdringend, daß mir der Klang fast alle Nerven zerriß. Ein windiger, flüchtiger Kerl in Bedientenlivree sprang die Treppe herauf, gaffte mich verwundert an, und wendete mir endlich das Wort

zu. Mir zitterten die Knie. Ich ließ den Kerl nach Herzenslust
reden; aber der Schreck hatte mir die ersten Minuten zum Ant=
worten die Sprache genommen. Ohnehin hatte ich auch die Sprache
schon vorher nicht gehabt, die dieser Bursche redete, denn es war
die polnische.

Als er mich ohne Zeichen der Erwiederung vor sich stehen sah,
und sich nun ins Deutsche übersetzte, welches er so geläufig, wie
ein Berliner, sprach, gewann ich Kraft, nannte meinen Namen,
Stand, Beruf und alle Abenteuer seit meinem Einzug in die ver=
wünschte Stadt, an deren Namen ich noch immer erstickte. Plötz=
lich ward er freundlich, zog den Hut ab, und erzählte mir mit
vielen Umständen, was hiernach in löblicher Kürze folgt:

Nämlich er, der Erzähler, heiße Lebrecht; sei des seligen
Herrn Obersteuereinnehmers Dolmetsch und treuester Diener ge=
wesen bis gestern Nachts, da es dem Himmel gefallen, den vor=
trefflichen Herrn Obersteuereinnehmer aus dieser Zeitlichkeit in ein
besseres Sein zu befördern. Die Beförderung wäre freilich ganz
gegen die Neigung des Seligen gewesen, der lieber bei seinem
Einnehmerposten geblieben wäre. Allein da er sich gestern mit
einigen polnischen Edelleuten ins Spiel eingelassen, und beim Glase
Wein in ihm der preußische Stolz und in den Polen der sarma=
tische Patriotismus wach geworden, hätte es anfangs einen leb=
haften Wort=, dann Ohrfeigenwechsel gesetzt, worauf einer der
Sarmaten dem seligen Herrn drei bis vier Messerstiche ins Herz
gegeben, ungeachtet schon einer derselben zum Tod hinreichend ge=
wesen wäre. Um allen Verdrießlichkeiten mit der neuostpreußischen
Justiz auszuweichen, hätten die Sieger noch in der gleichen Nacht
sich, man wisse nicht wohin, entfernt. Der Wohlselige habe noch
kurz vor seinem Hintritt in die bessere Welt für den erwarteten
Justizkommissär, nämlich für mich, einige Zimmer gemiethet, ein=
gerichtet, Hausrath aller Art gekauft, sogar eine wohlerfahrene

deutsche Köchin gedungen, die jeden Augenblick in Dienst eintreten könne, so daß ich wohl versorgt sei. Vorläufig bemerkte der Erzähler Lebrecht, daß die Polen geschworne Feinde der Preußen wären, und ich daher mich an Kleinigkeiten gewöhnen müsse, wie diejenige gewesen, welche mir die stumme Beredsamkeit der Dame unterm Thor ausgedrückt habe. Er erklärte zwar den Peter für einen albernen Tropf, der mir ohne Zweifel nur den Tod des Herrn Obersteuereinnehmers habe anzeigen wollen, wofür ihm ein hinlänglicher Vorrath an Worten gefehlt. Daher möge ein beiderseitiges Mißverständniß entstanden sein. Doch wolle er, der Erzähler, mir nichtsdestoweniger gerathen haben, vorsichtig zu sein, weil die Polen in einer wahrhaft stillen Wuth wären. Er selber, der Lebrecht, sei fest entschlossen, sich sogleich nach Beerdigung seines unglücklichen Herrn aus der Stadt zu entfernen.

Nach diesem Berichte führte er mich die breite steinerne Treppe hinab, um mir meine neue Wohnung anzuweisen. Durch eine Reihe großer, hoher, öder Zimmer brachte er mich in einen geräumigen Saal; darin stand ein aufgeschlagenes Bett, von gelben damastenen alten Umhängen beschattet; ein alter Tisch mit halbvergoldeten Füßen; ein halbes Dutzend staubiger Sessel. Ein ungeheurer, mit goldenem Schnörkelwerk umzogener, blinder Spiegel hing an der Wand, deren gewirkte, bunte Tapeten, auf welchen die schönsten Geschichten des alten Testaments prangten, halbvermodert, an manchen Stellen nur noch fetzenweise daschwebten. König Salomon auf dem Thron, um zu richten, hatte den Kopf verloren, und dem lüsternen Greise in Susannens Bade waren die verbrecherischen Hände abgefault.

Es schien mir durchaus in dieser Einöde nicht heimisch. Ich hätte lieber ein Wirthshaus zum Aufenthalt gewählt, und — hätte ich's nur gethan! Aber theils aus Schüchternheit, theils um zu zeigen, daß ich mich vor der Nähe des Todten nicht fürchtete, schwieg ich. Denn ich zweifelte nicht daran, daß Lebrecht und wahrscheinlich auch die wohlerfahrene Köchin mir die Nacht Gesellschaft leisten würden. Lebrecht zündete behend zwei Kerzen an, die auf dem goldfüßigen Tisch bereit standen; schon fing es an zu dunkeln. Dann empfahl er sich, um mir kalte Küche zum Nachtessen, Wein und andere Bedürfnisse herbeizuschaffen, meinen Koffer vom Posthause holen zu lassen und der wohlerfahrenen Köchin von meiner Ankunft und ihren Pflichten Anzeige zu geben. Der Koffer kam, das Nachtessen desgleichen. Lebrecht aber, sobald er sein ausgelegtes Geld von mir empfangen, wünschte mir gute Nacht und ging.

Ich verstand ihn erst, als er verschwunden war, so schnell machte sich der Kerl, nach eingestrichener Zahlung, davon. Ich sprang erschrocken auf, ihm nachzugehen, ihn zu bitten, mich nie zu verlassen. Aber Scham hielt mich wieder zurück. Sollte ich den elenden Menschen zum Zeugen meiner Furchtsamkeit machen? Ich zweifelte nicht, er werde droben in irgend einem Zimmer seines ermordeten Herrn übernachten. Aber da hörte ich die Angeln der Hauspforte kreischen. Es drang mir durch Mark und Bein. Ich eilte ans Fenster, und sah den Burschen über die Gasse fliegen, als verfolgte ihn der Tod. Bald war er im Finstern verschwunden; ich mit dem Leichnam in der alten Starostei allein.

———

Die Schildwacht.

Ich glaube an keine Gespenster; des Nachts aber fürchte ich sie. Sehr natürlich. Wer wollte auch alles Mögliche glauben? Aber man hofft und fürchtet leicht alles Mögliche.

Die Todtenstille, die alten zerlumpten Tapeten in dem großen Saal, das Unheimliche und Fremde, der Todte über meinem Haupt — der Nationalhaß der Polaken — alles trug dazu bei, mich zu verstimmen. Ich mochte nicht essen, ungeachtet mich hungerte, ich mochte nicht schlafen, so ermüdet ich auch war. Ich ging ans Fenster, um zu versuchen, ob ich im Nothfall auf diesem Wege die Straße gewinnen könne; denn ich fürchtete, mich in dem gewaltigen Hause und in dem Labyrinth von Gängen und Zimmern zu verlieren, ehe ich die Hausflur erreichte. Allein starke Eisenstäbe verrammelten den Ausweg.

In dem Augenblicke ward Alles in der Starostei lebendig; ich hörte Thüren auf- und zugehen, Tritte nahe und ferne schallen, Stimmen dumpf ertönen. Ich begriff nicht, woher plötzlich dies rege Weben und Leben? Aber eben das Unbegreifliche versteht man immer am schnellsten. Eine innere Stimme warnte mich und sprach: „Es gilt dir! Der dumme Peter hatte die Mordanschläge der Polaken verrathen — rette dich!" Ein kalter Fieberschauer ergoß sich durch meine Nerven. Ich sah die Blutdürstigen, wie sie unter einander die Art meines Todes verabredeten. Ich hörte sie näher und näher kommen. Ich hörte sie schon in den Vorzimmern, die zu meinem Saale führten. Ihre Stimmen flüsterten leiser. Ich sprang auf, verriegelte die Thür, und in demselben Augenblicke versuchte man die Thür von außen zu öffnen. Ich wagte kaum zu athmen, um mich nicht durch das Geräusch meines Athemzugs zu verrathen. An der Sprache der Flüsternden vernahm ich, das es Polen waren. Zum Unglück hatte ich gleich nach Empfang meines Berufs zum Justizkommissariat so viel polnische Worte gelernt, daß ich ungefähr auch verstand, man spreche von Blut, Tod und Preußen. Meine Kniee bebten; kalter Schweiß rann mir von der Stirn. Noch einmal ward von außen der Versuch gemacht, die Thür meines Saals zu öffnen, aber es schien, als fürchte man Geräusch zu machen. Ich hörte die Menschen sich wieder entfernen, oder vielmehr davon schleichen.

Sei es, daß die Polaken es auf mein Leben, oder nur auf mein Geld abgesehen hatten; sei es, daß sie ihre Anschläge ohne Lärmen ausführen, oder den Versuch auf andere Weise erneuern wollten: ich beschloß sogleich mein Licht zu löschen, damit sie es nicht von der Straße erblicken und mich daran erkennen möchten. Wer stand mir gut dafür, daß nicht einer der Kerls, wenn er mich wahrnahm, durchs Fenster schoß?

Die Nacht ist keines Menschen Freundin; darum ist der Mensch ein eingeborner Feind der Finsterniß, und selbst Kinder, die noch nie von Geistererscheinungen und Gespenstern gehört haben, scheuen sich im Dunkeln vor etwas, das sie nicht kennen. Kaum saß ich im Finstern da, die fernern Schicksale dieser Nacht einsam erwartend, so stiegen vor meiner erschrockenen Einbildung die abscheulichsten Möglichkeiten auf. Ein Feind oder ein Unglück, das man sehen kann, sind nicht halb so entsetzlich, als solche, denen man sich blindlings hinliefern muß, ohne sie zu kennen. Umsonst suchte ich mich zu zerstreuen; umsonst beschloß ich, mich auf das Bett zu werfen und den Schlaf zu suchen. Ich konnte nirgends dauern. Das Bett hatte den widerlichen Geruch von Leichenmoder; und saß ich im Zimmer, erschreckte mich von Zeit zu Zeit ein Knistern, wie von einem lebendigen Wesen in meiner Nähe. Am meisten spielte vor mir die Gestalt des ermordeten Obereinnehmers. Seine kalten, steifen Gesichtszüge wurden mir so grausenhaft beredt, daß ich endlich alle meine fahrende Habe darum gegeben hätte, wäre ich nur im Freien gewesen, oder bei guten, freundlichen Leuten.

Die Geisterstunde schlug. Jeder Schlag der Thurmuhr erschütterte mich durch das Innerste. Zwar schalt ich mich selbst einen abergläubigen Narren, einen furchtsamen Hasen, aber mein Schelten besserte mich nicht. Endlich, sei es aus Verzweiflung oder Heroismus, denn diesen qualvollen Zustand konnte ich nicht länger ertragen, sprang ich auf, tappte durch die Finsterniß den Saal entlang zur Thür, riegelte sie auf, und war entschlossen, sollte es auch mein Leben kosten, ins Freie zu gelangen.

Wie die Thür aber aufging — Himmel, welch ein Anblick!
Ich taumelte erschrocken zurück, denn solche Schildwacht hatte ich
da nicht erwartet.

Die Todesangst.

Beim dunkeln Schein einer alten Lampe, die seitwärts auf
einem Tischlein stand, sah ich mitten im Vorzimmer den ermordeten
Obersteuereinnehmer im Sarge, wie ich ihn den Abend vorher oben
gesehen hatte; und diesmal noch dazu deutlich mit den schwarzen
Blutflecken des Hembes, die das erste Mal von einem Bahrtuche
verdeckt gewesen waren. Ich suchte mich zu fassen; mir einzureden,
diese Erscheinung sei Gaukelei meiner Fantasie; ich trat näher.
Aber wie mein Fuß an den Sarg am Boden stieß, daß es dumpf
tönte, und es schien, als rege sich die Leiche, als versuche sie die
Augen aufzuschlagen, da verschwand mir fast alles Bewußtsein.
Ich floh mit Entsetzen in meinen Saal zurück, und stürzte rücklings
auf das Bett nieder.

Indem entstand am Sarge ein lautes Gepolter. Ich mußte beinahe glauben, der Obersteuereinnehmer sei vom Tode erwacht; denn
es war ein Geräusch eines sich mühsam Erhebenden. Ich vernahm
ein dumpfes Stöhnen. Ich sah bald darauf im Dunkeln die Gestalt des Ermordeten unter der Thür meines Saales stehen, sich
an den Pfosten haltend, langsam in den Saal hineinschwanken oder
taumeln, und im Dunkeln verschwinden. Während mein Unglaube
noch einmal versuchte, alles zu läugnen, was ich gehört und gesehen hatte, widerlegte ihn das Gespenst, oder der Todte, oder
Lebendiggewordene schauderhaft genug. Denn dieser, so lang und
bleiernschwer er war, lagerte sich auf mein Bett, und zwar über
meinen Leib, mit seinem kalten Rücken über mein Gesicht, so daß
mir kaum Luft genug zum Athmen blieb.

Ich begreife noch zur Stunde nicht, wie ich mit dem Leben davon kam. Denn mein Schreck war wohl ein tödtlicher zu nennen. Auch muß ich in einer langen Ohnmacht gelegen haben. Denn als ich unter meiner fürchterlichen Last wieder die Glocke schlagen hörte, und meinte, es werde ein Uhr sein, das erwünschte Ende der Geisterstunde, der Augenblick meiner Erlösung, war es zwei Uhr.

Jeder denke sich meine gräßliche Lage. Rings um mich Moderduft, und der Leichnam auf mir athmend, erwärmt, röchelnd, wie zu einem zweiten Sterben; — ich selbst halb erstarrt theils vor Schrecken und Entkräftung, theils unter der zentnerschweren Last. Alles Elend in Dante's Hölle ist Kleinigkeit gegen einen Zustand, wie dieser. Ich hatte nicht die Kraft, mich unter dem Kadaver hervorzuarbeiten, der zum andern Mal auf mir sterben wollte; und hätte ich die Kraft gehabt, vielleicht hätte mir der Muth gefehlt, es zu thun, denn ich spürte deutlich, der Unglückselige, welcher nach erster Verblutung seiner Wunden vermuthlich nur in eine schwere Ohnmacht gefallen, dann für todt gehalten und auf gut polnisch in einen Sarg geworfen war, rang erst jetzt mit dem wahren Tode. Er schien sich nicht ermannen, nicht leben, nicht sterben zu können. Und das mußte ich auf mir selbst geschehen lassen; ich mußte das Sterbekissen des Steuereinnehmers sein!

Manchmal hatte ich gute Lust, alles seit meiner Ankunft in Brczwezmcisl Vorgefallene für einen Teufelstraum zu halten, wenn ich mir meiner Noth in ihrer großen Mannigfaltigkeit nicht allzudeutlich bewußt gewesen wäre. Und doch würde ich mich zuletzt überredet haben, die ganze Schreckensnacht mit ihren Erscheinungen sei Traum und nichts als Traum, wenn nicht ein neues Ereigniß, ein empfindlicheres, als jedes der vorhergehenden, mich von der Wahrheit meines vollen Wachens überzeugt hätte.

Tageslicht.

Es war nämlich schon Tag — ich konnte es zwar nicht sehen, denn der sterbende Freund verdeckte mir mit seinen Schulterblättern fest die Augen — aber ich konnte es am Geräusche der Gehenden und Fahrenden auf der Straße errathen — da hörte ich Menschentritte und Menschenstimmen in dem Zimmer. Ich verstand nicht, was man redete; denn es war polnisch. Aber ich bemerkte wohl, daß man sich mit dem Sarge beschäftigte. „Ohne Zweifel,“ dachte ich, „werden sie den Todten suchen und mich erlösen.“ — So geschah es auch, aber auf eine Weise, die ich nicht vermuthen konnte.

Einer der Suchenden schlug mit einem schwankenden spanischen Rohr so unbarmherzig auf den Verstorbenen oder Sterbenden, daß derselbe plötzlich aufsprang, und auf geraden Beinen vor dem Bette stand. Auch auf meine Wenigkeit waren vom Uebermaß des spanischen Rohrs so viele Hiebe abgefallen, daß ich mich nicht enthalten konnte, laut aufzuschreien und schnurgerade hinter dem Todten zu stehen. Diese altpolnische und neuostpreußische Methode, Leute vom Tode zu retten, war zwar probat — dagegen ließ sich nichts einwenden, denn die Erfahrung sprach laut dafür; allein auch so derb, daß man fast das Sterben dem Leben vorgezogen hätte.

Wie ich mich aber beim Tageslicht recht umsah, bemerkte ich, daß das Zimmer voller Menschen war, meistens Polen. Die Hiebe hatte ein Polizeikommissär ausgetheilt, der beauftragt war, die Leiche des Fremdlings beerdigen zu lassen. Der Steuereinnehmer lag noch immer todt im Sarge, und zwar im Vorzimmer, wohin ihn die besoffenen Polaken gestellt hatten, weil es ihnen befohlen war, den Sarg herabzutragen in das ehemalige Pförtnerstübchen. Sie hatten aber mein Vorzimmer statt des Pförtnerstübchens gewählt, und einen ihrer bezechten Kameraden, als Wacht, beim Leichnam gelassen, der vermuthlich eingeschlafen, von meinem Ge-

räusch in der Nacht erweckt, instinktmäßig zu meinem Bett gekommen war und da seinen Branteweinrausch verschlafen hatte.

Mich hatte die gottlose Geschichte so arg mitgenommen, daß
ich in ein hitziges Fieber verfiel, in welchem ich die Geschichte
der einzigen schrecklichen Nacht sieben Wochen lang träumte. Noch
jetzt — Dank sei der polnischen Insurrektion! ich bin nicht mehr
Justizkommissär von Brczwezmcisl — darf ich an das neuostpreußische
Abenteuer kaum ohne Schaudern denken. Doch erzähle ich's gern;
theils mag es manchen vergnügen, theils manchen belehren. Es
ist nicht gut, daß man das fürchtet, was man doch nicht glaubt.

Das Bein.

Im Herbst 1782 erhielt der Wundarzt Louis Thevenet zu Calais die schriftliche, doch ohne Namensunterschrift gelassene Einladung, sich folgendes Tages auf ein nahe an der Straße von Paris gelegenes Landhaus zu begeben, und alles zu einer Amputation nöthige Geräth mitzubringen. Thevenet war damals weit und breit als der geschickteste Mann in seiner Kunst bekannt; es war sogar nichts Ungewöhnliches, daß man ihn über den Kanal nach England holen ließ, um von seinen Einsichten Gebrauch zu machen. Er hatte lange bei der Armee gedient; etwas Barsches in seinem Wesen, und doch mußte man ihn wegen seiner natürlichen Gutmüthigkeit lieben.

Thevenet wunderte sich über das anonyme Billet. Zeit und Stunde und Ort waren mit der größten Genauigkeit angegeben, wann und wo man ihn erwarte, aber, wie gesagt, die Unterschrift fehlte. — „Will mich vermuthlich einer unserer Gecken in die blaue Luft hinausschicken!“ dachte er und ging nicht.

Drei Tage nachher empfing er die gleiche Einladung, aber noch bringender, mit der Anzeige, es werde Morgens um neun Uhr ein Wagen vor seinem Hause halten, um ihn abzuholen.

In der That, mit dem Glockenschlage neun Uhr des folgenden Morgens erscheint ein zierlicher offener Wagen. Thevenet macht keine Umstände weiter und setzte sich ein.

Vor dem Thor fragte er den Kutscher: „Zu wem führt Ihr mich?"

Dieser antwortete: „things unknown to me I am not concerned;" was ungefähr so viel heißen soll, als: was ich nicht weiß, macht mich nicht heiß.

Also ein Engländer. — „Ihr seid ein Flegel!" erwiederte Thevenet.

Der Wagen hielt endlich vor dem bezeichneten Landhause still. „Zu wem soll ich? wer wohnt hier? wer ist hier krank?" fragte Thevenet den Kutscher, ehe er ausstieg. Dieser gab die vorige Antwort, und der Arzt dankte auf die vorige Art.

An der Hausthür empfing ihn ein schöner, junger Mann, von ungefähr achtundzwanzig Jahren, der ihn eine Treppe hinauf in ein großes Zimmer führte. Die Sprache verrieth's, der junge Mann war ein Brite. Thevenet redete ihn also englisch an, und bekam freundliche Antwort.

„Sie haben mich rufen lassen?" fragte der Wundarzt.

— Ich bin Ihnen sehr dankbar für Ihre Mühe mich zu besuchen, antwortete der Brite, wollen Sie sich niederlassen? Hier stehen Chokolade, Kaffee, Wein, falls Sie noch vor der Operation etwas genießen wollen.

„Zeigen Sie mir erst den Kranken, Sir. Ich muß den Schaden untersuchen, ob Amputation nothwendig sei."

— Sie ist nöthig, Herr Thevenet. Setzen Sie sich nur. Ich habe alles Vertrauen zu Ihnen. Hören Sie mich an. Hier ist eine Börse mit zweihundert Guineen, ich bestimme Sie Ihnen, als Zahlung für die Operation, die Sie vornehmen sollen. Es bleibt nicht dabei, wenn Sie sie glücklich beendigen. — Widrigenfalls, oder wenn Sie sich weigern, meine Wünsche zu erfüllen, sehen Sie hier das scharf geladene Pistol — Sie sind in meiner Gewalt · ich schieße Sie, Gott verdamme mich, nieder.

„Sir, vor Ihrem Pistol fürchte ich mich nicht. Aber was verlangen Sie? Nur heraus mit der Sprache, ohne Vorreden! was soll ich hier?"

— Sie müssen mir das rechte Bein abschneiden.

„Von Herzen gern, Sir, und wenn Sie wollen, den Kopf dazu. Allein, wenn mir recht ist, das Bein scheint sehr gesund zu sein. Sie sprangen die Treppe vor mir hinauf, wie ein Seiltänzer. Was fehlt dem Bein?"

— Nichts. Ich wünsche, daß es mir fehle.

„Sir, Sie sind ein Narr."

— Das bekümmert Sie nicht, Herr Thevenet.

„Was hat das schöne Bein gesündigt?"

— Nichts! Aber sind Sie entschlossen, mir es wegzunehmen?

„Sir, ich kenne Sie nicht. Bringen Sie mir Zeugen Ihres sonst heilen und gesunden Verstandes."

— Wollen Sie meine Bitte erfüllen, Herr Thevenet?

„Sir, sobald Sie mir einen haltbaren Grund für Ihre Verstümmelung angeben."

— Ich kann Ihnen die Wahrheit jetzt nicht sagen — vielleicht nach einem Jahr. Aber, ich wette, Herr, ich wette, Sie selbst sollen nach Jahresfrist gestehen, daß meine Gründe die edelsten waren, von diesem Bein befreit zu sein.

„Ich wette nicht, wenn Sie mir nicht Ihren Namen nennen, Ihren Wohnort, Ihre Familie, Ihre Beschäftigungsart."

— Das Alles erfahren Sie künftig. Jetzt nicht. Ich bitte, halten Sie mich für einen Ehrenmann.

„Ein Ehrenmann droht seinem Arzte nicht mit Pistolen. Ich habe Pflichten, selbst gegen Sie, als Unbekannten. Ich verstümmle Sie nicht ohne Noth. Haben Sie Lust, Meuchelmörder eines schuldigen Hausvaters zu werden, so schießen Sie."

— Gut, Herr Thevenet, sagte der Brite, und nahm das Pistol,

ich schieße Sie nicht, aber zwingen will ich Sie dennoch, mir das Bein abzunehmen. Was Sie nicht aus Gefälligkeit für mich, nicht aus Liebe zur Belohnung oder aus Furcht vor der Kugel thun, müssen Sie mir aus Erbarmen gewähren.

„Und wie das, Sir?"

— Ich zerschmettere mir selbst mit einem Schuß das Bein, und zwar auf der Stelle hier vor Ihren Augen.

Der Brite setzte sich, nahm das Pistol und hielt die Mündung hart über das Knie. Herr Thevenet wollte zuspringen, um es abzuwehren. „Rühren Sie sich nicht," sagte der Brite, „oder ich drücke ab. — Nur Antwort auf eine einzige Frage: wollen Sie meine Schmerzen unnützerweise vergrößern und verlängern?"

„Sir, Sie sind ein Narr. Ihr Wille geschehe. Ich nehme Ihnen das verdammte Bein ab."

Alles ward zur Operation in Ordnung gebracht. Sobald der Schnitt beginnen sollte, zündete der Engländer seine Tabakspfeife an, und schwor, sie solle ihm nicht ausgehen. Er hielt Wort. Das Bein lag todt am Boden. Der Brite rauchte fort.

Herr Thevenet verrichtete sein Geschäft als Meister. Der Kranke ward durch seine Kunst wieder in ziemlich kurzer Frist geheilt. Er belohnte seinen Arzt, den er mit jedem Tage höher schätzte; dankte mit Freudenthränen für den Verlust seines Beins, und segelte nach England zurück mit einem hölzernen Stelzfuß.

———

Ungefähr achtzehn Wochen nach der Abreise desselben erhielt Meister Thevenet einen Brief aus England, ungefähr folgenden Inhalts:

„Sie erhalten beigeschlossen, als Beweis meiner innigsten Erkenntlichkeit, eine Anweisung von zweihundert und fünfzig Guineen auf Herrn Pauchaud, Banquier in Paris. Sie haben mich zum

Glücklichsten aller Sterblichen auf Erden gemacht, indem Sie mich eines Gliedes beraubten, welches das Hinderniß meiner irdischen Glückseligkeit war.

„Braver Mann! Mögen Sie jetzt die Ursache meiner närrischen Laune, wie Sie es nannten, erfahren. Sie behaupteten damals, es könne keinen vernünftigen Grund zu einer Selbstverstümmelung, wie die meinige, geben. Ich schlug Ihnen eine Wette vor. Sie haben wohl daran gethan, sie nicht anzunehmen.

„Nach meiner zweiten Heimkunft aus Ostindien lernte ich Emilie Harley kennen, das vollkommenste Weib. Ich betete sie an. Ihr Vermögen, ihre Familienverbindungen leuchteten meinen Verwandten ein; mir nur ihre Schönheit, ihr himmlisches Gemüth. Ich mischte mich in die Schaar ihrer Bewunderer. Ach, bester Thevenet, und ich ward glücklich genug, um der Unglücklichste meiner Nebenbuhler zu werden; sie liebte mich, vor allen Männern mich; — verhehlte es nicht, und verstieß mich eben deswegen. Umsonst bat ich um ihre Hand — umsonst baten ihre Aeltern, ihre Freundinnen alle für mich. Sie blieb unbeweglich.

„Lange konnte ich die Ursache ihrer Abneigung gegen eine Vermählung mit mir, den sie, wie sie selbst gestand, bis zur Schwärmerei liebte, nicht ergründen. Eine ihrer Schwestern verrieth mir endlich das Geheimniß. Miß Harley war ein Wunder von Schönheit, hatte aber den Naturfehler — einbeinig zu sein, und fürchtete sich eben dieser Unvollkommenheit willen, meine Gemahlin zu werden. Sie zitterte, ich würde sie einst deswegen gering achten.

„Sogleich war mein Entschluß gefaßt. Ich wollte ihr gleich werden. Dank Ihnen, bester Thevenet, und ich war es!

„Ich kam mit dem täuschenden Holzfuß nach London zurück. Mein Erstes war, Miß Harley aufzusuchen. Man hatte ausgesprengt, und ich selbst hatte es voraus nach England geschrieben, ich habe durch einen Sturz vom Pferde das Bein gebrochen; es sei mir abgenommen worden. Ich ward allgemein bedauert. Emilie fiel in Ohnmacht, als sie mich das erste Mal sah. Sie war lange untröstlich; aber sie ward nun meine Gemahlin. Erst den Tag nach der Hochzeit vertraute ich ihr das Geheimniß, welches Opfer ich meinen Wünschen um ihren Besitz gebracht habe. Sie liebte mich nur um so zärtlicher. O braver Thevenet, hätte ich noch zehn Beine zu verlieren, ich würde sie, ohne eine Miene zu verziehen, für Emilie dahin geben.

„So lange ich lebe, bin ich Ihnen dankbar. Kommen Sie nach London; besuchen Sie uns; lernen Sie meine herrliche Gattin kennen, und dann sagen Sie noch einmal: „ich sei ein Narr."

Charles Temple."

Herr Thevenet theilte die Anekdote und den Brief seinen Freunden mit, und lachte jedesmal aus vollem Halse, so oft er sie erzählte. „Und er bleibt doch ein Narr!" rief er.

Folgendes war seine Antwort:

„Sir, ich danke Ihnen für Ihr kostbares Geschenk. So muß ich es wohl nennen, weil ich's nicht mehr Bezahlung meiner geringen Mühe heißen kann.

„Ich wünsche Ihnen Glück zur Vermählung mit der liebenswürdigsten Britin. Es ist wahr, ein Bein ist viel für ein schönes, tugendhaftes und zärtliches Weib, doch nicht zuviel, wenn man am Ende nicht beim Tausch betrogen wird. Adam mußte den Besitz seiner Gemahlin mit einer Rippe im Leibe bezahlen, auch andern Männern kostete wohl ihre Schöne eine Rippe, andern sogar den Kopf.

„Bei dem Allem erlauben Sie mir, ganz bescheiden bei meiner alten Meinung zu bleiben. Freilich, für den Augenblick haben Sie Recht. Sie wohnen jetzt im Paradiese des Ehefrühlings. Aber auch ich habe Recht, nur mit dem Unterschiede, daß mein Recht

sehr langsam reif wird, wie jede Wahrheit, die man sich lange
weigert anzunehmen.

„Sir, geben Sie Acht! ich fürchte, nach zwei Jahren bereuen
Sie, daß Sie sich das Bein über dem Knie abnehmen ließen. Sie
werden finden, es hätte wohl unter dem Knie sein können. Nach
drei Jahren werden Sie überzeugt sein, es wäre mit dem Verlust
des Fußes genug gewesen. Nach vier Jahren werden Sie behaupten, schon die Aufopferung der großen Zehe, und nach fünf Jahren, die Amputation der kleinen Zehe sei zu viel. Nach sechs Jahren werden Sie mir eingestehen, es wäre am Beschneiden der Nä-
gel genug gewesen.

„Alles das sage ich unbeschadet der Verdienste Ihrer reizenden
Gemahlin. Damen können Schönheiten und Tugenden unverän-
derter bewahren, als die Männer ihre Urtheile. In meiner Jugend hätte ich alle Tage für die Geliebte das Leben, in meinem
Leben aber kein Bein hingegeben; jenes würde mich nie, dies
zeitlebens gereut haben. Denn hätte ich's gethan, ich würde
noch heute sagen: „Thevenet, du warst ein Narr! Womit ich
ich die Ehre habe zu sein, Sir, Ihr gehorsamster Diener.

G. Thevenet.“

———

Im Jahr 1793, während der revolutionären Schreckenszeit,
flüchtete Herr Thevenet, den ein jüngerer Wundarzt in Verdacht
der Aristokratie gebracht hatte, nach London, um sein Leben vor
dem Messer der Alles gleichmachenden Guillotine zu retten.

Aus Langerweile, oder um Bekanntschaft anzuspinnen, fragte
er Sir Charles Temple nach.

Man wies ihm dessen Palast. Er ließ sich melden, und ward
angenommen. In einem Lehnsessel, beim schäumenden Porter, am
Kamin, umringt von zwanzig Zeitungen, saß ein dicker Herr; er
konnte kaum aufstehen, so schwerfällig war er.

„Ei, willkommen, Herr Thevenet!" rief der dicke Herr, der wirklich kein Anderer, als Sir Temple war: „Nehmen Sie es nicht übel, daß ich sitzen bleibe, aber der vermaledeite Stelzfuß hindert mich an Allem. — Freund, Sie kommen vermuthlich, um nachzusehen, ob Ihr Recht reif geworden sei?

„Ich komme als Flüchtling, und suche Schutz bei Ihnen."

„Sie müssen bei mir wohnen; denn wahrhaftig, Sie sind ein weiser Mann. Sie müssen mich trösten. Wahrhaftig, Thevenet, heute wäre ich vielleicht Admiral der blauen Flagge, hätte mich nicht das gottlose Stelzbein für den Dienst meines Vaterlandes untauglich gemacht. Da lese ich nun Zeitungen, und fluche mich braun und blau, daß ich nirgends dabei sein kann. Kommen Sie, trösten Sie mich!"

„Ihre Frau Gemahlin wird Sie besser zu trösten wissen, als ich."

„Nichts davon. Ihr Stelzfuß hindert sie am Tanzen, darum ergab sie sich den Karten und der Medisance. Es ist kein Auskommen mit ihr. Uebrigens ein braves Weib."

„Wie, so hätte ich doch damals Recht gehabt?"

„O vollkommen, lieber Thevenet! aber schweigen wir davon! Ich habe einen dummen Streich gemacht. Hätte ich mein Bein wieder, ich gäbe nicht den Abschnitzel eines Nagels davon! Unter uns gesagt, ich war ein Narr! — aber behalten Sie diese Wahrheit für sich."

Es ist sehr möglich!

Der kürzlich verstorbene Staatsrath Stryk führte fast bei jeder Gelegenheit die ihm zur Gewohnheit gewordene Redensart im Munde: Es ist sehr möglich. Nicht selten lief sie sogar in seine amtlichen Vorträge mit unter, die er über Verwaltungsgegenstände des Landesherrn schriftlich, oder im Kreise der übrigen Amtsgenossen und der Minister machte. Dann gab es, auch bei den allerernsthaftesten Anlässen, ein stilles Lächeln, wie ein Lächeln bei des Nachbars Schwächen zu sein pflegt. Das konnte nicht fehlen. Gewisse Leute sehen des Nachbars Schwächen mit stets verjüngtem Vergnügen.

Inzwischen war und blieb der Staatsrath Stryk ein angesehener, hochachtbarer Mann. Die nach einander folgenden Landesfürsten schätzten ihn, und zogen ihn immer wieder hervor, weil er mit seinen Kenntnissen, mit seiner Gewandtheit in Geschäften wesentliche Dienste leisten konnte. Jedermann gab zu, er sei ein gelehrter Mann, ein Mann von Takt, wie man ihn wegen der ihm eigenen Menschenkenntniß nannte, die er so richtig anzuwenden wußte. Ja, man hielt ihn für gelehrter, als er war, für klüger, als er war; selbst gute Köpfe hatten nicht nur Ehrfurcht und Achtung für ihn, sondern sogar eine gewisse Scheu, weil sie denen nicht recht trauen, die klüger sind, als sie. Und doch war der Staatsrath Stryk ein grundehrlicher, offener, gewissenhafter

Mann, bem man nichts Böses nachsagen konnte. Aber eben baß man das nicht konnte, galt wieder als Beweis seiner Erzfeinheit, und als triftiger Grund, sich vor dem Manne in Acht zu nehmen. Der Glaube an seine Klugheit ging so weit, baß man ihn allgemein für ben weitsehendsten Politiker, für einen wahren Propheten hielt. Und an dem Allem war seine sprüchwörtliche Redensart schuld: Es ist sehr möglich!

Es wird unsern Lesern nicht unangenehm sein, folgende Beiträge zur Charakteristik dieses in der Geschichte seines Vaterlandes merkwürdigen Mannes zu erhalten. Wir verdanken sie seinen nächsten Verwandten. Zum Theil gab er sie selber in einer Art Tagebuch, das er in frühern Jahren fleißig unterhielt. Das Wichtigste bleibt immer sein Sprüchwort, das er überall anbrachte: Es ist sehr möglich!

Denn wenn es ihm zuweilen, ihm selbst unerwartet, entfuhr, sprach er boch nie gebankenlos. Oft veranlaßte es ihn, wenn es ihm einmal entschlüpft war, den Folgen bavon weiter nachzuforschen, und es berichtigte ober bestimmte bann seine Ansichten der Dinge und leitete demzufolge seine Handlungsweise. Das Sprüchwort übte also über seine Denkart, über sein Thun und Lassen und über ben Gang seiner Schicksale einen großen, entscheidenden Einfluß. Wer sollte dies glauben? Gerade von einem Manne von Verstand und Einsicht glauben? Und boch „war es sehr möglich."

Er selbst wußte dies von sich wohl. Dennoch blieb er nicht nur seinen vier Wörtern getreu, sondern wollte sogar in vollem Ernst, daß sich sein einziger Sohn dieselben angewöhnen sollte. Der junge Mann, der, wie es junge Leute zu haben pflegen, sich einbildete, in mancherlei Dingen besser zu sehen, als der alte Herr, fand solche Zumuthung etwas sonderbar.

„Ihnen verzeiht man die kleine Eigenheit gern, lieber Vater," sagte er, „aber an mir würde man sie lächerlich finden, weil sie offenbare Nachäffung und eine recht absichtlich und freiwillig angenommene Redensart wäre."

„Das ist sehr möglich, lieber Fritz!" versetzte der Staatsrath: „Aber was ist daran gelegen, wenn solch ein paar Wörter dir Ruhe, Gleichmuth, Besonnenheit und Lebensglück geben? Der Gewinn ist zu groß. Und willst du das Wort nicht l a u t sagen, aus Furcht vor Spöttern, so beschwör' ich dich, denke es wenigstens bei jeder Gelegenheit für dich im S t i l l e n."

„Aber, Väterchen, wozu das? Ihre Vorliebe zu dieser Redensart geht doch beinahe zu weit, wie es mir vorkömmt."

„Kind, ich habe für die Redensart nicht so viel Vorliebe, als für dich; darum wünsche ich s i e und mit ihr meine Seelenruhe, mein inneres Glück, auf dich zu vererben. Glaube doch nicht, daß mein Sprüchwort mir ganz zufällig zur Gewohnheit geworden sei. Nein, es war ursprünglich eine recht absichtliche und freiwillig angenommene Redensart. Ich verdanke ihr aber Alles, was ich bin und habe."

„Was bewog Sie denn, diese Eigenheit anzunehmen?"

„Das Unglück meiner Jugend und die Verzweiflung. Nur durch diese elenden Wörter richtete ich mich wieder empor und ward meiner selbst Meister. Deine Großältern waren herrliche, gottesfürchtige Personen; großes Vermögen aber besaßen sie nicht. Was ich von ihnen erbte, reichte zur Noth hin, daß ich meine Lehrzeit auf der hohen Schule anständig zubringen konnte, und noch einige Jahre darüber hinaus zu leben hatte. Ich war ein junger, unverdorbener Mensch, hatte brav gelernt, und war beinahe zu edelsinnig, weil ich nur unter den Urbildern des Höchsten und Edelsten lebte. Das brachte mir viel Unheil; denn ich verkannte die Welt, und glaubte sie, je nach Umständen bald von lauter Engeln, bald von lauter Teufeln bevölkert."

„Das begegnet mir wohl, wider Willen, auch jetzt noch!"
sagte Fritz.

„Das ist sehr möglich," antwortete der Staatsrath, „denn ein
junger Mensch, der nicht in diesen Irrthum verfällt, hat entweder
nie ein ganz reines oder kein warmes Herz gehabt. Man muß
einmal da hindurch. — Nun weiter. Ich mußte lange unentgeld=
lich in den Dikasterien arbeiten, ehe ich einen Titel und endlich
ein Aemtlein mit magerm Gehalt empfing. Das ist so der Lauf
der Dinge. Ich wußte es voraus. Man durfte nicht wissen, daß
ich arm sei, sonst hätte ich bei Hohen und Niedern weit weniger
Achtung genossen, als ich verdiente. Ich war also beständig äußerst
sauber gekleidet, was man damals galant hieß, jetzt elegant. Ich
wohnte in schönen Zimmern; ich erschien in den vornehmsten Ge=
sellschaften. Ich scheute mich sogar nicht, von Zeit zu Zeit kleine
Lustparthien mitzumachen, die etwas Geld kosteten. Dabei war
ich ohne Schulden, und das wollte von jungen Herren meines Alters
und Standes viel sagen. Ich stellte mich überall wohlhabender,
als ich war. Und das Alles bewirkte ich mit wenigem Gelde. Nie=
mand wußte, daß ich das ganze Jahr hindurch magerer lebte, als
ein Düngefangener. Salz und Brod und Wasser nebst Milch war
meine beständige Kost. Bei allem dem war ich sehr glücklich, weil
mein Herz vollen Genuß hatte, nicht nur im Bewußtsein erfüllter
Pflichten, oder in jugendlichen Hoffnungen von einer goldenen Zu=
kunft, sondern auch sonst noch. Ich war überall willkommen und
geliebt. Die Weiber hatten mich gern. Unter den Männern war
ich wohl gelitten. Allein von allen Männern hatte ich nur einen
einzigen auserwählten, geprüften Freund, einen Advokaten Schnee=
müller. Wir waren beide ein Herz und eine Seele. Schon auf
der Hochschule hatte er sich in einem Duell für mich beinahe auf=
geopfert. Er bewies sich in Noth und Weh bewährt. — Von allen
Frauenzimmern galt mir nur eins über alle. Es war die Tochter

des Generals van Thten. Sie hieß Philippine. Ich liebte
sie Jahre lang schweigend; liebte, ohne zu wissen, wie ich liebte.
Es war beinahe nur stumme Abgötterei; aber mein ganzes Leben
ward durch diese Liebe geheiligt. Niemand erfuhr den Zustand
meines Innern: ich wagte Keinem davon zu sprechen. Denn was
dem Gemüth das Allerheiligste ist, wird durch den Laut des Wortes,
auch des reinsten, gleichsam entweiht. Daher spricht Niemand gern
einem Andern von seiner Liebe, und Niemand gern im gesellschaft=
lichen Leben von seiner innersten Religion.“

„Auch Ihrem Freunde vertrauten Sie sich nicht?“

„Nein, auch ihm nicht; schon deswegen nicht, weil ich in mei=
ner Dürftigkeit, in meiner Amtslosigkeit, in meiner Bürgerlichkeit
gar nicht an die reiche, hochgeborne Generalstochter ernstlich denken
durfte. Hingegen erfuhr ich von Schneemüllern zuerst, was ich nie
geglaubt hätte, daß man allgemein sage, ich sei Philippinens Günst=
ling; sie liebe mich mit romanhafter Schwärmerei, es habe des=
wegen zwischen ihr und ihrer Mutter sogar kleine Auftritte gege=
ben. Was ich Schneemüllern nicht glaubte, davon war ich ein
halbes Jahr nachher überzeugt, als Zufälle Philippinen und mich
enger zusammenführten und endlich unser beiderseitiges Geheimniß
entsiegelten. Natürlich, wir schworen uns ewige Liebe und lieber
den Tod, als Untreue zu ertragen. Von nun an war ich im Him=
mel. — Um diese Zeit strömten auch von außen alle Gunstbezeu=
gungen Fortunens über mich zusammen. Ich ward Hofkammerrath
der verwittweten Herzogin, und genoß einen mäßigen, doch an=
ständigen Gehalt. Die Kluft zwischen meiner und Philippinens Hand
war nicht mehr unausfüllbar. Der General brauchte mich und ward
traulicher, und seine Frau hatte gegen Philippinens Schwärmereien
keine so häufigen Einwendungen mehr zu machen. Bald nachher
fiel mir aus Batavia eine bedeutende Erbschaft von einem dort
verstorbenen Vetter zu. Die Gelder waren in Amsterdam, nach

geschehener Legitimation, zu erheben. Ich ward selig, nicht des Geldes, sondern Philippinens wegen. Gerade damals warb ein hübscher junger Mann , ein Graf, ein Günstling unsers damaligen Landesherrn, um ihre Liebe. Sie spöttelte dazu. Sie küßte meine kleinen eifersüchtigen Besorgnisse hinweg. Sie selbst forderte mich nun auf, bei den Aeltern um ihre Hand anzuhalten. Das war mir natürlich ein schweres Stück Arbeit. Doch machte ich Anstalt. Zugleich sollte ich, wegen des Erbes, nach Amsterdam. Das fiel mir sehr ungelegen, theils weil ich mich ohne Todeskrankheit nicht auf so lange Zeit von Philippinen trennen zu können glaubte; theils weil sie selber gegen meine persönliche Hinreise sprach; theils auch, weil mir der junge Graf gar zu reich, zu hübsch, zu zubringlich vorkam. Wir wurden endlich einig, und Freund Schneemüller reiste statt meiner, mit allen obrigkeitlichen Papieren, Zeugnissen und nöthigen Vollmachten versehen, nach Amsterdam."

„Sie haben mir," sagte Fritz, „doch noch nie von diesem Ihrem Freund gesprochen."

„Kann sein," erwiederte der Staatsrath, „das erklärt sich von selbst. Es vergingen Wochen und Tage. Mein Freund und Mandatarius schrieb nie. Ich bestürmte ihn mit Briefen. Ich kam sogar auf den Gedanken, er sei krank, sehr krank. Die Freundschaft überwand die Liebe; ich reiste nach Amsterdam. Philippine war bei meiner Abreise außer sich vor Schmerz. Sie sank, als ich von ihr ging, ihrer Mutter ohnmächtig in den Arm. — Auf der ganzen Reise fragte ich Schneemüllern nach. Ich fand seinen Namen in allen Postbüchern. Ich kam nach Amsterdam. Er war da gewesen. Er hatte das Testament und die Summen in Wechseln erhoben, einige Wechsel sogleich zu Geld gemacht, andere gegen Banknoten ausgetauscht, andere gegen andere Wechsel. Ihn selbst fand ich nirgends. Das kam mir sonderbar vor. Endlich erfuhr ich mit Erstaunen, ein Mann von seiner Gestalt habe sich auf ein amerilanisches Schiff begeben, schon vor zwei Monaten, also bald nach Bezug der Erbschaft. Ich rief immer: es ist nicht möglich! Allein ich erhielt bestimmte Gewißheit. Da war's möglich. Mein Freund, mein bester Freund hatte mich betrogen.

„Abscheulich!" rief Fritz.

„Ich reiste zurück mit zerrissenem Herzen. Wohl hätte ich das Geld verschmerzt, aber die Treulosigkeit meines Hausfreundes konnte ich nicht verschmerzen. Er raubte mir das Vertrauen und den Glauben an die Menschheit. Als ich in unserer Stadt angekommen war, wäre ich gern sogleich zum General van Tyten, zu Philippinen geflogen, die vorläufig das Unglück zwar schon aus einem Briefe von mir erfahren hatte. Doch es war zu spät Abends. Mein Hauswirth begrüßte mich freundlich. „Was gibt's denn Neues bei uns?" fragte ich. — „Nicht sonderlich viel. Daß das Fräulein von Tyten vor vier Wochen vermählt ist, wissen Sie!" sagte er. — „Nicht möglich! Nicht möglich! Vermählt? was? die Tochter des Generals van Tyten? mit wem? mit dem Grafen?— was? nicht möglich!" rief ich. — „Allerdings möglich!" erwiederte er, und erzählte mir ganz ruhig alle Umstände haarklein, woraus erhellte, daß meine Philippine sich gar nicht gesträubt habe, dem hübschen, reichen, am Hofe sehr bedeutenden Grafen die Hand zu geben, sobald er darum angehalten hatte, und dies mochte kurz nach dem Empfang des Briefes geschehen sein, welchen ich dem Grafen aus Amsterdam von Schneemüllers Schurkerei geschrieben hatte. Ich glaubte aber an das Geschwätz meines Hauswirths nicht, und rief immer: es ist unmöglich! Ich glaubte die ganze Nacht nicht daran, wohl aber den folgenden Morgen; denn da vernahm ich von allen Seiten und vom General selbst die Bestätigung."

„Abscheulich, abscheulich!" rief Fritz, und drückte die Hand fest an sein Herz, als wollte er es vor dem Zerspringen bewahren.

Der alte Staatsrath sagte: „Nun ja, so rief ich auch. Nun,

von allen Seiten und so betrogen, — nun glaube ich an nichts mehr fest auf Erden, an die Liebe keines Mädchens, an den Schwur keines Mannes, an die Dauer keines Schicksals. Was mir un-möglich erschienen, war geschehen. Nun hielt ich auch das Un-möglichste für möglich, nur nicht, daß der Mensch und sein Loos beständig sei. Und wenn man mir auch das Unwahrscheinlichste sagte, antwortete ich: Es ist sehr möglich! — In den vier Worten lag von da an das System meiner gesammten Lebensweis-heit. Ich nahm mir vor, mir die Worte bei jedem Anlaß zu wiederholen. Ich fand darin Trost, in der Tiefe meines Elends. Diese Worte bewahrten mich vor Verzweiflung. Ich lernte, daß ich auf nichts mehr zählen sollte, als auf mich selbst. Kannst du, dachte ich manchmal, kannst du denn noch jemals auf Erden froh werden? — Es ist sehr möglich! war dann mein Re-frain, und er bestätigte sich. Seitdem behielt ich ihn bei. Die größte Huld des Glückes berauschte mich nachher nicht mehr; ich dachte an die Vergänglichkeit und das Unglück, und sagte: Es ist sehr möglich! Ich hatte seitdem keine größere Freude, als an dem Tage, lieber Fritz, als du geboren wurdest. Aber ich mäßigte mein Entzücken mit dem Gedanken: du könntest mir durch den Tod ent-rissen oder ein ungerathenes Kind werden. Da sagte ich: Es ist sehr möglich! und ward nüchtern und auf alles Böse gefaßt."

„Gott sei Dank, Väterchen," rief Fritz, „es ist beides nicht eingetroffen!"

„Gleichviel, mein Sohn, aber es war sehr möglich. Seitdem ich mein Sprüchwort habe, nehme ich jede angenehme Stunde, wie ein Geschenk des Himmels, ohne es für bleibend zu halten, und überrascht mich kein Uebel mehr, denn ich bin darauf gefaßt, und weiß, es hört endlich auf. Es ist Alles sehr möglich. Dar-um rathe ich dir, eigne dir diese Idee an. Sie muß sich aber durch beständigen Gebrauch in dein ganzes Wesen auflösen, sich gleichsam in deinem ganzen Nervenbau verkörpern — sonst frommt sie nichts, und du bleibst charakterlos."

„Wir Menschen alle," fuhr der Staatsrath fort, „werden bei unsern wichtigen und unwichtigen Begebenheiten und Handlungen von einer in dem Augenblick erst schnell aufsteigenden, oft uns selbst fast unbewußten Idee geleitet. Sie ist dann des Augenblicks und der Umstände flüchtiges Ergebniß, und zwar so sehr, daß man sich hinternach oft nicht einmal Rechenschaft geben kann, warum man eigentlich im entscheidenden Moment gerade so und nicht anders handelte. Unwissende glauben an göttliche oder satanische Inspiration. Daher können auch nur äußerst wenige Menschen dafür gut stehen, wie sie allenfalls unter diesen oder jenen Verhältnissen handeln würden. Sie können es nicht; denn beim Heransturz des Verhängnisses sind sie meistens ihrer selbst nicht mächtig, wie betäubt, wie berauscht, weil ihrem Geiste alle Festigkeit, ich möchte sagen, das starke Knochengeripp, die fixe Idee der höchsten Lebensweisheit, der starke Christussinn, das Verachten des Irdischen und seines Spiels, das Hinschauen auf das Ewig= wahre, Ewiggute fehlt. — Um sich solches eigen zu machen, muß man ein sehr einfaches Mittel, dem Geiste eine Krücke, irgend einen überall anzubringenden Widerspruch, wählen. Steht es dann und wann auch nicht wohl an: ei nun, was schadet's? Genug, wenn nur das Wahrste und Erhabenste zur bloßen Gewohnheit wird, das heißt, zur andern Natur, aber nicht zur thierischen ge= dankenlosen, sondern zur vollbewußten. Das gibt Stärke, das gibt Stetigkeit. Darum folge meinem Rath! Es ist dir sehr möglich."

Mit der Stärke und Stetigkeit des Gemüthes hatte es beim Staatsrath Stryk seine volle Richtigkeit; inzwischen zog ihm sein Sprüchwort doch zuweilen auch manchen Verdruß zu, was wenig=

stens andern Leuten wohl Verdruß gewesen wäre. Aber ihn focht nichts so leicht an.

Zum Beispiel war er eines Tages in der Ministerialversammlung, welcher der Kurfürst beiwohnte. Es war zur Zeit des französischen Revolutionstaumels. Man sprach nach aufgehobener Sitzung von den neuesten Vorfällen in Paris, in Lyon, in Straßburg; sprach von der ungeheuern Verwandlung der französischen Nation, von der ehemaligen Abgötterei, die sie mit ihren Königen getrieben, und von ihrer nunmehrigen Freudentrunkenheit beim Sturz des Thrones.

„Das ist das schändlichste Volk auf Gottes Erdboden!" rief der Kurfürst: „Kein anderes Volk könnte das. Denk' ich an meine Unterthanen — nie, deß bin ich gewiß, werden sie von solchem Schwindel ergriffen werden, nie vor einem Andern kniebeugen. Halten Sie es für möglich? Was meinen Sie, Stryk?"

Der Staatsrath hatte in dem Augenblicke an etwas Anderes gedacht, die Worte seines Herrn nur halb gehört, und zuckte verlegen die Achseln, indem er nach seiner Gewohnheit sagte: „Es ist doch sehr möglich!"

Der Kurfürst stutzte. „Wie verstehen Sie das?" rief er: „Glauben Sie, es werde je ein Augenblick kommen, da meine Unterthanen froh sein könnten, mich verloren zu haben?"

„Es ist sehr möglich!" sagte Stryk mit Besonnenheit: „Man kann nichts voraus wissen. Niemand ist unzuverlässiger, als ein Volk; denn das Volk besteht aus Menschen, von denen sich jeder selbst mehr liebt, als den Fürsten. Eine neue Ordnung der Dinge bringt neue Hoffnungen; und immer sind Hoffnungen verführerischer, als der Besitz des Gutes selber. So sehr Ew. kurfürstliche Durchlaucht von allen Ihren Unterthanen geliebt werden, und so sehr Sie die Liebe derselben verdienen: doch wollte ich nicht schwören, daß nicht, bei verwandelten Umständen, dies Volk alle Wohlthaten vergessen, und zu Ehren einer Republik, oder eines andern

Herrn, Freudenfeste und Illuminationen anstellen, die kurfürstlichen Wappen abreißen und beschimpfen könnte. O ja, es ist
sehr möglich."

„Sie sind nicht gescheit!" versetzte der Kurfürst heftig und
wandte ihm den Rücken. Stryk fiel in Ungnade. Jedermann sagte
damals: Stryk ist ein Narr.

Einige Jahre nachher drangen die Franzosen glücklich über den
Rhein. Der Kurfürst mit seinem Hofstaat flüchtete. Man jauchzte
Freiheit und Gleichheit hinter ihm her, stellte Freudenfeste und
Illuminationen an, und riß die kurfürstlichen Wappen ab.

Stryk, als ein kenntnißvoller, brauchbarer Mann, fand auch
unter der neuen Ordnung der Dinge seine Anstellung, und um so
mehr, da bekannt genug geworden, weswegen er beim vertriebenen
Landesherrn in Ungnade gefallen war. Man betrachtete ihn ge-
wissermaßen als ein Schlachtopfer des Fürsten-Despotismus. Das
Neue befestigte sich, und Stryk trug durch seine Thätigkeit und
Geschäftskunde dazu nicht wenig bei.

Ungeachtet seines natürlichen Feuers ließ er sich doch nie zur
politischen Schwärmerei hinreißen. Er hielt es auch nie mit einer
Partei; das mußte ihn jeder Partei verdächtig machen. Die Jakobiner hießen ihn einen verkappten Royalisten, die Royalisten
hießen ihn einen verkappten Jakobiner. Er lachte zu beiden Titeln
und that seine Pflicht.

Eines Tages erschien ein Regierungskommissär, dem man, wie
sich von selbst versteht, die größten Ehrenbezeugungen erwies.
Jeder drängte sich zu demselben; Jeder suchte sich bei ihm einige
Wichtigkeit zu geben. Mitunter fehlte es auch nicht an Leuten,
die über den braven Stryk und die Zweideutigkeit seiner republi-
kanischen Gesinnungen ihr dienstwilliges Wörtchen an Mann brachten. Der Kommissär, da er einst mit Stryk in großer, glänzender Gesellschaft zusammentraf, wo mancher feurige Toast auf die

Freiheit der Welt, auf die Rechte der Völker, auf die Siege der Republik angebracht worden war, wandte sich auch zu Stryk. „Ich wundere mich nur," sagte er, „daß die Könige es noch wagen, wider uns zu streiten. Denn sie beschleunigen damit ihren eigenen Sturz. Die Revolution macht die Runde um die Welt. Was hoffen denn die Leute? Bilden sie sich ein, die große Nation mit den Waffen zu beugen und die Bourbonen zurückzuführen? — Die Thoren! Eher würde ganz Europa untergehen. Was meinen Sie, Bürger: ist es einem vernünftigen Manne gedenkbar, daß in Frankreich jemals wieder ein Thron aufgebauet wird?"

„Unwahrscheinlich allerdings," sagte Stryk, „aber es ist sehr möglich."

„Was? sehr möglich?" schrie der Kommissär mit donnernder Stimme, daß die ganze Gesellschaft zusammenfuhr: „Wer an der Dauer der Freiheit zweifelt, hat sie noch nie geliebt. Es thut mir leid, daß einer der ersten Beamten solche Gesinnungen nährt. Wie können Sie sich auch nur entschuldigen?"

„Entschuldigen?" sagte Stryk ganz ruhig: „Das ist sehr möglich. Das freie Athen gewöhnte sich erst an einen Perikles, dann an einen König von Macedonien. Rom hatte erst Triumvirate, dann einen Cäsar und zuletzt Neronen. England tödtete seinen König, hatte einen Cromwell, hintennach wieder Könige."

„Was wollen Sie mit Ihren Römern, Athenern und Engländern?" rief der Kommissär: „Was wollen Sie mit diesen elenden, charakterlosen Völkern, die der Ketten werth waren? Sie werden sie doch nicht mit den Franzosen in Vergleich setzen? Aber ich verzeihe Ihnen Ihre schiefe Ansicht. Sie sind kein geborner Franzose."

Es war jedoch dem Kommissär mit dem Verzeihen kein besonderer Ernst; denn Stryk verlor bald darauf seine Stelle. Er mußte sich sogar gefallen lassen, wegen verdächtigen Reden in Verhaft und peinliche Untersuchung zu gerathen.

Einige Jahre nachher ward Bonaparte erster Konsul, erst für zehn Jahre, dann für Lebenszeit, dann Kaiser und König. Stryk ward gleich anfangs wegen seiner Einsicht, Rechtschaffenheit, und weil er von jeher zu denen gehört hatte, die man die Gemäßigten nannte, wieder in Amt und Würden eingesetzt. Von dieser Zeit an genoß er in seinem Kreise höherer Achtung, als je. So manches, was er zuvor gesagt hatte, war erfüllt. Man hielt ihn für einen politischen Fernseher.

———

Napoleon verwandelte die Welt und verschenkte Kronen. Auch Stryk ward der Diener einer dieser Kronen und genoß die größten Ehren. Nun war kein Mensch mehr Republikaner. Jeder kroch vor dem neuen Herrscher. Ja, Niemand wollte jemals zu den Republikanern gehört haben, sondern Jeglicher behauptete, von dem Schwindel, der einst Alle befallen hatte, frei geblieben zu sein. Man rechnete es zur bittersten Schande, nicht allezeit gut königlich gedacht zu haben.

„Ich finde darin keine Schande," sagte Stryk, als sich einst darüber zwischen seinen besten Freunden Vorwürfe und Wortwechsel erhoben: „ich glaube, ihr Alle habt, da der Schnupfen umging, davon befallen werden können. Und kommt ähnliche Witterung wieder, könnet ihr auch den Schnupfen noch einmal bekommen. Es ist sehr möglich."

„Wie? Halten Sie uns Alle für so schwache, arme Sünder?" riefen sie insgesammt: „Wahrlich, ich für meine Person," setzte Jeder hinzu, „lasse mich nicht leicht von dem politischen Modefieber besiegen!"

„Da fällt mir immer," sagte Stryk, „aus Addisons Zuschauer, der Sultan von Egypten ein. Dieser Sultan that sich etwas darauf zu gut, ein starker Geist zu sein. Nichts war ihm

lächerlicher, als was der Koran von des Propheten Mahumed über=
irdischer Reise erzählt. Laut der Sure des Korans ward der Pro=
phet nämlich, da er eines Morgens im Bette lag, vom Engel
Gabriel durch Paradies und Hölle und alle sieben Himmel geführt;
er hörte, er sah da Alles, was vorging, hielt mit Gott neunzig=
tausend Unterredungen, und das Alles in so kurzer Zeit, daß der
Prophet sein Bett noch warm fand, da ihn der Engel Gabriel
wieder hineinlegte, ja, daß das Wasser eines Kruges, den er bei
Anfang der Himmelfahrt vor seinem Bette umgestoßen hatte, noch
nicht einmal ganz ausgeflossen war. — Es spöttelte der Sultan
eines Tages über die Geschichte auch in Gegenwart eines türki=
schen Heiligen, der im Rufe stand, Wunder verrichten zu können.
Dieser nahm es auf sich, den Sultan von seinem Unglauben zu
heilen, wenn er thun wolle, was ihm geboten würde. Der Sul=
tan nahm den Mönch beim Wort. Der Heilige führte den Herrn
der Gläubigen zu einer Kufe, die bis an den Rand voll Wassers
war. Der ganze Hofstaat war zugegen, und umringte neugierig
die Kufe. Der Mönch gebot dem Fürsten, den ganzen Kopf ins
Wasser zu tauchen und augenblicklich wieder herauszuziehen. Der
Sultan that es. Kaum aber hatte er den Kopf im Wasser, sah
er sich am Fuße eines Gebirges, unfern dem Meeresgestade, ganz
einsam. Man denke sich sein Entsetzen! Er verwünschte den Mönch
und schwor, ihm den Hexenmeisterstreich zeitlebens nicht zu ver=
zeihen. Allein was half's? Er mußte sich wohl in sein Schicksal
ergeben. Zum Glück bemerkte er Leute in einem Walde. Es waren
Holzfäller. Mit Rath derselben kam er zu einer jenseits des Wal=
des gelegenen Stadt. Allein er befand sich weit von Egypten, am
kaspischen Meere. Niemand kannte ihn. Er wagte nun nicht zu
sagen, daß er der Sultan von Egypten wäre. Nach mancherlei
Abenteuern gewann er die Gunst eines reichen Mannes und heirathete
dessen schöne Tochter. Mit dieser hatte er vierzehn Kinder, näm=

Bsch. Nov. IX.   19 lich sieben Knaben und sieben Mädchen. Seine Frau starb endlich, und nach mehrern Jahren gerieth er durch verschiedene Unglücksfälle, Krieg und Krankheit ins größte Elend. So weit kam es, daß er in den Straßen der Stadt sein Brod betteln mußte. Er weinte oft bittere Thränen, wenn er seinen gegenwärtigen betrübten Zustand mit der Pracht des ehemaligen egyptischen Palastes verglich, und hielt sein Loos für Strafe und Züchtigung des vielbewiesenen Unglaubens. Er beschloß, Buße zu thun und sich nach Mekka durchzubetteln. Er vollbrachte die Wallfahrt glücklich. Ehe er aber die heilige Stätte berührte, wollte er sich durch eine Waschung vorbereiten. Er ging zum Fluß, entkleidete sich, tauchte ganz unter und erhob sich wieder. Neues Wunder! Wie er den Kopf herauszog, stand er nicht im Fluß, sondern dicht vor der Kufe, bei seinen Höflingen und dem Mönch, der ihn geheißen hatte, den Kopf ins Wasser zu stecken. Trotz seines Erstaunens und seiner Freude konnte er sich doch des Grimmes gegen den Mönch nicht enthalten, der ihm den boshaften Streich gespielt und ihn so vielen Gefahren und Leiden preisgegeben hatte. Aber das Erstaunen des Sultans stieg aufs Höchste, als er vom ganzen Hofe, dem er seine Schicksale erzählte, vernahm: er wäre gar nicht von der Kufe weggegangen, sondern habe diesen Augenblick erst den Kopf ins Wasser getaucht und eben so plötzlich ihn wieder zurückgezogen.

„Ihr Herren," fuhr der Staatsrath fort, „seid wohl alle im Falle unsers Sultans von Egypten. Hätte man euch vor der Revolution gesagt, was ihr alle während derselben thun würdet, ihr hättet es nicht geglaubt. Jetzt habt ihr den Kopf aus der Kufe gezogen, und wollt nun nicht Wort haben, was ihr zur Zeit der Wunder dachtet, fühltet, lebtet. Sollten die ausgewanderten Bourbonen und Adelichen je wieder nach Frankreich zurückkommen, ich wette, sie halten die ganze Geschichte seit 1789 für nicht geschehen, und stehen, wie der Sultan von Egypten, fröhlich vor der Kufe, und betrachten die Jammerjahre, wie eine träumerische Selbſttäuſchung."

Man lächelte. „Nun, nun," ſagten Einige: „der Herr Staatsrath mag in Manchem Recht haben. Aber ſollte man im Ernſt
wohl denken, daß die armen Bourbonen je wieder zurückkommen?
Das gehört nun doch ins Reich der Unmöglichkeit."

„Hm, es iſt ſehr möglich!" ſagte Stryk. Und in der That
erlebte er auch noch dieſen Umſchwung der Dinge, und wie Alles
wieder ins vorige Geleiſe der politiſchen Ordnung zurücktrat.

———

Der Umſchwung konnte für einen Mann von Stryks Denkart
nicht gefährlich ſein, beſonders da er bei dem Napoleoniſchen Mo-
narchenthum zuletzt abermals in Ungnade gefallen war. Man erzählte ſich: Napoleon habe von ſeiner politiſchen Sehergabe gehört.
Kurz vor der Abreiſe des Kaiſers aus Frankreich zum Feldzuge
nach Rußland ging einer ſeiner Generale zum Staatsrath und
fragte ihn beiläufig, was er vom Ausgang des Feldzuges halte? —
Der alte Geſchäftsmann wunderte ſich über die Frage, und wollte
nicht antworten. Dem General kam dies ſonderbar vor. „Ich
denke, wir feiern die Weihnachten in Petersburg," ſagte er; „es
ſcheint aber, Sie fürchten von der Unternehmung ſchlechtes Ge-
lingen." Der Staatsrath zuckte nach ſeiner Gewohnheit die Achſeln
und verſetzte: Es iſt ſehr möglich. Das brachte ihm Schaden.
Er iſt ein Narr, hieß es, und ſein Name verſchwand ganz von
ſelbſt auf der Liſte der Staatsräthe. Da aber die verbündeten
Mächte in Frankreich einrückten und allenthalben die Napoleoniſchen
Schöpfungen zerſtört wurden, ſagte Jedermann: Stryk iſt ein
Prophet. Das iſt immer das Schickſal der Weiſern.

Seine Ungnade unter der Regierung der Anmaßer (wie nun
plötzlich die verbannten Kaiſer und Könige legitimer Herkunft

hießen) gereiche ihm zur Gnade bei dem neuen legitimen Landes=
fürsten. Doch fehlte wenig, sein Sprüchwort hätte ihn auch bei
diesem wieder in übeln Ruf gebracht.

Denn als der Fürst eines Tages den Staatsrath fühlen ließ,
man halte ihn für einen Achselträger, weil er bei allen Wechseln
der Regierungen immer obenan geblieben wäre, und daß er es
sogleich mit keiner treu gemeint haben möge, antwortete der alte
Mann ganz trocken nach seiner Gewohnheit: Es ist sehr mög=
lich; denn, setzte er schnell hinzu, indem er sich besann, „ich war
allezeit ein treuer Staatsdiener."

„Das ist platter Widerspruch!" rief der Souverän: „wie kön=
nen Sie sich als einen treuen Staatsdiener proklamiren, wenn Sie
heut' einem rechtmäßigen, morgen einem unrechtmäßigen Herrn
den Hof machen?"

„Eben weil ich mich immer befliß, kein Herrendiener, sondern
ein Staatsdiener zu sein. Unter unrechtmäßigen Herren oder
übeldenkenden Herren ist es jedem redlichen Freund des Vaterlandes
doppelte Pflicht, dem Staate zu helfen."

„Was Staat?" fragte der Souverän: „Ich rede von der Re=
gierung. Können Sie die vom Staate getrennt denken?"

„Nein, allergnädigster Herr; wohl aber die Person getrennt
von der Regierung."

Der Souverän warf einen finstern Blick auf den Staatsrath,
und sagte: „Das ist Revolutionssprache, die jetzt nicht mehr gel=
ten soll. Merken Sie sich das: Ich und der Staat sind ungefähr
dasselbe. Sie sind nicht der Diener des Staats, sondern mein
Diener für den Staat."

Der Staatsrath verbeugte sich schweigend. Nach einiger Zeit

warb er seines Alters wegen zwar vom Amte entlassen, aber doch mit Beibehaltung seines Gehaltes.

———

Auch in seiner Abgeschiedenheit von den öffentlichen Geschäften behielt er das einmal erworbene Ansehen und besonders den Ruf eines politischen Sehers. Denn alle Staatsveränderungen hatte er nach seiner Weise lange und mit auffallender Sicherheit vorausgesagt, so daß man sich gern mit einer Art Aberglaubens an ihn wendete, um seine Meinung wegen der Zukunft zu erfahren.

Als man ihm einst über seine seltene Gabe ein Kompliment machte, konnte er sich des Lachens nicht enthalten. „Man kann," sagte er, „unter Leuten, die schlechterdings blind sein wollen, ganz wohlfeil zur Würde eines Sehers und Weissagers gelangen. Mit gesundem Menschenverstand und kaltem Blut reicht man weit, wenn alle Welt in leidenschaftlicher Heftigkeit wider einander rennt und sich über die Dinge, wie sie sind, verblendet."

„Könnten Sie uns nur Ihre Seherkraft mittheilen!" sagte einer seiner Bewunderer.

„Es ist sehr möglich!" gab er zur Antwort! „Um in die Zukunft zu schauen, muß man rückwärts sehen, nicht vorwärts. — Rückwärts in die Vergangenheit, da hängt der Prophetenspiegel. Aber unsere Minister sehen nicht gern dahin; ohnedem haben sie vom vielen Lesen der Bittschriften, Lobreden und diplomatischen Noten kurzes, verdorbenes Gesicht."

„Aber was sagen Sie von der jetzigen Zeit."

„Sie bleibt nicht, mit Allem, was in ihr ist. Gegen diese Prophezeiung läßt sich nichts einwenden!" sagte der Alte.

„Also meinen Sie, die Unruhen und Aenderungen seien noch nicht zu Ende! Und doch ist der böse Geist unter die Ratten und Mäuse von St. Helena verbannt. Woher sollte er wieder kommen?

Oder glauben Sie, er oder Seinesgleichen könne wieder erscheinen und Spuk treiben?"

Der Staatsrath zuckte die Achseln: „Es ist sehr möglich. Uebrigens hat der böse Geist nicht die südamerikanische, nicht die französische Revolution gemacht; er hat aber das, was die Revolutionen im menschlichen Geschlecht beschleunigt, mächtig befördert, weil er, seiner Dynastie wegen, dagegen kämpfte, nämlich gegen Wahrheit, Aufklärung, Freiheit, Recht, nicht nur bei den Franzosen, sondern auch bei andern Völkern. Das weckte auch die andern Völker. Nun will man aber wieder mit Waffengewalt, mit Inquisition, Tortur, Nunziaturen, diplomatischen Pfiffen, Haarbeuteln, Perrücken, Spießruthenlaufen, Adelspatenten, Ordensbändern, Staubbesen, ewigen Bündnissen, Censurgesetzen und dergleichen altlöblichen Dingen zum ewigen Frieden helfen. So geschah es schon zur Zeit Franklins und Washingtons, zur Zeit der Bastillen, zur Zeit der Davouste und Palms. Dieselben Mittel und Ursachen werden dieselben Wirkungen haben. Darauf verlaßt euch."

Erzählungen im Nebel.

Nachfolgende kleine Erzählungen, welche zuerst im rheinischen Taschenbuch 1831 erschienen, gründen sich auf wirkliche, theils in alten Chroniken, theils in mündlichen Ueberlieferungen bewahrte Sagen.

1.

Die Thee-Gesellschaft.

Wir hatten uns nun auf der prachtvollen Höhe des Rigi-Berges, nach einem der schönsten Sommertage, ganz vergebens gefreut, das stille Einschlummern der weiten Welt zu unsern Füßen zu beobachten. Es erschienen weder die vielen goldigflammenden Seen ringsum, die man unserer Einbildung vorläufig geschildert hatte, noch jene rothglühenden Gletscherspitzen hoch über der Nacht der Thäler. Ein scharfer, frostiger Windstrom, welcher selbst die winterhaftesten Vermummungen der Berggäste durchzog, und den ganzen Rigi zuletzt in dichte Nebel begrub, hatte alle Luftfahrer, wie uns, in die hölzernen Gasthöfe dieser Alpenwelt zurückgetrieben.

Während Tante Martha uns in ihrem Zimmer den Thee, mit jener feierlichen Wichtigkeit, bereitete, welche ein Geschäft

wichtiger Art nothwendig fordert, trat ihre Nichte Cölestine aus
der dicken, faltigen Winterhülle eines weiten Mantels schlank,
wie ein Schneeglöckchen, hervor, das sich durch die Verschneiung
des Märzes Bahn bricht. Sie achtete des Jammers nicht, welchen
wir Andern über die fehlgeschlagene Hoffnung gerechtermaßen an-
stimmten. Sie stand am kleinen Fenster und betrachtete durch die
Scheiben die Spiele des gaukelnden Nebels, wie dieser bald Alles
in graue Finsterniß verschlang; bald zerriß und aus seinem Schooße
eine ungeheure schwarze Berggestalt hervorspringen ließ, um sie
wieder nach wenigen Augenblicken zu verschleiern; bald sich in dich-
tere Massen zusammenrollte und sie an der Hütte, wie Riesen-
geister, vorüberfahren ließ.

„Es ist doch schön!“ unterbrach sie, zufrieden mit jedem ihrer
Schicksale, das Klagelied der Männer: „Es ist wunderschön, und
mahnt mich an die grauenvollen Einsamkeiten des blinden, schot-
tischen Barden. Wie kommt's auch, daß unser prachtvolles Alpen-
reich, daß die riesenhaften Umgebungen unserer Schweizerthäler
noch keinen Homer, keinen Ossian hervorbrachten?“

„Sehr natürlich!“ erwiederte unser Professor der Weltgeschichte,
Herr Gubert, indem er die goldene Tabaksdose zwischen den Fingern sich mühlenartig drehen ließ: „Wir haben keine Riesenmen-
schen, wie wir Riesenberge haben. Hätten wir einen Achilles,
oder Fingal, in unserer Vorwelt gekannt, würde sich wohl der
Ossian und Homer eingefunden haben. Wir sind im Besitz
einer prächtigen Bühne; aber die großen Schauspieler mangeln
darauf. Was läßt sich am Ende aus einer bloßen Bühnenbeschrei-
bung Besseres machen, als etwa ein Lehrgedicht von den Alpen,
wie Haller schrieb?“

„Dazu gesellte sich unglücklicher Weise wohl noch ein anderer,
kleiner Uebelstand,“ fiel Wunibald ein: „die Schweiz ist durchaus an dichterischen Geistern von hohen Empfängnissen entblößt

Die Thaten eines Achilles zu singen, muß der Sänger selbst
ein Achilles auf der Harfe sein. Natur und Schicksal machen
den glücklichen Feldherrn und Streiter; aber die Heldenwerke des
Halbgottes verrichtet der Genius des Dichters allein. Wohl
rühmen auch wir uns unsterblicher Sänger; aber sie stehen, sonderbar genug, zu den riesigen, wilden Schöpfungen unserer Gebirgs-
welt, im vollen Gegensatz. Wie die Fantasie der Bewohner des
flachen Landes gern Riesen träumt, weil bei ihnen Alles niedrig
ist, und hingegen der Gebirgsmensch kleine, schalkhafte Zwerge,
Rübezahle und Schrätteli, sieht, weil das Große ihm das Ge-
wohnte ist: so dichtete Salomon Geßner, im Angesicht der
ewigen Gletscher, seine Idyllen von einer kleinen Unschuldwelt in
unübertroffener Lieblichkeit, und Gaudenz von Salis besang
am Fuß des schroffen, von tausendjährigen Wettern zerrissenen,
Calandafelsen, die stille Laube, den Bach und die darin, als
Schiff des Kindes, schwimmende Nußschale."

„Und was sagen Sie dazu?" fragt die geschäftige Tante mich,
indem sie mir zur Tasse Thee den Zucker bot: „Ich fürchte, Cölestine hat mit ihrer Frage das Feuer einer Gelehrten-Fehde an-
geblasen."

„Sorgen Sie nicht!" gab ich zur Antwort: „Ich stimme nicht
nur unsern Vormännern bei, sondern ergänze ihre Lösung der Auf-
gabe noch durch eine kleine Nachhilfe. Es fehlt nämlich unserer
schönen Schweizergeschichte ganz und gar der historisch-religiöse
Hintergrund des Alterthums, gleichsam das ungewisse Licht einer
geschichtlichen Morgendämmerung der Sagen, Fabeln, Wunder
und Mythen. Nicht daß sie von jeher mangelten; aber sie sind
ausgestorben im Glauben, Ahnen und Gesang unseres Volkes.
Darum konnte sie kein Pisistratide bei uns zu einer Ilias und
Odyssee, kein Makpherson zu einem Fingal, kein Bischof Pi-
ligrim, oder wer sonst, zu einem Nibelungen-Sang vereinen.

Und ohne diesen romantischen Hintergrund allgemein geltender Ueberlieferungen im Volk, ohne diesen bestehenden Glauben an überirdische Mächte, die in der Urzeit handelten, läßt sich höchstens mit Ariost und Tasso, ein Zaubermährchen aus dem Mittelalter, oder, mit Voß, eine Luise der heutigen Welt, schaffen."

„Sie haben Recht!" rief Wunibald: „Selbst das alte Friesenlied, welches noch Johannes Müller zu Ehren zog, wird nicht einmal mehr in den Thälern des Hasli gesungen. Und doch war es vielleicht der letzte Nachhall der Ursache vom Einzug der Kymern des Nordens in unser Gebirg. Mit ihm ist die Sage vom Suiter, Swey und Hasli, den Häuptlingen der Einwanderer, verwandt. Wunderbar klingt damit auch die skandinavische Sage zusammen, welche unser Karl von Bonstetten aus Dänemark mitbrachte, vom Zug der tapfern Nordhelden gen Italien, wie sie unterwegs unsere helvetische Wiflisburg belagerten und verbrannten."

„Wir hätten," fiel mir der Professor ins Wort: „zu unserer Geschichte wohl des fabelhaften Hintergrundes zu einem Epos genug, wollte sich nur Jemand einmal Mühe geben, die Bruchstücke dazu aus halbverwesten Chroniken, oder aus Erzählungen zu sammeln, die man noch Abends beim Schimmer der Herdflamme in den Alphütten vernimmt. Da würden wir im Wunderlande der Schratten, Feen, weissagenden Träume, Heiligen, Helden, Ungeheuer und Günstlinge überirdischer Wesen wandern. Wie romantisch stellte uns, zum Beispiel, der letzte Propst von Embrach in seiner Chronik den Ursprung von Zürich und Aachen auf; oder die Sage und die Erbauung von Schaffhausen, von Solothurn dar, oder das Entstehen anderer Städte und Burgen, oder die Benennung von vielen Bergen, Thälern und Quellen!"

„O lieber Professor," rief Tante Martha: „ersetzen Sie uns doch die Stelle des romantischen Propstes von Embrach. Eine abenteuerliche Geschichte nimmt sich nirgends besser aus, als in ben Nebeln des Rigi. Erzählen Sie geschwind den Ursprung von Zürich!"

Cölestine rückte im Augenblick ihren Strohsessel dicht zum Sitz des gelehrten Mannes, klopfte ihm schmeichelnd die Achsel, und sagte: „Bitte, bitte! Zürich ist mir lieb. Wenn Sie uns erzählen, will ich Ihnen dafür auch recht gut sein."

„Für den Preis ließe sich eins wagen!" versetzte der alte Herr: „obwohl ich eigentlich mit meinem Gedächtniß nicht auf dem besten Fuße stehe, und ich die Chronik des Heinrich Brennwald längst nicht mehr gesehen."

„Um nicht geringern Preis wüßt' ich auch eine höchst glaubwürdige, wundervolle Sage von Stierenbach im Waldnacher Thal zu berichten," sagte Wunibald.

„Und sollt' ich leer ausgehen?" rief ich: „da ich doch die Geschichte von der schönen Alpenkönigin weiß?"

„Erzählen Sie nur; Alle der Reihe nach!" sagte Cölestine ungeduldig: „Um den Preis werden wir hernach gewiß einig. Und sollt' ich zuletzt damit nicht ausreichen, hilft mir die Tante gütig nach."

Professor Gubert sann eine Weile schweigend, indem er auf der Dose mit den Fingern trommelte, hustete und begann.

2.

Der Ursprung von Zürich und Aachen.

Mit der Pracht der neuen Kaiserkrone kam Karl der Große von Rom über das Alpengebirg in den weiten, wilden Arboner-Gau. Dieser umfaßte beinahe die ganze Morgenhälfte des alten helvetischen Landes, mit vielen unbekannten Bergen, Seen und nie durchwanderten Wäldern. Es war in den Wildnissen nicht ge-

heuer. Die finstern Gehölze und Sümpfe verbargen grausiges Un-
geziefer aller Art; Drachenschlangen und Lindwürmer nisteten noch
in den Felsklüften des Gebirgs.

Der Kaiser jedoch gelangte wohlbehalten zum großen Waldsee,
wo vor Alters ein Ort, genannt Thuricum, an einer schönen
Stätte gelegen haben soll, an welcher der Limmatstrom noch jetzt
seine blaßgrünen Wellen aus dem See hervorrollt. Zwar das
Thuricum der Römer war längst verschwunden. Dichter Rasen und
wucherndes Gebüsch bedeckten das Gestein gewesener Tempel und
Paläste. Aber noch stand da, von rauher Bauart, eine geringe
Burg; und hin und wieder eine Gasthütte, Wallfahrer zu bewirthen, die zu den Gebeinen der Märtyrer St. Felix und Regula kamen; oder auch Kauffahrer, die, aus Welschland über den
hohen Septimer her, mit Saumthieren und Waaren, längs dem
Seeufer, nach Frankreich zogen.

Hier beschloß Kaiser Karl von den Beschwerden der mühseligen
Reise auszuruhen; die letzten Sprossen des Heidenthums zu ver-
tilgen und Recht und Gericht zu pflegen im Arboner-Gau. Darum
ließ er einen Pfeiler aufrichten an der heiligen Stätte, welche
weiland von dem Blute der Märtyrer geröthet worden war; und
an den Pfeiler ließ er eine Glocke befestigen; die weit über den
stillen See hinaufschalle, und daran noch ein herabhängendes Seil
binden, daß Jedermann die Glocke anziehen könne. Auch ward im
Gau verkündet; wer zur Mittagsstunde läuten werde, dem solle von
kaiserlicher Majestät, nach gerechter Klage, Gerechtigkeit werden.

Eines Tages nun tönte die Säulenglocke, und der Kaiser sandte,
zu sehen, wer den Strang zöge. Doch ward Niemand erblickt. Andern Tags scholl die Glocke noch heller; aber die Boten des Kaisers sahen abermals keinen Menschen dabei. Also geschah auch am
dritten Tage. Darum gebot der König und Herr seinen Knechten,
sie sollten sich um die Mittagsstunde beim Platz der heiligen Blut-

zeugen verbergen, und den Thäter belauschen. Allein diese kehrten mit Zagen und Grausen zum Kaiser zurück und sprachen: „Es ist eine große goldgrüne Schlange zur Mittagsstunde gekommen, die sich unter dem Pfeiler aufgebäumt, den Strang mit ihrem glänzenden Leib umwickelt und die Säulenglocke geläutet hat.“

„Gleichviel, wer Gerechtigkeit von uns begehrt, Mensch oder Thier!“ antwortete der König: „Wir sind dieselbe, ohne Unterschied, jedem unserer Unterthanen schuldig.“

Alsobald erhob er sich vom Mittagsmahle, und begab sich, mit gesammtem Hofgesinde, ungesäumt zur heiligen Stätte. Da kroch eine große goldgrüne Schlange gegen ihn; streckte sich wundersam aus dem Grase hoch auf; verneigte sich dreimal, wie in tiefster Ehrerbietung vor kaiserlicher Hoheit, und kroch wieder davon, dem Ufer der Limmat zu. Als der Kaiser solches sah, und wie sie von Zeit zu Zeit das Haupt erhob, als wolle sie schauen, ob er ihr folge, ging er schnurstracks nach mit aller Begleitung.

Da sah er die Schlange vor einer Höhle von bemoostem Gestein, zornig und zischend und züngelnd. In der Höhle aber saß fauchend, mit Feueraugen, eine ungeheure Kröte auf dem beschriebenen Stein eines niedergestürzten Heidenaltars. Unter dem Altar lagen silberhell leuchtend die Eier der Schlange. Nun verstand König Karl die Klage des nothleidenden Thiers und sprach: „Schlange oder nicht; jedem Geschöpfe gebührt sein Recht! Zerret das Unthier aus der Höhle, welches auf dem Heidenaltar wie auf einem Throne sitzt, und der Mutter die Jungen raubt. Zündet ein Feuer an und verbrennt das Unthier. Ich aber sag' euch, also will ich in diesen Gauen das verborgene Heidenthum ausrotten, welches die Erstlinge des Christenthums zerstören will. In Ehren der Blutzeugen Felix und Regula soll ein Münster an die Stätte der Glockensäule entstehen zum Gedächtniß dieses Ereignisses und eine Schule daneben zur Erleuchtung des ganzen Arboner-Gaues.“

Wie er geboten, geschah. Aber des andern Tages, als der Kaiser fröhlich beim Mahle saß, schlüpfte, zur Verwunderung aller Gäste, die goldgrüne Schlange zur Pforte des Saales herein. Dreimal richtete sie den Leib auf; dreimal verneigte sie sich mit Demuth vor des Kaisers Hoheit; dann schwang sie sich auf den Tisch, umringelte des Kaisers goldenen Trinkbecher; ließ ein Gerstenkorn, eine Weinbeere und einen Rubin in den Wein fallen und verschwand.

Der Kaiser betrachtete den edeln Stein bewundernd, dessen Licht und Pracht alle Gäste priesen. Das Gerstenkorn aber und die Weinbeere warf er durchs Fenster hinaus, in die Allmend.

Darauf rief er Baumeister aus fernen Landen, ließ ein großes, prachtvolles Münster erbauen und eine Schule daneben, welche noch heut' seinen Namen mit Ruhm trägt. Es kam von allen Enden viel Volks herbei, der Andacht, oder Wissenschaft, oder des Gewerbes wegen, und siedelte sich an, daß binnen kurzer Zeit eine schöne Stadt gesehen ward an der Stelle von Thuricums Hütten. Das ist Zürich. Der Menge der Bauleute, und des Volks aber gebrach es nie an Nahrung. Denn die verachtete Weinbeere und das Gerstenkorn wucherten so gewaltig durch die Allmenden links und rechts dem See, daß rechts alles von Rebengebüschen bedeckt ward und links, hoch zu den Bergen auf, die Aehren stiegen.

———

Als der Professor hier einen Augenblick im Erzählen ruhte, sagte Tante Martha: „Das Mährchen wäre ganz artig; aber die Kröte darin ist ein sehr unpoetisches, garstiges Thier."

„Auch schmeckt das Ganze etwas legendenartig nach der Embracher Mönchszelle," bemerkte Wunibald: „Eine barbarische wunderliche Schöpfung unbeholfener Einbildungskraft, die das Seltsame ohne Zweck zusammenhäuft. Wie abstechend davon zeigt sich die schöne Fabelwelt der Hellenen! Eben durch ihren tiefern Sinn haben die griechischen Mythen den ewigen Werth empfangen, sind sie die Hieroglyphe der Jahrhunderte geworden, und hat sich das Götterthum, dessen Verlust Schiller betrauerte, gleichsam noch, als Kirche und Glauben der Poesie, erhalten."

„Wahrhaftig!" rief Hubert: „bleibt mir doch mit aller Höhe und Tiefe der Weisheit von den Volkssagen weg. Die Fabel von den kadmei'schen Drachenzähnen bei der Gründung Thebens hat für mich so viel Geist und Ungeist, als Meister Heinrich Brennwalds Sage von der zürcherischen Höflichkeit der goldgrünen Schlange. So viel ist gewiß, Karl der Große war im Jahr 800 wirklich in Thuricum. Und das ist genug! Mit der verborgenen Weisheit in den griechischen Fabeln hat es eigene Bewandtniß. Sinnvolle Dichter mögen ihren Sinn erst in das bunte Kleid der überlieferten Geschichten gehüllt haben. Bringt zur Embracher Chronik noch einen Kram von mystischer Naturphilosophie und Symbolik: so gewinnen die Schweizersagen so viel geheime Wahrheit und Bedeutsamkeit, als die indischen und griechischen."

„Und das wäre, dünkt mich, so schwer nicht," sagt' ich: „Die Schlange, das alte Sinnbild der Ewigkeit, deutet hier offenbar den ewigen Glauben der Christen an, welche seinen Samen schon im Arboner=Gau niedergelegt hatte. Die Kröte auf dem römischen Altar ist unzweideutig die Darstellerin des noch im Dunkeln herr= schenden Heidenthums. Daß Karl den Rubin dem Gerstenkorne und der Weinbeere vorzog und diese wegwarf in die Allmend, lehrt eben sowohl, wie Fürsten das Glänzende höher stellen, denn das Nützliche; als auch, wie erst die Fremden Anbau in die Schweiz gebracht und die Triptolemen unsers Landes geworden sind.

„Es ist nur schade," sagte Tante Martha: „daß der Ru= bin so dürftig davon kömmt. Er hätte die Hauptrolle spielen müssen."

„Die Geschichte meines Prophets ist noch nicht geschlossen," versetzte Gubert. „Hören Sie, was aus dem edeln Stein geworden ist."

———

Kaiser Karl gab den Rubin, als Liebeszeichen, an seine Gemahlin. Und von Stund an verwandelte sich sein ganzes Gemüth zu ihr. Er fand die Kaiserin so reizend, daß er sich nicht mehr von ihr trennen konnte. Entfernten ihn Reichs- oder Kriegsgeschäfte, erkrankte er fast in schwermüthiger Sehnsucht, und gesundete nicht, bis er ihr Antlitz wieder sah. Dessen verwunderte sich selbst die kaiserliche Frau, und sie erkannte aus Allem, daß dem Steine eine verborgene Kraft inwohne. Darum trug sie ihn stets bei sich, und sogar, als sie starb, verbarg sie ihn unter ihre Zunge, damit er nicht in eines andern Weibes Gewalt gerathe.

Nach dem Tode der Kaiserin ward ihr Gemahl aber untröstlich. Ihr Grabgewölbe, von einer silbernen Lampe erhellt, dünkte ihn prächtiger, denn die prachtreichste seiner hundert Pfalzen. Dahin begab er sich Tags und Nachts, und rief mit zärtlicher Inbrunst den Namen der Todten. Es luden ihn umsonst die Großen des Reichs zur Arbeit ein, und die Paladine zum Streit gegen die ungläubigen Sarazenen.

Auch der große Roland trat eines Tages in die fürstliche Gruft, seinen Herrn und Gebieter zu wecken und zu mahnen. Doch der ungestüme Ritter stieß unvorsichtig mit seinem Helm an die prangende Silberampel, daß sie erlosch. Wie er nun den Kaiser aus der Finsterniß des Gewölbes hinwegführte und noch einmal hinter sich sah, erblickt' er einen rubinrothen Glanz um den Mund der Kaiserin. Darum ging er abermals in das Grabgewölbe, das Wunder in der Nähe zu schauen; entdeckte den edeln Stein im Mund der Leiche und nahm ihn zu sich.

Zur selbigen Stunde vergaß Kaiser Karl die Gruft und seine Gemahlin, aber sein Vetter Roland ward ihm der Allerliebste von den zwölf Paladinen. Ohne ihn mocht' er nicht leben, ohne ihn nicht speisen und schlafen. Dessen erstaunte der tapfere Roland nicht wenig, und er sann lange darüber und versuchte Vieles, bis er den Zauber verstand, der in dem Steine geheim lag. Da sprach der Ritter stolz: „Fern sei von mir, daß ich diesem Steine mehr danken soll, als meiner Tapferkeit, Frommheit und Treue!" Und er warf den Rubin verächtlich in einen westphälischen Sumpf, worin sich warme Quellen verfaßen.

Von diesem Tage an gewann Kaiser Karl die Quellen also lieb, daß er sie köstlich auffaßen und mit Gebäuden umringen ließ. Nur in ihren warmen Quellen gewann sein Leib Ruhe und Heil. Er baute Aachen zur vornehmsten Stadt seines Reichs, und setzte dahin seinen kaiserlichen Stuhl. Auch einen wunderreichen Dom richtete er daselbst auf, worin sein Grab, und dazu ein Chorherrenstift, welches mit dem Stifte von Zürich ewige Verbrüderung eingehen mußte.

––––––

„Allerliebst!" rief Tante Martha: „fast in morgenländischem Geschmack, wie Tausend und eine Nacht! Nur den Rubin hätte man sollen in der Schweiz behalten."

„Unsere Alten," sagt' ich, „hatten vom hohen Werth der edeln Steine gar schlechte Kenntniß. Sie wissen ja, den wallnußgroßen Diamant aus der burgundischen Beute verkaufte ein Soldat bei Grandson um wahres Bettelgeld an einen Mönch. In der rohen Sitteneinfalt der Völker geht das Nützliche dem Schönen weit vor; bei veredelter Bildung erst paart sich Beides; dann im Zustand der verwilderten Bildung oder verfeinerten Thierartigkeit, nimmt das Schöne und Ueppige den Rang vor allem Guten und Nützlichen ein."

„Sie vergessen Rolands Wort und That," bemerkte mir Fräulein Cölestine: „Der Held zog dem Schönen und Nützlichen das

Gute vor; eigenen Werth dem fremden. Das ist wohl der höchste Bildungsstand. Die Kaiserin hingegen hatte noch nicht Muth genug, den Wunderstein zu verschmähen."

„Und welches Frauenzimmer hätte den Muth?" fiel Wunibald lächelnd ein: „Besitzt nicht jedes Mädchen, im frischen Glanz der Jugendschönheit, seinen Zauberrubin? Wie viele unserer Schönen möchten sich freiwillig dieses Talismans der Natur entschlagen?"

„Wohlan!" rief Gubert: „Da sehen wir offenbar, welch eine tiefe, geheimnißvolle Fülle der Weisheit in den Sagen und alten Volksmährchen unsers Landes ruht. Wenn diese nicht mit indischen, griechischen und nordischen wetteifern, liegt die Schuld nur an der Geistesarmuth unserer Ausleger, Symboliker und Naturphilosophen."

„Sie haben uns noch die Sage von der Gründung Schaffhausens versprochen, lieber Professor," sagte die Tante.

„Ich bin wirklich im besten Zuge," erwiederte dieser: „Hören Sie mit geziemender Andacht zu!"

3.

Schaffhausens Gründung.

Wo heut' zwischen anmuthigen Hügeln und Gebäuden, in fruchtbarem Gelände, der größte Wasserfall Europa's aus kochender Tiefe Wolken um Wolken emporstößt, war zu Anfang des eilften Jahrhunderts weit umher, durch Klekgau und Hegau, Alles Wald. Der Klekgau mitternachtwärts dem Rhein, streckte sich vom Randenberg bis zum Seklersee; der Hegau vom See bis zur jungen Donau. Dies Waldland war die Alode der mächtigen Grafen von Nellenburg. Nur sehr zerstreut fand man in den Gehölzen bei Hütten, Höfen und Meiereien der Leibeigenen aufgebrochenes Land. Auf Bergen und Hügeln schwebten, wie riesige

Gebietergestalten, die Burgen der Leibherren, Baronen und Frei=
herren, über Urwäldern.

Ein Jüngling zog durch den Forst, gelockt vom donnernden Ruf
des Rheinfalls, der gleich dem Wiederhall ferner Gewitter rauschte.
Ein schlichter Wamms von Büffelleder, auf dem Rücken der Köcher,
im Gürtel der Dolch, an der Hüfte das breite, kurze Schwert, in
der Faust die Armbrust, zeigten damalige Ausrüstung eines Jägers.

Plötzlich fuhr ein schwarzer Widder aus dem Gebüsch; um den
Hals einen silbernen Reif, die gekrümmten Hörner mit Feldblu=
men umkränzt. Der Widder legte sich fromm zu des Jägers Füßen;
sprang aber eben so schnell wieder auf und davon. Denn ein Wolf
setzte ihm mit lechzendem Rachen nach. Aber der Jüngling warf
sich zwischen Widder und Wolf, stieß sein helles Schwert in den
Schlund des struppigen Raubthiers und ging von dannen.

Da kam eilends der schöne Widder zurück, legte sich odemlos
zu des Jägers Füßen; sprang aber eben so schnell wieder auf und
davon. Denn in gewaltigen Katzensprüngen, über Dorn und Busch,
rannte ein grimmiger Bär daher und ihm nach. Der Jüngling trat
furchtlos zwischen Bär und Widder, den glänzenden Dolch in der
Faust. Das Unthier aber richtete sich auf und umkrallte ihn mit
den zottigen Tatzen. Beide stürzten ringend zu Boden, bis des
Jünglings Hand die Kehle des Ungeheuers zusammengewürgt, sein
Dolch dessen Herz durchstochen hatte. Dann hob er die weggewor=
fene Armbrust vom Boden auf, und ging, vom Kampf erschöpft,
von dannen.

Doch zum drittenmal kehrte der verfolgte Widder zurück, legte
sich stöhnend zu des Jägers Füßen, und blickte kläglich zu ihm auf,
als fleh' er Hilfe von ihm. Denn durch die verschlungenen Zweige
des Unterholzes stürzte brausend, mit drohend gesenkten Hörnern,
ein Auerochs heran. Der Jüngling sah es und warf sich verwegen
zwischen Widder und Auerochs. Klirrend flog vom stählernen Bogen

der Todespfeil in die breite Brust des bärtigen Büffels. Die Erde zitterte vom Fall desselben.

Nun führte der Sieger den Widder, als gute Beute, mit sich am silbernen Reif; oder vielmehr ihn der Widder dem Rheine zu, gegen den Uferplatz, wo damals die Scaffen oder Schiffe, des nahen Wasserfalls wegen, die Waaren auszuladen pflegten. Darum hieß der Platz, von den Scaffen und einzelnen Schiffhäusern, Scaff-hausen, heutiges Tages Schaffhausen. Aber noch sah der Jüngling die Schiffe und Hütten nicht; sondern er trat aus dem Dickicht in eine sonnenhelle Wiese, vom finstern Waldkranz umgürtet.

In der Mitte der Wiese hob eine mächtige Linde den Riesenstamm mit schattigen Zweigen zum Himmel. Darunter saß eine junge Hirtin in grüner Dämmerung, von zwölf schneeweißen Lämmern umringt. Sie saß in großer Traurigkeit. Als sie aber den Widder und den Jüngling vor sich sah, lächelten ihre blauen Augen zu diesem auf und sie sprach: „Jäger, der Widder ist mein, des Herrn von Randenburg Gabe!"

Er antwortete: „Hirtin, der Widder ist mein. Ich hab' ihn dem hungrigen Wolfe entrissen, dem zottigen Bären, dem bärtigen Büffel. Und ich gebe ihn nicht, du lösest ihn denn mit einem Kuß der rothen Lippen von mir."

Sie sah erröthend zum Jüngling auf; zu den glühenden Wangen des Jünglings, umweht von der Finsterniß der schwarzen Locken. Und sie fühlte, er sei schöner, als gut für ihr Herz sein könne. Darum sprach sie: „Den Preis darf ich nicht geben. Nimm, Jäger, den silbernen Reif."

Er antwortete: „Den Widder darf ich nicht geben, nicht für den silbernen Reif. Doch für den Kuß den Widder, und den goldenen Reif dazu!" — Das sagte der Waldmann vor der jungen Hirtin knieend; zog vom Finger einen goldenen Ring und küßte sie um all' ihre Ruhe.

Weinend sprach sie: „Warum thust du mir also, du geringer Knecht! Sieh', ich bin Idda, des Grafen von Kirchberg Tochter. Er ist mit vielen Andern in den Schiffhäusern beim Herrn von Randenburg."

Der Jäger antwortete: „Bist du Idda, des Grafen von Kirchberg Tochter, so bin ich Eberhard, Eppo's des Grafen von Nellenburg Sohn. Schäme dich deines Kusses nicht."

Und er führte sie mit ihrer kleinen Heerde zu den Schiffhäusern; bald darauf ins väterliche Stammschloß, als seine Gemahlin, mit großer Pracht. Nun kamen viele selige Tage und Jahre. Der Ruhm von Idda's Schönheit und Eberhards Tapferkeit in Turnieren und Schlachtfeldern, ging weit durchs Land. Sie blühte unter ihren sechs blühenden Söhnen; er stand reich und groß vor des Kaisers und Papstes Thron.

Als aber endlich die Tage des Alters kamen, und auf Idda's Wangen das Rosenroth blich; und die Finsterniß von Eberhards schwarzen Locken wie silbergrauer Nebel ward, sprach er zu ihr: „Nun ist's an der Zeit, dem Himmel ein Dankaltar zu erhöhn; den Enkeln ein Denkmal unserer Frömmigkeit. Sag' an, wo ist die schönste Stätte zum prächtigen Münster, daß ich dahin die Baumeister sende? — Wie sie aber beide lange vergebens gesonnen hatten, legten sie Pilgerkleider an und wanderten durch die Auen und Wälder des Hegau's und Klekgau's, bis sie den donnernden Gesang des Rheinfalls hörten. Da trat ihnen aus seiner Bethütte ein hundertjähriger Waldbruder entgegen, schon hienieden im Ruf der Heiligkeit. Und als er ihr Gesuch vernommen und die Knieenden gesegnet hatte, sprach er: „Liebe Kindlein, Euch soll geholfen sein! Denn in der Nacht vor Allerheiligen hatt' ich im Traum ein himmlisches Gesicht. Eine sonnenhelle Wiese grünte vor mir, vom Wald umfangen; und aus der Mitte der Wiese streckte der Riesenstamm einer Linde seine schattigen Zweige zum Himmel.

Ein Jäger und eine Hirtin, ein schwarzer Widder und zwölf schnee-
weiße Lämmlein standen bei der Linde; und es rief eine Stimme
vom Himmel: „Da du gesündigt, da sollst du dich heiligen!" Als-
bald zerfloß die Linde, wie Nebel, und ward ein Münster, mit
reicher Kirche; der Wipfel des Baumes zum hohen Dom. Statt
der Heerde stand da der Erlöser mit den heiligen zwölf Boten. Ich
sah den Jäger betend in frommer Mönchstracht, und die Hirtin,
als bußfertige Nonne, zu den Füßen der heiligen Agnes."

Eberhard und Ibba hatten, da sie von der Wiesenlinde hörten,
mit Erröthen ihren Blick vor dem heiligen Manne zur Erde gesenkt.
Nun zweifelten sie nicht an der Wahrheit der Offenbarung, und
sie gingen, das Gelübde zu erfüllen und das heiligende Plätzchen
zu suchen. Dort, in der grünen Dämmerung der Linde, gaben sie
einander, wie einst den ersten, nun im Leben den letzten Kuß.

Ohne Rast baute Eberhard zwölf Jahre lang, bis Münster und
Kirche vollendet waren. Diese schmückte er mit zwölf Kapellen,
zwölf Säulen, zwölf Glocken und zwölf Altären in Ehren der heiligen zwölf Boten. Am Tage Allerheiligen aber weihte er das
Münster dem Erlöser. Ibba baute, nicht fern davon, ein Frauen-
kloster, der heiligen Agnes geweiht. Und es reiheten sich bald
ganze Gassen von Häusern der Arbeiter, Künstler, Handwerker
aller Art, und Wirthe um Kirche und Kloster, also, daß wenige
Jahrzehnte nach dem Tode des Stifters statt der einsamen Wiese
am Rhein, hier eine Stadt gesehen ward, umringt von zwölf Thür-
men, mit Zoll und Münzen und Märkten. Das Münster allein be-
herbergte 300 Personen. So ward die Stadt Schaffhausen.

———

„Immer Mönche, Einsiedler und wieder Mönche!" rief Wunibald, als Gubert geendet hatte: „Leute, die aus ihren Träumereien mehr Vortheil ziehen, als achtbare Menschen aus ihrer Weis-

heit; und für einen unschuldigen Kuß sogleich Münster und Kirche, wie einen Schadenersatz, für sich begehren!"

„Sie haben Recht!" sagte Martha: „Ich sähe allerdings auch in unsern Sagen lieber ritterliche Helden, Turniere, Lindwürmer und Drachen, wie in der Sage vom Struthahn von Winkelried. Aber der alte Adel der Schweizer ist ausgestorben und mit ihm die Ueberlieferung seiner Thaten."

„Ich bitt' um Verzeihung!" versetzte der Professor: „Weder die Franzosen noch die Deutschen haben ältere Adelsgeschlechter. Ein Landenberg von Zürich glänzte schon im Konstanzer Turnier vom Jahr 948; ein Flekenstein von Luzern im Jahr 968. Die Halwyle vom Aargau, die Bonstetten von Bern wurden schon im Jahr 1080 gepriesene Namen. Es fehlte nie an Helden und Heldinnen, nur an Dichtern, die ihnen Unsterblichkeit schenkten."

„Heldinnen sogar?" fiel ihm Cölestine ins Wort: „Wo sind die helvetischen Iphigenien und Medeen?"

„O," erwiederte Hubert: „Die Medeen und Medusen wollen wir den Griechen gern überlassen, und in den Klöstern hat man der armen Iphigenien genug geopfert. Wir bei uns tragen und lieben nur Sagen von muthigen Mädchen, gütigen Müttern, treuen Weibern, so brav wie die Weiber von Weinsberg. Hätte Bürger in der Schweiz gesungen, er würde die schöne Ursula von Homberg gepriesen haben, welche den Hermann von Rhynegg aus der belagerten Burg Auenstein bei Aarau im Jahre 1389 auf dem Rücken davon trug; oder die liebenswürdige Emma von Glarus, welche ihren Mann auf ähnliche Weise im Schwabenkriege aus dem Schloß Blumenstein am Rhein vor dem Zorn der belagerten Schweizer rettete."

„Oder wo hatten die Griechen ein Mütterchen so brav, als Wilhelmine von Chalans, Gräfin von Balangin?" rief ich: „Die armen Leute zu Chezard erlagen im sechszehnten Jahrhundert unter der Laft des Zehnten, und baten um einen Nachlaß. „Kinderchen,“ sagte die achtzigjährige Gräfin: „Ich erlaſſe Euch die Hälfte des Zehntens von allem Land, was ich in einem Tage umgehen kann!“ Und ſie ging vom frühen Morgen bis ſpäten Abend an einem langen Sommertage um ein beträchtliches Gebiet. Das zahlt noch heut' nur den halben Zehnten.

„Ganz vortrefflich,“ ſagte Wunibald: „doch bleibt's hausgebackenes Brod, ehrliche Profa! Aber das Ueberirdiſche, Wunderhafte fehlt, die Poeſie des Volksgeiſtes, die in griechiſchen Sagen waltet. Wenn wir die Mönchslegenden und ihre Wunder abziehen, die immer mit Stiftung einer Kirche und eines Kloſters, wie heutige Romane, mit einer Hochzeit ſchließen: ſo bleiben nur noch Mährchen ohne höhern Geiſt übrig, wie die vom Gerſauer Geiger, der ſeinem hungernden Knaben Steine zu eſſen hinwarf, und ihn verhungern ließ bei Kindlismord hier unten am Rigi; oder die vom armen Ritter Wernhard von Aegerten, der auf der Mauer ſeines Schloſſes im Harniſch reitet, um anzudeuten, er habe kein Streitroß; oder andere dergleichen ungeſalzene Ammen- und Bauerngeſchichten, nicht einmal ſo gut, wie ein deutſcher Doktor Fauſt, oder Rübezahl.“

„Aber,“ entgegnete Cöleſtine: „Sie ließen uns doch eine wundervolle Sage aus dem Waldnacher Thal hoffen?“

„Nun ja,“ erwiederte Wunibald: „es iſt die einzige mir bekannte, in welcher der Geſchmack der Kloſterzellen und Spinnſtuben nicht hervorſtechend iſt. Hören Sie alſo.“

4.

Die Sage von Waldnach.

Von Attinghauſen im Lande Uri führt ein Hirtenweg durch die Einſamkeiten des Gebirges, neun Stunden Weges weit, ins Thal von Engelberg. Ich selbst bin hingewandert. Er steigt jäh auf ins hohe Alpenthal von Walbnach; dann, zwischen ewigem Eis auf grüner Trift, über die Surenek, mehr denn 7000 Schuh hoch, und nieder, in die Suren-Alpen nach dem stillen Thalgelände von Engelberg.

In alten Zeiten, da die grünen Surenen noch denen von Engelberg angehörten, konnte weder Mensch noch Vieh durch dies Gebirg. Denn droben hausete ein Ungeheuer, genannt der Boghy. Es hatte die Gestalt einer Geiß, aber die Größe eines gewaltigen Ochsen. Sein Schwanz war schuppig und gelenk, wie eine Schlange; aus seinem Rachen knisterten dunkelblaue Flammen. Die Sage ging, ein böser Berggeist habe sich in eine schöne Ziege verliebt, und das wüste Thier sei das Kind des Bösen. Auch wußte man schon seit hundert Jahren in Uri, durch Drudenweisheit eines alten Mannes, wie der Boghy nur von einem schwarzen Stier getödtet werden könne, der nie Gras und Heu gefressen habe. Und der Stier müsse geleitet werden an den Haarzöpfen einer Jungfrau, von goldgelbem Haar und von schwarzen Augen; und getrieben werden von einem Jüngling mit blauen Augen und schwarzen Haaren. Doch beide sollten sich zum Werke freiwillig entschließen. Seit dieser Zeit sahen die Jünglinge und Mädchen von Uri sich einander immer neugierig in die Augen; und die Gewohnheit ist ihnen bis auf unsere Zeiten verblieben, ohne daß sie jedoch davon den wahren Grund wissen.

Die Leute von Engelberg lachten aber dazu und verhießen denen von Uri die grünen Alpen in den Surenen, wenn sie das mörderische Ungethüm des Gebirgs überwänden. Während sie aber lachten, thaten die von Attinghausen ein Gelübde mit Beschluß: Wenn sich ein solches Paar freiwillig dem Kampf und Tode weihe, solle dem Niemand wehren, denn es geschehe für das Vaterland. — Nun sahen alle blauäugigen Männer von Uri den blonden Schönen

ihrer Thäler immer eifriger und tiefer in die Augen, aus wahrer
Liebe zum Vaterlande. Doch die Leute im Engelberg lachten im=
mer lauter.

Aber sie lachten wohl mit Unrecht. Denn da war der junge
Gemsjäger Aebi von Attinghausen, der hatte Augen, dunkelblau
wie die Blumen der kleinen Enzian, und Locken schwalbenschwarz.
Dazu hatt' er auch das gesetzlich vorgeschriebene Augenpaar eines
blonden Mädchens entdeckt, und zwar nicht ohne große Gefahr und
Mühe. Denn die Augen der schönen Monica blendeten ihn so
sehr, daß er lange nicht die Farbe bestimmt wußte; und als er sie
endlich wußte, ward ihm, wenn sie sah, alles vor den blauen
Augen schwarz. Der schönen Monica mit Goldflechten ums zarte
Haupt ging's nicht viel besser. Beide konnten sich kaum ansehen,
wenn sie beisammen waren; sie schlugen lange Zeit vor einander
die Augen nieder. Aber dafür sahen sie einander desto häufiger
nach, bis sie sich gewöhnt hatten an das Schwere.

Wenn's nun der schönen Monica blau ward vor den Augen,
und dem Aebi hinwieder schwarz, dachten sie freilich an den Boghy
nicht. Doch Monica's Vater, Rudi Fürst, der die größte Heerde
und die reichsten Alpen hatte, schien den jungen Gemsjäger selber
für den erschrecklichsten Boghy zu halten. Er verwies ihn von
seinem Hof und Hause, und ließ sich von der weinenden Tochter
keines Bessern belehren. Aebi war armer Aeltern Sohn; besaß
nichts, als Bogen und Pfeil.

Doch heimlich, allnächtlich im Sternenlicht, war er bei Mo=
nica zu Kilt. Da klagten sich beide ihr Leid. Und wenn er sprach:
„Darf ich nicht um dich werben, so werb' ich um stillen Tod!“ ant=
wortete sie: „Viel süßer ist, mit dir sterben, denn Liebes= und
Lebensnoth.“ Und sie sagten sich dies so oft, bis sie eins wurden,
vor die Gemeinde zu treten, mit freiwilligem Entschluß, das Ge=
birg ob Waldnach frei zu machen und die Surenen zu gewinnen.

Als das versammelte Volk dies vernahm, wurden Aebi und Monica unter den Schutz der Gemeinde gestellt. Die Alten von Uri freuten sich des jungen Heldenpaares. Doch still trauerten alle Knaben um Monica; still weinten alle Mädchen, wenn sie an Aebi dachten.

Zu Attinghausen ward jederzeit ein schwarzer Stier gehalten, den nährte kein Gras und kein Heu; nur Milch allein. Den kränzten nun die Knaben mit allerlei Heil- und Wunderkräutern, mit Engelsüß und Pimpernelle, Waldmeister, Tausendgüldenlaub, Meisterwurz und Gottesgnad; die Töchter von Attinghausen aber fügten dazu Immergrün und Mannstreu, Liebstöckel, Alpenröslein, Maaslieb und Veilchen. Dann ging der Zug ins Gebirg; voran das schöne Kampf- und Opferpaar neben dem schwarzen Stier; schweigend folgte das Volk in einiger Ferne, bis zum Anfange des Alpthales von Waldnach. Da blieb die Menge scheu zurück und sah mit Grausen Aebi und Monica mit dem Stiere weiter ins Thal hinauf ziehen, wohin seit vielen hundert Jahren keines Menschen Fuß getreten war. Drei Tage und drei Nächte sollte aber das Opferpaar einsam in dieser Alp leben und sich im Gebet zum Kampf bereiten. Darum hatten die Leute von Attinghausen zugerüstetes Bauholz den Berg heraufgetragen, einen Stall für den Stier, und Obdach für die Beter zu errichten. Aber zur Verwunderung Aller stand an den Felsen, links dem Bächlein, schon ein neuer Stierengaden gebaut, schöner als irgend einer in Uri. Und sie sahen noch mehr, was offenbar von der geheimnißvollen Wirthschaft der Unholden und Berggeister herstammte. Jenseits des Stierengadens saßen tausend schwarze Raben; die gingen und hüpften geschäftig durcheinander, als hätten sie Wichtiges zu berathen. Und wie Aebi und Monica mit dem Stier zum Gaden traten, flogen zwei der Raben auf, und einem nie gesehenen Schlosse zu, das von der Höhe links der Surenegg, dem finstern Rothstock ge-

genüber, glänzte. Es glänzte in grüner Alp, mit Mauern, Zinnen
und Thürmlein, wie helles Silberwerk. Deß erschrak alles Volk
und ging schweigend in die Heimathen zurück.

Wie nun am nächsten Morgen drei herzhafte Männer von Attinghausen zum Stierengaden kamen, als Boten der Gemeinde,
nach dem Kampfstier zu schauen und dem Opferpaar Nahrung zu
bringen, sprachen der Jüngling und die Jungfrau: „Bemühet euch
nicht; denn hier oben ist wohl hausen und leben. Fromme Bergmännlein in langen Schleppgewändern tragen uns Zuckerbrod zu
auf goldenen Schüsseln; gebratenes Fleisch des Steinbocks und
Murmelthiers, auch Gemsenkäs und Gemsenmilch in Fülle. Wird
es finstere Nacht, so leuchten die Fenster des Surenenschlosses
wunderhell herab, wie Vollmond; und wo die tausend Raben sitzen,
erklingen bis Sonnenaufgang Schalmeien und Geigen gar fröhlich. — Deß wunderten sich die drei Männer und sie brachten die
Botschaft ihrem Volke.

Am zweiten Morgen aber kehrten sie zum Stierengaden zurück
und fanden ihn prächtig umhangen mit Kränzen von purpurnen
Enzianen, Schneerosen, Steinnelken, braunen Stendeln, die Vanille
dufteten, Primeln, milchweißem Mannsschild mit grünen und rothen
Sternen, blauen Alpenglöckchen und Berg-Anemonen. Und Xesi
und Monica traten ihnen freudig entgegen, Hand in Hand, beide
in schneeweißen Feierkleidern mit nachschleifenden Schleppen und
güldenen Gürteln um den Leib. Sie sprachen: „Gehet und verkündet dem Volk, morgen soll es kommen und schauen, wie wir
den Boghy angehen, bis er erlegt ist. Aber wir kehren nicht zu
euch zurück. Morgen feiern wir im silbernen Schlosse der Berggeister die Hochzeit!“ Und sie gaben jedem der Männer zum Abschiede einen Gemskäs, mit der Mahnung: „Lasset, so oft ihr
esset, davon ein geringes Bißlein übrig, und dieses Bißlein wird

über Nacht wieder zum ganzen Käse werden, als wär' er nie an-
geschnitten."

Die Boten hinterbrachten dem Volke, was sie gesehen und gehört hatten, und am dritten Morgen versammelte sich eine un-
zählige Menschenmenge auf Waldnach beim Stierengaden.

Da trat Monica hervor im schneeweißen Gewande, um den
Leib einen goldenen Gürtel, in der Hand einen grünen Lärchen-
zweig. Sie ging und sah nach dem Volk nicht um. Ihr folgte
der Kampfstier; seine Hörner waren an Monica's Haarflechten ge-
knüpft. So führten sie ihn gegen die Raben und den Surenberg.
Aebi, im weißen Schleppkleide und Goldgürtel, trieb von hinten
den Kampfstier, einen grünen Arvenzweig in der Hand, aber er
sah nicht nach dem Volke zurück.

Nun fuhren rauschend die tausend Raben auf, und bildeten in
der Luft fliegend einen weiten schwarzen Kreis, der stets über den
Wanderern sich schreiend drehte, bald hoch zum Himmel stieg, daß
er daran zum kleinen Ring ward, bald wieder wachsend in die
Tiefe herabsank. Am Surenberg knüpfte Aebi Monica's goldene
Haarflechte von den Hörnern des Stiers und beide trieben mit
ihren Zweigen ihn aufwärts zu den Alpwiesen des Suren. Dort
kam von der Höhe mit furchtbaren Sprüngen der Boghy herab;
ein Ziegenbock von Gestalt, größer als der Stier. Das Ungethüm
hatte Augen, wie glühende Kohlen; schlug mit dem Schlangen-
schwanz seine Rippen und blies schwefelblaue Flammen aus dem
weiten Rachen. Nun prasselten die Hörner der Thiere gegen einander, daß das Thal wiederhallte, wie wenn Felsschutt von den
Berghalden niederrasselte. Immerdar trieben Aebi und Monica mit
ihren Zweigen den Stier an. Immerdar drehte sich der schwarze
Rabenkreis lärmend in der Luft über den Kämpfern. Und auf allen
Felsen ringsum standen wunderliche Zuschauer, kleine Männer,
kaum drei Spannen groß. Einige warfen Steine gegen den Boghy;

andere lachten; andere tanzten vor Luſt. Keiner wußte, von wannen ſie gekommen ſein mochten

Plötzlich ſtieß der Boghy einen ſo ſchreckliches Gebrüll aus, daß der Rabenkreis hoch zum Himmel fuhr, die Bergmännchen in die Felsſpalten ſchlüpften, und die Leute von Uri zurückwichen; ein Horn des Boghy war gebrochen; auch ein Horn des Stiers. Aber der Schädel des Boghy war zerſchmettert; und die ſtachlichen Zweige Aebi's und Monica's ſchlugen quälend in die blutende Wunde. Da ſtürzte das Unthier fliehend und verzweifelnd in einen Felſenſchlund hinunter. Ihm nach der heilige Stier. Und nun tönten Cymbeln und Pfeifen aus allen Felſenſpalten des Gebirgs.

Aber Aebi und Monica wandelten, Hand in Hand, aufwärts; über ihnen ſchwebend der Kranz der Raben. Sie wandelten aufwärts über Geſtein und Klippe, himmelhohe, ſchroffe Felswände hinauf zum Silberſchloß, mittagwärts dem Surengrath. Es war, als trüge ſie die Luft. Und wie ſie zum Schloß kamen, ſah man ihnen viele Bergmännchen und Schratten feierlich entgegenziehen über die grünen Wieſen, alle in ſchimmernden Prachtkleidern. Aber Aebi und Monica waren nun ſelbſt klein geworden, wie Schratten und dieſen in Allem gleich.

Noch heutiges Tages heißt jener Berg der Schloßberg; aber ſeit ein vorwitziger Jäger die einſame, ſilberne Burg beſuchen wollte, iſt ſie verſchwunden und ein großer Schneegletſcher daraus geworden. Noch heute gehören die Surenen-Alpen denen von Attinghauſen; noch heute zeigt man den Boghyſchlund und Stieren= gaden der Waldnach, und im Fels einen Huftritt des heiligen Kampfſtiers. Niemand weiß, wo ſein und des Boghy Leib geblieben. Man ſagt, beide ſeien von den Bergmännlein verſcharrt worden. Nichts mehr hat man gefunden, als das Horn des ſiegenden Stiers von Uri. Dies iſt lange Zeit zum Andenken aufbewahrt

worden, nnd im Kampf der Kriege ward es, statt der Schlacht-
trompete, geblasen.

———

Als Wunibald hier im Erzählen endete, sagte Cölestine:
„Schon als Kind habe ich von diesen kleinen Bergmännlein gehört
und habe sie geliebt und zu sehen gehofft. Viele im Volke glauben
auch jetzt noch an diese niedlichen, dienstgefälligen Halbgeister. Ich
möchte klagen, wie Schiller um die Götter Griechenlands, daß sie
bei uns ganz verschwunden sind. Immer hörte ich mit Lust und
Grauen von ihnen.“

„Ich gestehe, Wunibald,“ rief der Professor: „Sie haben
es besser getroffen, als ich. Das ist ächte Gebirgsmythologie!
Unsere Schrättlein sind in den Alpen, was die offianischen Nebel-
gebilde im haidereichen Hochschottland, oder das kleine nordische
Troll-Pack in den schwedischen Kjölen. Auch sie tanzten bei uns
im Mondlicht, auf Frühlingswiesen, wie die Elfen Skanziens, und
hinterließen im Grase die sichtbaren Ringe vom leisen Druck ihrer
Fersen. Neckend und schalkhaft, aber dabei nicht plump und tückisch,
wie der Rübezahl des schlesischen Riesengebirges, halfen sie heimlich
und gütig fleißigen Hausmüttern am Herde, frommen Hirten im
Stall und auf der Weide, und arbeitsamen Pflügern im Felde.“

„Nun weiß ich doch,“ fiel hier die Tante ein: „woher eigentlich das Uri-Horn der Alten. Mir gefällt in der Sage Alles
wohl; selbst daß Monica und Aebi zuletzt Schrättli geworden sind.
Nur die wüsten Raben hätte ich dieser Sage so gern erlassen, als
der Ihrigen, Herr Professor, die Kröte auf dem Heidenstein.“

„Mit nichten!“ rief Wunibald: „Ich liebe den Raben in seinem
schwarzen Glanz. Was die Tauben den Morgenländern, das sind
die Raben den Nordländern. Es ist in ihrem Wesen und Treiben
etwas Geheimnißvolles und Ernstes. Für das Alterthum lag sogar
in ihrem Fluge, wie in ihrem Geschrei, Weissagung. Die lange

Dauer ihres Lebens, und ihre Klugheit wurden von jeher beachtet. Ein Rabe war's, der vom Stuhle Odins alltäglich ausflog, um dem Gotte in Walhalla Nachrichten von der Welt zu bringen. Immerdar erschien dieser Vogel bei außerordentlichen Ereignissen, wie ein wahrer Schicksals=Vertrauter, den Menschen warnend, mahnend, rufend. Denken Sie an die Raben von Einsiedeln, durch welche die Mörder des heiligen Mainrad verfolgt und entdeckt wurden!"

„Ei nicht in Legenden und Volkssagen nur," sagte Cölestine: „wahrlich auch in der Wirklichkeit! Haben Sie die Geschichte der Kinder Meyer von Aarau vergessen, wie die vor etwa zwanzig Jahren auf der Reise, in ihrer Chaise vom plötzlich geschwollenen Waldstrom umgeworfen, sich hinaus auf das Wagenrad setzen mußten! Da wäre in den reißenden, wachsenden Stromfluthen beim gewaltigen Windsturm keine Hülfe für sie gewesen, hätten nicht ein paar Raben fort und fort schreiend mit ihren Flügeln gegen das Fenster eines entfernten Bauernhauses angeschlagen, bis die Leute verwundert hinaustraten, und bis sie die Raben zum Waldstrom zurückfliegen und die Kinder in der Ferne über dem Wasser sitzen sahen. Es ist doch etwas Wunderhaftes um diese finstern Geschöpfe!"

„Sei dem, wie ihm wolle," erwiederte Tante Martha: „Vorigen Sommer stahl mir ein solcher Schicksalsrabe im Garten vor meinen Augen einen silbernen Fingerhut; zum Glück hatte ich kein so schlimmes Loos, als die arme Ida von Toggenburg mit ihrem köstlichen Fingerring. Doch, wir wollen nicht zanken!" fuhr sie fort und wandte sich zu mir: „Die Reihe trifft Sie nun. Lassen Sie uns nicht lange bitten. Wovon erzählen Sie uns?"

„Kündigte ich nicht schon die schöne Alpenkönigin an?" gab ich zur Antwort.

„Allerdings!" entgegnete der Professor: „Drum spitze ich die Ohren. Nun gibt's eine neue Titania, Königin der Elfen, wir

werden die gewaltigen Kräfte und Geister der Natur, die Schö=
pfungen der Dinge sehen."

„Die Erwartung nicht zu hoch gespannt!" erwiederte ich: „Die
Schweiz hat in ihrem Sagenkreise nicht, wie Indien oder Aegypten,
Griechenland oder Skandinavien, zu Gottheiten gestaltete Natur=
mächte; keine Theogonien oder Geogonien. Die Römer verdrängten
die Götter des gallischen Helvetiens; dann wieder Gothen, Alle=
mannen, Burigunden und Franken, Schwert und Kruzifix in der
Faust, die Götter des römischen Helvetiens. Kirchen und Klöster
herrschten in den Thälern; nur in den Winkeln der Gebirge blieben
die Berggeister, Schratten, burigundischen Feen und Waldmänn=
lein zurück bei den Flüchtlingen, die sich vor den einbrängenden
Völkerschwärmen in das Hochland retteten."

„Nun doch, lassen Sie uns hören!" rief Cölestine.
Ich begann.

5.

Der Hirt von Helisee.

Man hatte bisher in keiner höhern Landesgegend der Schweiz
Ueberbleibsel von Festungswerken, Gräbern und Wohnstätten einer
längst verschwundenen und vergessenen Vorwelt erblickt, als beim
Dörfchen Ellisried, im bernischen Oberlande, unweit Grasburg
und Schwarzenburg. Es senkt sich da der zackige Kamm des Ge=
birgs vom Stockhorn über den Ganterisch, Gurnigel und Guggis=
berg zwischen den Strömen der Sense und des Schwarzwassers
nieder. Daß auch die Römer dort gehauset haben mögen, beur=
kunden zwar noch die häufigen Ziegelstücke römischer Art, die man
nicht gar tief unter der Erde zerstreut antrifft; aber ohne Zweifel
fanden sie hier schon bei ihrem Eindringen eine uralt=helvetische
Stadt, wie sie auch schon das alte Windisch fanden, oder die

große Wiflisburg, letztere nur etwa drei Stunden von dieser
Berggegend entfernt. Wenigstens war die Lage des Orts weder
für Handelsverkehr, noch Kriegsverhältnisse einladend; hier kein
Fluß, kein großer See, keine Straße über das Gebirg. Selbst
was sich noch von dem runden Erdwall, und dem Graben darum,
erkennen läßt, verräth kaum römisches Werk.

Inzwischen beharrt aus ältester Zeit die Sage dieser Gegenden, daß da einst eine Stadt gestanden, als noch, von Wäldern
umkränzt, dort ein geweihter See erblickt wurde. Er ward der
Helisee genannt und eben so die Stadt. Auch der See, welcher
wohl nie von beträchtlichem Umfang war, hat sich verloren, vermuthlich mit den Quellen, die ihn ehemals nährten. Er ward zum
Moor, dann zum feuchten Grund und Ried. Die Namen der Ortschaften Ellisried, Gazenried, Kumried u. s. w. dort herum, deuten
noch darauf zurück.

In den Tagen vor der christlichen Kirchentrennung fand sogar
ein junger Hirt, welchen man den schönen Erni nannte, in einem
kleinen unterirdischen Gewölbe, ein zwei Schuh hohes Marmorbild. Er war der Sohn einer armen Wittwe, deren zwei Kühe
und deren Ziegen er hirtete, und auf deren Gebot er Mauerschutt,
welcher sich unter der Oberfläche des Rasens in einem abgelegenen
Gebüsch zeigte, hinwegräumen mußte, vielleicht einen verborgenen
Schatz zu entdecken. Das Marmorbild war eine zarte, weibliche
Gestalt, von ungemeiner Anmuth, mit einem Gesicht voller Kind-
lichkeit und Majestät. Ein langes, faltenreiches Gewand floß von
den halbentblößten Achseln bis zu den Füßen nieder, die unter
dem Saum des für diese Gestalt offenbar zu langen Gewandes,
wie unter einem Hügel von Falten, begraben lagen. Um den
schlanken Leib spannte sich ein breiter Gürtel, in dessen Mitte ein
Sonnenbild zu sehen war. Die Bildsäule ruhte auf einem schwarzen
Stein, worin fünf Buchstaben gegraben waren.

Erni, den die wunderbare Schönheit dieser jungfräulichen Gestalt fast bis zur Anbetung begeisterte, zweifelte nicht, daß es
das Bild einer Heiligen sei. Er verheimlichte es, sprach selbst
seiner Mutter nicht davon, aus Furcht, man werde ihm die geliebte Bildsäule nehmen. Aber den schwarzen Stein trug er zum
Pfarrer von Wahleren, um doch aus der Inschrift den Namen
seiner Heiligen zu erfahren. Dieser aber las den Namen Helva,
schüttelte den Kopf, behauptete, es sei das keine Heilige, und behielt den Stein.

Heilige oder nicht, Erni kniete oft entzückt vor dieser kindlich-
schönen Helva, betete mit Inbrunst, wie viele Gebete er erlernt
hatte; küßte anfangs nur mit Ehrfurcht den faltigen Saum ihres
Gewandes; endlich vertraulicher auch das niedliche Köpfchen, trotz
der Hoheit und Würde in dessen Miene. Die Schönste der schönen
Guggisbergerinnen hatte ihn nie so gerührt, wie zierlich sie sich
auch das bunte Tuch ums Haupt schlangen, und wie rosenfarben
die Knie unter dem Saum ihres kurzen Rockes hervorschimmern
mochten. Er hatte das gefährliche Alter von 25 Jahren erreicht,
ohne zu wissen, wo sein Herz in ihm war. Während er die lebendigen Mädchen bisher, die ihn doch den schönen Erni nannten,
gleichgültig ansah, als wären sie von Stein gemacht, liebte er
jetzt den Marmorstein in hirtlicher Einsamkeit, als wär' er lebendig. Oft nahm er das zarte Gebild in seinen Arm, als könnt' er
es erwärmen; und zuweilen glaubt' er den jugendlichen Busen desselben sich heben und senken zu sehen.

So lag er auch einmal im abendlichen Zwielicht an einer zerrissenen Felswand im Gebüsch, als er mit Erstaunen zu seinen
Füßen ein kleines, rauhes Männlein mit schneeweißem Haar erblickte. Das lächelte ihn an, und sagte: „Fürchte dich nicht, denn
ich bin Mungg, Helva's Bruder. Gib mir das Bild meiner Schwester, ich gebe dir dafür die schönste Jungfrau, die im Gebirg wohnt.“

Aber Erni rief mit Grausen: „Hebe dich von mir! Sonne und Mond bescheinen nichts, das der Schönheit meiner Heiligen gleicht." Der Alte gehorchte und ging lächelnd davon. Aber siehe, da kam ein Anderer, kaum drei Schuh hoch, der am Arme einen Korb trug, von Kristallen geflochten, angefüllt mit edeln, durchsichtigen Steinen, die alle Farben blitzten. Auch er lächelte freundlich und sprach: „Fürchte dich nicht, denn ich bin Eiger, Helva's Bruder. Gib mir das Bild meiner Schwester, ich gebe dir dafür diese Demanten, Rubinen und Saphire, köstlicher, als aller Könige Schatz." Doch Erni erwiederte mit Unwillen: „Hebe dich von mir! Sonne und Mond bescheinen nichts, das an Kostbarkeit meiner Heiligen gleicht." Auch dieser Alte wandte sich lächelnd, doch gehorsam, hinweg und verlor sich im Gesträuch. Erni aber umfaßte die geliebte Gestalt nur mit größerer Innigkeit in seinen Armen, und als wollt' er den unempfindlichen Stein in seinen Träumen beleben, schloß er die Augen.

Doch sonderbar klang ihm ein Ton ins Gehör, rein, durchdringend, zart und weich, wie die Stimme der Harfensaite im Winde: „Fürchte dich nicht, denn ich bin Helva, die Alpenkönigin. Gib mir das Bild und liebe mich selber. Der Mensch soll keine Götter haben neben Gott."

Er öffnete die Augen und wähnte den Himmel vor sich offen zu sehen. Das Laub der Gebüsche und Bäume um ihn her schimmerte in einem milden Licht, wie es der Tag nicht, aber auch wie es die Nacht nicht bringt. Von allen Seiten erblickte er in diesem Lichtschimmer niedliche, wundersame Mädchengestalten, zwar alle nur von der Größe fünfjähriger Kinder, aber nicht in deren unvollendetem Wuchs, sondern im feinsten Ebenmaß jungfräulichen Gliederbaues ausgebildet. Wie im Himmel der Maler die Engel zwischen Wolken, schwebten diese zierlichen Huldinnen unter den Blüthen der Gebüsche, oder wiegten sich in anmuthigen Stellun-

gen, ſitzend und gehend, auf den Zweigen derſelben. Aller Gewande fielen verhüllend und faltig weit über die Füßchen nieder;
und insgeſammt alle Gewande weiß und doch mannigfach, wie erröthend, erblauend, ergrünend, in andere Färbung hinüberſchillernd.
Man konnte ihren Stoff nicht erkennen; es war kein Gewebe; er
glich dem Waſſer, wenn es, glänzend und beweglich, über den
Felſen, wie ein wehender Schleier, ſchwebend fällt. Jede Einzelne dieſer Jungfrauen war für ſich allein ſo ſchön, daß ihr nichts
in ihrer Eigenthümlichkeit vergleichbar ſein könnte; und doch ſtand
in der Mitte derſelben die Alpenkönigin, als wäre ſie die Allein-
ſchöne. Lilien und Nelken, Tulkpanen und Roſen, Veilchen und
Aurikeln, Hyazinthen und Dalien; alle einzeln ſind bewunderns-
würdig, und doch prangt im Chor der Blumen die Roſe mit einem
Zauber, als wäre ſie die Alleinbewunderungswürdige.

Erni, vor ihr auf den Knien, rief: „Helva, meine Heilige!" —
Sie antwortete: „Heilig allein iſt Gott! Wir ſind Werke ſeiner
Hand, wie die Menſchen, wenn auch Weſen anderer Art, denn
ſie. Einſt liebt' ich unter den Sterblichen zu wandeln, ihnen ſicht-
bar und hilfreich, hier am heiligen See, bis ſie das Geſchöpf ſtatt
des Schöpfers verehrten. Zertrümmere dies Bild, Jüngling, liebe
mich, bete Gott an."

Er zertrümmerte das Bild und ſagte: „Wie darf ich dich lieben, du Weſen höherer Art?" Die Jungfrau antwortete: „Wie
die Taube, oder das Lamm, oder der treue Hund den Menſchen
als ein höheres Weſen liebt: ſo liebe mich; ſo darf ich dich lieben.
Kannſt du es: ſo folge mir nach in meine Wohnungen und lebe
ohne Sünde bei mir. Ich will dir die ewigen Wunder der All-
macht zeigen. Wehe aber, wenn du der Sünde zufällſt."

Hier floß ein Schauer durch Erni's Glieder und er fragte:
„Was iſt Sünde in deinen Wohnungen?" — Sie antwortete:
„Was ſie im Himmel und auf Erden iſt, Empörung gegen die

Natur, die da ist Gottesgesetz. Darum waltet in den Gesetzen und Kirchen der Menschen des Sündlichen so viel, wegen des Streites mit der Natur; und darum wohnt im Leben der Sterblichen des Leidens so viel. Wenn der Mensch ein Thier auf thierische Weise liebgewinnt, ist er Sünder; und du bist es, wenn du mich menschlich, wie eine menschliche Jungfrau, liebgewinnst; ich warne dich!"

„O du Ueberirdische, wie könnt' ich dich anders lieben, denn als eine Göttlichere?" rief Erni: „Nimm mich zu dir. Verlaß mich nicht!"

Da legte sie zärtlich ihre Hände auf seine Achseln, und sprach: „Ich liebe dich ja!" und die Begleiterinnen Helva's umringten freudig, wie schwebend in den Lüften, das Paar, und jauchzten mit süßen Stimmen. Helva neigte aber ihr Haupt zum Haupt des seligen Jünglings, ihre Lippen zu seinen Lippen. Er küßte sie zitternd und doch, als wollt' er ihr ganzes Wesen einathmen und eintrinken. Ihr Kuß aber war wie der Seufzer eines lauen Frühlingslüftchens, ein Hauchen gegen das Innere seines Mundes. Es durchdrang ihn, wie ein zweites Leben.

„Folge mir!" sagte sie und wandelte gegen eine Spalte der Felswand, in die sie glänzend eindrang. Der Hirt von Helisee zögerte einen Augenblick; aber ungewiß, ob seine Gestalt sich gegen die Spalte verdünnerte, oder ob diese sich gegen ihn erweiterte: er fand Raum und folgte ihr, und Alle von der Begleitung der Alpenkönigin, wie er.

Bald ging die naßkalte Bergluft in glänzende Kristallhöhlen auseinander, und von den Höhlen zogen sich Gänge nach allen Richtungen. Man hörte Quellen rauschen mit melodischem Getön; man sah die hohen Gangwände und Gewölbe von einem prächtigen Geader der Silber-, Gold- und Platina-, der Kupfer- und Zinnstufen durchlaufen. Doch dies Alles erregte Erni's Verwunderung kaum so sehr, als daß Helva und ihre reizenden Gespielinnen hier

nicht mehr klein waren, sondern hohen Jungfrauen vom edelsten
Wuchs glichen, ihm an Größe beinah' gleich. Nur wußt' er nicht
zu bestimmen, ob sie in dieser Unterwelt höher gewachsen wären,
oder er sich zu ihrer niedlichen Kleinheit verjüngt habe, weil jeder vergleichende Maßstab für ihn mangelte.

Als der traumhaft wandernde Zug, wie unter hohen Tempel-
gewölben von Granit, mit Perlenglanz des Glimmers schimmernd,
weiter gekommen war, zitterte Erni neben der Alpenkönigin; denn
er fühlte zuweilen unter seinen Sohlen nur Luft, statt des festen
Bodens. „Fürchte dich nicht, denn ich bin Helva!" sagte sie:
„Wo die Luft dichter wird, schwimmt zuletzt das Schwere in ihr,
als Leichtes, wie im Wasser das Holz!" Und bei diesen Worten
schlang die Schöne des unterirdischen Reichs ihren Arm um ihn,
drückte den Jüngling sanft an ihre Brust und hauchte ihm zärtlich
ihren Kuß an. „Fürchte dich nicht!" sagte sie am Ausgang der
Felsen, wo sich ein unendlicher Abgrund nach unten und nach oben
vor ihnen zeigte: „Wir stehen am hohlen Innern der Erdenwelt!"
Damit drückte sie ihn noch einmal an ihre Brust und stürzte mit
ihm in das unempfindbare Leere, in das stille Nichts hinein, wie
in einen Nachthimmel. Aber in der Tiefe brunten, wie oben in
der Höhe funkelten bläuliche, röthliche, weißliche Lichter, wie
Millionen Sterne; es war nicht hell, und doch heiter. Und Helva's
Gespielen gaukelten im eigenthümlichen Lichtglanz mit Gesang durch
diesen Sternenhimmel, wie wunderbare Meteore. Erni's Herz
pochte nicht mehr furchtsam, aber selig, indem er wie Helva ihn,
so er ihren Göttinnenleib mit seinem Arm umwunden hielt.

Unerwartet fand sich wieder festes Land. Und wieder traten
ihnen Säulenhallen entgegen, hochgewölbt und erleuchtet, als
wären sie selber aus Strahlen gebaut. Als man nach geraumer
Zeit im weiten Bogengang dahin gekommen war, wo zur Linken und
Rechten breite Kristallstraßen ausliefen: sagte Helva: „Siehe,

links führt der Weg zur Wohnung Munggs, meines Bruders; rechts zum Palaste Eigers, meines Bruders; mitten inne mein jungfräuliches Gemach, das dich beherbergen wird. Es ragen unsere ewigen Häuser über die Länder der Menschen hinweg bis zu den Wolken des Himmels; und unsere Dächer sind aus ewigem Eise gebaut. Zieh' nun ein in meine Hallen, o mein sterblicher Liebling; mir hat sie mein Vater errichtet und ausgeschmückt; mein Vater. der Allerregende, Allbewegende; Jol, der Sohn Aethers, Jol, das ewige Licht!"

„So wahr ich lebe!" unterbrach mich hier der Professor, indem er eine Prise nahm: „So wahr ich lebe, da haben wir eine Mythe, eine schweizerische, so prächtig, wie irgend eine orientalische!"

„Aber schweigen Sie doch!" rief Tante Martha unwillig: „Da ist von Ihnen recht irdisch ins Heiligthum des Unter= oder Ueber= irdischen eingebrochen. Eben jetzt vielleicht kömmt das Beste."

„Ei was," schrie Gubert: „das Beste ist überall nicht Farben= prunk der Phantasie, sondern der darin eingekleidete Geist. Hören Sie doch, ein Mythos ersten Ranges, sag' ich! Merken Sie denn nicht Helva's Volk, die Helvetier, Helva, und die Elfen mit ihr, die nordischen Alfa, Berggeister! Das celtische Alp, weiß; Alpen; Helva! Merken Sie denn nicht die Paläste des Geschwisters am Grindelwald und Staubbach? Das Haus der ewi= gen Jungfrau zwischen Eiger und Mungg. Mönch sagen wir heute, aber ich behaupte, grundfalsch. Der Berg und sein Name bestand früher, als jedes Kloster. Mungg heißt noch heut' im ur= alten Deutsch der Bergkantone das in der Gletschernähe hausende Murmelthier. Und nicht zu vergessen, Helva, die Tochter des Lichts, des alten Juls, dessen Namen und Säulen heute noch aus der Urzeit der Julierberg Rhätiens trägt, des Sonnengottes vom celtischen Alterthum, des Frühlingbringers, dem noch heute in vielen Thälern der Alpen und des Jura das Schweizervolk aus alter Sitte entgegenjolt!"

„Ach, Sie machen mich durch Ihre begeisterte Gelehrtheit ganz böse!" sagte Cölestine verdrossen: „Ich möchte lieber wissen, ob der schöne Erni — — — "

„Die schöne Helva menschlich lieben werde?" fiel ihr Wuntbalb lächelnd ins Wort.

„Ich wette," schaltete der Professor ein: „der schöne Kühhirt von Ellisried hat so wenig, als Homers göttlicher Sauhirt von Ithaka, ein Wort aus Plato's Seelen= oder Geisterliebe gekannt."

„Ich bitte," sagte Cölestine zu mir, „erzählen Sie doch weiter; sonst verlier' ich allen Zusammenhang."

„Ich habe ihn selbst schon verloren," antwortete ich: „oder weiß keinen andern, als den zwischen Anfang und Ende, die in dieser Sage, oder Fabel, oder Mythe ziemlich nahe beisammen liegen. Hören Sie also den Beschluß."

––––––––

Man erzählt, Erni hab' im Palast der Jungfrau unaussprechliche Seligkeiten genossen; doch Niemand weiß, wie sie beschaffen waren, eben weil sie nicht ausgesprochen werden konnten. Auch soll ihm durch den Anhauch der Alpenkönigin zu seinen fünf Sinnen ein sechster aufgeschlossen worden sein, also, daß er, wohin er sich in der Welt mit seinen Gedanken versetzte, Alles vernahm, was daselbst wohnte und geschah. Ihm zeigte Eiger, der Bruder Helva's, das Spiel der Stoffe und Kräfte; wie sich unsichtbare Gase in Spathe, Kristalle und Erze verkörpern; zeigte ihm die ungeheuern Seen der Unterwelt, aus welchen die Hunger= und Maibrunnen, wie die unvergänglichen Quellen der Oberwelt rinnen; desgleichen die wundersamen Werkstätten, in denen die Heilwasser

und heißen Quellen bereitet werden, oder die Erdbeben sich ent=
wickeln. Hier war eine andere Welt, eine andere Schöpfungs=
pracht, eine andere Naturgröße, als droben auf der Erdoberfläche.
Aber die Schratten und Elfen genossen beide keine gewöhnlichen
Speisen. Doch in der Oberwelt, wo sie sich oft ergehen, bedürfen
sie anderer Lebensweise und Nahrung. Rungg, der Bruder Helva's,
zeigte dem schönen Erni, auf den Giebeln der Gletscher, die Heer=
den seiner Gemsen, Steinböcke, Murmelthiere, die Nester seiner
Steinadler und des übrigen Gewildes der Höhen, die den Schrat=
ten und Elfen droben zur Lust und Speise dienen.

Jeden Tag fragte die reizende Alpenkönigin ihren Liebling:
„Wie gefällt es dir bei uns?" Und jeden Tag antwortete er: „O,
daß ich ewig bei dir wohnen könnte!"

„Armer Sterblicher," sagte sie, „du bist, als unvollkommenes
Geschöpf, weit schnellern Veränderungen unterworfen, denn wir,
auf höhern Stufen in der Reihe der Wesen. Dein Jahr ist unser
Tag. Dein Wohnplatz auf der Erdenrinde draußen mit allen ihren
Ländern und Weltmeeren, allen Paradiesen und Wüsten, ist nur
eine kleine Abtheilung unsers-eigenen Wohnplatzes, der das Aeußere
wie das Innere des Weltalls in sich faßt. Alles ist drinnen wie
draußen belebt; Alles ewig in der Stadt der Unendlichkeit; nir=
gends Tod des Wesenden, weil in Gott kein Tod ist."

„Ach!" seufzte Erni: „daß du eine Sterbliche wärest, oder daß
ich wäre wie du!"

Helva antwortete ihm: „Dein Wunsch ist menschlich=verwegen,
und dünkt mich närrisch. Was würdest du von deinem treuen Haus=
hund sagen, wenn er verlangte, Gott solle dich zu seines Gleichen
umschaffen? Und wie das Thier, traumhaft und trübe in seinen
Vorstellungen, zum Menschen steht: so steht der Mensch mit sei=
nem Witz und Scharfsinn, trüb und traumhaft, zu uns. Sein
Geist blickte unter sich in die Tiefen der Natur, oder über sich

in das Ueberirdische, überall findet er Dunkelheiten, unentwirr=
bare Räthsel; und, statt der Erkenntniß, bleibt ihm nur Ahnen
und Glauben. Wir aber, wenn wir durch die Abstufungen der
Seelen, des Lebens, der Naturkräfte und Stoffe hinunterschauen,
erkennen mit Klarheit, und freuen uns des Wissens, wo der Sterb=
liche nur Ahnung in sich trägt. Doch auch für uns, wenn wir
über uns in Glanz und Herrlichkeit des Gottesreichs schauen,
bleibt dann nur stilles Ahnen übrig, und auch wir erkennen, wie
tief wir bastehen!"

Der schöne Erni verstand vom Allem, was sie sagte, keine Silbe;
auch bekümmerte ihn das wenig. Er achtete nur auf die lieblichen
Bewegungen der Lippen, wenn sie sprach; auf das heilige Er=
glänzen ihrer Augen; auf das zärtliche Lächeln, welches in ihrem
Antlitz, wie sichtbare Seligkeit, wohnte. Dann empfing er sie mit
seinen Armen; dann küßte er diese Lippen, diese Augen, dieses
Lächeln, und er wußte selbst nicht, wie ihm dabei ward; er wußte
nicht, daß er seine Heilige jeden Tag menschlicher liebte. Und
wie konnte er anders, der Arme!

Immer wandelte er bei ihr; immer blühte sie reizender vor ihm.
Nur jeden Tag eine einzige Stunde entfernte sie sich vom ihm, um,
wie sie sagte, ein Bad zu nehmen. Dahin durfte er nicht folgen.

Fünf Tage lang zwar überwand er sich, aus Furcht vor Hel=
va's Zorn, sogar nicht einmal an die Badegrotte zu denken.
Aber am sechsten Tage versetzte er sich in Gedanken dahin; er
war dieser Gedanken und ihrer wilden Sehnsucht nicht länger Mei=
ster. "Was ich denke, kann sie nicht wissen!" meinte er, und:
"Denken ist noch keine Missethat!" setzte er hinzu.

Da fand er sich, wie im Traume, auf dem Weg zur Grotte,
und vor derselben einen feuerfarbenen Vorhang; aber durchaus sah
er nicht, was hinter demselben vorging. Nun erst bedachte er,
daß er mit Hilfe seines sechsten Sinnes zwar alles Irdische, jede

Gegend, jedes Treiben und Thun von Menschen und Thieren gegenwärtig zaubern konnte, aber nie war er fähig, der abwesenden Schratten und Elfen Arbeit und Leben zu beobachten. Das machte ihn nun traurig. Er saß betrübt und still da, als die Alpenkönigin wieder zu ihm trat, liebenswürdiger, denn er sie je gesehen. Sie bemerkte seinen Kummer. Sie fürchtete, ihn quäle Langeweile und Heimweh zu den Menschen. Sie beugte sich liebkosend über ihn nieder, und schmeichelte ihm voll des zärtlichsten Mitleids. Doch diese Liebkosungen, statt die geheime Gluth seines Innern zu löschen, fachten sie nur gewaltiger an.

Und, als Helva am siebenten Tage wieder zur heiligen Grotte gegangen war, vermochte er's nicht länger über sich. Er schlich ihr nach. Er stand an dem feuerfarbenen Vorhang. Er zitterte. Er bewegte die Strahlendecke zurück und sah in das Heiligthum, wo die schöne Helva im Bade saß. Aber dies Bad war nur ein rosenfarbenes Gewölk, in welchem die Jungfrau, zur Hälfte eingetaucht, ihm ihren alabasterweißen Rücken zukehrte, während zwei dienende Elfen einen aus dem Gewölk hervorgestreckten Fuß ihrer Königin küßten. Dies Füßchen, welches er noch nie unter dem langen, faltenreichen Gewande gesehen hatte, war kein gewöhnlicher Mädchenfuß, sondern ging sonderbar, wie ein Fächer, auseinander mit Schwimmhaut und glänzenden Federn.

Die Elfen erblickten den sündigen Sterblichen und schrien voll Grausen laut auf, tauchten ihre Hände in das Rosengewölk und sprengten ihm davon entgegen. Es fuhr ihm in die Augen wie stechende Funken. Er sah nichts mehr. In seiner Blindheit taumelte er mit Entsetzen zurück und her und hin. Um ihn war ein Donner und Toben, als bräche das weite Weltgebäu über seinem Haupte zusammen. Er schwankte zitternd und stürzte endlich nieder. Zum Glück aber fingen ihn zwei Arme auf, und eine rohe Männerstimme sprach: „Taugenichts, wo schwärmst du seit sieben

Jahren herum, und kömmst nun, elender denn ein Bettler, nach Ellisried zurück in diesen Kleidern, die verfault und verwest sind?"

„Wer bist du! Ich sehe dich nicht. O ich bin blind!" rief Erni.

„Ich bin der Bruder deiner Mutter, die vor Gram und Herzeleid vor sechs Jahren gestorben."

Da weinte Erni bitterlich und ließ sich ins Dorf führen. Die Mädchen erkannten den schönen Erni nicht mehr; er glich einem hagern Gespenst. Und wenn er von den außerordentlichen Dingen erzählte, die ihm begegnet waren, wollte man ihm kaum glauben. Er aber seufzte immer den Namen Helva's, verschmähte Speis' und Trank, und starb am dritten Tage mit dem Seufzer: Helva!

„Herr, rief der Professor, als ich endete: „Sie müssen, ich beschwöre Sie, diese Sage zu Papier bringen; ich lasse sie von einem unserer alterthümelnden Landespoeten ins Versmaß der Nibelungen bringen, und werde sie, von einem ästhetisch-philosophisch-mythologisch-philologisch-historischen Commentar begleitet, in die Lesewelt hinauswerfen.

„Schön," rief Wunibald: „Vereinigen Sie sich beide, ich erbitte mir indessen von Fräulein Cölestine einen Commentar über die geheimnißschwere Verheißung: „Ich will Ihnen auch recht gut dafür sein." Das Dafür hab' ich gegeben!"

„Sehen Sie, sehen Sie!" rief Cölestine hastig, zeigte mit der einen Hand zum Fenster und ergriff mit der andern ihren Mantel, indem sie zur Thür sprang: „Der Nebel ist verflogen. Die Sonne steht am Untergang!

Damit war sie zur Thür hinaus; die Tante ihr nach. Wir Andern fanden nichts zweckmäßiger, als ihnen in Wind und Wetter auf die Höhe zu folgen.

Die isländischen Briefe.

1.

Frau Stoben besaß das schönste Landgut in der ganzen Gegend. Sie liebte sonst Einsamkeit; aber seit vier Wochen war ihr Schloß der Sammelplatz der frohen Welt. Ein Festtag verdrängte den andern. Frau Stoben schien sich in dem fröhlichen Getümmel zu verjüngen. Aber nicht Feste, Kränzchen, Bälle waren es, was ihr Herz erquickte. Die hätte sie immer haben können; sie gehörte zu den reichsten Eigenthümern im Lande.

Nein, sie war mehr als reich; eine zärtliche und glückliche Mutter. Ihr Sohn Theodor war von seinen Reisen zurückgekommen. Drei Jahre lang hatte sie ihn nicht mehr gesehen, sogar gefürchtet, seine Reiselust möchte ihn verführen, nie wiederzukehren; denn keine andere Leidenschaft schien das Herz des jungen Mannes zu rühren, als der Hang, fremde Länder, ferne Völker zu sehen. Darum erschöpfte sie sich in Erfindungen, ihm den Aufenthalt in den väterlichen Gütern lieb zu machen; ihn mit allerlei Banden an die Heimath zu fesseln. Aber die rauschenden Freuden, die glänzenden Zerstreuungen waren nicht vonnöthen; gewaltiger als Alles zog ihn das milde Mutterherz an sich. Ein solches Herz hätte er nicht wieder gefunden unter allen Zonen, bei den Menschen schwarz und weiß, olivenfarbig und kupferroth.

„O Mutter, liebe Mutter, ich bin ja glücklich!" rief er manch=
mal, und küßte mit Inbrunst die theure Hand, welche ihn erzogen
hatte: „Ach, wer so geliebt wird, so innig, so rein, der soll
nichts mehr wünschen. Ich verlasse Sie gewiß nicht!"

Und ob er ihr gleich es tausendmal versicherte, blieb sie doch
immer Zweiflerin. „Noch fesselt ihn der Reiz der Neuheit; aber
wenn ihm nun dies Alles alt wird — dann sehnt er sich weiter."
So dachte sie im Stillen. Und was sie von ihm sah und hörte,
vermehrte ihren Verdacht. Wie sollte sie sich's auch erklären, daß
er, sonst still und einförmig in der Unterhaltung, lebendiger ward,
wenn das Gespräch über unbekannte Völkerschaften rollte? — wie
sich's erklären, daß er aus der ganzen Bibliothek des Herrn Ma=
gister Habakuk, dermaligen Pfarrers im nächsten Dorf, nur einige
Reisebeschreibungen zum Lesen wählte, und die besten Predigten,
moralischen Betrachtungen, Geschichten aus der alten und neuen
Welt unbetastet ließ?

Seit einigen Wochen wohnte auch Therese, ihre einzige Toch=
ter, bei ihr. Diese war an den Landrath Kulm verheirathet.
Die jungen Eheleute hatten der Mutter Gebot gehorcht, und waren
aus der Residenz gekommen, fünfzehn Meilen weit, um die all=
gemeine Freude zu theilen. Beide wetteiferten, der Mutter ge=
heime Sorgen zu mildern.

„Lassen Sie ihn heirathen!" sagte der Landrath: „dann
bleibt er gewiß. Nichts fesselt mehr an Herd, Vaterland und
Menschheit, als eine glückliche Ehe. Der Hagestolz gehört Nie=
manden, ist ein Weltbürger, ein ewiger Jude, ohne Rast, immer
auf Reisen und ohne Ziel."

„Wenn er sich nicht in eine schöne Lappländerin verliebt hat,"
setzte Therese hinzu, „so wird's uns hier nicht fehlen."

„Aber denkt doch, Kinder!" seufzte Frau Stoben: „er hat seit
vier Wochen alle Jungfrauen der weiten Nachbarschaft gesehen,

und an allem ging er wie an Tapetenbildern vorbei. Er ist zuweilen tiefsinnig; will man ihn gesprächig machen, muß man von seinem Norwegen reden."

„Tiefsinnig ist er?" fragte Therese: „Weißt du nicht, ob die Lappländerinnen schön sind?"

„Allerdings," antwortete der Landrath, „für die Leute, die gern Thran trinken."

2.

Frau Stoben bewahrte die bedenklichen Worte des Schwiegersohns im Gedächtniß, und rollte die Phrase lange herum, und suchte an diesem Zwirnknäuel den Faden, und fand ihn nimmer.

„Wer sind aber die Leute, die gern Thran trinken?" fragte sie. „Sie drücken sich für eine alte unbelesene Frau zu verblümt aus, Herr Sohn."

„Es sind Lappländer, Frau Mutter!" entgegnete er, und warf lächelnd den Kopf zurück.

„Müssen's denn aber nur Lappländer sein, die den Thran lieben?" fragte Therese.

Der Landrath lächelte. „Du hast Recht. Es wandeln der Thransäufer viel unter uns."

Frau Stoben war nicht beruhigt. Sie begab sich in ihr Zimmer. Sie ließ den Amos holen, ihres Sohnes mehrjährigen treuen Diener und Reisegefährten.

„Sage mir, Amos," hub sie an, und legte traulich ihre Hand auf seinen Arm, „du kennst deinen Herrn. Du kennst ihn besser, als ich. Du sahest ihn täglich seit vielen Jahren, in denen er für mich verloren war."

„Gesehen und gesprochen!" entgegnete Amos.

— Du warst mit ihm in Lappland.

„Ja, bei Gott, das war dort ein Leben. Ich meinte manch=
mal, wir wären bei den Unterirdischen."

— Und was that dein Herr?

„Er war nicht von der Stelle zu bringen. Er kroch in ihre
Hütten, woneben unsere Schweinställe herzogliche Schlösser sind;
und fuhr in ihren Schlitten, worin ich oft gefroren lag, wie ein
Baumstamm."

— Und, das weißt du gewiß, sind die Lappländerinnen schön?

„Daß ich's nicht rühmen könnte, ausgenommen . . . . . ."

— Ausgenommen?

„So in ihrem Sündenjahr, wo auch der Teufel Reiz hätte,
wenn er jung wäre."

— Liebte dein Herr den Thran?

„Wie meinen Sie das, Frau?"

— Ob er ihn trinken konnte?

„Ei, behüt' uns Gott! kein Tropfen über seine und meine
Zunge!"

— Bist du redlich?

„Setzen Sie ihm zur Probe die Thranflasche vor."

— Und als er sich zur Heimkehr entschloß, bemerktest du an
ihm keine Unruhe, keinen Mißmuth? War er ganz zufrieden?
ging nicht seine Seele zurück in das fremde Land, während sein
Vaterland ihm näher kam?

„Sie haben's getroffen, Frau Stoben. — Er war manchmal
gar unlustig, und war dann kein Auskommens mit ihm. Er be=
reute, die Insel Island oder wenigstens nicht einmal Grön=
land gesehen zu haben; Island aber lief ihm besonders im Kopf
herum. Da hat ihm ein gewisses Frauenzimmer das Herz warm
gemacht."

— Wer war's auch?

„Ich weiß nur, daß es Ebba hieß."

— War die Person schön?

„Habe sie eigentlich so nicht von Angesicht gekannt."

— Seufzt er wohl noch zuweilen nach der Insel Island?

„Gerade gestern. Gelt, Herr, sagt' ich, hier ist's doch, unter uns gesagt, besser als in der Insel Island? Und wenn mich die Herren in Island zum Kaiser machen wollten, ich machte ihnen einen Bückling und ließe sie laufen. Da brummte mein Herr ver= drießlich und sagte: „und es ärgert mich doch zeitlebens, so nahe und nicht dort gewesen zu sein."

— Du sollst ihn nie an die Insel Island erinnern.

„Ei, wenn ihn nicht die Ebba erinnert, ich, für meine Per= son, hüte mich wohl!"

— Ist die Ebba verheirathet oder unverheirathet?

„Das will ich weder mit Ja, noch Nein betheuern. Aber, ich vermuthe, er bekommt zuweilen Briefe von ihr. Sie muß ihm mitunter gar rührend schreiben. Ich kann nicht lesen, aber ich kenne ihre Briefe am Umschlag, und am Siegel. Da ist ein Altar mit einer Flamme darauf, wie in der Bibel, wo Abraham den Isaak opfern will. Und dann, wenn er solchen Brief erhält, sieht man ihm Freude aus allen Mienen glänzen, und treten ihm wohl helle Thränen ins Auge. Hätte ich in der Schule lesen gelernt, ich ließe mir gewiß Briefe aus Island schicken."

— Erhält mein Sohn auch jetzt noch isländische Briefe?

„Ei, lieber Himmel, freilich. Noch letzten Sonntag hat er einen empfangen. Darum war er den ganzen Tag so vergnügt, als hätt' ihm der Schuster Sprungfedern unter die Sohlen genäht. Ja, meine liebe Frau Stoben, das muß ich nun selbst gestehen, Island ist ein prächtiges Reich; nur auch nach den Briefen zu ur= theilen. Könnt' ich lesen, so müßten es mir isländische Briefe sein, oder keine. Und man hat sie hier zu Lande spottwohlfeil. In Karlskrona mußt' ich für einen Brief gerade so viel baare

Gulden zahlen, als hier Kreuzer. Es ist bei uns aber auch mit dem Postwesen bessere Einrichtung, als in Norwegen und Lappland."

Frau Stoben entließ den plauderhaften Amos. Ihre Seele war tief betrübt. Sie hatte nur zu viel erfahren. Die isländischen Briefe zerstörten ihren Frieden.

3.

Therese erfuhr von der guten Mutter zuerst das Geheimniß von der Insel Island. Sie wählte den nächsten Weg, das Räthsel zu lösen. An einem lieblichen Morgen schlich sie zu ihrem Bruder aufs Zimmer. Theodor sprang ihr entgegen. Sie sank an sein Herz.

„Und du bleibst nun gewiß bei uns?" fragte sie.

— Gewiß.

„Bist du frei? zieht dich kein anderer Magnet?"

Theodor wurde roth. Therese hielt ihn fest in ihren Armen. Ihr Blick drang tief in ihn. Er schlug die Augen nieder und lächelte.

„Du hast schon geantwortet!" sagte sie.

— Aber was denn? ich verstehe dich nicht.

„Ich desto besser dich. — Du liebst! — Ich weiß es."

— Du willst spotten.

„Gewiß nicht. — Warum aber nahmst du deine Dame nicht mit dir?"

— Welche?

„Die schöne Briefschreiberin in — wie heißt die Insel? Island, glaub' ich. — Beichte nur. Ich bin ja ein Weib. Ich habe auch geliebt, ohne deswegen nach Lappland zu reisen."

Theodor sah seine Schwester mit großen Augen an.

„Nicht doch, Theodor, spiele mir nicht den Geheimnißvollen. Die Mutter, wir alle wollen dich glücklich wissen. Du liebst. Wohlan, mache dein Mädchen zum Weibe. Ich stehe dir bei. Nur entschlage dich der unseligen Sehnsucht nach Island. Die Mutter stürbe vor Kummer, und ich überlebte ihren Verlust gewiß nicht. Theodor, du warst ein guter Sohn immer, ein guter Bruder! — Sieh' mich an; willst du es nun nicht mehr sein? — Sage mir, du liebst? Nicht so?"

— Ich weiß nicht.

„Das wäre mir lustig. Der junge Herr weiß nicht einmal, ob er liebt? — Ich weiß es aber besser. Wenn ich dir zum Beispiel so ein Briefchen vorhielte, gesiegelt mit einem flammenden Altar? — würdest du noch einmal roth?"

Er ward es, indem sie sprach. Sie küßte seine glühende Wange lächelnd.

— Ach, Therese, es ist am Ende eine Posse.

„Was denn?"

— Die Liebschaft, von der du sprichst.

„O, ihr Herren der Schöpfung, was wäre euch nicht Posse, wenn ihr mit uns armen Weibern verkehret?"

— Du wirst mich auslachen, wenn ich dir's sage.

„Ich will fromm sein."

— Du sollst Alles wissen. Du wirst lachen, Therese. Ich selbst fühl' es, das ganze Ding ist abenteuerlich, romanhaft, närrisch.

„Für einen Liebhaber bist du beinahe zu vernünftig. Eine Liebe, die nicht ins Abenteuerliche, Romanhafte, Närrische hineinspielt, ist keine Liebe mehr. Also nur hervor mit der Geschichte? — War nicht meine Liebe mit dem Landrath auch ein Mährchen aus der andern Welt?"

— Ich will dir's erzählen. Du sollst mir Rath geben. Vielleicht kennst du das Mädchen.

„Sie muß nur nicht in Island daheim sein."

— Nein, Therese, im Städtchen Grauenburg.

„Wo liegt das? — doch nicht in Norwegen?"

— Dreißig Stunden von hier! fünfzehn Stunden von der Hauptstadt.

„Und wo hast du sie angetroffen?"

— Nirgends!

„Nirgends? so kennst du sie nicht."

— Doch, sehr genau. Sie ist ein Engel!

„Nun, das versteht sich; hoffentlich aber noch ohne Flügel. Sie wohnt wenigstens noch in unserm irdischen Jammerthale?"

— In Grauenburg. Ihr Herz, ihr Geist entzücken mich. Sie ist übrigens nicht schön, nicht reich.

„Nicht schön? — Du bist nicht bei dir. Du hast sie ja nirgends angetroffen. Und wenn deine Donna nur Ideal ist: so liegt's an dir, oder deiner Phantasie, daß es nicht schön ist. Also weiter!"

— Sie ist blaß und pockennarbig.

„Um des Himmels willen, du hast sie ja nirgends gesehen."

— Nirgends. Aber dies hier ist ihr Bildniß.

Theodor zog ein Gemälde auf Elfenbein aus dem Busen.

Therese besah es lange. Der Bruder hatte Wahrheit gesprochen. „Der Geschmack ist verschieden," sagte sie, „und zuweilen wunderlich, Herr Bruder. Schön ist deine Heilige gewiß nicht; aber sie hat doch einen Zug Gutmüthigkeit. — Und da in das Bild hast du dich ohne Umstände verliebt?"

— Nein, nicht ins Bild. Aber . . . setze dich her aufs Sofa. Es ist noch früh. Wir können ungestört reden. Du bist verschwiegen.

„Wie ein Fischchen."

4.

Sie setzten sich. Theodor erzählte.

„Als unser Vater gestorben war, nun sind's vier Jahre, schrieb ich zum Trost der Mutter und unserer das Gedicht: „Todten=

opfer," und die Musik dazu. Es ward gedruckt, nebst den Klavier-
noten. Sechs Monate später erhielt ich einen Brief. Er kam von
einem Mädchen, unterzeichnet Ottilia Wangen. Du mußt den
Brief selbst hören, um das Mädchen nicht falsch zu beurtheilen."

Theodor holte eine Brieftasche. Er zog das Schreiben heraus.

„Mein Herr!

Es ist vielleicht unanständig, daß ich Ihnen schreibe. Verzeihen
Sie es aber einem Mädchen, welches diesmal das Gebot des
Schicklichen über die Pflicht der Erkenntlichkeit vergißt. Sie haben
mir mein Leben gerettet. Mein Vater, mein theurer Vater ist
mir gestorben. Ich liebte ihn zu sehr. Ich ward krank. Mein
Geist litt. Die Aerzte fürchteten, daß meine Gemüthsverwirrung
unheilbar bleibe. Meine Seele lebte in schwarzen Träumen. Ich
wandelte durch zerstörte Welten gegen ein fernes Morgenroth,
welches ich nie erreichte. Ich habe viel gelitten. Was außer mir
geschehen damals, weiß ich nicht Die Gestalten, so mich um-
gaben, schwebten wie irrende Geister vor mir, die mich fesselten,
daß ich das heilige Licht der bessern Welt nicht erreichen sollte.

„Und so einsmals in meinen 'Schmerzen hört' ich Saitentöne
und Gesang dazu. Ich will's Ihnen nur sagen, es war Ihr
Todtenopfer. Ach, Sie haben auch einen guten Vater verloren,
und haben empfunden, wie ich empfunden habe. Die Gewalt der
Musik, ich meinte, sie stieg aus dem Himmel, bezwang mich. Ich
zerfloß in Thränen; und wie die Thränen fielen, thaute unter der
Wärme Ihrer Klagen mein Herz auf. Und die Winterwelt meiner
Träume lösete sich. Es ward heller, das Morgenroth strahlte näher
um mich. Die irrenden Geistergestalten verwandelten sich in meine
weinenden Verwandten. Ich verlor mich in heftigen Fiebern, und
bin durch leichte Mittel genesen.

„Aber Sie, mein Herr, haben mich gerettet. Ihr Todtenopfer
rief meine Seele zurück aus den Mitternächten des stummen, drücken-

ben, verzehrenden Wahnsinnes. Oft hat man nachher dasselbe Lied wiederholt — ich bin in meiner Wehmuth glücklich. Ich lebe nur unter Ihren Tönen, in Ihren Gedanken. Vielleicht ist's ein neuer Wahnsinn. Aber sei's denn auch. Mein Vater verdient nicht weniger. Ach, läge mein Staub gedrängt an seinem Staub!

„Dies sind die ersten Zeilen, die ich seit fast einem Jahre schreibe. Ich hab' ein Gelübde gethan. Jetzt ist's erfüllt. Ich danke Ihnen. Verzeihen Sie mir nun.

Ottilia Wangen."

5.

„Gar nicht übel!" sagte Therese lächelnd. „Wir Weiber hätten allenfalls bei solch einem Brief gutmüthig mitgeweint. Ihr aber, mit der starken Seele, ihr philosophirt anders."

— Eine Artigkeit lockt die andere. Konnt' ich auf das Schreiben eines so lieben, empfindungsvollen Geschöpfes schweigen? Ich antwortete. Ich klagte mit ihr. Ich tröstete sie und mich. Das veranlaßte von ihr eine kurze Antwort. Ich schrieb zurück. Wir verwickelten uns unvermerkt in so viele Fragen und Antworten, daß wir kein Ende für den Briefwechsel fanden. — Ohne uns zu kennen, gewannen wir einander lieb. Jeder neue Brief war ein neuer Schritt zum Vertrauen. Unsere Geister berührten sich, und schlossen eine Verbindung, die mit allen gewöhnlichen Verhältnissen des Lebens unverwandt war. Für uns war keine Erde, keine Konvenienzenwelt, keine Sinnlichkeit, kein Nebeninteresse, keine Leidenschaft, keine Eifersucht. — Wenn die Bewohner des Himmels sich lieben und ihre Empfindungen einander bekennen: so lieben und empfinden sie nicht reiner, wie wir.

„Es ist wahr, dieser geistige Umgang, die reine Seelenliebe hat mit dem, was die Welt unter die Rubriken Freundschaft,

Liebe, Geselligkeit u. s. w. nimmt, gar nichts gemein. Sie ist etwas Ungewöhnliches, und eben daher, wie du sagen wirst, etwas Romanhaftes. Sei es auch. Kein Name ehrt oder entehrt. Jeder empfindet nach seiner Art, und nennt nach seinem Sinn."

— O Therese, diese unbekannte Ottilia hat mir den Sinn und die Empfänglichkeit für den Reiz alles Bekannten genommen. Ich habe der Mädchen viele kennen gelernt, aber keines mochte einen Augenblick lang mich meiner Niegesehenen vergessen machen. Was fand ich auch überall? — Wesen, mehr Fleisch und Bein, als Geist; ihre Liebe ist, was die Phantasie in Flammen setzt und das Herz verkohlt, wenn Hymen kaum eingekehrt ist. Wesen, die nach der ersten Liebe noch aus Gefallsucht lieben, und mehr an die Equipagen, als an das Herz des Mannes denken; Wesen, die . . .

„Die um kein Haar schlimmer und besser sind, als die Män-ner!" unterbrach ihn die Landräthin: „Ich muß dir nur im Vor-beigehen bemerken, Theodor, daß du sehr unartig bist; und daß du nicht vergessen mußt, wenn du neben der Schwester stehst, daß du bei einem Weibe bist. Jetzt erlaub' ich dir fortzufahren."

— Ich sagte aber die Wahrheit.

„Ich auch, liebes Kind. Du liebst, und liebst ein Phantasie-bild, und keinen Geist. Du schwärmst, und machst eben darum keine Ausnahme von der Legion der Liebenden, die Jahr aus Jahr ein unterm Silbermond ein wenig faseln. Glaub's doch, Theodor, du bist kein Engel, so wenig als deine heilige Ottilia. Die Men-schen bleiben sich ewig gleich, treiben sich alle in demselben Ring herum, den die gewaltige Natur gezeichnet hat. Was du dir ein-bildest, hat sich Jeder eingebildet. Jeder glaubt von sich, er sei kein Gewöhnlicher; nur er mache die große Ausnahme; nur bei ihm sei Alles anders. Wir irren allesammt, nur Jeder irrt anders. — Aber was ich dir da predige, verstehst du nicht einmal, Herr Philosoph. Dazu müßtest du Ehemann sein."

— Auch du verstehst mich nicht. Denke, was du willst, nur ich kenne Ottilien. Du sollst ihre Briefe lesen; du wirst anders urtheilen lernen. Meinst du, ich werde Ottilien weniger lieben, selbst wenn sie sich verheirathete? — meinst du, ich werde ihr untreu, wenn ich heut mit einer Andern vor den Altar trete?

„Ich meine, ihr schwärmet beide. Schwärmerei ist ein Gluth, die sich selbst verzehren muß, die aber der Regen nur anfrischt, der Wind nur anbläset. Und ihr habt beide nie ein Gelüst empfunden, euch zu sehen?"

— Ich machte die Reise ins nördliche Europa. Wir blieben im Briefwechsel. Wir waren schon damals die innigsten Freunde. Hier ist die Abschrift meines Briefes, worin ich ihr die Abreise ankündigte.

6.

Theodor holte den Brief. „Aber er ist zu lang; ich lese dir nur das Wesentlichste daraus, damit du den Geist unserer Freundschaft erkennest."

— — „So nehm' ich zu der weiten und langwierigen Reise keinen Abschied von Ihnen, liebe Ottilia. Warum Abschied, da ich Sie nicht verlasse? Wir trennen uns nicht, da wir nie beisammen waren. Ob dreißig, ob tausend Stunden, ob ein Bach, ob ein Weltmeer zwischen unsern Personen fließen, unsere Seelen bleiben sich gleich nahe. Nur den Tausch unserer Gedanken, unserer Empfindungen im Briefwechsel wird die Entfernung erschweren. Wir verlieren etwas, aber nicht Alles. Wir sind dennoch gewiß, daß unsere Geister unaufhörlich beisammen sind, und das Wichtigste, was sie einander durch todte Zeichen im Briefe deuten können, flüstern sich beide unmittelbar und immer: ich liebe dich!

„Ja, Ottilia, du wunderbares Mädchen, ich liebe dich. —

Ach, lassen Sie mich doch das einfache trauliche Du wählen,
wenn ich zu Ihnen rede. Zum Sie gehören wenigstens zwei
Dinge, weil es eine Mehrheit anspricht. Das Du wendet sich nur
an ein Einiges. Ich kenne Sie nicht, denn ich habe die Hülle
nicht gesehen, die dich, du holde Seele Ottiliens, umschließt.
Ich kann nicht Sie lieben, ich meine nur dich.

„Während ich mich von Ihnen entferne, kette ich mich enger
an dich. Ja, Ottilia, sei wer du willst, bleibe nur wie du mir
erschienst. Mir ist's, als ruf' es eine weissagende Stimme, einst
werd' ich Sie sehen! — wir werden uns sehen! O, geliebte
Ottilia, ich zittere vor dem Augenblick. Fast wünsch' ich, daß wir
uns nie erblickten. Ottilia, wir sind Menschen. Bis jetzt waren
wir glücklich durch einander; aber wehe, wenn uns unsere Außen-
seite nicht gefiele! Wenn uns unwillkürlich die Einbildung betrogen hätte, und wir in unsern Personen etwas fänden, was unsern
Vorstellungen nicht entspräche. Ottilia, so zerreißen wir selbst
unser Glück.

„Wir lieben uns. Wir sind einander verwandt und vertraut,
wie Bruder und Schwester. Wir kennen die geheimsten von unsern
Empfindungen. Wir erscheinen uns gegenseitig, ohne Schleier,
ohne Kunst, ohne Hehl. — Denke dir, Ottilia, wenn wir nun das
erstemal persönlich zusammentreffen, wie dann? — Wir haben uns
nie gesehen, wir sind plötzlich Fremdlinge gegen einander. Ich
werd' es nicht wagen, der unbekannten Gestalt, in der die schöne
Seele wohnen soll, die ich liebe, die mich liebt, nahe zu treten.
Das trauliche Du, welches unbefangen der Feder entrinnt, wird
auf den Lippen ersterben. Es wird ein anderes sein, um Berührung
der Hände, als um Berührung der Seelen.

„Ottilia, wenn wir uns jemals persönlich kennen lernen — es
wird uns sein, wie verstorbenen Lieben, deren Geister in einer andern Welt unter andern Hüllen sich begegnen. Wir werden uns

finden, und nicht erkennen. Spricht aus diesem Munde die Seele, die ich sonst liebte? werd' ich fragen. Wird sie, die mich liebt und kennt, unter meiner Hülle mich wiederfinden, wie ich vorher war?

„Gewiß, Ottilia, unser Schicksal, wenn wir es in Verhältniß zu dem aller Andern stellen, die sich liebten, ist seltsam. Wir, zärtlich und treu, scheuen mit Recht den Augenblick, welchen alle Andern mit Sehnsucht rufen. Wir sind Geister, die sich zusammenfanden, und zittern, daß sie Körper tragen. — Ottilia, ich mag nicht mehr daran denken — ich werde wehmüthig!"

Theodor schwieg. Therese lächelte ihn an und sagte: „Eure Seelenliebe ist eine ganz allerliebste Narrheit. — Und wie nahm der Geist Ottiliens deine Abreise auf? Wurd' er nicht ein wenig böse?"

— Ich müßte dir da unsere ganze weitschichtige Korrespondenz vorlesen. Die Zeit ist zu kurz, Schwester, ich will's dir mit einem Wort sagen, ich will nun hin. Ich will nach Grauenburg. Ich will Ottilien sehen. Sie weiß nicht, daß ich zurück bin. Sie soll's nicht wissen. Sie wird mich sehen, ohne mich zu kennen. Ich nehme einen falschen Namen an. Ihre Briefe, die sie noch immer nach Kopenhagen an mich schreibt, laufen nicht weiter als nach Leipzig, an meinen Freund Müller, der sie mir zuschickt, wie er ihr die meinigen sendet, die ich noch immer aus Kopenhagen datire.

„Ich merke, eure beiden unschuldigen Geister verstehen sich auch auf Intrigue. Aber, mein Herr, so weit sind wir noch nicht, wie du glaubst. Du hast mich zu Rathe gezogen über deine geistigen Abenteuer. Ich verlange jetzt auch gehört zu werden, und daß du keinen Schritt ohne mein Vorwissen thust. Du bist in meiner Gewalt. Du hast mir die Adresse einer Ueberirdischen gegeben, du weißt, ich bin boshaft, und kann Briefe schreiben."

— Willst du meine Verrätherin werden?

„Du hast das Schicksal aller Großen. Lassen sie sich nicht mehr rathen, so müssen sie sich verrathen lassen. Ich will dir treulich beistehen. Aber gehe langsam, um sicher zu gehen. — Das Glück deiner Tage hängt an dem, was du zu thun eilst. Du liebst kein Mädchen, du liebst dein selbstgeschaffenes Phantom. Du ehrliche Haut kennst uns Weiber nicht. Unser Herz muß etwas zu tändeln haben, das ist Bedürfniß. Deine ätherische Ottilie ist gewiß daheim ein ganz anderes Ding, als in deinen Briefen, worin man schreiben nnd ausstreichen kann. Das himmlische Wesen, das dich mit göttlichem Feuer erwärmt, ißt und trinkt zu Hause, wie wir andern Menschenkinder, und denkt endlich auch ans Heirathen, an den Spiegel, an das Alter, an — — — — —"

— Ich bitte dich um Gotteswillen, Therese, ich bitte dich — — ich laufe davon.

„Aber glaubst du auch im Ernst, daß die gute Wangen aus Luft und Licht zusammengewebt ist? Mein Gott, warum soll denn ein Mädchen nicht ans Heirathen denken? Es ist ja so menschlich! — wir wollen nicht zanken. Ich bin aus mehr als einer Ursache neugierig, wie Ottilia die Nachricht von deiner Abreise aufgenommen habe. — Lies mir wenigstens aus ihrem Brief vor, was sie über diesen Punkt sagt."

Theodor nahm gehorsam das Portefeuille, aber machte ein finsteres Gesicht.

Er las wie folgt.

„— — Sie gehen auf Reisen, ein, zwei, drei Jahre. Mein lieber Freund, so wird unser kleiner Briefwechsel sehr ins Stocken gerathen. Ich darf dagegen nichts sagen; wenn ich aber dürfte, ich würde es nicht. Gewöhnt ist mein Herz zum Entbehren. Ach, lieber Freund, könnt' ich doch nur Alles entbehren; hätt' ich doch Nichts, wär' ich doch, wo mein guter Vater ist!

„Ich bin ein armes Geschöpf, und habe doch noch zuviel! ich

möchte mich von Allem losmachen in dieser Welt, denn Alles steht mir da, mich anzulocken gewaltig, und dann mich zu verwunden. Ich habe nicht mehr Muth genug, etwas lieb zu gewinnen, weil ich nicht Muth genug hätte, es zu verlieren. Ich werde betrogen, oder täusche mich selbst. Das ist mein Loos.

„Reisen Sie glücklich. Sie werden glücklich sein. Ich bete für Sie. Es ist ein Gott. — O mein Freund, Sie waren der Engel, der mich aus der Finsterniß gerissen. Sie haben Ihr Werk vollendet. Ihre Briefe waren reich an Trost und Lehren. Sie bleiben mir derselbe, der Sie mir in meinem verdämmeruden Wahnsinn erschienen. Mein Geist lehnt sich müde und schwesterlich an den Ihrigen. Was kümmert's mich auch, wer Sie sind? Schreiben Sie mir ferner, oder nicht — ich weiß doch, daß Sie mein nicht vergessen, und weiß, daß Sie mich noch in Ihrer Todesstunde lieben müssen, weil kein Grund vorhanden ist, daß ich Ihnen gleichgültig werden könnte. — Ich werde Ihre Briefe lesen, die ich habe, und dann träumend in die letzten Stunden meines Wahnsinns zurücksinken, — o wie war mir so wohl da!“

„Ob wir uns beide auf Erden sehen, oder nicht sehen, ist wohl doch am Ende sehr einerlei. Wenn wir fern von einander sterben, ohne unsere Personen gesehen zu haben, ist das ein Verlust? — Zwei Seelen im unermeßlichen Weltall begegneten sich, liebten sich, gaben sich ihres Daseins Zeichen, verloren die schöne Macht der Mittheilung, und liebten getrennt fort, ohne von einander zu wissen.

„Es ist besser so. — Sie sind mir jetzt Alles; Sie würden mir nur weniger werden, wenn Sie mehr, als dies sein wollten. Wenn Sie sich einst vermählen, zeigen Sie Ihrer Gemahlin meine Briefe, sie wird auf mich nie eifersüchtig werden.

„Reisen Sie glücklich! — Ich bleibe dir ewig. Es ist ein

Gott. Ganz vergehen wir nicht. Erlösch' ich hier, anderswo glänz' ich wieder, — und könnt' ich, o Theodor, ewig dir!

„Da sitz' ich weinend. Warum bin ich so wehmüthig? Nur ein Bedürfniß hab' ich; es ist: immer an dich zu denken. Das kann mir ja Niemand rauben. Wenn ich dich nicht mir denken kann, dann bin ich selbst nicht mehr.

Ottilia W."

„Und wie spann sich der Faden weiter?" fragte die Schwester den Bruder.

— Sehr natürlich. Wir schrieben einander oft. Wir wurden uns immer unentbehrlicher. Nur Ottilia bewies mehr Stärke, als ich. Da ich wiederholt ihr Bildniß forderte, sandte sie mir's endlich nach jahrelangem Weigern. Ich wagte nicht, ihr das meinige anzubieten. Sie selbst erklärte, sie wolle mein Bildniß nicht sehen, selbst nicht meinen Schattenriß.

Inzwischen blieb mir's kein Geheimniß, daß ich ihr immer theurer ward. Mit der Zeit ist sie heller und froher geworden. Die Erinnerung an den Tod ihres Vaters betrübt sie weniger. Und doch zittert sie vor meiner Heimkunft. „Ich beschwöre Sie, Theodor," sagt sie in einem ihrer letzten Briefe, „denken Sie nicht daran, mich zu sehen. Muthig und grausam werden Sie unser Elysium mit eigener Hand zerstören, sobald Sie persönliche Bekanntschaft mit mir machen. Wir können nur glücklich bleiben, wenn wir bleiben, wie wir sind." So ist jetzt unser Verhältniß. Darum ließ ich ihr die Vorstellung, ich sei noch in Kopenhagen. Ich will sie sehen in Grauenburg, ohne mich ihr zu erkennen zu geben. Dann entscheide der Zufall.

„Wahrhaftig," sagte Therese lachend, „solch einen Roman ist's der Mühe werth zu spielen. Ich begreife das Mädchen nicht.

Auch muß ich sehr zweifeln, daß ihr beide glücklich sein werdet. Jeder von euch täuschte sich selbst und den andern. Eure Erwartungen, eure Vorstellungen sind allzugespannt. Ihr werdet in einander ein Paar liebe Alltagsmenschen erblicken, und jeder wird sich dann über sich selbst ärgern. Wir wollen es uns doch nicht verhehlen, wir sind bei aller Seelenschönheit doch immer arme Kreaturen von Fleisch und Bein. Ich wette, vor deiner Phantasie blüht ein frisches, liebliches Mädchen im Rosenglanz. Wie, wenn du in deiner Ottilia nun ein siekes, blaßgelbes, nervenschwaches Frauenzimmer fändest, gewandter am Schreibtisch, als in der Wirthschaft — du würdest den Engel segnen und heimgehen. Sei mir nicht böse. Ich liebe dich zu sehr, als daß ich dich nicht wenigstens vorbereiten sollte, der Grille minder anzuhängen, falls du diesmal übel geträumt haben solltest. Und wahrlich, Theodor, sie muß selbst nichts Gutes ahnen. Umsonst verbittet sie nicht die persönliche Bekanntschaft. Mädchen sind Mädchen, und in gewissen Sachen sonst ausnehmend neugierig. Ich halte dir übrigens Wort. In vierzehn Tagen geh' ich mit meinem Mann in die Residenz zurück, du begleitest uns. Damit du nicht entdeckt wirst durch Zufall, nimmst du einen andern Namen an. Wir können in der Residenz leicht Nachricht von Grauenburg einziehen, und nehmen da unsere Maßregeln. Bist du's zufrieden?"

— Ich bin's."

8.

„Wahrlich, Mama," sagte Therese zu Frau Stoben, „es bleibt uns kein anderes Mittel, als unserm Theodor eine Frau zu geben."

— Eben das ist's, mein Kind! antwortete die zärtliche Mutter; aber die isländischen Briefe vergiß nicht!

„Freilich. Gerade dieser Briefe willen, die ihn am Ende un=
glücklich machen, müssen wir ihn so bald als möglich in ange=
nehme Zerstreuungen bringen. Daran fehlt's in der Residenz
nicht. Er soll auf einen oder zwei Monate mit mir. Ich denke,
wir bannen dort seine seltsamen Grillen, und den Reisegeist.“

— Ach, mein Kind, wenn du das könntest!

Sobald Frau Stoben, in Theodors Reise nach der Residenz
gewilligt hatte, eilte Therese zu ihrem Gemahl. Sie weihte ihn
ohne Bedenklichkeit in Theodors Geheimniß ein. Der Landrath
wußte anfangs kaum, was er zu der abenteuerlichen Liebschaft
seines Schwagers sagen sollte, dessen Verstand er sonst schätzte;
hatte übrigens nichts gegen den Plan, den guten Theodor in=
kognito nach Grauenburg zu schicken, um sein Heil zu versuchen,
falls die über Ottilien in der Residenz eingezogenen Berichte ihn
nicht zurückschrecken möchten.

Vierzehn Tage verflogen. Amos mußte einpacken.

„Ei, mein Herr,“ rief er, „nur nicht nach Island! Die
Briefe sind hier wohlfeiler, die Luft ist milder. Lebendig bringen
Sie mich diesmal nicht aus Lappland zurück.“

— So weit soll's nicht gehen! entgegnete Theodor: Ich be=
gleite meinen Schwager. Nur eins bind' ich dir auf die Seele,
Amos. Du darfst Niemandem sagen in Zukunft, daß wir eine
so weite Reise gemacht. Du darfst Niemandem sagen, wer ich
sei. Du gibst mich für einen weitläufigen Verwandten von Herrn
Landrath Kulm aus, und nennst mich Ludwig Hohenheim. Dabei
bleibt's, so lange ich meinen Befehl nicht zurückziehe.

Amos sah seinen Herrn verlegen an. Man setzte sich in den
Wagen. Nach einigen Tagen befanden sich, mit Ausnahme der
Frau Stoben, unsere Freunde in der Residenz, wo der Landrath
Kulm sehr geschmackvoll eingewohnt war.

9.

Beinahe drei Wochen verflogen in der Residenz, ohne daß Theodor, oder Ludwig ans Weiterreisen dachte. Es waren da so viele Besuche zu geben und zu empfangen; Bälle und Gastmähler wechselten unaufhörlich; die Gesellschaften waren so mannigfaltig und bennoch so ausgewählt. Es herrschte in ihnen ein Ton von zarter Traulichkeit, wie in engen Familienkreisen. Nicht Ball und Mahl, sondern die Menschen selbst waren das Angenehmste. Man berechnete die Tage, wo man sich wieder haben konnte. Die Freude des geselligen Lebens war nicht Hauptsache, sondern nur Erholung unter ihnen; sie ermüdete daher nie, sondern erquickte nur.

Dies hatte Ludwig Hohenheim nicht von der Residenz erwartet. Er war bald in allen Zirkeln seiner Schwester heimathlich; bald eins ihrer bedeutendsten Glieder. Kenntniß mit vieler Bescheidenheit, Anmuth und Güte mit großer Anspruchlosigkeit machten ihn schnell zum Liebling Aller. — Er fühlte sich glücklich, und doch — —

„Was hast du auch, Närrchen?" fragte ihn einst seine Schwester, da sie mit ihm allein war, denn öffentlich duzte sie ihn nie: „Was murrst du? Was fehlt dir, du unzufriedenes Herz? Gefällt's dir nicht mehr bei uns? — Finde dich doch einmal in dir selbst."

— Das ist's eigentlich, was mir fehlt.

„Mein Mann hat Nachrichten von seinem Korrespondenten in Grauenburg."

— Was schreibt er?

„Du kannst dir den Brief selbst geben lassen. Ottiliens Geist ist nach Leipzig gereist, und man weiß nicht, wann er zurückkehrt. Es steht auch darin von ihren Verhältnissen mit einem sächsischen Offizier; man behauptet, sie sei jetzt mit ihm verlobt. Indessen rath' ich dir doch, sobald du ihre Rückkunft erfahren wirst, nach Grauenburg zu gehen."

— Sie ist gewiß nicht verlobt.

„Ich habe den Brief nicht gelesen. Mein Mann sprach mir davon. Aber Geduld!"

Therese flog davon und brachte nach einer Weile den Brief. Sie fand ihren Bruder auf dem Sessel in melancholischer Stimmung sitzend, die Arme verschränkt, das Haupt auf die Brust herabgesunken.

„Gute Botschaft!" rief Therese: „Ottilie wird in einigen Wochen hieher kommen in die Residenz, weitläufige Verwandte zu besuchen; und erst von hier auf Grauenburg gehen. Da, lies nur selbst."

Ludwig Hohenheim nahm den Brief und legte ihn ungelesen auf den Tisch.

„Ist dir auch das nicht gelegen? — du fängst an mir lange Weile zu machen, mit deiner Laune."

— Ach, Schwester, sei nicht böse. Wahrlich, ich fühl's, ich bin ein Thor. Aber laß mich, ich bitte dich, ungestört. Ich will Ottilien erwarten, will sie sehen — aber ich bitte dich, rede mir nicht von ihr mehr. Könnte sie nach so viel heiligen Schwüren ewiger Treue . . .

„Schwärmer! soll sie deinetwegen ins Kloster gehen?"

— Und ich kann's nicht glauben. Sie liebt mich. Sie verläßt mich nicht! Und könnte sie es — o bei Gott, ich würde keinem Weibe mehr trauen.

„Auch mir nicht, Herr Bruder? Und ich bin Weib in vollem Sinn des Worts."

— Du quälst mich.

„Auch der schönen, jungen Wittwe, der Frau von Saar nicht? — Ah, du wirst roth. Ludwig, Ludwig! hüte dich vor dir selbst, und schmäle nicht Andere."

— Was träumst du auch?

„Nein, geträumt hat mir's eben nicht, daß ihr beide einander gern neckt, oder . . .“

— Du bist irre.

„Oder gilt's eigentlich ihrer Cousine Friboline Bernek? Wär' ich Mann, die Wahl unter beiden würde mir schwer sein. Friboline tanzt wie ein Engel, und ich glaube zuletzt, sie tanzt mit Niemandem lieber, als mit dir.“

— Aber du bist unerträglich!

„So wie du gestern Abend. War's auch artig, daß du mir nicht Wort hieltest, und Fribolinen zur Anglaise führtest, zu der du mich gewählt hattest?“

— Aber —

„Aber freilich, sie schielte nach dir herüber, du nach ihr, und da vergißt man sich zuweilen. Nein, mein Herr, eine kleine Züchtigung hast du verdient. Ich will dir's aber verzeihen, wenn du heut' den Fehler bei der Frau von Saar wieder gut machen willst.“

— Ich gehe nicht hin.

„Ei, das wäre schön. Sie zählt auf dich. Sie erwartet dich schon Nachmittags zum Thee im Garten. Wir Andern, wir kommen später. Aber nimm dich in Acht! Sie ist liebenswürdig, und da hilft dir alle Geistesschönheit deiner unsichtbaren Ottilia nichts.“

10.

Ludwig Hohenheim war verlegener, als seine Schwester wußte. Er verwünschte, jemals in die Residenz gekommen zu sein, und doch wär' er lieber gestorben, als daß er in die Einsamkeit zur Mutter zurückgekehrt wäre. Er machte Ottillien in seinem Herzen die bittersten Vorwürfe, und doch war ihm ihre Untreue nicht ganz bitter. Er verlor sich in einem ihm bisher unbekannten Labyrinth von Vorstellungen. Seit Ottiliens Bekanntschaft hatte dieser Name allein sein Herz erfüllt. Drei Jahre lang war er der lieben Heiligen treu geblieben. Ach, es war auch so leicht, unter den Schönheiten von Finn- und Lappland! Und jetzt, bei seiner Heimkunft ins liebe Mutterland, jetzt auf dem Wege, sie zu überraschen, sich an ihr treues, edles Herz zu werfen — jetzt ... entwickelte der Zufall, oder die Nothwendigkeit, Wünsche in seiner Brust, die ihn nicht schlummern ließen.

Er suchte sich zu zerstreuen, — vergebens las er Ottiliens zärtliche Blätter — das bleichende Gestirn dieses holden Wesens war im Untergehen; seine Kunst hielt es fest. Ein anderer Stern leuchtete und regierte seine innere Welt.

Therese hatte ihn häuslicher Geschäfte willen verlassen. Er warf sich in den Ottoman. Er verhüllte sein Angesicht. Ihm ward's, als schwebe Ottiliens Geist vor ihm. Er hörte ihre rührende Klage flüstern: „ich möchte mich von Allem losmachen in dieser Welt, denn Alles steht nur da, mich anzulocken, gewaltig, und dann mich zu verwunden!"

Nach einer Weile erinnerte er sich des Briefs von Kulms Korrespondenten in Grauenburg. Er ergriff ihn hastig. Er enthielt nichts Bedeutendes. Erst am Schlusse kam die Rede auf Ottilien, in wenigen Zeilen:

„Ew. Wohlgeboren in Betreff der Demoiselle Wangen zu dienen, habe ich die Ehre zu melden, daß mir dieselbe nicht absonderlich und speziell bekannt ist. Sie gehört zu den gelehrten Frauenzimmern; Ew. Wohlgeboren verstehen mich. Dermalen ist dieselbe annoch in Leipzig, wohin sie von einem ihrer Verwandten, einem ehemaligen Obrist in churfürstlich-sächsischen Diensten, berufen worden. In einigen Wochen wird sie zum Besuch ihrer Verwandten in Dero Wohnort kommen. Ich werde Denenselben noch nähere Auskunft darüber mit nächstem ertheilen."

Also kein Wort von Verlobung, von Untreue! Das war boshaft von Theresen.

„Sie liebt mich! Sie ist mir treu!" seufzte Ludwig und ging langsam durchs Zimmer.

„Und was will der elende Mensch damit sagen: ein gelehrtes Frauenzimmer! — Ist denn das Weib verdammt, die erste Magd im Hause zu sein? Wer darf dem unterdrückten Geschlechte Grenzen zeichnen, wie weit ihm geistige Bildung erlaubt sei? So wenig es des Mannes einziger Beruf auf Erden ist, im Schurzfell oder Chorrock, mit dem Pfluge oder der Feder tägliches Brod zu gewinnen, so wenig ist es des Weibes einziger Beruf, den Männern, als Mädchen, zur Puppe, als Gattin zur Kinderwärterin zu dienen. Des Weibes Geist spricht Gott und die Ewigkeit an, wie der Geist des Mannes — warum soll er sich nicht erheben, wenn er seine Schwingen fühlt? — Aber es ist ein erbärmliches Ding um den Menschenpöbel. — Die gute Ottilia! — Eine arme, verwaisete Blume steht sie da unter den Distelköpfen, ungesehen und verkannt blüht sie hin unterm Unkraut, ach! und wird mit ihm zertreten.

Indem der trübe Ludwig so die Phrase des Grauenburger Korrespondenten rezensirte, trat ein Bursch ins Zimmer mit einem leicht umwickelten Päckchen.

„Der Maler schickt die Portraits an die Frau Landräthin zurück!" sagte er, und empfahl sich.

Es waren einige Miniaturgemälde. Erst die Frau von Saar, herrlich getroffen, voller Seele, verführerisch, ganz wie sie; und dann Theresen, die Schwester, und dann — und dann — —

Er erstaunte — er hob es empor, glühend, erzitternd — seine Augen wurden feucht — er schwankte zum Ottoman, sank mit dem brennenden Antlitz gegen das Polster, und — das unglückliche Bild zufällig an seine heißen Lippen.

Ein Kuß — so dem kühlen Glase gegeben — war verzeihlich. Er wußte es kaum, er wollte es nicht. Sein Herz schlug heftig, wie bei einer Sünde. Ottilia, dein Freund wankt!

Die Landräthin trat in dem Augenblick herein. Ludwig wußte es nicht, hörte sie nicht. Sie glaubte, er schliefe, so leblos lag er da. — Sie klopfte ihm auf die Achsel. Ludwig erschrak. Sie hatte die zwei andern Gemälde vom Tisch genommen. „Was ist dir?" fragte sie und erstaunte ob seinen verwilderten Mienen.

„Mir ist gar nicht wohl!" stammelte er.

— Und doch in so guter Gesellschaft. Hast du die Portraits betrachtet? —

„Nein!"

— Aber das dritte. Wo ist Fridoline Bernet? Hat es der Bursch vergessen? —

„Nimm's!" — Er zog es unter seinem Arm vor, und reichte es ihr, mit abgewandten Augen.

— Zum Sprechen ist sie's, die Fridoline. Unter uns gesagt, deine schmachtende Ottilia, mit ihren goldgelben Locken, die ihren Kopf wie Heiligenschein umweben, kömmt doch dieser lieblichen Sünderin mit dem kastanienbraunen Haar nicht gleich.

Ludwig sprang auf. Die Schwester hielt ihn. „Halt, es war so böse nicht gemeint. Verstehst du keinen Scherz mehr? — Gib mir auf der Stelle einen Kuß!"

Er küßte sie.

„Wähle nun!" sagte sie, und hielt ihm die Bildnisse der Frau von Saar und Fridolinen hin: „Eine von diesen will ich dir geben." Ludwig schüttelte lächelnd den Kopf. „Keine!" sagte er, und verließ das Zimmer gählings.

11.

Es war ein lauer Junius-Abend, die Sonne nahe dem Untergehen.

Als Ludwig in den Gartensaal der Frau von Saar trat, fand
er schon Gesellschaft beisammen. Man saß am Thee; die Unterhaltung gaukelte unstät über alles Schöne und Bittere des Lebens
hin; Ludwig mischte unbefangen seine Einfälle dazu. Aber seiner
Laune sanken allgemach unwillkürlich die Flügel. Er wußte nicht
warum? — aber wir wissen es. Unter den schönen Männer- und
Weibergestalten mangelte die reizendste; Fridoline Bernek fehlte.

Keiner der Gesellschaft vermißte sie. Ein ältlicher Herr verfiel
zuerst darauf, von ihr zu reden.

„Wo sie auch sein mag?" fragte ein anderer.

— Sie geht mit dem Herrn von Thau im Garten! — erwiederte Frau von Saar.

„Ein liebenswürdiger, junger Mann!" setzte eine Dame hinzu, die am Spieltisch saß.

— Er hat sich auf seinen Reisen sehr vortheilhaft ausgebildet,
bemerkte der ältliche Herr: lassen Sie sich von seinen Gefahren
erzählen, die er in Paris bestanden. Er war unter Robespierre
dort. Er sah Charlotte Corday fallen. Man kann ihn nicht ohne
Entsetzen und Wehmuth erzählen hören.

„Wie spricht er von der Corday?" fragte eine Blondine.

— Beinahe mit Begeisterung! versetzte der Herr: Und wahrlich, ihr Heldenmuth verdient Bewunderung. Sie ging ihr Vaterland zu erlösen von einem Ungeheuer, und freute sich des Römer-
todes. Ich kenne die Vorwürfe, die tadelnden Bemerkungen, so
der That des edeln Mädchens gemacht wurden, aber die Menschheit wird ihren Namen wie ein Heiligthum bewahren.

Der alte Herr gerieth unvermerkt in Wärme. Sein Feuer ent-

zündete die ganze Gesellschaft. Es erhob sich eine furchtbare Oppo=
sition, an deren Spitze die Frau von Saar stand.; Nur Ludwig
blieb ohne Theilnahme. Er stellte sich mit finsterm Blick und ver=
schränkten Armen zum Zirkel der Streitenden und hörte nichts.

„Also mit Herrn von Thau geht sie? und er ist liebenswür=
dig!" dachte er: „Und doch weiß sie, daß ich kommen würde —
und sie selbst mahnte mich noch, nicht auszubleiben, und keine
andere Einladung zu wählen. Und geht mit ihm! — und wäh=
rend des Tanzes, wie sie da bebte, und mir schüchtern ins Auge
sah — und wenn sie stumm vor mir stand, und dann zu ihren Ge=
spielen eilte, und während des Plauderns und Lächelns doch wie=
der flüchtig zu mir herüber sah — mein Gott; das Alles ist nur
Gefallsucht, nichts als das? — O, Unschuld, welchen Blick und
welchen Ton mußt du nun wählen, wenn Koketten dich verrathen
in deiner Gestalt? — Nein, Kokette ist sie nicht. — Was ist's
denn Böses, mit ihm durch den Garten zu gehen?"

Ludwig hatte bei diesem Selbstgespräch der Gesellschaft den
Rücken gekehrt, und stand an der Thür, die in den Garten führte.

„Aber sie scheint sich doch bei ihm nicht zu langweilen. Mag
sie! Wahrhaftig, ich will das traute Pärchen nicht stören. Ich
käme vielleicht sehr im ungelegenen Augenblick."

Bei diesen Worten, die freilich nur gedacht wurden, stand Herr
Ludwig Hohenheim im Garten, und ging sehr ehrbar den Weg
hinab, zwischen Blumen und Fruchtbäumen.

„Was interessirt sie mich auch? Es fehlte mir wahrhaftig noch,
ihr nachzuschleichen, wie ein eifersüchtiger Ehemann! — Nein,
liebeln Sie, Mademoiselle, mit wem Sie wollen, das gilt mir
wohl sehr gleich."

Hier drehte er sich seitwärts gegen die dunkeln Laubgänge am
Spalier, und sah beiläufig rechts und links nach — den Blumen.
Er blieb vor einem üppigen Rosenbusch stehen. Er brach eine

der aufgeknospeten Rosen, in deren halboffenem Busen der helle Karmin glühte.

„Sehr schön! ich will sie der Frau von Saar bringen. Es wird sich ein Moment finden, daß Demoiselle Bernek Augenzeuge davon sein kann. Wenigstens wird sie fühlen, daß sie meinem Herzen bei weitem so nahe nicht ist, als sie vielleicht glaubt."

Er gerieth jetzt in eine anmuthige Wildniß, nach englischem Geschmack angelegt. Er folgte dem kleinen schmalen Pfad durchs Gebüsch gegen ein hohes Felsenstück — da saß einsam Fridoline Bernek.

12.

Und, wie sie da saß, auf dem hölzernen Bänkchen, an die Felsenwand gelehnt, umweht vom hängenden Epheu, und den Zweigen des Fliederbaumes mit den schneeweißen Blüthenbüscheln — wer hätte der lieben Sünderin nicht gern Alles verziehen? Nur Ludwig Hohenheim, der Unbarmherzige — ach, vielleicht dachte sie an ihn! — nur er, ohne alles Gefühl — und doch war keine Spur vom Herrn von Thau zu sehen! — faßte den Entschluß, sich zu stellen, als hätte er sie nicht bemerkt, und seitwärts einen Nebenweg einzuschlagen.

Er that's, und stand — zitternd vor ihr.

Fridoline war im Ernst erschrocken, der gute Ludwig aber verstellte sich auch nicht, als er seine Entschuldigungen hinstammelte, sie gestört zu haben.

„Es ist schön hier. Ich habe mich ganz vergessen!" sagte sie.

— Gewiß es thut mir weh, Sie vielleicht aus einer noch schönern Welt zurückgerufen zu haben.

„Ja wohl, aus einer schönern Welt! ich dachte..."

— Sie stocken?

„An einen Freund."

— Der Glückliche hat Ursache, mir zu zürnen.

„Man soll der Entfernten nicht vergessen über den Nahen."

— Darf ich auch glauben, hoffen . . . daß ich zu den Nahen gehöre?

„So lange Sie nahe sein wollen."

— Haben Sie am Wollen von mir je gezweifelt? — Aber — daß ich's beweisen könnte . . .

„Sie sind sonderbar. Wozu Beweise, wenn kein Mißtrauen Beweise fordert?"

— Kein Mißtrauen? So würden Sie mir glauben, daß ich diese Rose nur für Sie gepflückt habe?

„Ich glaub' es; glaub' Ihnen gern, und nehme den Beweis."

Ludwig reichte ihr die Blume; sie zitterte in seiner Hand. Friboline streckte die Hand aus, und — sah lächelnd ihrem schüchternen Freund ins Auge. Wer die Schuld hatte, ist schwer zu sagen, aber die Knospe brach vom stachlichten Stengel ab und fiel zu Boden zwischen ihnen.

Friboline erschrak. Ludwig bog sich hinab und hob die Blume auf.

„Eine traurige Vorbedeutung!" lächelte ihn das Mädchen an.

— Nicht doch! nehmen Sie nur die Rose, ich will die Dornen für mich behalten.

„Freunde sollen redlicher theilen."

— Auch das! wenn mich die Dornen verwunden, wollen Sie mich heilen?

Friboline blieb die Antwort schuldig. Sie legte ihren Arm in den seinigen. Beide gingen schweigend gegen das Gebüsch zurück, das an die Laubengänge rührte. — Der Weg, sonst kurz, war jetzt zu weit. Sie ruhten oft.

Und wenn sie unter den Gebüschen standen, verloren sich ihre Blicke in einander. Die Espen und Hangebirken flüsterten ver-

traulich über ihnen im Abendhauch; nur sie beide blieben sprachlos und flüsterten sich nichts. Aber Ludwigs Augen sagten still-
klagend: Ich bin schon verwundet von den Dornen; willst du mich
heilen? Und Fridolinens Auge sprach: Betrüger, ich habe nicht
die Rose nur empfangen, du gabst mir auch die Dornen.

Sie gingen weiter. Aber es war kein Gehen, es war ein
Schweben, oder Schleichen, wenigstens kein Flug. Denn die Espen
und Hangebirken flüsterten noch lange über ihnen, und sie waren
doch schon lange unter ihnen hingegangen. — Sie empfanden auch
keine Langeweile, ungeachtet Niemand ein Wort sprach. Sie sahen
sich an, und schlugen die Augen nieder: ihre Seelen neigten sich
zusammen. Um ihnen war kein Himmel, keine Erde, nichts nahe,
nichts fern im Raum; für sie hatte die Zeit keine Zukunft, keine
Vergangenheit. Arm in Arm geschlungen, mit gehemmten Seufzern
schwebten sie durchs Gebüsch. So schweben die seligen Schatten
unter den Palmen Elysiums.

Als sie zu dem Rosenstrauch kamen, ruhten sie abermals. Ludwig
wollte ihr sagen: „Hier war's, hier brach ich die Rose für Sie,
und fühlt' ich den ersten Dornenschmerz." Fridoline wollte ihm
sagen: „Ach, wie der Blüthen so wenige, und der Dornen so
viele! Und wenn jene entblättert auf die mütterliche Erde zurücksinken, dann bleiben nur die Dornen, und sie dauern immer, und
überleben alle Freuden!"

Ihr schönes Haupt neigte sich schwermüthig; ein Seufzer zitterte über ihre Lippen. Ludwig wollte eine frische Rose nehmen,
und nahm Fridolinens Hand. Er bebte, als habe er Hochverrath
begangen. Aber ein leiser Druck der zarten Hand verkündete ihm
Gnade. Er bog sich herab und küßte mit Inbrunst die Hand.

Da war's ihnen, als blühte der Rosenbusch schöner; sie sahen
und fühlten keine Dornen mehr. Ueber ihnen brannte der Abend-
himmel, und die Zweige aller Bäume, das Laub aller Stauden

und Blumen glühte röthlich. Der weite Horizont, mit Rosen bedeckt, schien sie der Erde zurückzuwerfen, um die Stunde eines glücklichen Menschenpaares zu feiern.

Sie gingen langsam zur Gesellschaft zurück. Wie gern hätten sie sich einsam in der Welt sehen mögen!

„Fridoline!" flüsterte ihr leise Ludwig ins Ohr. — Sie antwortete nicht. Ihr Arm umrankte aber dichter den seinigen; der trauliche Name, von seinen Lippen, goß neue Gluth in ihr bewegtes Herz. Und immer tönte es vor ihrem Ohr: Fridoline!

Als sie vor der Thür des Gartensaals standen, scholl plötzlich eine mächtige Stimme hinter ihnen her: „Herr Hohenheim! Herr Hohenheim! ein Brief aus Island! ein Brief aus Island!"

Ludwig erschrak. Amos kam athemlos durch den Garten, den Brief emporgeschwungen. Ludwig ging ihm entgegen. „Narr, was treibst du für einen Lärmen?" —

„Aber sehen Sie doch nur, mein Herr, er kömmt ja direkt aus Island, sehen Sie doch nur."

13.

Er erkannte Ottiliens Handschrift und Siegel. Unglücklicher hätte der Brief seine Stunde nicht wählen können. Ludwig ward blaß und entfernte sich schnell.

Fridoline war stehen geblieben. — „Von Island?" fragte sie den ehrlichen Amos, der betroffen seinem Herrn nachsah, dessen Entfärbung er wahrgenommen.

„Ja Mamsell, er kommt allerdings von Island."

— Hat Euer Herr Bekanntschaft in Island? — Es ist doch nicht in der Insel Island?

„Allerdings in der Insel."

Ist Euer Herr dort gewesen?

„Sein Lebtag nicht. Man muß ihm nur nicht davon reden, denn er hat noch die unbändige Lust dahin."

— Das glaub' ich kaum. Es ist ein wenig zu weit.

„Hm, das ist für unsereins ein Spaziergang. Wir sind wohl noch weiter gewesen."

— Was versteht Ihr unter dem Wir?

„Mich selbst."

— Und Seinen Herrn?

„Keineswegs."

— Wie hat denn Sein Herr Korrespondenten in Island, wenn er nie dort gewesen?

„Hm, ja, das ist eine Sache. Aber — mein Herr ist ein großer Gelehrte. In Island hat es an der hohen Schule auch große Gelehrte, und so schreiben sie einander. Ich weiß das. Ich bin bei einem Professor in Diensten gestanden, der schrieb sogar nach Rom und Venedig am adriatischen Meer."

Amos, dem bei dem vielen Fragen der schönen Jungfrau allmälig bange ward, Verbotenes auszuplaudern, machte eine tiefe Verbeugung und schlich seinem Herrn nach.

Er fand ihn am entlegensten Ende des Gartens. „Erwarte mich an der Gartenthür, Amos!" Amos ging.

Ludwig warf sich auf eine zerfallene Rasenbank. Er las Ottiliens Brief zum drittenmal. — Wir heben nur einige Stellen aus demselben, welche unsern Freund am meisten erschütterten.

— — „Theodor! Theodor! verzeih' es mir. Ich sehne mich nach deiner Heimkunft. Ich bin nicht die Vorige mehr. Ein Traum dieses Morgens hat Alles in mir umgestaltet. Ich fühle mich, wie berauscht.

„Verachte mich nicht. Daß ich dich unaussprechlich lieb gewonnen, ist ja keine Sünde. Wie du mir immer erschienen bist,

bist du ein guter, vortrefflicher Mensch, bist du besser, als ich. Was kann ich dafür, daß ich dich liebe?

„Du bist mir im Traum erschienen. Ich fand dich am Ufer deines nordischen Meeres, unter den schwarzen Trümmern der Felsen, wie du mir sie in deinen Briefen malst. Am weiten Himmel zuckte das bläuliche Roth eines Nordlichts, und die Sterne schwammen im entzündeten Horizont. Ich litt an geheimer Furcht. Ich sehnte mich nach einem lebendigen Wesen. Theodor, ich habe dich gesehen. Du nahmst mich in deinen Arm. Theodor, was habe ich da empfunden!

„Ach, spotte nicht mein. Ich bin eine Träumerin. Ich war es von Kindheit an; und war glücklicher in der Welt meines Glaubens und Wähnens, als in der wirklichen. In jener fand ich Frieden und Tugend und Liebe; in dieser aber nur Qual, und todte Namen des Schönen, und todte Kunst.

„Komm zurück! ich will dich sehen. Soll ich sterben, ohne den Mann zu kennen, der mir so theuer ward, und mein Leben rettete? Ich will dich, wie eine Schwester, lieben, sei du mein Bruder.

„Ich schaudere und empfinde es wohl. Meine Hoffnungen welken zusammen, meine Wünsche blühen aus, und tragen keine Frucht.- Einsam unter den Millionen auf Erden, sehn' ich mich nach einem bessern Stern. Ich werde dich nie sehen — o mein Theodor, nie! — Möchte der Schutzengel meiner Tage die Fackel auslöschen, indem ich träume von dir. — — -"

Ludwig war außer sich. Er weinte. Er küßte das Blatt. „Nein, Ottilie!" rief er: „Nein, du himmlische Unschuld, ich verlasse dich nicht! — ich will dich sehen — ich will dich nicht verlassen."

Er eilte zur Gartenthür, wo Amos ihn erwartete.

„Amos, packe meinen Reisekoffer, und bestelle Postpferde. Morgen um vier Uhr reisen wir fort."

— Morgen um vier Uhr? rief Amos, und machte ein langes Gesicht.

„Das wäre allerliebst!" sagte die Frau Landräthin, die so eben mit ihrem Gemahl in den Garten trat. „Nein, Herr Hohenheim, so schnell geht's nicht" Und bei den Worten nahm sie seinen Arm und führte ihn zum Saal.

„Du gehorchst, Amos!" rief Ludwig zurück.

— Du gehorchst nicht, Amos, auf meine Verantwortung! rief lachend Therese.

„Ich muß, in jedem Fall muß ich! Ich will nach Leipzig!" rief Ludwig.

— Denken Sie nur, sagte Therese, indem sie zur Gesellschaft kam: Herr Hohenheim will uns morgen verlassen, bestellt Post=pferde nach Leipzig!

Die ganze Gesellschaft lief zusammen, und umringte den armen Ludwig, und bestürmte ihn mit Bitten, zu bleiben. Nur Fridoline blieb still in der Ferne, und wagte sich nicht unter die Bittenden.

Da ward keine Liebkosung, da ward kein Drohen gespart. Je=der und Jede wußte ihm so viel Schönes zu sagen. Es ward ein Wetteifer unter Allen, wer den Eigensinnigen durch schmeichelnde Beredsamkeit beugen könnte. Umsonst.

„Daran ist der isländische Brief schuld!" sagte die Frau von Saar bitterlächelnd: „wer weiß, von welcher geliebten Hand er gekommen?"

„Ein isländischer Brief?" sagte Therese erstaunt: „Wie so? wann?"

„Amos hat es gesagt!" antwortete die junge Wittwe.

Jetzt folgte ein neuer Sturm. Ludwig blieb unbeweglich; alles was er zugestehen wußte, war, wenigstens noch nicht mit Gewiß=heit zu bestimmen, ob schon morgen abzureisen. Alle schalten auf die isländischen Briefe. Fröhlicher Muthwille war wieder rege.

Man brach auf zum Nachessen, um dort die Sache weiter zu verhandeln.

Jeder der Herren nahm seine Dame, um sie durch den Garten nach dem Hause zu führen. Ludwig blieb trübsinnig am Fenster stehen; Fridoline war die letzte. Er bemerkte es und bot ihr schweigend den Arm.

Und als sie der Gesellschaft folgten, machte sich Fridoline los, und drückte das Schnupftuch an ihre Augen. — Ludwig trat zu ihr. „Sie weinen?" fragte er mit ungewisser Stimme. Sie antwortete nicht. Er wollte ihre Hand nehmen. Sie wand sich los und sagte: „Ich bitte Sie, Herr Hohenheim, lassen Sie mich."

— Zürnen Sie mir, Liebe?

„Gewiß nicht."

— Wollen auch Sie, daß ich nicht reise?

„Reisen Sie! — morgen — heut —"

— Und es ist Ihnen gleichgültig?

„Nein, Sie müssen reisen. Es ist mir lieb, sehr lieb!"

— Wohlan, ich will denn, da es Ihnen so lieb ist. Ach, Fridoline, und wenn ich reise, ist nichts, was mich schmerzt, als Sie kennen gelernt zu haben. Ich bin unglücklich ... Sie ahnen meine Lage nicht ... sehr, sehr unglücklich bin ich ... ich behalte die Dornen. — Aber ich muß fort. Mein Schicksal ruft. Ich bin durch mich selbst betrogen, ein wunderbares, unseliges Spiel des Verhängnisses richtet mich zu Grunde. — Aber nur eins, Fridoline, nur eine Bitte, beurtheilen Sie mich nicht falsch! Haben Sie wenigstens in meiner Abwesenheit einige Empfindung der Freundschaft für mich.

Sie antwortete nicht.

„Sehen Sie mich an!" fuhr er mit bittender Stimme nach einer Pause fort: „Sie sind mir nicht böse?"

Fridoline ließ die Hände von ihrem Antlitz fallen. Der Voll-

mond stieg in demselben Augenblick aus den schmelzenden Wolken
hervor, und goß milden Glanz durch die dämmernden Bäume,
Gebüsch und Blumen, und über die schöne Gestalt Fridolinens.
Wie ein stiller Engel stand sie vor ihm, mit einem Blick voll Liebe
und Wehmuth.

„Reisen Sie immerhin,“ sagte sie nach einer Weile, „seien
Sie glücklich!“

— Ich bin's nun nicht.

„Und ich . . .“ sie wollte mehr sagen.

— Ich bleibe. Ich reise nicht! rief er mit Thränen im Auge,
und hielt Fridolinen in seinem Arm.

Sie sah ihm ins Gesicht, sah seine Thränen. „Lieber Hohen=
heim, Sie sollen, Sie müssen reisen! Ich bitte Sie darum. Oder
können Sie nicht, wollen Sie nicht: so . . .“

— Reden Sie aus, Fridoline.

„So reis' ich fort.“

— Und warum wollen Sie meinen Umgang nicht? Wollen
Sie nur mich nicht sehen? Hab' ich Sie beleidigt?

„Nein. Doch noch eins. Es ist nun gleich. Bleiben Sie
bis Sonntag Abends. Es sind bis dahin nur drei Tage. Dann
verreis' auch ich. Fragen Sie nicht, warum? Sagen Sie der
Gesellschaft nichts davon. Können Sie mir das versprechen?“

— Ich will.

„Und Sie bleiben bis Sonntag Abends?“

— Gewiß.

Sie reichte ihm die Hand. Er drückte sie an sein Herz. Sie
kamen zur Gesellschaft. _____

14.

„Ist es dein Ernst?“ fragte am folgenden Tage die Frau von
Saar Fridolinen.

— Mein voller Ernst. Ich schätze den jungen Menschen. Es ist wahr, er ist angenehm im Umgang, lebhaft, witzig, alles was du willst. Aber ich könnte ihn unmöglich lieben.

„Du sprichst doch von Ludwig Hohenheim?"

— Von ihm und von keinem Andern.

„Du bist mir unerklärlich, Friboline. Sieh, wär' ich ein Mädchen, Hohenheim böte mir seine Hand, ich . . ."

— Wohlan, was das Mädchen nicht kann, ist der fünfundzwanzigjährigen Wittwe erlaubt. Er wird kaum dreißig Jahre haben.

„Aber du begreifst doch, daß er mich nicht liebt; daß du es bist, die er anbetet."

— Du irrest dich. Und sei es auch, daß ihn die Laune angewandelt hätte, mich ein wenig zu lieben: du wirst zugeben, daß das noch nicht hinreicht, mich ihm zu überlassen? — Genug, als Liebhaber wär' er mir unerträglich.

„Du schwärmst, liebes Kind. Welcher Unterschied ist denn zwischen einem Liebhaber und einem angenehmen Freund? Wahrhaftig, du wirst doch von Männern nicht erwarten, daß sie so lieblich, so, Gott weiß, wie? sind, wie in den Romanen? — Und hast du auch in deinem Leben nur einen einzigen Roman gelesen, worin die Historie eines Ehemannes stand? Ich kenne keinen erträglichen der Art. Du mußt daraus schließen, daß Männer, als Ehemänner, sehr bedeutungslose Wesen sind. Nur als Liebhaber interessiren sie durch die Mannigfaltigkeiten ihrer Narrheiten. — Den angenehmen Freund und Gesellschafter vor der Hochzeit wirst du auch immer nach der Hochzeit wiederfinden. Der romantische Liebhaber hingegen legt sein Narrenkäppchen nieder, sobald du den Brautkranz abnimmst. Das will aber noch nicht sagen, daß der gestrenge Ehepatron nicht auch noch Narr mit einem Narrenkäppchen sein könnte. Zuweilen, Gott sei bei uns, wird aus ihm ein unleiblicher, fader, langweiliger Sünder."

— Sprichst du aus Erfahrung?

„Leider! Mein alter Herr, Gott hab' ihn selig, war in seinem neunundfünfzigsten Jahre ein so närrischer Adonis, wie irgend
einer, trotz seines Hustens. Meine Eltern schwatzten mir viel
Schönes vor, und machten mir große Erwartung. Lieber Himmel,
ich war ein gutes Kind und gehorchte. Aber ach, Gott hab' ihn
selig! nach der Hochzeit, da sah der alte Herr ganz anders aus.
Den Husten hätt' ich ihm wohl noch verziehen, aber . . .“

— Sei es. Du sollst in Allem Recht haben. Nur verlange von
mir nicht, was ich nicht kann. Und ich kann und will Hohenheim
unmöglich lieben. Noch mehr, doch laß ihm nichts merken davon,
ich gestehe dir, er ist mir wirklich zuwider. Ich kann ihn nicht ertragen, es wird mir weh, schonend gegen ihn zu sein. Und noch
gestern Abend that ich mir alle Gewalt an.

„Du scherzest.“

— Ich habe nie ernsthafter geredet, als jetzt. Ich zeige dir
zugleich an, daß ich heute nicht ins Kränzchen gehe. Vielleicht
wär' er da. — Für den Sonntag Abend hab' ich's der Landräthin
Kulm nicht abschlagen wollen. Ich will dem Himmel danken,
daß ich . . . wenn nur erst der Sonntag Abend vorüber sein wird!

„Und so hätt' ich mich wirklich betrogen?“

— Ich weiß nicht worin? Ich habe dir aber, als meiner Freundin, heilige Wahrheit gesprochen. Nur um den einzigen Gefallen
bitt' ich dich, verschone mich, von Hohenheim zu reden. Ich trete
dir die Eroberung gern ab.

„Aufrichtig, liebe Fridolline, dein Herz gehört also einem Andern?“

— Ja! siehe, ich rede dir freimüthig; und jetzt von allem dem
kein Wort mehr. Ich liebe, und liebe unglücklich.

„Nur eins noch. Und wenn du keinen Andern liebtest, würde
Hohenheim dir dann . . .“

— Nein!

15.

Als Fridoline auf ihr Zimmer kam — sie wohnte im Hanse der Frau von Saar — fand sie unter ihrem Spiegel Hohenheims Portrait, und — die verwelkte Rose, so sie von Ludwig gestern Abends erhalten hatte.

Der Muthwille ihrer Freundin erreichte den Zweck nicht. Fridoline blieb erschrocken vor dem Bilde stehen. Sie nahm es ab, und die zerfallene Rose dazu, und wankte zitternd gegen die Thür. „Soll ich denn hier schlechterdings verkuppelt werden?" dachte sie, und die Thür flog auf und die Frau von Saar, um Fridolinen zu überraschen, trat lachend herein.

„Nimm dies!" sagte Fridoline mit schwerer, gebrochener Stimme.

— Was ist dir? rief die Frau von Saar im Schrecken, beim Anblick Fridolinens! Du bist todtenbleich! hat dir mein Scherz ... dir ist nicht wohl.

„Nimm dies!" wiederholte Fridoline, und sank auf einen Sessel. Sie läutete dem Kammermädchen, und befahl frisches Wasser.

„Das hättest du mir nicht thun sollen!" sagte Fridoline.

— Mein Gott! entgegnete Frau von Saar: konnt' ich glauben, daß eine solche Antipathie, oder wie soll ichs nennen? unter euch beiden Leuten ... es ist ja unerhört. Ihr scheint euch einander zu gefallen. Seit drei Wochen sahet ihr euch fast täglich. Ihr scheint euch einander gegenseitig zu beobachten, und, während ihr euch vermiedet, zu suchen. Noch gestern ...

„Du hast mir versprochen, nicht mehr von Hohenheim mit mir zu reden."

Die Frau von Saar verlor alle Heiterkeit. Sie ging unruhig und schweigend im Zimmer auf und nieder; sah Fridolinen mit Augen des Mitleids an, wollte zu ihr reden — drehte sich wieder ab, läutete dem Kammermädchen, und befahl den Wagen, um sogleich zur Landräthin Kulm zu fahren.

Fridoline hörte den Befehl, und warf den Kopf unwillig auf die Seite. Ihr Verdacht bestätigte sich nur zu sehr, daß man darauf ausgegangen sei, zwischen ihr und Hohenheim eine Verbindung zu stiften. Erst jetzt ward ihr so Manches in dem Betragen der Frau von Saar und der Landräthin deutlich. Erst jetzt begriff sie, warum man sie dem Hohenheim immer, wie durch Zufall, entgegengespielt hatte. Ihr weiblicher Stolz empörte sich. Sie konnte kaum den Unmuth bergen. In Thränen entfesselte sich ihr gepreßtes Herz.

Die Frau von Saar ging noch immer voller Gedanken auf und ab. Eine Viertelstunde lang waren sie so beisammen, ohne daß eine von ihnen die Stille unterbrach. Der Wagen rollte herbei. Frau von Saar näherte sich Fridolinen, und nahm deren Hand in die ihrige.

„Du weinst, liebes Kind,“ sagte sie: „ich beklage es, dich wider Willen betrübt zu haben. Du wirst es in Zukunft einsehen, wie gut ich's mit dir meinte.“

— Ich danke dir wenigstens für die gute Absicht, entgegnete Fridoline — und aller Unwille war wieder von ihr gewichen.

Frau von Saar schien sehr bewegt. Ihre Augen netzten sich. Fridolinens weiche Stimmung gaben ihr noch einmal Muth, das Wort über den verhaßten Gegenstand zu nehmen.

„Ich beschwöre dich, liebes Mädchen,“ rief sie in einem durchbringenden Ton, „ich beschwöre dich bei unserer schwesterlichen Freundschaft, sei redlich gegen mich. Ist's dein entschiedener Sinn? du kannst den guten Hohenheim nicht lieben?“

— Ich kann es nicht! — schluchzte Fridoline.

„Unglückliches Kind, so beklag' ich dich. Er wäre der Mann gewesen . . .“

Fridoline unterbrach sie. „Kein Wort unter uns mehr von ihm!" Sie warf sich weinend auf das Ruhebett.

16.

Einen ähnlichen Stand hatte die Frau Landräthin mit ihrem Bruder fast zu gleicher Stunde; sie war nicht glücklicher bei ihm, als die Frau von Saar bei Fridolinen gewesen.

„Du magst nun wollen oder nicht," sagte sie, „ich muß dir von Fridolinen reden. Ich wünsche nichts sehnlicher, als daß sie dir gefiele. Es ist ein gutes Kind. Sie weiß alle Herzen zu gewinnen. Ich wette, sie liebt dich."

— Ich weiß das Gegentheil! rief Ludwig: Und wenn sie mich liebte, mir ist's unmöglich . . . ich flehe dich um alles in der Welt an, laß mir Ruhe.

„Nein, Ludwig, du täuschest dich selbst. Fridoline hat gewiß so viel Geist, so viel Empfindung, als deine Ottilia; und wenn du willst, sie ist schöner, als deine Unsichtbare. Sieh', ich könnte die Vergleichung weiter treiben zwischen beiden, und noch mehr, es soll geschehen — nur Geduld, ich erfahre heute noch Vieles."

— Woher?

„Von der Frau von Saar."

— Kennt sie Ottilien? kennt sie sie?

„Sie wird Nachricht von ihr erhalten. Ottilie wird erwartet. Sie wird in unsern freundschaftlichen Zirkeln erscheinen."

— Wohlan, Schwester, dann und nicht eher geb' ich dir entscheidende Antwort.

„Es ist umsonst. Du lebst in eiteln Einbildungen. Du erwartest einen Engel, und findest ein so gewöhnliches Mädchen, daß du mit Unwillen ihm den Rücken kehrst. Wie ist's auch möglich, daß ein Mensch von Bildung, von Menschenkenntniß und Erfahrung sich so grob betrügen kann? Wie viele Mädchen hätten sich nicht in diesen oder jenen Schriftsteller oder Dichter verlieben müssen, wenn sie Närrinnen genug gewesen wären? Man weiß ja, daß ihr Dichter nicht immer in Versen plaudert; daß eure Lippen nicht immer die Sprachen der Musen tönen; daß ihr im gemeinen Leben prosaische Menschen seid, und nur Götter am Schreibtisch. Es gehört zum glücklichen Leben in der Ehe mehr, als Einbildungskraft und Geistesschwung. Gesundheit des Leibes und der Seele, helle Laune, die sich immer gleich bleibt, sanftes Ertragen der Fehler des Andern, eine Gabe, über das Einförmige des häuslichen Lebens den Zauber des Schönen, den Reiz ewiger Neuheit zu verbreiten, aus den trockenen Felsen Wasserquellen zu schlagen, Thränen hinwegzulächeln — das ist's was in der Ehe vonnöthen ist."

— Hört mir doch die Philosophin! — sagte Ludwig lächelnd.

„Spotte immerhin. Ich weiß, du kannst das alles besser sagen, als ich. Wenn aber der geschickte Arzt krank ist, kennt er weder sich, noch die Arznei, und er nimmt sie auch aus der Hand seines Schülers. Ich habe nicht viel gelesen; aber ich glaube die Erfahrung an Andern gemacht zu haben, daß Vielleserei Herz und Kopf verdirbt. Alle Vielleser verlieren ihr Eigenthümliches. Sie sind sich unbewußte Nachäffer ihrer Romanhelden. Sie sind in ihrem Kreise nie, was sie sein sollen, weil sie mehr sein wollen, als wir Alltagsmenschen. Kraftlos im Guten, wollen sie mit Fehlern glänzen. Sie finden die Welt schlecht, und für sich nicht gebaut, weil es darin nichts, als eines reinen Herzens und eines gesunden Mutterwitzes bedarf, um froh zu sein. Ich kenne Mädchen, die sich rothe Augen weinen wegen der Seelenschönheit in ihren Romanen, und sich schämen würden, auf der Straße einen übergefahrenen Bettler auf die Seite zu ziehen. Ich kenne Mütter,

die süße Wiegenlieder schreiben, während ihre Kleinen in Unrein=
lichkeit verderben."

— Willst du nicht näher rücken?

„O ja, ich kenne Männer, die sich, aus Liebe zum Roman=
tischen und Sonderbaren, um Ruhe und häusliche Glückseligkeit
betrügen."

— Und ich kenne Weiber, die recht artig, geistvoll und liebens=
würdig sind, die dennoch beständig keifen und zanken, weil sie for=
dern, daß alle Schuhe über einen Leist geschlagen sein sollen; die
sich gar nicht darein schicken wollen, daß man auch anders denken
und empfinden könne, als sie; die jeden rechtschaffenen Mann für
einen Romanhelden halten, der nicht das ABC hersagt, wie sie
es gelernt hatten.

„Du machst mich nicht böse. Aber, Ludwig, sei ehrlich gegen
dich selbst! — Du. liebst Fridolinen, und willst sie nicht lieben,
um Ottilien treu zu bleiben. Ist's nicht so?"

— Ich erkläre dir, Therese, feierlich und zum letzten Male,
Fridoline ist mir gewiß sehr gleichgültig. Mein Herz fühlt nichts
für sie. An Liebe ist nicht zu denken; an Heirath noch weniger.
Und damit Basta!

Therese wurde abgerufen. Frau von Saar ließ sich auf einen
kurzen Besuch bei der Landräthin melden.

In Herzensangelegenheiten, besonders zweier Liebenden, soll
sich unaufgefordert nie der Dritte mischen. Liebende haben gefähr=
liche Launen, weil sie Seelenkranke sind. Sie wollen das Gegentheil
von dem, was man von ihnen will. Dies hätten Frau von Saar
und Therese wohl wissen sollen; aber die Gesunden denken selten
daran, wie ihnen vor der Genesung war. Und eben darum, weil
die beiden Damen alles recht gut zu machen glaubten, verschlimmer=
ten sie alles.

17.

Inzwischen hatte der arme Ludwig, geäfft von seinen Einbildungen und Empfindungen, bei weitem nicht den Sieg so sehr über sich errungen, als er vielleicht selbst glaubte. Es war ihm ernstlich darum zu thun, Fridolinens Bildniß aus seinem Gedächtniß zu tilgen. Er verschwendete alle Kunst, sich zu überreden, daß sie ihm sehr gleichgültig sei, daß die Anmuth ihrer Gestalt ihn nur überrascht und einen Augenblick geblendet habe. Er fand es seiner männlichen Würde, seiner Charakterfestigkeit unangemessen, geprüfte Liebe und Treue eines Mädchens, welches ihn seit drei Jahren beseligt hatte, aufzuopfern bei der ersten, flüchtigen, kaum vierwöchentlichen Bekanntschaft mit einem Frauenzimmer, das sich vor andern seines Geschlechts allenfalls durch äußern Reiz auszeichnete.

Allein des Herzens Mühe war umsonst. Vergebens nahm er Ottiliens Gemälde von seiner Brust, und hielt es sich in den gefährlichsten Augenblicken vor die Augen. Ihr blaues Auge lächelte noch so fromm, wie sonst. Ihre Goldlocken glichen noch immer dem Heiligenschein, wie sonst. Aber unvermerkt verdunkelte sich sein äußerer Blick, und vor seinem Innern schwebte Fridolinens Bild, mit all' der namenlosen Anmuth, welche Lieb' und Jugend geben. Ihr schwarzes Auge sprach tiefes Gefühl; ihr dunkelbraunes Haar löschte den Glanz von Ottiliens Heiligenschein. — Bald erschien sie ihm wie damals im Garten, umflossen vom Licht des Mondes; bald wieder als Tänzerin, neben ihm schwebend, im blendenden Glanz von hundert Kerzen, ihr ganzes Wesen Freude athmend.

„Und sie liebt mich, o sie liebt mich!" rief er dann mit Entzücken und Schmerz. Er nahm Ottiliens Bildniß wieder. Er las in den unschuldsvollen Augen den stillen Vorwurf seiner Untreue. Er klagte sich selbst an. Er fand die Qual unleidlich, und wünschte tausendmal in Lapplands Winterwelt geblieben zu sein. Ach, da schlief er harmloser auf Thierfellen in der armen Hütte, als jetzt auf weichen Dunen!

Therese, mit weiblicher Schlauheit, belauschte nicht ohne Vergnügen den geheimen Kampf. „Wohlan," sagte sie zu ihm, „wohlan, Brüderchen, ich sehe, du bleibst wie ein ächter Ritter von der Tafelrunde deiner Schönen getreu. Ich will in deinem Zaubermährchen nicht die Rolle der boshaften Fee spielen, und die zwei zärtlichen Herzen trennen. Behüte mich Gott dafür! — Mein Plänchen ist freilich vereitelt. Aber dein Glück soll meinen Wünschen voran gehen. — Sei ruhig. Auch Fridoline, du hast Recht gehabt, und ich war der betrogene Theil . . ."

— Was ist Fridoline? — rief Ludwig hastig.

„Sie liebt dich nicht. Sie ist, aber du darfst nicht wieder plaudern . . ."

— Sie ist — stammelte Ludwig.

„Sie ist heimlich mit einem Andern versprochen."

Ludwig verlor in dem Augenblick Gesicht, Gehör und Gefühl; er wußte nicht, ob er stand, saß oder ging. Therese sagte noch viel, aber ihr Bruder war eine leblose Statue; er verstand von allem, was sie sagte, kein Wort.

„Du bist unleidlich!" rief sie plötzlich und schüttelte ihn bei der Achsel, als wollte sie ihn vom Schlaf wecken: „Ist das der Dank für die frohe Botschaft? Ich wünsche Ottilien Glück. Sie mag sich des tauben Liebhabers freuen. Ich erwartete wenigstens, du würdest mir in der Freude zu Füßen fallen, mir die Hände küssen, aufspringen, dich spornen und stiefeln, und fragen: wo ist sie?"

— Fridoline? — Was geht mich denn das Mädchen an?

„Du bist ungerecht gegen das gute Kind und beleidigend. Pfui! aber das wollen wir zu anderer Zeit ausmachen. Ich sprach nicht von ihr."

— Du sagteſt ja, ſie ſei heimlich mit einem Andern vermählt.

„Ich ſagte aber auch, Ottilie ſei angekommen; ſei in der Reſi=
denz, und ich hoffe den unbekannten Engel in einigen Tagen ken=
nen zu lernen.“

— Ottilie hier?

„Nun, was das ein kalter Ton iſt! — Ich werde irre an dir.
Wahrhaftig, Liebhaber deinesgleichen ſind für ein einziges Mädchen
ein Dutzend zu leicht.“

— Wo wohnt Ottilie?

„Ich weiß es nicht. Ich weiß gar nichts, mein Herr. Du
ſollſt ſie künftige Woche in Geſellſchaft von zwanzig Andern ſehen,
ohne es zu wiſſen. Und wenn du ſie dann auf den erſten Blick aus
den Zwanzigen herausfindeſt, dann will ich glauben an Sympathie
der Seelen, an Geiſter=Korreſpondenz, und an Ehen, die im Him=
mel geſchloſſen ſind.“

18.

„Ich hoffe,“ ſagte die Frau von Saar zu Fridolinen, „du
wirſt doch nur ſcherzen mit deinen Reiſeanſtalten?“

— Nein, mein Oheim will ſchlechterdings, daß ich heimkomme!
antwortete Fridoline.

„O was den Oheim betrifft, ich will ihn ſchon beſänftigen.
Du wirſt mich kränken, wenn du ſo plötzlich verſchwindeſt. Ich
werde glauben müſſen, du ſeieſt mir der kleinen Neckereien willen
böſe geworden. Hätte ich früher gewußt, was ich jetzt von Hohen=
heim weiß, ich hätte den Spaß nie ſo weit getrieben.“

— Was weißt du denn?

„Ich habe die Landräthin geſtern geſprochen, ſo ganz im Ver=
trauen.“

— Nun, ſie wird doch nichts Böſes von ihm ſagen können?

„Gewiß nicht. Ich aber bildete mir ein, Hohenheim liebe dich. Ich nahm Artigkeit für Empfindung, und behagliches Wohlgefallen für Spur tiefer Leidenschaft. Es ist aber was ganz anderes. Hohenheim liebt dich nicht."

— Desto besser. Im Grunde sagst du mir, was ich schon lange weiß. Die Männer, die alles lieben, lieben nichts.

„Nein, liebes Mädchen, dies ist der Fall bei Hohenheim nicht. Er hat schon gewählt, und ist seiner Donna treu."

— Wirklich?

„Es soll ein bildschönes Mädchen sein. Eine Blondine mit himmlischen Augen."

— So? — Mir gilt's gleich.

„Gilt's dir gleich?" fragte die Frau von Saar lächelnd, und trat vor sie hin, und legte die Hände vertraulich auf Fridolinens Schultern.

— Ganz gewiß. Erwartest du etwas anderes? entgegnete Fridoline, und sah düster vor sich nieder.

„Ich bin doch neugierig, seine goldlockige Magdalena kennen zu lernen. Sie wird nächstens zu uns in die Residenz kommen. Du mußt hier bleiben; wenn auch nur, um Hohenheims Geschmack kennen zu lernen."

— Wahrhaftig, es lohnte der Mühe nicht! Ich reise auf jeden Fall übermorgen. Mag er meinetwillen zehn Blondinen anbeten. Ich wünsche Glück.

„Dein Gesicht, liebes Kind, sieht keinem Glückwunsch ähnlich. Hu, welche Falten da zwischen den Augenbrauen! — Ist's auch dein Ernst? Ist dir Alles so Einerlei, wie du sagst?"

Fridoline schwieg, und wollte sich von den Armen der Frau von Saar loswinden.

„Bist du mir böse?" sagte die Frau von Saar.

— Gewiß nicht.

„Sieh' mich an — mir ins Auge!"

Fridoline schlug die Augen auf. Thränen verdunkelten ihren Blick. Sie riß sich los. Sie schluchzte heftig, und eilte fort, um sich in ihrem Zimmer zu verschließen.

Sie ging und nahm die Ueberbleibsel der verwelkten Rose, welche sie wie ein Heiligthum in ihrem Schmuckkästchen verwahrt hatte, neben den Juweelen. Sie zerriß die armen verblaßten Blätter und streute sie zum Fenster hinaus, den Lüften ein Spiel.

<hr>

19.

Ludwig begleitete am Sonntag seine Schwester zum Gottesdienst. Er ging selten, aber nie ohne fromme Empfindungen zur Kirche; am liebsten jedoch, wenn sein Herz tief bewegt war. Die feierliche Dämmerung unter den Pfeilern und hohen Schwibbögen und gothischen Gängen des Tempels, die Majestät des Kirchengesanges, der zu dem Allvater emporstieg, die Träume der Kindheit, welche sich da unter den heilig-ernsten Tönen der Orgel wiederholten, Alles was ihn umgab, erfüllte ihn mit wehmüthigen Gefühlen. Und er verließ des Tempels Schwelle nie, ohne daß sein Herz beruhigter ward, die ganze Natur ihm festlicher und stiller schien.

Während des allgemeinen Gesanges zog ein unerwarteter Gegenstand alle seine Andacht an sich. Auf der andern Seite der Kirche erschien in einem Fensterstuhl unter mehrern wohlgekleideten Frauenzimmern eins, dessen Gesicht ein schwarzer über die Achseln herabhängender Schleier verhüllte. Nur zufällig band seinen Blick die abstechende Farbe des Flors. Als aber die Unbekannte den Schleier zurückwarf, glaubte er ohnmächtig zusammenzusinken. Er sah ein blasses Gesicht, von goldfarbenem Lockengekräusel umgeben. Die Ferne ließ ihn nicht die feinern Züge des Antlitzes erkennen; aber die Haltung und Gestalt des Ganzen war Ottiliens Haltung und Gestalt.

Er starrte sie lange an. „Sie ist's!" rief eine Stimme in ihm und ein unwillkürlicher Schauer ergriff ihn: „Sie ist's!"

Seine Unruhe vermehrte sich, als er gewahr ward, daß auch die Unbekannte ihn öfters anzusehen schien, und dann mit ihren Nachbarinnen redete, und diese endlich die Köpfe der Gegend zuwandten, wo er sich befand.

„Kennst du die dort drüben?" flüsterte er Theresen zu.

— Wen? fragte die Landräthin.

„Die dort im Fensterstuhl am letzten Pfeiler, im schwarzen Flor."

Therese lächelte: „Ich kenne sie nicht."

Dies: „Ich kenne sie nicht!" konnte Ludwigs Vermuthung nur stärken. Es ward bei ihm Ueberzeugung. Er verließ die Goldlockigte mit keinem Auge. Er fühlte; ich weiß nicht was? eine Mischung von Liebe, Ehrfurcht, Vergnügen und Bangigkeit.

Aber in einem Umstande entsprach Ottilia seinen Erwartungen nicht. Sie war allzu lebhaft. Bald stand sie auf, lehnte sich in den Fensterstuhl und musterte die Kirche; bald plauderte sie mit ihren Nachbarinnen; bald lächelte sie einem jungen Herrn zu, der hinter ihrem Sitz stand und bald dies, bald jenes zu flüstern hatte; bald sah sie in das Gesangbuch; bald hatte sie kleine Geschäfte mit ihrem zurückgeworfenen Schleier; bald hatte sie wieder dem jungen Herrn Aufträge zu geben, und so blieb sie in unermübeter Thätigkeit.

Ludwig hatte sich so Ottilien nicht vorgestellt. Ihm schwebte sie in stiller Madonnenanmuth vor, mit der Miene der Dulderin. Dies lebhafte, tänbelnde, und selbst für die Heiligkeit des Ortes beleidigende Wesen war mit den reizenden Klagetönen ihrer Briefe im Mißklang.

„Hätt' ich mich so täuschen können? ist das die himmlische

Schwärmerin?" sprach Ludwig bei sich selbst: „Denkt sie, wie sie schreibt, und denkt sie so an mich?"

Während des Selbstgesprächs glitten seine Augen unwillkürlich von ihr ab, und auf jenen Stand, wo Fridoline und Frau von Saar in stummer Andacht saßen. Mit klösterlicher Strenge hingen der schönen Fridoline Augen nur am Gesangbuch. Sie schien ihre zarte Stimme mit süßer Inbrunst in den weiten Strom der Töne zu gießen, welcher brausend gegen die Gewölbe hallte. Man begann so eben das Hauptlied. Die Strophen:

> Es ist noch eine Ruh' vorhanden,
> Auf, müdes Herz, ermanne dich! u. s. w.

erweiterten noch manches Herz, und löseten manchen verhaltenen Seufzer. Fridoline senkte ihr Haupt tiefer, ach, vielleicht um den Sängern umher die fallende Thräne zu verbergen. Aber das weiße Tuch an ihre Augen gedrückt verrieth sie an Ludwig.

Er war erschüttert. Sein Odem flog schneller. „Sie leidet. Sie ist nicht glücklich — ach, und bin ich's denn? Sie liebt einen Andern, liebt unglücklich, und ich? Welch eine Welt, wo vergebens gleichgestimmte Seelen nach einander sich sehnen, und das Schicksal uns gefühllos hinwegfluthet, und wir getrennt in den Wogen vergehen, und kaum uns zuwinken können: ich liebe dich!"

Dann sang man:

> Bald ist der schwere Kampf geendet,
> Bald, bald der saure Lauf vollendet,
> Dann gehst du ein zu deiner Ruh'.

Ihm ward, als sänge die Gemeinde ihm allein die heiligen Worte zu. Er sank in sich zurück und sein Blick erlosch in Thränen.

Er hörte wenig von der Predigt. Ottilie und Fridoline beschäftigten ihn unaufhörlich. Er verglich sie mit einander, indem

sie so fast in gleicher Entfernung von ihm saßen und beide nicht
ahneten, welchen Einfluß jede auf des Mannes Herz behauptete.
Ottilie sah öfters, und, wie es schien, immer zu ihm herüber.
Fridoline hingegen schlug kein Auge auf.

Diese unzerstörbare Andacht kränkte ihn beinahe mehr, als
Ottiliens Aufmerksamkeit ihm schmeichelte. „Nur keinen Blick her-
zuwerfen, da sie doch weiß, daß ich hier bin, das ist noch weniger,
als freundschaftlich!“

Er suchte sich zu bereden, sie sei ihm ebenfalls sehr gleichgültig;
er hasse sie sogar wegen ihres wunderlichen Betragens. Er zwang
sich, nur die blonde Ottilia zu sehen: er wußte ihre Lebhaftigkeit
zu entschuldigen; er fand sie liebenswürdiger, als Fridolinen, und
dann — sah er wieder auf Fridolinen, und, wie bitterlich schmerzte
es, sie hatte keinen Blick für ihn.

Als der Gottesdienst zu Ende war, lächelte ihn Therese an,
und sprach: „Schlägt dein Herz nicht? — Ottilia ist in der Kirche.“

20.

Das hatte noch gefehlt. „Also ist sie's?“ rief Ludwig, und
sah in der gleichen Zeit, daß die Blondine sich erhob, mit ihrer
Gesellschaft, um die Kirche zu verlassen. Neugier, Liebe, Hoffnung und vielleicht auch eine kleine Rachsucht gegen Fridolinen
spornten ihn, die Unbekannte an der Kirchthüre zu erwarten, zu
belauschen.

Er flog dahin. Die Menschenmasse stockte an den Pforten im
Gedränge. Er mischte sich mit Ungeduld hinein. Ein schwarz-
verschleiertes Frauenzimmer war in dem Gewühl ihm nah. Die
Dämmerung unter den dicken Pfeilern und Kreuzbögen ließ ihm
nicht deutlich durch den Flor die Mienen der Unbekannten sehen.
Aber sie drehte ihr Gesicht nach ihm. Er fühlte plötzlich seine

Hand genommen von einer zarten Weiberhand. Ein sanfter Druck, ein Gegendruck. Er wußte kaum noch, ob er lebe.

„Ist's möglich?" dachte er: „Sie ist's! Sie hat mich schon in der Kirche erkannt, daher ihre Freude, ihre Unruhe, ihre Lebhaftigkeit. — Aber wie hätte sie mich erkannt? Niemand kennt mich hier. Mein Name ist verstellt. Sollte vielleicht Therese . . . ?"

So kamen sie im Drange zur Kirchenpforte hervor. Er hielt noch immer die weiche, kleine Hand in der seinigen. Eine Kutsche erwartete sie. O Himmel, welche Täuschung! der fatale Flor hatte ihn um sein Glück betrogen. Es war nicht seine Blondine, sondern die Frau von Saar. Er führte sie zum Wagen. Er sah betäubt und erröthend Fridolinen vor sich einsteigen, Frau von Saar folgte, und er, gern oder ungern, mußte einsitzen, denn zum langen Ueberlegen gebrach die Zeit.

Niemand schien sich des Zufalls mehr zu freuen, als die Frau von Saar. Fridoline saß mit stillem Ernste ihrem Feind gegenüber, und dieser, um seine Verwirrung zu verhehlen, warf zehn kleine Fragen hin, und empfing zehn noch kleinere Antworten zurück.

„Kinder," sagte die Frau von Saar boshaft lächelnd: „ich bin etwas schadenfroh. Ich weiß es, ihr seid einander spinnefeind — Gott, was für fürchterliche Blicke sie einander zuwerfen! — beinahe wird mir bange bei euch in dem engen Wagen. Sparet euern Zorn wenigstens, bis wir wieder im Freien sind."

— Aber, Madame, stotterte Ludwig; wie glauben Sie von — mir, daß ich . . . vielleicht, daß Demoiselle Bernek . . . ich wäre sehr unschuldig . . .

„Ach, seht mir doch die Unschuld! Sind Sie nicht feuerroth geworden vor Ingrimm, als Sie Fridolinen anblickten? Mußt' ich aus Ihren Bewegungen an der Kirchthür nicht schließen, Sie würden Händel mit ihr beginnen vor der ganzen Christengemeinde? Hab' ich nicht meine Noth gehabt, Sie nur festzuhalten?"

— Können Sie das von mir glauben? fragte Ludwig Fridolinen.

„Sie kennen ja den Muthwillen der Frau von Saar!" antwortete Fridoline sehr ernsthaft, und sah vor sich nieder.

Die Kutsche hielt. Man stieg aus. Ludwig mußte die Damen
noch einen Augenblick begleiten ins Haus. Frau von Saar, als
wäre sie von Geschäften gerufen, entschuldigte sich, und Ludwig
stand mit Fridolinen im Zimmer wieder allein.

Fridoline fühlte die Bosheit ihrer Freundin, und sich eben
dadurch von neuem gekränkt. Sie sprach kein Wort. Ludwig war
ohne Muth. Er fühlte nie bestimmter, nie lebhafter, wie theuer
ihm das Mädchen geworden sei. Er verbarg es sich nicht länger,
daß er es liebe, mehr als die heilige Ottilia. Er wollte sie
einigemal anreden; aber die Stimme versagte ihm jedesmal.

„Sie waren also auch in der Kirche?" fragte endlich Fridoline,
um doch etwas zu fragen.

— Sie sahen mich nicht? Sie wollten mich nicht sehen. —
Sie wollten mich jetzt noch nicht sehen? Was hab' ich Ihnen
auch Leides gethan?

„Gewiß nichts!"

— Und ohne Ursache hassen Sie mich?

„Ich hasse Sie nicht. Wer sagt Ihnen das, Herr Hohenheim?"

— Sie selbst, wenn auch mit Worten nicht. Ach, Fridoline,
wenn ich Sie noch so nennen darf, bei dem schönen traulichen
Namen, es war wohl böse Vorbedeutung, als die Rose brach,
und ich die Dornen zurückbehielt! — Und doch bewahre ich diese
Dornen auf, wie mein schönstes Kleinod.

„Herr Hohenheim, erinnern Sie sich an Ihre Verhältnisse —
so dürfen Sie nicht reden. Eine andere, bessere Freundin bewahrt
Ihnen Rosen auf, was kümmern Sie noch Dornen anderer Art?"

— Für mich sind keine Rosen mehr. Fridoline, es ist heute unser letzter Tag, lassen Sie mich nur heute offenherzig sein — ich bin sehr unglücklich . . .

„Das verhüte Gott! Sie werden wieder glücklich werden, wenn Sie es jetzt nicht sind. Vergessen Sie, daß wir einen Augenblick beide schwach waren. Ihr Herz gehörte einer Andern. Es ist der letzte Abend, welchen wir heute beisammen sein werden. Wir wollen alle Erinnerungen an einander auslöschen. Weg mit der Schwärmerei und ihren Dornen. Auch Ihre Rose gehörte nicht mir. Ich habe sie nicht mehr."

Fridoline sagte dies alles mit stillem Ernste. Ludwig zitterte beschämt. Er drückte einen heißen Kuß auf Fridolinens Hand, wandte sich schnell und verließ sie.

21.

Nach solch' einer herben Erklärung war für Ludwig keine Freude mehr in der Welt. Er kam zu Hause mit verstörten Mienen. Er verschloß sich in sein Zimmer, und schlug es ab, zum Mittagessen zu kommen.

„Ich liebe sie!" rief er, „und nur sie! Unseliges Gaukel-spiel der Einbildungskraft, was mich an eine heilige Ottilia zog, die ich nicht kannte. Mit Fridolinen wäre ich glücklich geworden; ich weihte meine Ruhe einem Schatten, — ach, was sag' ich einem Schatten — elenden, armseligen Hirngespinnsten, selbst-geschaffenen Thorheiten. — So muß ich denn Verzicht thun auf den Himmel, indem er mir seine Pforten öffnete? So darf ich denn auf Erden keine Seligkeit hoffen, als die, daß endlich und endlich diese Wunden einmal verbluten werden? Ich werde nicht wieder glücklich durch Liebe, denn einmal nur und nicht wieder läßt sich ein Herz binden. Nur einen Frühling hat das arme

Leben, alles Andere ist nur matter Nachkommer, der mehr traurig
bewegt, als erquickt! — Ottilia, ich habe dir ewige Freundschaft
gelobt; ich will mich dem vermessenen Schwur opfern. Ich bin
der Deine — um so unglücklicher man selber ist, um so lieber macht
man Andere glücklich."

Schon am Nachmittag versammelte sich die Gesellschaft bei der
Frau Landräthin. Nur Fridoline erschien erst spät. Sie war mit
dem Einpacken zu ihrer Reise beschäftigt; wenigstens mußte dies
den Vorwand leihen, unter welchem sie die bittern Stunden ver-
minderte, die sie heut noch erleben sollte. Ludwig blieb ebenfalls
aus. Er ward vergebens von seiner Schwester gequält, sich zu
zeigen. Er fürchtete Fridolinens Anblick. Er fürchtete die Stunde
des Abschieds.

22.

Beide erschienen fast zu gleicher Zeit. Beiden war die Trauer
in den Mienen zu lesen, von der ihre Seelen befangen waren.
Sie mischten sich immer unter die Fremdesten, und näherten einander nie. Aber ihre Gedanken begegneten sich überall. Geheim
stahlen sich ihre Blicke durch die Haufen der Versammlung zu einander.

Die Kerzen wurden angezündet. Therese und die Frau von
Saar waren mehr ausgelassen lustig, als vergnügt. Der Geist
der Freude theilte sich allen Anwesenden mit. Nur Ludwig und
Fridoline blieben stumm, als gehörten sie nicht zu den fröhlichen
Menschen.

Die Landräthin zog ihren Bruder endlich zum Fortepiano.
„Willst du nicht plaudern, so gib uns wenigstens Töne zu hören."

„Spielen Sie das Klavier?" rief Frau von Saar: „Wahrhaftig, Sie machen aus Ihren Vollkommenheiten große Geheim-

niſſe. Ohne Umſtände alſo. Wir wollen Sie hören. Wir ge=
bieten. Denn Sie ſind heute ſehr unartig; darum müſſen Sie
bevogtet werden."

Ludwig ſetzte ſich zum Fortepiano. „Auch Fridoline hört dich —
vielleicht zieht das Spiel ſie näher!" flüſterten ihm Liebe, Eitel=
keit und Hoffnung.

Er fantaſirte einige Augenblicke in den düſterſten Molltönen.
Die ganze Geſellſchaft zog einen Kreis um ihn. Nur Fridoline
blieb einſam ſtehen, durch ſein Spiel ungelockt.

Seine traurige Stimmung führte ihn unwillkürlich zu einigen
Ideen aus ſeinem „Todtenopfer", durch welches er Ottiliens
Bekanntſchaft gewonnen hatte. Er ſpielte den Eingang, und dann
das Lied ſelbſt. Unaufgefordert ſang er. Sein Herz ergoß ſich
frei in die rührenden Klagen, worin eine edle Seele die verblü=
hende Welt betrauert, und Religion den goldenen Schleier von
der Ewigkeit zieht.

Eine feierliche Stille durch den Saal verkündigte die Theil=
nahme der Zuhörer. Ludwigs Geſang und Saitenſpiel fand den
Weg zum Herzen. Ein milder Ernſt bereitete der allgemeinen
Wehmuth die Bahn.

Aber Niemand empfand tiefer, als Fridoline. Man hörte ſie
bald heftig weinen, und dann ſich leiſe aus dem Saal entfernen.

Dies ſtörte den Sänger nicht. Aber ein anderer Umſtand nahm
ihm alle Faſſung. Er hatte den Geſang vollendet. Noch einige
Töne hallten verſchwebend nach. Da drängte ſich Amos durch den
Kreis der Horchenden.

„Mein Herr," rief er: „ein Brief aus Island!"

„Schon wieder ein isländiſcher Brief!" rief Frau von Saar
lachend.

„Wie, ein isländiſcher Brief?" murmelte verwunderungsvoll
die ganze Geſellſchaft.

„Ist auch die Adresse isländisch?" frägte ein Professor, und sah dem Amos über die Achsel.

Ludwig zitterte, ohne zu wissen, warum. „Aber heute ist kein Posttag. Woher der Brief, Amos?"

„Ei, man hat ihn hier ins Haus gebracht!" antwortete Amos: „Und er kömmt aus Island, da will ich meinen Kopf drum geben. Briefe von da muß man mich nicht kennen lehren!"

Ludwig nahm den Brief. Er kannte Ottiliens Hand. Der Umschlag war ohne alle Postzeichen; die Zuschrift nach Kopenhagen.

Therese zog ihren Bruder auf die Seite. „Deine isländischen Briefe," sagte sie, „machen dich selten fröhlich. Gehe also hier ins Kabinet, und zeige den Gästen wenigstens keine finstere Stirn!"

Sie schob ihn muthwillig bei diesen Worten in das Nebenzimmer. Es war dunkel. Nur eine Wachskerze brannte ziemlich trübe auf dem Spiegeltisch. Er öffnete mit bebender Hand das Schreiben, und fand Ottiliens unverkennbare Handschrift. Der Brief lautete also:

„Ich bin in der Residenz, lieber Theodor. Morgen reise ich wieder ab. Ich kam hieher, um von dir zu hören, und deine Schwester kennen zu lernen. Eine meiner Jugendfreundinnen führte mich bei ihr ein, unter einem angenommenen Namen, damit deine Schwester mich dir nicht verrathen sollte. Jetzt verrathe ich mich dir selbst. Vor dir will ich kein Geheimniß tragen. Nur dich will ich nie, auch nicht auf die unschuldigste Weise, betrügen. So zwing' ich dich, auch Edelmuth gegen mich zu erwiedern.

„Ich bin unglücklich, geliebter Theodor. Ich will es versuchen, dir von meinen Empfindungen Rechenschaft zu geben. Verurtheile mich nicht, ohne diese in tiefer Gemüthsbewegung geschriebenen Zeilen mehr als einmal, und mit kaltem Blute und prüfend gelesen zu haben.

„Mir selbst und niemals dir that ich das Gelübde, keinem Manne meine Hand zu geben, bevor ich dich nicht persönlich kennen gelernt haben würde. Ich schwor es mir, dir meine Hand zu geben, wenn du mich deiner würdig finden solltest. — Du forderteſt einſt mein Portrait. Ich ſandte dir ein falſches, damit ich das Vergnügen hätte, dich einſt, unerkannt von dir, kennen zu lernen. Theodor, ich bekenne dir alles — jede kleine unſchuldige Liſt! — ach, ich habe dir mehr, als das zu bekennen.

„Ein edler, junger Menſch, ſchon mit einer Andern verſprochen, lernte mich kennen. Ich erfuhr zu ſpät ſeine frühere Liebe — er iſt ein guter Menſch. Ich ſah ſeinen geheimen Kampf — er blieb ſeiner Verlobten getreu, aber ſein Herz nicht ihm. Er ließ mich ſeine Leidenſchaft ſehen — und ich — Theodor, ich war ſchwach genug . . . ja, Theodor, ich habe ihn geliebt. Er aber blieb ſeiner Verlobten treu, Theodor, und ich blieb es dir. Ich ſelbſt bekenne dir alles . . . ich ſelbſt . . . du kennſt ihn gewiß. Er iſt einer deiner weitläufigen Verwandten. Ludwig Hohenheim iſt es. — — — —

„Er kennt mich unter dem erdichteten Namen Fridoline Bernek, er hat . . . .“

Theodor konnte nicht weiter leſen. „O mein Gott, es iſt Ottilie!“ lallte er und ſank beſinnungslos nieder über einen Seſſel. Thereſe und die Frau von Saar, welche die Thür des Kabinets leiſe geöffnet hatten, um ihn beim Leſen zu beobachten, ſahen ihn ſtürzen. Sie ſchrien laut auf. Sie eilten hinzu. Theodor war ohne Leben; ſein Antlitz bleich, wie das Antlitz der Todten.

Die ganze Geſellſchaft drängte ſich erſchrocken ins Kabinet. Thereſe warf ſich weinend über den Leib ihres Bruders.

„Theodor! Theodor!“ ſchrie ſie: „o mein Bruder!“

Ihr Geſchrei rief ſeinen Geiſt zurück. Man hatte ihn aufge= richtet; er hing in den Armen einiger Freunde. Thereſe umklam= merte ihn weinend, und rief nur ſeinen Namen.

Fridoline war unterdeſſen in den leeren Saal zurückgetreten. Sie fand niemanden, als die Frau von Saar, welche angſtvoll die Hände rang. Sie hörte Thereſens Klage und den wiederholten Ruf: „Theodor, mein Bruder!“

Ein tiefer Schauer ergriff ſie. „Um Gotteswillen!“ rief ſie und umfaßte mit Heftigkeit die Frau von Saar: „Was iſt das? . . .“

„Ach, es war ein Scherz, liebe Ottilie — ein mißlungener — gehe hinein! Ottilie, es ist — Theresens Bruder ist Hohenhelm — ist Theodor — —"

Mehr konnte Frau von Saar nicht stammeln. Ottilie erbleichte, und wankte gegen das Kabinet.

In verworrenen Gruppen, mit emporgehaltenen Lichtern, umringten die Gäste den Bruder Theresens — in den Gesichtern Aller lebte die Freude zurück, Theodor fühlte sich besser. Nur Therese weinte noch immer an seiner Brust.

„Führt mich zu Ottilien!" sprach er mit matter Stimme: „führt mich zu ihr."

Therese fuhr auf, und flog gegen den Saal. Da stand einsam und kraftlos Fridoline. „O!" rief Therese: „Ottilie, liebe Ottilie, verlasse meinen Bruder nicht!" und warf sich schluchzend um ihren Hals.

Erstaunt traten alle Gäste zurück und begriffen von der außerordentlichen Begebenheit nichts. Therese führte Ottilie durch die Reihen der Zuschauer. Theodor erkannte die geliebte Gestalt. Er wankte ihr entgegen, und stammelte: „Ich bin Theodor!"

„Ottilie, verlasse meinen Bruder nicht!" rief Therese.

„O Theodor!" lallte Fridoline mit gebrochener Stimme, und sank schluchzend an das Herz des Geliebten. — „Ottilie! — Theodor!" dies waren die einzigen Worte, welche die Seligen stammelten. „Du willst mich nicht verlassen, Ottilie?" — „Ewig bei dir!" — Der Himmel umgab sie.

Thränen im Auge und jauchzend umarmte Therese die Frau von Saar: „Nie solche Komödie wieder!" schrie sie.

„Aber ich," sagte der treue Amos, der sorgenvoll in der Ferne gestanden, „ich bringe ihm mein Lebtag keine isländischen Briefe wieder."

Inhalt.

		Seite
Das Abenteuer der Neujahrsnacht	. . . . .	3
Die Walpurgisnacht	. . . . .	65
Der Blondin von Namur	. . . . .	105
Kriegerische Abenteuer eines Friedfertigen	. .	166
Die Bohne	. . . . . .	216
Die Nacht in Breezwezmeisl	. . . .	249
Das Bein	. . . . . .	268
Es ist sehr möglich!	. . . . .	276
Erzählungen im Nebel	. . . . .	295
Die isländischen Briefe	. . . .	334

Druck von H. R. Sauerländer in Aarau.

Neuer Verlag
von
H. R. Sauerländer, Verlagsbuchhandlung in Aarau.

Neue wohlfeile Classiker-Ausgabe
von
Heinrich Zschokke's
Novellen und Dichtungen.

28 Lieferungen in Classiterformat.
Jede Lieferung in Umschlag geh. à 4 Ngr. — 12 kr. Subskriptionspreis.

Diese neue wohlfeile Lieferungs-Ausgabe der so allgemein beliebten Novellen und Dichtungen von H. Zschokke (enthaltend die I. Sammlung, Band 1 bis 10 der bisherigen Ausgabe der Gesammelten Schriften) erscheint in **Format, Ausstattung** und **Preis** ähnlich den neuen **Ausgaben der Deutschen Classiker**, und schließt sich also ganz an dieselben an.

Die **Wohlfeilheit** dieser hübschen Ausgabe macht dieselbe nun auch weitern Kreisen, bei denen in Folge höhern und allgemeinen Bildungstandes heutiger Zeit solche Lektüre Wunsch und Bedürfniß geworden ist, zugänglich. Die bereits erschienenen Lieferungen sind in allen Buchhandlungen zur Einsicht vorräthig.

Als Fortsetzung dazu

wird unmittelbar nach dem baldigen Erscheinen der 28. Lieferung, (womit dann die oben angekündigte I. Sammlung, Band 1 bis 10 der bisherigen Ausgabe der **Novellen** beendigt,) erscheinen desselben Verfassers

Novellen und Dichtungen,
II. Sammlung, oder 11. bis 15. Band
der bisherigen Ausgabe,

in **12** bis **14** Lieferungen, und in Ausstattung, Format und Preis sich genau anschließend an die erste Sammlung, also zum Subskriptionspreis von 4 Ngr. — 12 Kr. per Lieferung.

Damit ist dann die Ausgabe von H. Zschokke's **Novellen und Dichtungen** vollständig.

Eine ausführlichere Anzeige über Erscheinen und Inhalt dieser zweiten Sammlung wird einer der letzten Lieferungen der ersten Sammlung beigegeben.

Lightning Source UK Ltd.
Milton Keynes UK
UKHW011822151218
333983UK00009B/653/P

9 780332 478326